インド仏教史

上

平川 彰

春秋社

はしがき

インドは歴史のない国といわれるように、確実な年代的資料は皆無といってよいほどである。従って『インド仏教史』を書こうとする企ては、無理なわけである。しかし、インド仏教を歴史的発展に即して理解することは重要であるので、可能な範囲内でこのような企ても必要であると思う。

明治以後、わが国においても、また西洋においても、インド仏教の研究は長足の進歩をとげ、歴史的な研究成果が数々あげられている。そして、それらに基づいて、印度仏教史・印度哲学史・印度精神史・インド思想史等の書物が公刊されている。本書もこれらの先学にならって、これまでのインド仏教の研究成果を依りどころとして、インド仏教を、できるだけ歴史的発展に即して叙述しようと試みたものである。叙述はできるだけ学界の定説に従ったが、定説の決まっていない問題も少なくない。たとえば「仏滅年代論」などはそれである。セイロンの『島史』等によれば、部派教団の枝末分裂は、アショーカ王以前に既に終わっている。すなわちアショーカ王は、部派仏教割拠時代の人ということになる。それに対して北伝仏教によれば、アショーカ王即位以後に、部派分裂が起こったことになる。これは、アショーカ王が部派分裂の前に出たか、後に出たかというだけのことではなく、それによって、当時の仏教教団の発展史の見方がまったく変わってしまう。本書においては、著者が、仏教の歴史的発展を無理なく理解できる年代論に従った。しかしそれが定説ではないから、別の見方の成立する可能性も、もちろん認められねばならない。

インド仏教には、このほかにも、このような問題は少なくない。従って標準的なインド仏教史を編むことは、不可能であるといってよかろう。このような場合、異説を併挙するという方法もあるであろうが、本書においては、筆者が妥当と思う説に従って、単一な仏教史を示すことにした。しかし本書は概説書であるため、本書で採用した論拠を、一々論証することは避けた。論述の根拠となった経論の文章の所在場所を、括弧の中に大正大蔵経の巻数とページ数や、パーリ聖典協会（PTS.）発行のパーリ聖典によって、示したところもある。あるいは叙述の典拠とした学者の業績を示したところもある。しかしそのような場合、すべてを網羅したわけではない。初学者の研究の便を思って示したところが多いのである。

本書は、最初は日本仏教までもふくめて、一冊の書物にするつもりで筆を起こしたために、簡単な叙述と参考書を示すにとどめる仕方で書きはじめた。しかし、ときあたかも東京大学が、大学紛争の最中にあったころに執筆したために、時間が不規則で、全体のバランスがうまくつかめず、少しずつ書くうちに、結局、インド仏教史だけで、上下二巻に分けることになってしまい、中国仏教史・日本仏教史の叙述はやめることにした。そしてインド仏教史の叙述の仕方も、前後一貫しない点があることになった。しかし本書においては、インド仏教史を、切れ目のない、つながりのある流れとして把握することと、初学者にも理解できる平易な仏教史となるようにとの二点に努力した。そのために、原始仏教から部派仏教への教団史的展開や、初期大乗仏教発生の様相、大乗諸経典の内容等について、比較的説明を詳しくした。そして部派仏教の教理や、中観派・唯識仏教、あるいは如来蔵思想等についても、平易な説明に意を用いた。そのために、竜樹以後の仏教の叙述の分量が増大し、これらで下巻を占めることになった。

本書の成立は、もちろんこれまでの諸学者の学恩に負うのであるが、しかし何分、インド仏教史に関する研究業績は厖大である。著者の理解し得たものは、それらの業績の僅かな部分にすぎない。従って本書の内容には思わざる過誤もあることと思うが、大方の叱正を得て、少しでも完全なものに近づけたい。なお本書の成立に関して、長いあいだ著者を督励して下さった春秋社の神田竜一氏と、出版に関してお世話になった日隈威徳氏に謝意を表する次第である。

一九七四年六月一日

著者しるす

目　次（上巻）

はしがき

略号表

序　章……三

インド仏教とは何か　三／インド仏教史の時代区分　一〇

第一章　原始仏教……一五

第一節　仏教以前のインド……一七

第二節　仏陀時代の思想界……二一

第三節　仏陀の生涯……三〇

仏陀　三〇／仏陀の出生　三一／釈尊の出生年代　三一／仏陀の出家　三四／修行　三五／成道　三八／最初説法　四三／教団の発展　四五／仏陀の入滅　五一

第四節　教　理……五七

教理の大綱　五七／四諦説　五九／中道と無記　六三／五蘊無我

六四／法と縁起　六五／十二縁起　七三／実践論　七七／仏陀観　八〇

第五節　教団組織……八三

仏教教団の理想　八三／四衆　八四／サンガ　八五／波羅提木叉
八八／サンガの修行生活　九〇

第六節　原始経典の成立……九四

第一結集　九四／九分教と十二分教　一〇〇

第七節　教団の発展と分裂……一〇四

仏滅後の教団　一〇四／政治情勢　一〇七／第二結集と根本分裂
一〇九／サンガの相承とサーナヴァーシー　一一三／マドヤーンテ
ィカと伝道師の派遣　一一九／第三結集について　一二三

第八節　アショーカ王の仏教……一三〇

法勅　一三〇／アショーカ王の法　一三三／仏教教団の援助　一三七

第二章　部派仏教……一四一

第一節　部派教団の分裂と発展……一四三

部派仏教の性格　一四三／第二結集と第三結集　一四六／枝末分裂
一五〇／部派分裂の資料　一五九／部派教団の発展　一六二／セイロン

上座部　一六八

第二節　アビダルマ文献……一七四

論蔵の成立　一七四／経蔵から論蔵へ　一七五／上座部の論蔵　一七七／説一切有部の論蔵　一七九／他部派の論蔵　一八一／註釈書　一八三／他部派の論書　一八八

第三節　アビダルマの法の体系……一九二

アビダルマと論母　一九二／ダルマとアビダルマ　一九六／勝義有と世俗有　一九八／有為法と無為法　一九九／勝義アビダルマと世俗アビダルマ　二〇一／無為法と仏身　二〇一／有漏法・無漏法　二〇三／ダルマの種類　二〇四／物質観　二〇五／法の相摂　二〇七／煩悩　二〇八／心理の分析・心所法　二一〇／心心所法の倶生　二一三／パーリ仏教の心所　二一四／他部派の心所説　二一六／主体の統一と持続　二一七／心不相応行　二二〇／五位七十五法　二二三

第四節　世界の成立と業感縁起……二二七

三界　二二七／世界の破壊と生成　二三一／輪廻　二三二／業感縁起　二三三／四種縁起　二三五／六因・四縁・五果　二三六

第五節　業と無表色……二四二

法と業　二四二／行為の三種　二四四／業説の起源　二四五／業の本質　二四七／表業と無表業　二四八／戒体としての無表色　二四九／三種律儀　二五一／業の種類と善悪の規準　二五二／三世実有と過未無体　二五三
第六節　煩悩の断尽と修行の進展……二五四
煩悩の意味　二五四／九十八随眠　二五七／百八煩悩　二六〇／修行の進展　二六二／パーリ上座部の修行道の階位　二六三／三賢・四善根　二六六／見道・修道・無学道　二六九／十智　二七二／禅定　二七三／三界と涅槃　二七五
第三章　初期の大乗仏教……二七七
第一節　アショーカ王以後の教団の発展……二七九
アショーカ王没後のインド　二七九／シュンガ王朝　二八〇／バールハットとサーンチー　二八〇／カーヌヴァ王朝　二八六／西北インドとギリシャ人の諸王　二八六／サカ族の侵入　二九〇／パルティヤ　二九一／クシャーナ王朝　二九二／アンドラ王朝　二九九／窟院　三〇〇／仏塔・僧院の遺跡と大乗教団　三一〇
第二節　クシャーナ時代の大乗経典……三一五
支婁迦讖の訳出経典　三一五／最古の大乗経典　三一二／般若経南

方起源説　三三一／後五百歳の意味　三三三
第三節　大乗仏教の源流……………………………三三六
大乗と小乗　三三六／大小乗の意味　三三八／大乗仏教の三つの源流　三三〇／部派仏教と大乗　三三一／仏伝文学　三三三／ジャータカとアヴァダーナ　三四〇／仏塔信仰と大乗　三四二
第四節　初期の大乗経典の思想……………………………三五三
最古の大乗経典　三五三／般若経関係の経典　三五五／華厳経　三五七／法華経　三六一／浄土経典　三六五／文殊菩薩の経典　三七一／その他の大乗経典　三七四／サンスクリット原典　三七六
第五節　初期大乗仏教の思想と実践……………………………三八〇
菩薩の自覚と自性清浄心　三八〇／波羅蜜の修行と弘誓の大鎧　三八三／陀羅尼と三昧　三八五／菩薩の修行　三八七／菩薩の階位　三八九／菩薩の教団　三九五
索　引

〔下巻目次〕

第四章　後期の大乗仏教
第一節　教団の隆替
第二節　竜樹と中観派
第三節　第二期の大乗経典
第四節　瑜伽行派の成立
第五節　唯識の教理
第六節　如来蔵思想
第七節　中観派の発展
第八節　瑜伽行派の発展
第九節　仏教論理学の展開
第五章　秘密仏教
第一節　秘密仏教の意味
第二節　原始仏教時代の秘密思想
第三節　大乗仏教より密教へ
第四節　純正密教の成立
第五節　中期・後期の密教

〔略　号　表〕

AN.	Aṅguttara-Nikāya	（増支部）
DN.	Dīgha-Nikāya	（長　部）
KN.	Khuddaka-Nikāya	（小　部）
MN.	Majjhima-Nikāya	（中　部）
SN.	Saṃyutta-Nikāya	（相応部）
Sn.	Suttanipāta	（経　集）
VP.	Vinaya-Piṭaka	（律　蔵）

VP. 以外のパーリ語のテキストはパーリ聖典協会（PTS.）のテキストによる。

大　正	大正新脩大蔵経（巻数、頁数、上・中・下段）
南　伝	南伝大蔵経
印仏研	印度学仏教学研究（巻数、号数）

インド仏教史

上

序章

インド仏教とは何か　仏教はインドに起こり、インドに発展した宗教であるから、特にインド仏教と呼ぶ必要はないごとくであるが、しかしのちにはインドの国境を越えて、アジアの全域にひろまった。そして南方仏教、チベット仏教、中国仏教、日本仏教等の特色ある仏教を発展せしめた。これらの発達仏教には、それぞれの地域の民族的特色や風土的特色が加味されている。それらの仏教と比較して、インド仏教にも他に見られない特色があるので、インド仏教という呼称が生じたものと思われる。インド仏教は、中国仏教や日本仏教と比較してみて、気候風土が異なるために修行生活に大きな違いがある。修行生活が違えば、それが教理に反映してくることも当然である。その点では南方仏教（セイロン、ビルマ、タイ等の仏教）は、気候風土がインド本土と似ている。そのために南方仏教は、インド仏教と生活の面では類似している点が多い。ともかく仏教を地域によって分けるならば、仏教全体に共通的に見られる普遍性と、それぞれの地域の仏教に特有である特殊性とが明らかにせられねばならないであろう。ここには、インド仏教が中国仏教や日本仏教と異なる特殊な性格を、簡単に見ておくことにしたい。

仏教は開祖の釈尊（釈迦牟尼《しやかむに》、ガウタマ・シッダールタ）によって、紀元前五世紀に開かれた宗教である。彼は北インドからネパールに及ぶ地方にあった釈迦国に生まれたが、出家して中インドのガンジス河南岸地方のマガダ国に来た。そしてこの地方で修行をして、三十五歳の時、仏陀（覚った人）の自覚を得たのである。彼はその自覚を「不死を悟った」と言い表わし、また「苦より解脱する道を発見した」とも表明している。人生には種々なる苦があるが、死の怖れはそれらの中で最も深刻である。そのために人生の苦悩を解決する真理を悟ったのを、「不死を悟った」と表現したのであろう。そこには、仏陀の身体は八十歳で消滅するにしても、心は永遠なる真理と合一したという確信が示されている。ともかく人生の苦悩が、人間の永遠の課題である以上、苦からの解脱の道が、それにこたえるものとして、最も深い普遍性を持っていることは明らかであろう。そのために仏教は現代までも伝わったのであるが、それならば仏教がインドで滅びたのは、なぜであろうか。

紀元前五世紀に中インドに起こった仏教は、仏陀の入滅の時には、まだ中インドにひろまった地方教団にすぎなかった。しかしその後、弟子たちの努力により、まず西方および南方に伝わった。そして西紀前三世紀のアショーカ王の時代には、王の帰依によって急速に全インドにひろまった。しかし教団が拡大し、人数が多くなったこととあいまって、教理の解釈や戒律の実践に関して、教団内に意見の対立が起こり、原始仏教教団が二派に分裂したのである。そして進歩的な大衆部と保守的な上座部とが成立した。しかもその後、両者ともに枝末分裂を起こしたので、最後には多くの部派教団が出現し、いわゆる部派仏教の時代に入る。十八部あるいは二十部に分裂したともいわれるが、碑文によれば二十部以上の部派名が知られる。なかでも、上座部系の上座部・説一切有部・正量部・経量部、大衆部系の大衆部などが優勢であった。西紀前後のころから大乗仏教が起こるが、大乗から「小乗仏教」として攻撃されたのは、主として説一切有部であったようである。それだけ説一切有部は、教団としての勢力も強かったのであるが、同時に教理の点でもすぐれた体系を打ち出し、大乗仏教と対立しうるすぐれた教理を持っていたのである。

ともかくこのように仏教が多くの部派に分裂して、しかもそれぞれの部派が、仏教であると公認されていたのは、仏教が本来、個人の自由なる思索や悟りを重んじたためである。すなわち仏教は自覚の宗教であった。この部派仏教の分裂を、『文殊問経』には、二十人の仏の真子が仏陀の教えを解釈して、解釈が分かれたのである、いずれも仏陀の真正の教えを受け伝えていると解釈している。『南海寄帰内法伝』には、金杖が折れて十八段になったという古いたとえを紹介し、十八部に分かれても仏教である本質は変わらないと見ている。このように部派仏教が、相互に他を同じく仏教であると認め合うことができるのは、仏教が盲目的な信仰に立脚していなかったためである。このことが仏教のすぐれた特色であったと同時に、教団内に異説の出現を容易ならしめ、ひいては仏教の主体性を弱める理由の一つとなったと思われる。すなわち仏滅五百年ごろに、時代に適合する仏教として大乗仏教が起こったのであるが、そこには原始仏教に見られなかった種々なる夾雑物が含まれていた。もちろん仏陀の精神が失われていたのではないし、見方によっては、大乗仏教は新時代に即応して、仏陀の精神を時代によりよく生かしていると言いうるのである。しかしその夾雑物に目を奪われるならば、それがもう一度、一転した時には、仏陀の思想はきわめて希薄になってしまうという危険性もあるわけである。

すなわち大乗仏教の中には、最初から呪術的な要素が強かったのであるが、これは民衆の宗教的要求にこたえるためには、やむをえない点もあったのである。既に『般若経』に、般若経を受持することによって、危難を免れることが強調されており、『般若経』を大明呪・大神呪と呼んでいる。『法華経』にも観音菩薩を信仰することによって、あらゆる災害を免れうることが説かれている。さらにこれに関連して、大乗経典には陀羅尼の信仰が増大している。このような呪術的な要素が大乗仏教の中でしだいに優勢となってゆき、西紀六世紀ごろより、しだいに密教が盛んになるのである。密教も仏教の一種ではあるが、しかしその表面の儀礼的な面はヒンドゥ教とほとんど変わらないのである。従ってその根本の精神を忘れて、その表面の儀礼的な面のみを重視するならば、密教はヒンドゥ教の中に解消してしまうのである。ヒンドゥ教も密教も、同じくインドの宗教であるために、インドでは両者の融合が容易であったのであろう。これに対して、中国仏教や日本仏教、南方仏教などは、異なる国土に移植された仏教である。そのためにインド的なもの、ひいては仏教の本質が、容易に土着の文化と融合しないために、仏教の特色がきわだてられ、かえって保存されるという結果になったように思われる。そのことは、中国や日本の密教と、インドの密教とを比較した場合にも言いうることであろう。中国や日本の密教には、表面的なヒンドゥ教の儀式の奥に、仏教の空観の思想が支えとなっている。そのために密教が仏教であることを失わないのであるが、インドでは、仏教の密教化、さらにヒンドゥ教化がとめどもなく行なわれて、ついには密教が仏教であることを失ってしまったのである。

初期の大乗仏教は、『般若経』や『法華経』、『華厳経』などのほかに、阿弥陀仏の信仰なども抱合して、きわめて多彩な宗教であった。その後、紀元二世紀ごろから、これらの経典に対する理論付けが行なわれるようになり、空観に立脚する中観派《ちゅうがん》が成立した。しかし最初は、対立する第二の学派があったのではないから、特に中観派と呼ばれることはなかったであろう。この名が起こったのは、次の瑜伽行派《ゆがぎょう》が起こってからであったと思う。瑜伽行派は中観派より百年ほどのちに成立した。瑜伽行派は唯識思想に立脚する。それから数百年の間は、両学派の並立の時代であるが、瑜伽行派の起こる前に、唯識思想や如来蔵思想を説く経典、すなわち『解深密経』『如来蔵経』『勝鬘経』『涅槃経』などが述作されている。中観・瑜伽の両学派は、並立しつつ、相互に影響を受け、時代の経過とともに融合していくが、同時に両者ともに密教化していったのである。なお、大乗仏教の起こったあとにも、部派仏教は盛大であったのであり、このことは、五世紀の初頭にインドを旅行した法顕の『仏国記』や、七世紀前半にインドに留学した玄奘の『大唐西域記』、それに続く義浄の『南海寄帰内法伝』などの記述によって明らかである。しかもいつの時代にも大乗仏教よりも部派仏教のほうが勢力が優勢であったのである。特に義浄（六三五—七一三）がインドに滞在のころには、大乗仏教と小乗仏教の間も、区別があいまいになり、きわめて融合的であったようである。この時代から密教が急激に盛んになるのである。要するに大乗も小乗も密教化したのであり、ヒンドゥ教の興隆や、回教徒のインド侵略とともに、仏教は勢力を失い、十二世紀の終りにヴィクラマシラー寺が回教徒によって焼却されて、仏教はインドに滅びたといわれる。しかし全く滅びたのではなく、その後も仏教はベンガル地方には存続していたのであり、現在も東ベンガル地方には、古くからの仏教徒が少数ながら存在している。

ともかく回教徒のインド侵入以後も、ヒンドゥ教徒は大きな勢力を維持していたし、ジャイナ教徒なども、信徒は少なかったが、しかし決して滅びることはなかった。それに対して、一時は「仏教インド」といわれたほどに、インド全体にひろまった仏教が滅びてしまった理由は何であろうか。

上述のごとく、仏教が確定したドグマを立ててそれ以外の「異安心」をきびしく排撃する、ということをしなかったことが、仏教の教理がしだいに変容していった大きな理由であると思う。しかしそのことはけっしてまちがっていたことを意味するものではない。各人の能力が違い、時代が異なれば、時機相応の法が説かれることが正しい。その意味では、釈尊の教えが使命を終わっていつかは消滅する時が来るのは、不可避であったとも言いうる。仏教教団の中に、古くから正法の滅する時とか、正・像・末の三時の見方などがあったのは、このことを示すものである。

しかしドグマをやかましく言わないのは、仏教のみでなく、ヒンドゥ教などでも同様である。ヒンドゥ教の聖典の代表はバガヴァッド・ギーターであるが、これはかなり自由な解釈を入れうるものである。教義をきびしく立てるということは、ヒンドゥ教には見当たらない。従って仏教が、インドに滅びた理由は他にあるわけであるが、その大きな理由は、仏教がアートマンを否定した点にあったと思う。仏教は原始仏教以来、「無我」を主張するが、これはインドの伝統的なアートマン（我）の宗教と敵対するのである。アートマンの存在は輪廻思想と密接な関係がある。輪廻の思想はインド人の血肉になっていると言ってもよいほどのものである。それ故、インドでは仏教も輪廻思想を受け入れ、輪廻思想に基づいて教理を発展させたのである。しかし釈尊の仏教は、輪廻思想を認めなければ成立しないものではなかった。もちろん輪廻思想と矛盾するものではなかった。苦からの解脱ということは、もし生存が輪廻的であるならば、その輪廻の生存からの解脱という意味になるから、輪廻思想を積極的に排撃する必要はなかったのである。そのために輪廻思想は仏教にも流入したが、しかし仏陀の目的は輪廻からの解脱であったのである。

しかし輪廻思想を認めるとすれば、輪廻の主体が必要になる。そのために仏教では、無我を説きつつ、しかも輪廻の主体をアートマンとは別の形で認めるようになった。唯識思想の阿頼耶識や、如来蔵思想の如来蔵や仏性などは、アートマンにきわめて類似した観念である。そして部派仏教でも機械的な無我を主張する説一切有部はしだいに勢力を失って、一種のアートマンである補特伽羅《ふとがら》（人我）を説く正量部の勢力が、後代には非常に強くなっている。そのことは玄奘や義浄の旅行記から明らかである。そのころには、有部よりも正量部のほうが、インド全体に盛んであった。仏教が興起した若さにあふれた時代には、無我や空の思想が力強く主張せられたのであるが、時代とともに教理に変容を蒙ってゆくうちに、しだいにアートマンの思想に同化されていったのであり、それにつれて仏教はインドに勢力を失っていったのである。仏教が本来アートマン説でなかったことが、仏教がインドに滅びる大きな理由であったと考える。それと同時に、インド仏教は輪廻思想と結合した仏教であり、この点にインド仏教の特色があると考える。中国仏教や日本仏教も、インド仏教の移植であるから、表面的には輪廻思想を受け入れているが、しかしそれらは本質的には輪廻思想を主体とする仏教ではない。その理由は、中国人や日本人の古来の霊魂観が輪廻思想に基づくものではないからである。もちろんこの点については、もっと詳しく論述する必要があろうが、主題から離れるので省略し、ここには仏教の目的が「苦からの解脱」であることと、インド仏教は輪廻思想の仏教であることを指摘するにとどめる。

インド仏教史の時代区分　本書では、インド仏教史を、原始仏教・部派仏教・初期大乗仏教・後期大乗仏教・密教の五章に分けて述べることにする。そして前半の、原始仏教・部派仏教・初期大乗仏教を『上巻』におさめ、後期大乗仏教と密教とを『下巻』におさめることにした。そして第一章の「原始仏教」では、仏陀の思想を明らかにすることに意を用い、仏陀の伝記や教団の成立などを述べることによって、原始仏教の姿を示すことに努めた。そして仏滅後に仏教教団はしだいに発展するが、乏しい資料ではあるが、それらによってアショーカ王までの仏教教団の発展を考察し、あわせてアショーカ王の仏教を述べて、第一章を終わる。アショーカ王の仏教は、その内容から見て、次の部派仏教に入るものではなくして、原始仏教と同質の仏教と考えられるから第一章にふくめた。

原始仏教教団は仏滅百年余りで、上座部と大衆部とに分裂し、その後さらに両者が枝末分裂を起こし、いわゆる部派仏教の時代に入る。部派仏教は、教理的にはアビダルマ（論蔵）仏教といわれ、原始仏教とは異質的なものを持っている。そのために原始仏教と部派仏教とは区別するのが普通である。部派仏教はその後一千年間も存続するのであるが、その独自の教理の発達は、最初の三百年くらいの間に完成するのである。それは西暦紀元前後のころの三百年である。しかし部派仏教は全部で十八部とも二十部ともいわれるが、実際にはもっと多かったようである。そしてそれらの部派の成立年代も同じではない。そしてわれわれにほぼ確実に知りうる部派仏教の教理は、セイロンの上座部と説一切有部のみである。その他の部派の教理は一部分を知りうるにすぎない。そして経量部や正量部は西暦紀元以後において盛大になった部派であり、すぐれた教理を発展させたようであるが、残念ながらそれらに関する詳しいことはわからない。ともかく部派仏教は一千年以上存続し、義浄がインドに行った六七一年ごろには、まだ上座部・有部・正量部・大衆部などが盛大であった。その後しだいに大乗仏教と融合し、ともに密教化していくのであるが、そのころの部派仏教の具体的な姿は不明である。

この部派仏教と並んで西紀前後のころに新しく起こったのが大乗仏教である。おそらく紀元前一世紀に既に大乗経典が存在したであろう。大乗仏教は空の思想を強く打ち出した仏教であり、その点でアビダルマ仏教と性格が異なる。空の思想は原始仏教にも既に存在したが、この点を強く打ち出したのが大乗仏教である。そして弟子の立場で学ぶ仏教ではなしに、仏陀の行跡を慕って、仏陀と同じ立場に立って衆生を救済せんとする仏教を主張したのが大乗仏教であった。大乗仏教は、部派仏教を「声聞乗」と呼んだが、声聞《しょうもん》とは弟子という意味である。それ故に学ぶ立場の仏教から、教える立場の仏教に転換したのが大乗仏教である。そのために大乗仏教は、仏陀の修行時代の呼称であった「菩薩」(悟りを求める人)という呼称を自らの呼称として採用し、自らの教えを「菩薩乗」と呼んだのである。この声聞乗と菩薩乗の対立がのちには小乗と大乗の対立に転化していくのである。ともかくこのようにして紀元前一世紀のころから、無名の菩薩たちによって多数の大乗経典が述作せられた。これは紀元前から紀元後にかけての二百年間くらいの時代であったと思われる。第三章の「初期大乗仏教」においては、大乗仏教の起源の問題と、初期の大乗経典の思想とを叙述することにした。

第四章の「後期大乗仏教」においては、二世紀以後に起こった中観派の思想、その後に起こった瑜伽行派、すなわち唯識思想、およびそれと並行して現われた如来蔵思想などを述べ、さらにその後に続く論理学の発展などを考察することにした。中観派はのちにはスワータントリカ派とプラーサンギカ派とに分裂する。そしてそれらが瑜伽行派と合体して、瑜伽行中観派なども成立している。そして中観派や瑜伽行派の論師が、同時に密教の論師であるという関係になってゆくのである。しかし六、七世紀のころから盛大になってゆく密教と後期大乗仏教とがどのように関係するかは明らかでない。

最後に密教を述べることにしたが、密教には尨大な経典が残されている。しかもそれらの大部分は未整理であるので、密教の本格的な研究は今後にまたねばならない。そしてまた密教の研究には、ヒンドゥ教の研究が不可欠な条件である。しかも密教の理解には、理論だけでなしに事相の研究が不可欠である。これらの点を考えるならば、密教の研究が非常に困難であることがわかる。しかしともかく密教は、自らを「密教」と称し、それ以前の大乗仏教を「顕教」と呼んで、自らと区別する。従って密教には、大乗仏教と異なる性格があることは明らかであるので、密教を第五章として立てることにしたのである。そして可能な範囲内で密教の教理の概観を試みた。

以上のように、インド仏教を歴史的に区分したが、このほかに王朝の時代区分に従って述べるしかたもある。しかしここには仏教の教理的発展の説明を主としたので、以上の五つの区分を採用した。仏教がインドに活躍したのは、紀元前五世紀ごろから紀元後十世紀以上にわたる長い期間であったが、しかしインド史全体としてはその約半分である。一般のインド史ではトルコ系ムスリムのインド侵入（十一世紀ごろ）からを中世と呼び、それ以前を古代となしている。そしてイギリス人のインド支配（十八世紀ごろ）からを近代と見ている。この時代区分で言うならば、「仏教インド」は主として古代に属するわけである。従って仏教ならびに同時代のインド哲学思想の研究だけでは、インド思想の半ばを知るにすぎないことに留意する必要がある。

参考書

宇井伯寿『印度哲学史』（大本、小本）昭和七、一一年。同『仏教思想研究』昭和一五年。同『仏教汎論』上下、昭和二二、二三年。竜山章真『印度仏教史』昭和一三年。赤沼智善『仏教教理之研究』昭和一四年。同『仏教経典史論』昭和一四年。金倉円照『印度古代精神史』昭和一四年。同『印度中世精神史』上中、昭和二四、三七年。同『印度哲学史要』昭和二三年。同『インド哲学史』昭和三七年。宮本正尊『根本中と空』昭和一八年。同『大乗と小乗』昭和一九年。同『中道思想及びその発達』昭和一九年。同編『仏教の根本真理』昭和三一年。中村元『インド思想史』昭和三一年。山田竜城『梵語仏典の諸文献』昭和三四年。山口益・横超慧日・安藤俊雄・舟橋一哉『仏教学序説』昭和三六年。山口益『仏教思想入門』昭和四三年。同「インド仏教破析の一遠因」（『山口益仏教学文集』上、昭和四七年）。渡辺照宏『仏教のあゆみ』昭和三二年。水野弘元『仏教とはなにか』昭和四〇年。岩本裕『インド史』昭和三一年。山本達郎編『インド史』昭和三五年。中村元『インド古代史』上下、昭和三八、四一年。

T.W.Rhys Davids: Buddhist India. London, 1903; Sir C. Eliot: Hinduism and Buddhism. 3 vols, London, 1921; E.J. Thomas: The History of Buddhist Thought. London, 1933; E. Conze: Buddhism its essence and development. Oxford, 1951; E. Conze: Buddhist thought in India. London, 1962; L. Renou, J. Filliozat: L'inde classique. Tome, II, 1953; É. Lamotte: Histoire du boudhisme indien. Louvain, 1958; P.V. Bapat: 2500 years of Buddhism. Delhi, 1959; A. Bareau: Der indische Buddhismus. Stuttgart, 1964; E. Frauwallner: Die Philosophie des Buddhismus, Berlin, 1969; R.C. Majumdar: H.C. Raychaudhuri, Kalikinkar Datta: An advanced History of India. London, 1965; D.D. Kosambi: The Culture and Civilisation of Ancient India in Historical Outline. London, 1965.（山崎利男訳『インド古代史』昭和四一年）。

第一章　原始仏教

第一節　仏教以前のインド

仏教を理解するためには、それ以前のインドの宗教思想について一言しておく必要があろう。インド文明をきずいたのはアーリヤ（Ārya）人であるが、彼らがヒンドゥクシュの嶮を越えて、インドに侵入したのは、紀元前一五〇〇年ころであったという。しかしそれより前に既にインドには先住民族が居住していた。いわゆるムンダ（Muṇḍa）人やドラヴィダ（Draviḍa）人等である。特にドラヴィダ人は人口も多く、かなり高度の文化を持っていたので、アーリヤ人に征服されて、奴隷階級としてアーリヤ人の社会秩序の中に吸収されてしまったあとにも、インド文化の形成に有形無形の影響を与えた。特にその宗教思想の女神や蛇神、樹木崇拝などは、後世のヒンドゥ教の成立に大きな影響を与えたと見られている。

ドラヴィダ人はアーリヤ人と混血し、インド人となったが、インド半島の南部には現在も比較的純粋のドラヴィダ人が生存し、現在もなおドラヴィダ系の言葉が用いられている。しかしこのほかにインダス河の流域には、アーリヤ人の侵入以前に、別の民族が居住し、いわゆるインダス文明（Indus civilization）を営んでいた。これは西紀前二〇〇〇年を中心とする前後一千年間であろうと推定されている。この文明の行なわれた場所としては、インダス河流域のハラッパー（Harappā）とモヘンジョダロ（Mohenjo-daro）の二都市が有名であるが、その後の発掘研究によって、この文明の行なわれたのはもっとはるかに広い地域であったことが明らかになった。出土品によりこの民族が青銅器の文明を持ち、整然たる都市を経営していたことが明らかにされている。そして出土品の宗教関係のものには、後世のヒンドゥ教に関係が深いと思われるものが多い。しかしこの文明は、広い地域に一千年にもわたって続いたにもかかわらず、その後こつぜんとして消えうせてしまったために、この民族がその後のインド文化の発展にどのように結合するかは明らかでない。

西北インドに侵入したアーリヤ人はインダス河の上流パンジャーブ（Panjāb）地方に定住して、リグ・ヴェーダ（Ṛg-veda）を中心とする宗教を成立せしめた。（西紀前一二〇〇年ごろ。）これは、主として天空、雨、風、雷、その他の自然界の力を神として崇拝する多神教であった。その後西紀前一〇〇〇年ごろよりアーリヤ人はさらに東に進み、ヤムナー（Yamunā）河とガンジス（Gaṅgā）河との中間の肥沃な土地を占拠した。この地は地味肥沃で天産に恵まれ、外部から侵攻する外敵もなく、打ち続く平和のうちに豊かな文化を発展させた。後世のインド文化の特徴となる諸種の制度はおおむねこの時代（およそ西紀前一〇〇〇—五〇〇年）に確立した。リグ・ヴェーダに続く、サーマ・ヴェーダ（Sāma-veda）、ヤジュル・ヴェーダ（Yajur-veda）、アタルヴァ・ヴェーダ（Atharva-veda）の三ヴェーダは西紀前一〇〇〇年ごろまでに成立し、続いて祭式のしかたを説明するブラーフマナ（Brāhmaṇa 西紀前八〇〇年ごろ）文献や哲学的思索の成果であるウパニシャッド（Upaniṣad 西紀前五〇〇年ごろ）文献などが成立した。

この時代にアーリヤ人は部族に分かれて生活し、農耕・牧畜を主としていたが、商工業も発達しつつあった。しかし大都市はまだ成立していなかった。職業の分化も進み、神を祭る祭式を行なうバラモン階級（Brāhmaṇa ブラーフマナ）、軍隊を統率し政治を行なう王族階級（Kṣatriya クシャトリヤ、刹帝利）、その下で農耕・牧畜・商業・手工業などに従事した庶民階級（Vaiśya ヴァイシュヤ、毘舎）、上三階級に奉仕することを義務付けられた奴隷階級（Śūdra シュードラ、首陀羅）の四姓（varṇa ヴァルナ）の別もこの時代に確立した。これがのちに多岐に分化したカースト（caste）制度の母胎となるのである。異なる階級の間では、結婚と食事をともにしないのである。

アーリヤ人が発展するにつれて、部族間の対立や統合も起こり、しだいに群小の部族が統合されて、独裁権を持つ王（rājan ラージャン）をいただく王国に発展していった。部族の戦争としては、当時最強の部族であったバラタ族とプール族との戦争が有名であり、その結末はマハーバーラタ（Mahābhārata）という長い叙事詩になって語り継がれている。当時の王としては、ヴィデーハ国の王ジャナカ（Janaka）が有名である。ヴィデーハ（Videha）はバラモン教の「中国」（ヤムナー河とガンジス河との中間の国土）をはずれた東方の国土である。すなわちアーリヤ人は中国からさらに東方に発展し、ガンジス河の中流地方にまでもひろがったのである。国土が拡大するにつれ、王族の勢力が強まり、さらに原住民との接触混淆が一段と深まり、ここに西方のバラモン中心の文化とは異なる王族中心の思想文化が発生することになった。仏教の開祖ゴータマが現われたのは、まさにこの時代であった。

参考書

辻直四郎篇『印度』昭和一八年。辻直四郎『ヴェーダとウパニシャッド』昭和二八年。同『インド文明の曙』昭和四二年。同『リグ・ヴェーダ讃歌』(岩波文庫)昭和四五年。ならびに前節に示した参考書。

第二節　仏陀時代の思想界

仏教の開祖ゴータマ（Gotama）が出生したのは西紀前五〇〇年ごろであった。この時代の中インドは、社会的・思想的に転換期にあたっていた。この社会の変革期に、仏陀が生を得たことが、仏教が順調にインド全体に発展した一つの理由であったと思われる。北インド方面ではヴェーダの宗教が信奉せられ、バラモン階級の権威が重んぜられていたが、中インドの新開地ではまだバラモンの権威が確立していなかった。この地方ではまだ武士階級の勢力が強く、バラモンはその下位に甘んじていたのである。

アーリヤ人が北インドから中インドに発展した過程において群小の部族はしだいに統合されて、王国に変貌しつつあった。当時中インドには「十六大国」があったが、それらがさらに少数の王国に統合されようとしていたのである。特に中インドの西北方を占めるコーサラ国（Kosala，シュラーヴァスティー Śrāvastī，舎衛城を首都とする）と、ガンジス河中部の南方を占拠したマガダ国（Magadha，ラージャグリハ Rājagṛha，王舎城を首都とする）とは、当時最も強力な国家であった。特にマガダは当時の新興国であったが、最後にはインドの全体を統一して、インド最初の王朝を開いたのである。これにはマガダの農産物を主とする豊富な財力があずかって力があったと思われる。ともかくこの時代になって厳密な意味での王者（rājan）が出現し、王者の権威が重要視されるようになったのである。

ガンジス河の流域は酷熱多雨で、豊富な農産物に恵まれ、ここに農耕を主とする耕作民や地主が現われた。そして物資が豊富になるにつれ、商工業や手工業が盛んになり、都市が発達した。そして商人や手工業者は隊商や組合を組織し、商人の長として長者階級（śreṣṭhin, seṭṭhi）が現われている。このように当時は、政治や経済関係が変化し、古い階級制度が崩壊しつつあったのである。さらにバラモン階級の権威が重んぜられなかったことは、ヴェーダの自然崇拝の宗教が力を失ったことを意味するであろう。ウパニシャッドの梵我一如の哲学を経験した当時の知識階級には、自然現象を神として崇拝する素朴な宗教は満足できなかったであろう。さらにアーリヤ人がドラヴィダ人の宗教に接触して、その影響を受けたことも、新しい宗教思想の台頭を促す理由となったであろう。さらに当時の中インドは食料が豊富であったために、多数の遊民・出家者を養い得た。そのために宗教に志す人は、家を捨てて出家し、遊行者（paribbājaka パリバージャカ）となって、在家者の布施によって生活しつつ、真理の探求に腐心したのである。しかも食糧が豊富になって生活が安定したにもかかわらず、娯楽が乏しかった古代においては、生命にあふれる若者たちの生活の中に、救われざる不安と倦怠とが引き起こされた。そして現実を逃避して彼岸に真理を追求する風潮を生じ、良家の子女がきそって出家するという現象を生じた。

当時は二種類の宗教者があった。それはバラモンと沙門とである。伝統的な宗教者はバラモン(brāhmaṇa)と呼ばれた。彼らはヴェーダの宗教を信奉し、その祭式を司るが、同時に梵我一如の哲学に心をひそめ、そこに不死の真理を獲得しようとしたのである。彼らは少年時代に師のもとに弟子入りして学生期に入り、ヴェーダを学習する。つぎに学なって家に帰り、結婚して家長としての義務を果たす家住期に入る。そして老年になってから、家督を子に譲り森林に退き林住期を過ごす。最後には森の住処をも捨てて、一処不住の遊行期に入って、行方定めぬ旅のうちに一生を終わるのである。

このようなバラモンの修行者に対して、この時代になって全く新しいタイプの宗教修行者が現われた。彼らを沙門《しゃもん》(śramaṇa, samaṇa)という。これは「努力する人」というほどの意味であるが、古いウパニシャッドには現われない新しい宗教者の群であった。彼らは家を捨てて乞食《こつじき》生活をなし、直ちに遊行期の生活に入った。そして青年時代から禁欲生活を守り、森に入って瞑想(yoga ヨーガ、瑜伽)の修行をなし、あるいは烈しい苦行に身を任せた。それによって人生の真理を体得し、不死を獲得しようと欲したのである。

当時の沙門として仏教の経典には六師外道《げどう》を説いており、六人の宗教家が有名であった。いずれも弟子たちを統率し、教団の長(gaṇin)として尊敬されていたという。その六人とは次のごとくである。

1 プーラナ・カッサパ(Pūraṇa Kassapa 不蘭迦葉)

2　マッカリ・ゴーサーラ（Makkhali Gosāla 末伽梨瞿舎梨）
3　アジタ・ケーサカンバリン（Ajita Kesakambalin 阿耆多翅舎欽婆羅）
4　パクダ・カッチャーヤナ（Pakudha Kaccāyana 婆浮陀伽旃那）
5　サンジャヤ・ベーラッティプッタ（Sañjaya Belaṭṭhiputta 散若夷毘羅梨沸）
6　ニガンタ・ナータプッタ（Nigaṇṭha Nātaputta 尼乾子）

これらの人びとが最も重大視したのは、善悪の行為（業《ごう》）は結果（報《むく》い）を持ちきたすかどうかということであった。最初のプーラナは、人殺し、物盗り等をしても悪をしたことにならないとして、善悪の行為は道徳的結果をもたらさないと説き、道徳の否定を主張したという。第二のマッカリ・ゴーサーラは、人間が向上するにも堕落するにも、因もなく縁もないとして、偶然論・宿命論を唱えた。彼の教団を「アージーヴィカ」（Ājīvika or Ājīvaka）という。これは仏教の経典では邪命外道《じゃみょうげどう》と訳されているが、本来は「きびしい生活法を守る人」という意味のようであり、苦行主義者であった。アショーカ王の碑文や『アルタシャーストラ』などにも、この教団のことが説かれており、仏教やジャイナ教と並んで、後世までも有力な教団の一つであった。ゴーサーラはジャイナ教の大勇《マハーヴィーラ》と一緒に修行したともいわれ、苦行によって解脱《げだつ》を得ようとした修行者であったらしい。

第三のアジタは地水火風の四元素のみが実在であると説き、唯物論を主張した。そして道徳的行為の無力を主張していたという。このような唯物論の伝統は、その後もインドに存在し、これをローカーヤタ（Lokāyata）といい、仏典では順世外道《じゅんせげどう》と訳している。また後世にはチャールヴァーカ（Cārvāka）ともいう。

パクダは地水火風の四元素のほかに苦・楽・生命の三を加えて、七要素の実在を説いたという。七要素は不変であるため、人を殺しても、刀はこれらの七要素の間隙を通るのみであり、殺人は成立しないと主張したという。このような要素のみの実在を認める考え方は、後世の勝論《かつろん》学派（Vaiśeṣika ヴァイシェーシカ）に発展してゆく考え方である。

第五のサンジャヤは、質問に対して確定した答えをなさず、とらえどころのない答弁をしたという。その根底には知識に対する懐疑と不可知論があったと見られており、論理学への反省もあったと認められている。のちに仏陀の高弟となったサーリプッタ（Sāriputta 舎利弗）とモッガラーナ（Mahāmoggallāna 大目犍連）とは、彼の弟子であったという。

第六のニガンタはジャイナ教（Jaina 耆那教）の開祖マハーヴィーラ（Mahāvīra 大勇）のことである。ニガンタ（離繫）とは「束縛を離れた」という意味である。心身の束縛を離れることを目的として、苦行を修していた人びとの教団をニガンタ派といった。マハーヴィーラはこの教団に入って、苦行を修し、悟りをひらいてジナ（Jina 勝者、迷いを克服した人）の自覚を得た。そのために彼以後、この教団をジャイナ（Jaina ジナ教徒）という。ジャイナ教以前のニガンタ派の歴史は長かったようであり、この派で説く二十四祖の中のパールシュヴァ（Pārśva, Pāsa）は実際に存在した人と見られている。

ジャイナ教は仏教と並んで有力な宗教であり、教理用語なども仏教と共通のものが多い。ジャイナ教は、身体的な束縛、すなわち肉体的な欲望や本能を克服して、心の自由を得ることを目的とした。そのために苦行を行なって、身体の勢力を弱めるのである。さらにその上に五大誓を中心とするきびしい戒律を実践し、特に殺生をきびしく禁じ、また無所有（所有を捨てる）を強調し、そのために衣服までも捨てて、裸体で修行する人びと（空衣派《くうえ》）もあった。この派の教理や知識論もすぐれており、経典にまとめられ、現在まで伝承されている。この派の古い経典は、アルダマーガディー語（Ardha-māgadhī 半マガダ語）で書かれている。

当時このように多数の沙門が輩出し得たのは、時代が思想の変革期にあたっていたことも重要であるが、同時に当時の中インドが多数の出家者を養いうる経済的余力を持っていたことも、見落してはならない。中インドはガンジス河の中流に位置し、アーリヤ人が農耕の定住生活を確立した時代である。当時中インドでは米作の技術が進歩して、食糧が豊富にあった。熱帯で腐敗が早いこととあいまって、調理した食物が余れば、捨てるのが普通であった。故に乞食生活によって修行をなす沙門の輩出を容易にしたのである。

以上の六師の主張にも見られるように、当時は道徳的行為が結果（果報）をもたらすか否かということが大きな問題であった。これは業《ごう》（karman カルマ）の果報の問題であり、心の自由（解脱《げだつ》）を得るために、業の束縛があるとすれば、それをいかにして断ずるかが問題となっていたのである。これはまた輪廻の問題とも関係する。輪廻《りんね》転生という思想はヴェーダにはまだ現われない。

これはウパニシャッドにおいて、しだいに熟してきた世界観であるが、しかし輪廻（saṃsāra サンサーラ）という用語は古いウパニシャッドにはまだ現われていない。仏陀以後のウパニシャッドにおいて頻繁に用いられるようになった。すなわちちょうど仏陀の時代にこの「生死を繰り返す」という輪廻の考えが固定したのであろう。しかし輪廻を認めれば、輪廻する主体が当然考えられてくるのである。カルマの思想も仏陀以前から知られていたが、しかしまだ業の果報が法則として承認されていたのではない。仏教はこのばくぜんとしたカルマの考えを、仏教独自のしかたで「業の因果律」として組織したのである。ジャイナ教も業の果報を認めるが、しかし彼らは行為の結果を罰（daṇḍa）として受け取る考え方が強かった。

輪廻の主体としての自我（ātman, attan アートマン、jīva ジーヴァ、命我）と、その生存の場所としての世界《ローカ》に関して、当時六十二種の見解があったといい、これを仏教の『梵網経』に「六十二見《けん》」として伝えている。人間の心は変化するものであるから、その心の奥に常住なる自我を認めるとすれば、それをどのように把握するか、それについて、種々の意見があったのである。ジャイナ教の文献には、当時三百六十三の論争家があり、これをまとめて作用論者（業論者）・無作用論者・無知論者（懐疑家）・持律論者（道徳家）の四種になると言っている。なお仏典には、当時の世界観を三種にまとめている。すなわちすべては神意によって動いてゆくと見る自在神化作説（Issaranimmāna-vāda 尊祐造説）と、一切は過去の業によって決められていると見る宿命論（Pubbekatahetu 宿作因説）と、一切は偶然の所産であると見る偶然論（Ahetu, Apaccaya 無因無縁論）とである。仏陀は、これらの三種の見解は、人間の自由意志や人間の努力の効果を否定するものであるとして斥けた。仏陀の説いた縁起の立場は、これらの三つの立場を越えた立場である。

さらに以上の諸見解をまとめると、自我も世界も唯一なるブラフマン（梵）から流出転変したと見る正統バラモンの転変説（Pariṇāma-vāda）の考え方と、かかる唯一なる絶対者を認めないで、個々の要素が常住であるとなし、それらが集まって人間や世界が成立していると見る積集《しゃくじゅう》説（Ārambha-vāda）とに分かれる。こういう二つの考え方の基礎がこの時代に形成されたのである。さらに修行の方法としては、禅定を修し、心を静めて解脱を実現しようとする修定《しゅじょう》主義と、苦行によって、心を束縛している迷いの力をたち切って解脱を得ようとする苦行主義との二つにまとめることができる。ともかく仏陀が現われた時代には、伝統的なヴェーダの宗教は既に光を失っていたのである。しかしそれに代わる新しい宗教的権威はまだ確立していなかった。そして多くの思想家が、自己の心のうちに真理を発見しようとして、模索していた時代である。

参考書

宇井伯寿「六師外道研究」（『印度哲学研究』第二）大正一四年。同「六十二見論」（『印度哲学研究』第三）大正一五年。金倉円照『印度古代精神史』昭和一四年。同『印度精神文化の研究』昭和一九年。宮本正尊「中の哲学的考察」（『根本中と空』）昭和一八年。水野弘元「十六大国の研究」（『仏教研究』四ノ六、昭和一五年一一・一二月号）。松濤誠廉「六師外道の思想精神」（『印度精神、世界精神史講座Ⅲ』昭和一五年）。同「聖仙の語録」（『九州大学文学部四〇周年記念論文集』昭和四一年）。同「ダサヴェーヤーリヤ・スッタ」（『大正大学研究紀要第五三輯』昭和四三年）。中村元『インド古代史上』第一編・第二

編、第三編第六章「シャモン」その他、昭和三八年。雲井昭善『仏教興起時代の思想研究』昭和四二年。

　H.V. Glasenapp: Der Jainismus. Berlin, 1925; W. Schubring: Die Lehre der Jaina. Berlin und Leipzig, 1935. (英訳 W. Beurlen: The Doctrine of the Jaina. Delhi, 1962) ; Jaina Sūtras, Part I, II (SBE. Vols. XXII, XLV.) ; Dasgupta: A History of Indian Philosophy. vol. III, Appendix, The Lokāyata, Nāstika and Cārvāka; A. L. Basham: History and Doctrines of the Ājīvikas, A vanished indian Religion. London, 1951; S. B. Deo: History of Jaina Monachism. Poona, 1956; G.C. Pande: Studies in the Origins of Buddhism. Part II, Allahabad, 1957; D.D. Kosambi: The Culture and Civilisation of Ancient India in Historical Outline. Chapter V. London, 1965. (山崎利男訳『インド古代史』第五章)。

第三節　仏陀の生涯

仏陀　仏教の開祖を仏陀《ブッダ》（Buddha）と呼ぶことは、インド思想一般で承認されている。そして仏教徒のことをバウッダ（Bauddha）と呼ぶことも、他教徒の間で使われている。[1] このようにブッダという言葉は、仏教の専用語になったが、本来は普通名詞であり、ジャイナ教でも用いている。ブッダとは「覚《さと》った人」（覚者）という意味である。この言葉が仏教の専用語となった点に、仏教が「智慧の宗教」であることが示されている。

ジャイナ教でもブッダを用いる。『聖仙の言葉』[2]（Isibhāsiyāim）には、四十五人の聖仙《リシ》が、「すべてブッダであり、再びこの世に帰らない」と説いている。しかしジャイナ教では、マハーヴィーラをジナ（jina 勝者）と呼ぶことが多い。そのためにJainaでジャイナ教を示すようになった。しかし仏教でも、仏陀のことをジナと呼ぶ。特に大乗経典にこの用例が多い。さらに阿羅漢《アルハット》（arhat, arahant）も、仏教・ジャイナ教の両方で用いる。特にジャイナ教徒をアールハタ[3]（Ārhata）と呼ぶから、ジャイナ教で特にこの語を重要視したと見てよかろう。仏教では、阿羅漢は弟子の「さとり」を示す用語に転落した。そしてブッダは釈尊一人の呼称となった。これに対して、ジャイナ教ではジナを重要視し、ブッダを広く使用した。そのほか牟尼（muni）、世尊（bhagavat）など、仏教とジャイナ教の両方で用いる用語は多い。[4]

仏陀の出生　ここには仏陀を示すのに釈尊《しゃくそん》という言葉を用いることにした。釈尊とは釈迦牟尼《しゃかむに》（Śākyamuni 釈迦族出身の聖者）を略した意味で用いられる。釈尊はシャークヤ族（Śākya, sakiya）の出身で姓をゴータマ（Gotama, Gautama 瞿曇《くどん》・最上の牛）といい、出家する前の名をシッダッタ（Siddhattha, Siddhārtha 悉達多）といった。シャークヤ族はネパールとインドとの国境付近に住んでいた小部族であったという。都城はカピラヴァストゥ（Kapilavastu）であり、クシャトリヤ（戦士）の部族であったようであるが、農業に従事し、米作を主としていた。釈尊はクシャトリヤの出身であるといわれるが、しかし釈迦族の内部に四姓の区別があったのではないようである。彼らがアーリヤ系の種族であったという確証はないが、しかしアジア系の民族に属すると断定することもできない。首長は交代制で選ばれ、王（rājan）と称した。国政はクシャトリヤによる寡頭貴族制であった。シャークヤ族は自治を認められていたが、完全に独立ではなく、南のコーサラ国に従属していた。（最近では、釈尊のことをゴータマ・ブッダと呼ぶ学者が多い。しかしゴータマは姓であるために、姓の異なる仏陀であるカーシュヤパ・ブッダやマイトレーヤ・ブッダなどに対比するときには意味がある。しかしこれらの仏陀は伝説の仏陀であり、ゴータマ以外に姓の異なる仏陀があったのではない。故にここには、ゴータマより広いシャークヤ族の聖者の意味で釈尊と呼ぶことにした。これが古くからの呼称である。）

釈尊の父をスドーダナ（Suddhodana 浄飯王《じょうぼんのう》）というが、首長の一人であったのである。母はマーヤー（Māyā 摩耶夫人《まやぶにん》）というが、釈尊を生んで七日にしてなくなったという。あとは妹のゴータミー（Mahāpajāpatī-Gotamī 大愛道瞿曇弥《くどんみ》）が養母となり養育した。ナンダ（Nanda 難陀）は異母弟である。マーヤー夫人は出産が近づいたために故郷のデーヴァダハ（Devadaha 天臂城）に帰ろうとして、ルンビニー園（Lumbinī）に至ったとき、釈尊を生んだという。のちにアショーカ王が釈尊の聖地を巡礼して、この地に至り、塔と石柱を建てた。玄奘もそれを見聞している。一八九六年にその石柱が発見され、碑文が解読され、これが仏陀の誕生地であることが確認された。この土地は、現在はルンミンデイ（Rummindei）と呼ばれている。伝説によれば、釈尊が生まれたとき、ヒマラヤ山からアシタ（Asita）という仙人が出てきて、王子の相好を占い、「この嬰児の前途には二つの道しかない。家にあって王位を継げば、全世界を統一する転輪聖王《てんりんじょうおう》となるであろう。もし出家すればかならず仏陀になるであろう」と予言したという。

釈尊の出生年代　釈尊の生誕年代については、古来異説が多く、一定しがたい。困難な問題の一つである。釈尊は八十歳で入滅したといわれるから、その没年を決定する必要がある。仏滅年代に関する有力な説は、一つは、セイロンの『島史』（Dīpavaṃsa）『大史』（Mahāvaṃsa）による説である。ガイガー（Wilhelm Geiger）はこれによって、仏滅を紀元前四八三年と算定した。(5) これによると、仏陀の生存年代は紀元前五六三〜四八三年となる。ヤコービ（H. Jacobi）もこの方法で紀元前四八四年と算定した。これには金倉博士が賛意を表せられた。(6) これは同じく南方仏教の伝承であるが、『善見律毘婆沙』の翻訳につれて中国に伝わった「衆聖点記《しゅしょうてんき》」の説にもほぼ合する。これは『歴代三宝紀』に伝える説で、斉の永明七年庚午の歳（正しくは永明八年）までに九七五点を得たという説であって、これによると釈尊の入滅は紀元前四八五年になる。[7]

以上、セイロン伝は諸王の在位年数の算定のしかたで若干の違いはあるが、ほぼ四八〇年余であり、この説に賛成する学者が多い。このほかにバラモン教やジャイナ教の伝説によって得た資料で、セイロン伝を訂正して算定し、仏滅年代を紀元前四七七年とする説もある。これはマックス・ミュラーその他の学者によって主張せられた。しかしプラーナ（Purāṇa 古伝書）やジャイナ教では異説が多いのであり、その中から、セイロン伝に近いものを選び出してこの結果を得たものであるので、最近では支持者がない。

これに対して宇井伯寿博士は、北方に伝わった伝承により、アショーカ王と仏入滅との間を一一六年と見て、仏滅を紀元前三八六年とする説を立てた。[8] これによれば仏陀の生存年代は紀元前四六六〜三八六年となる。これはさきのセイロン伝が仏入滅からアショーカ王即位までを二一八年間となし、その間にセイロン王を五王立てるが、五王で二一八年では長すぎると見ることが一つの根拠となっている。そのためにセイロン伝を捨て、アショーカ王即位を紀元前二七一年とする説に北方の伝承を結合して、この年代を得たのである。中村元博士はアショーカ王の即位年代を修正して二六八年となし、仏入滅を紀元前三八三年ごろと見た。[9]

以上、南北両伝の間には約百年の違いがあるが、これを会通し、万人を納得せしめる結論を導き出すことは、現在としては不可能である。セイロン伝は歴代の王名や在位年数を具体的に伝えている点にすぐれた点がある。北方の伝承は仏入滅からアショーカ王までを百余年とするのみで、その具体的年代の記述を欠く点に弱点があろう。しかしセイロン伝では仏入滅よりアショーカ王即位までのセイロン王は五代であったというし、仏教の教団でも、仏入滅よりアショーカ王までの遺法相承を五代としている（北伝では、大迦葉・阿難・末田地・商那和修・優婆麹多。セイロン伝では、ウパーリ・ダーサカ・ソーナカ・シッガヴァ・モッガリプッタ）。セイロン伝によれば、アショーカ王の時代には仏教教団は既に多くの部派に分裂していたことになるが、しかしアショーカ王の碑文を検討するに、この時代にはまだ部派仏教が栄えていたとは見がたい。しかもサーンチー（Sāñchī）・サールナート（Sārnāth）・コーサーンビー（Kosāmbī）等、当時の重要な仏教の拠点に、僧伽の分裂をいましめる法勅があることは、当時かなり広範囲に仏教教団に騒動のあったことを示すと見てよい。これを「十事」のあとの僧伽の争いと見ることは無理ではないと考える。その他、後述するごとく仏教教団の発展史から見るかぎり、北伝のほうが妥当のごとくである。故に本書では、釈尊の生存年代を紀元前四六三～三八三年と見ることにしたい。しかしセイロン伝を排斥するつもりはない。この問題は、ジャイナ教やバラモン教方面の歴史的発展とも関連して考慮すべき問題であろう。

仏陀の出家　釈尊は若き日には、なに不自由ない豊かな生活を送ったという。長じてヤショーダラー（Yaśodharā）と結婚し、一子ラーフラ（Rāhula 羅睺羅《らごら》）をもうけたが、深く人生の問題に悩み、二十九歳のとき家族を捨てて出家し（十九歳出家・三十一歳出家説もある）、遊行者の群れに身を投じた。釈尊は生まれつき瞑想的な性格を持っていた。まだ家にあったとき、父王に従って農耕の祭りのため野外に出たときにも、人びとから離れて、樹下に坐禅をなし、初禅《しょぜん》の境地に入ったという。あるいは農夫が掘り起こした土の中から虫がはい出たとき、舞いおりた鳥がその虫をついばんで飛び去った。それを見て釈尊は生物は互いに傷つけ合うことを痛感した。人びとは醜い老人を見て嫌悪を感ずるが、何人も老人になることは避けられない。何人も病気の苦しさや病人のきたならしさを望まないが、しかし病気になることも避けられない。人びとは死を恐れ、死を望まないが、何人にも死は必ずやってくる。若き日の釈尊が、この生老病死の恐れに思いをひそめたとき、若さにあふれる身体から、一切の歓《よろこ》びが抜け去ったという。後世の伝説によれば、釈尊は父王の宮殿から遊観のために城外に出て、最初は老人を見、次回は病人、そのつぎは死人を見て、心楽しまず宮殿に引き返し、最後に出遊したとき行ないすました沙門の姿を見て、出家の決心を固めたという。これが「四門出遊」の伝説である。ともかく釈尊は青年のときに、父母の意に反して出家したのである。伝説によれば、夜に紛れて、愛馬カンタカに乗り、御者のチャンナ（Channa 車匿《しゃのく》）を従えて出城したという。『大般涅槃経』（*DN.* vol. II, P. 151）には、仏陀は「善（kusala）を求めて出家した」と伝えている。

修行　釈尊は出家をして、髪を剃り、袈裟《けさ》衣を着けて遊行者となり、南方の新興国マガダに向かった。この地にすぐれた宗教家が集まっていたからであろう。当時の公道は舎衛城から始まり、東進してカピラヴァットゥに至り、さらに東に進み、しだいに南に曲がってクシナガラやヴェーサーリーを経てガンジス河に達し、さらに河をわたってマガダ国に入り、王舎城《ラージャガハ》に至る。この公道を「北路《ウッタラーパタ》」(Uttarāpatha) という。釈尊はこの公道によって、マガダに至ったのであろう。釈尊が王舎城を乞食《こつじき》していたとき、ビンビサーラ (Bimbisāra) 王が見て、自己の臣下にしたいと思い、家来をつかわして出家を思いとどまらせようとしたが、断わったという。そして釈尊は当時有名な宗教家であったアーラーラ・カーラーマ (Āḷāra-Kālāma, Arāḍa-Kālāma) について修行した。彼は禅定の実習者であり、釈尊に「無《む》所有《しょう》処定《しょじょう》」という禅定を教えたという。釈尊はこれに満足しないで、別の師ウッダカ・ラーマプッタ (Uddaka-Rāmaputta, Udraka-Rāmaputra) について修行した。ウッダカは「非《ひ》想非《そうひ》々《ひ》想処定《そうしょじょう》」という禅定に達していた。これは無所有処定よりもさらに微妙な禅定の境地である。かかる微妙な禅定に入ると、心が全く静寂となり、あたかも心が「不動の真理」に合体したように思われる。しかし禅定から出れば、再び日常の動揺した心にかえってしまう。故に禅定で心が静まるだけでは真理を得たといえない。禅定は心理的な心の鍛錬であるが、真理は論理的な性格のものである。これは智慧によって得られる。そこで釈尊は、彼らの修定主義の方法だけでは生死の苦を解脱することはできないと考えて、彼らのもとを去ったという。

ここにいう無所有処定・非想非々想処定は、原始仏教の教理の「四無《む》色定《しきじょう》」にふくまれるものである。これが果たしてアーラーラやウッダカによって発明されたものか否かは疑問である。しかし禅定（jhāna, dhyāna ジャーナ、yoga ヨーガ）によって心を静める修行方法は、仏教以前から存在していた。インダス文明の発掘品のなかに、既に禅定の行なわれていた形跡を認める学者もある。アーラーラやウッダカはおそらく禅定を修する修行者であったのであろう。仏教が戒・定・慧の「三学」を説いて、定《じょう》の上に慧を立てるのは、禅定だけでは真理は発見できないことを示すものである。禅定は心理的な心の鍛錬であるから、それ自身は盲目的なものである。それに智慧の眼《まなこ》が加わってこそ真理を実現するものとなりうる。

そこで釈尊は森に入って独自に修行を始めた。マガダのウルヴェーラーのセーナー村のネーランジャラー河（Nerañjarā 尼連禅河）の附近が修行に適すると見て、ここで苦行を修したという。これが「苦行林」である。その苦行の二、三を示す。たとえば歯をかみ合わせ、舌で上顎を押え、いつまでもそれを続ける。その苦しさを強い意志でもって克服する。あるいは呼吸を止めて、精神を集中する禅を行なう。口や鼻から出る息、入る息を遮断する。そうするとついには耳から空気が出入するという。しかし最後にはそれをも止める。その苦しみに堪えて、異常なる努力をもって、正念《しょうねん》を確立し、苦しみに心がとらわれないで住する。この止息禅のために、釈尊はほとんど死に等しい状態に陥ったという。あるいは絶食の修行がある。これは食物をすべて絶って、幾日も住する。あるいは徐々に節食し、断食に至る。長時の断食により肢節は細くなり、皮膚はたるみ、毛髪は脱落し、はげしい苦痛を受ける。苦行は、これらの苦しみを克服し、強い意志を鍛錬し、苦から心の独立を達成せんとするのである。

森の中でひとり苦行を行なって、苦しみに堪えていると、生命への執着から種々の迷いが起こる。さらに在家の欲楽の生活への誘惑があり、あるいはこれが果たして正しい修行方法であるかという疑いも起こる。また獣や鳥の横行する暗夜の森には恐怖がある。これらの迷いや恐怖が悪魔（Māra-Pāpimat 悪魔波旬）の形をして釈尊を誘惑したと語られている。悪魔は七年間釈尊に付きまとっていたが、一歩もつけいるすきがなかったという。（後世の仏伝では、六年苦行を修したという。これは満六年と見ることもできよう。仏陀がこのとき檀特山（Daṇḍaka）に入ったというのは後世の説である。檀特山はガンダーラの山である。）

苦しみや恐怖、疑い、愛欲などを克服することは、強い意志を必要とする。苦行によって強い意志が鍛錬されるので、それによって心は苦痛から独立する。そしてそれだけ心は自由を得ることができる。しかし意志が強くなることと、正しい智慧が起こることとは別である。釈尊は、何人も受けたことのないような激苦激痛に堪えつつ、正念に住したが、しかし常人を越えた聖なる知見は得られなかったという。そのとき、かつて青年時代に父王に従って農耕の祭りに外出したとき、樹下に坐禅して初禅に達したことを思い出した。そしてこれこそ「悟り」（bodhi ボーディ、覚）に至る道であろうと考えて、苦行を捨てたという。

成道　苦行を捨てた釈尊は、この極度に瘠せた身をもってしては、初禅の楽は得がたいと考えて、固い食物や乳粥《しゅく》を取って、身体を鍛えた。このとき、乳粥をささげたのはスジャーターという娘であったという。さらに、ネーランジャラー河に入って汚れた身を洗い、その水を飲んだ。これを見て釈尊に従っていた五人の修行者は、「沙門ゴータマは贅沢に陥り、努力精進を捨てた」と言って、立ち去ったという。釈尊は固い食物と乳粥とによって体力を養い、近くの森のアシュヴァッタ樹の下に坐を設け、そこで禅定に入った。そしてついにこの木の下で悟りを開いて、「仏陀」となったのである。このさとりを「正覚《しょうがく》」(abhisambodhi)という。仏陀とは「目覚めた人」という意味である。アシュヴァッタ樹(aśvattha)は無花果《いちじく》樹の一種であり、のちには「菩提樹」(Bodhi-tree)と呼ばれるようになった。そして悟りを開いた場所は「ブッダガヤー」(Buddhagayā仏陀伽耶)と呼ばれ、のちには仏塔が建てられ、仏教徒の巡礼すべき聖地の一つとなった。

釈尊が悟りを開いたのは、南方仏教ではヴァイシャーカ月(Vaiśākha, Visākhā 四月〜五月)の満月の夜であったという。日本では十二月八日を釈尊の成道の日としている。古い伝説では、釈尊は二十九歳出家、三十五歳成道、それより四十五年教化をして、八十歳にて入滅したというが、五十年教化をしたという説もあり、この説では十九歳出家、三十歳成道と見る。

仏陀の成道は古くから「降魔《ごうま》成道」といわれる。すなわち悪魔《マーラ》を降伏して悟りを得たのである。悪魔は死の神であり、また欲望の支配者である。悟りが、死の恐怖を克服し、欲望を断ち切り、精神の自由を得ることであるならば、悟りにおいてこそ最もはげしい悪魔との戦いがあるわけである。これは仏陀の心中の戦いであったのである。釈尊は成道において悪魔を降伏したのであるが、しかしその後、悪魔が仏陀の前に現われなくなったのではない。悟ったあとにもしばしば現われて誘惑を試みている。食欲・睡眠・病気などの欲望・苦痛は、人間仏陀にも避けられないことであった。しかしこのような悪魔の誘惑を、仏陀は常に退けたのである。

仏陀が成道において何を悟ったかは、大きな問題である。『阿含経《あごん》』(Āgama) にはこの点について種々なる説明があり、宇井博士はそこに十五種の異なった説のあることを示した。(10) それらの中では、四諦説によって悟ったという説と、十二因縁を悟ることによって仏陀となったという説と、四禅三明《みょう》によって悟ったという説とが優勢である。しかし四諦説は他に対する説法の形になっており、成道内観の生《なま》の形と見るには難点があろう。つぎの十二因縁は、縁起説の完成した形であり、他にもっと素朴な縁起説が説かれているため、原初の説と見るには難点がある。しかしこの説は成道内観の形を備えていることに注意すべきである。第三の四禅三明は、宇井博士もいうように比較的成立の新しい教説である。しかも三明（三種の智慧）の最後の「漏尽智《ろじん》」は四諦説と内容の同じものである。しかも縁起説と四諦説とには、その思想に共通点が見られる。すなわち四諦・十二縁起・三明には内容的には共通性がある。なお別の説では、仏陀は「法を悟った」といわれる。仏陀は悟りを開いたあと、樹下に瞑想していたとき、つぎのように考えたという。「尊敬するものがなく、恭敬するものがないのは苦である。しかしこの世において自分よりも完全に戒・定・慧・解脱・解脱知見を備えている人を見ないから、自分はむしろ自分の悟った法を尊敬し、恭敬して住しよう」と (SN. vol. I, P. 139)。その意味では、四諦も縁起も「法」である。この法がいかなる意味のものであるかは、原始仏教の教理の全体から考察して理解することができる。

したがって仏陀の悟りの内容は、原始仏教の根本思想の検討から推定しうると考えてよいであろう。即ち仏陀は「法」を悟ったのであり、その内容は原始経典の全体から推知しうると考える。

仏陀の悟りについて、彼が釈迦族のゴータマ姓の出身者であることを重視して解釈する学者がある。たしかに仏陀は特定の種姓の出身であったし、彼の教えに従った人びとも、中インドの部族の出身者たちであった。仏陀が入滅したとき、その遺骨を分け合い、仏塔を立てたのも、中インドの八つの部族であった。その意味では、仏陀の宗教は部族の間に信奉せられた特殊な宗教のごとくに考えられよう。しかし仏教が、最初はきわめて狭い地域に流布されていたとしても、のちにはインド全体にひろまり、さらに国境を越えて、アジアの全域にひろまったことを無視すべきではなかろう。仏教と同じころに起こったジャイナ教は、仏教と近似の教理を持っていたが、しかし国境を越えてひろまることはなく、インド国内の宗教にとどまった。それよりもはるかに勢力の強いヒンドゥ教も、インド以外では南アジアに部分的にひろまったにすぎない。

この点から考えてみても、仏教が民族を越えた世界宗教の性格を持っていたことが知られる。しかしてその世界宗教としての性格は、仏陀の悟りの中に備わっていたと見るべきであろう。もし仏陀の悟りが部族宗教の性格のものであれば、のちにそれを世界宗教に変容した人こそが、仏教の開祖とさるべきであろう。しかしわれわれは、仏教史の歴史において、そのような人を見出すことはできない。そのことは、開祖の仏陀の宗教の中に、部族を越え、民族を越えた、人類一般の苦悩にこたえるものを持っていたことを示すものである。仏陀が悟った「苦の滅」の教えが、すなわちそれであったと理解すべきであると考える。

しかしその悟りの智慧が、いかなる心理的場面において実現したかについて、一言しておきたい。それは、仏陀は禅定において悟りを開いたといわれているからである。このことは、仏陀が四禅三明において悟ったという説にも示されている。すなわち四禅において、仏陀は悟りを得たと見てよい。しかし「四禅」がそのまま悟りではない。禅（dhyāna, jhāna）は瞑想の一種である。坐禅は安楽の法門といわれるように、結跏趺坐《けっかふざ》して、身体を安楽にして瞑想する方法である。精神を統一して、初禅から順次に二禅・三禅・四禅にまで深まる。禅は「静慮《じょうりょ》」と訳され、心を静めることである。このほかに瞑想には「ヨーガ」（yoga 瑜伽《ゆが》）の作法がある。これは、精神の集中によって心を静止させる「心集中」の行法《ぎょうほう》である。静止的（心の滅）ということがヨーガの特色のようであり、ヨーガは神秘的な智を生み出すといわれている。ヨーガ学派が成立したあとにも、ヨーガには神秘的な智慧の獲得が語られている。これに対して「禅」も精神の集中であるが、これはきわめて流動的であり、智慧の自由なる活動を助けるごとき心集中である。悟りは「如実知見」（ありのままに知る）であるということが、これを示している。心は本来叡智的な性格のものであり、思惟を本性としているから、心が静まり、統一され、心の集中が強まれば、そこに自然にすぐれた智慧のはたらきが現われる。すなわち禅もヨーガも智を生み出す母胎である。しかし心集中の性格が異なれば、そこに生み出される智慧の性格も異なるであろう。禅から生み出された悟りの智慧は「法を見る」智慧である。この初禅からしだいに四禅に深まりゆく「心集中」の形式は、仏陀の長い修行の間に、その生まれつき瞑想的な素質が、アーラーラやウッダカの指導や、あるいは苦行における正念の習得などを助けとして、自然に発揮されたものと見てよい。「禅」は瞑想の意味で、ウパニシャッド（*Chād. Up.* 7.6.1 etc）以来用いられているが、四禅は仏教の新発揮と見てよいであろう。四禅はダイナミカルな心集中であり、そこに生み出された智慧は、神秘的な直観ではなくして、自由にして理性的な如実知見である。この智慧が真理を悟り、真理と合体して確固不動となり、恐怖にも苦痛にも、さらに愛欲にも乱されなくなったのが「悟り」であると見てよい。これは心が煩悩《ぼんのう》の束縛から解放された状態であるので「解脱《げだつ》」（mokṣa, vimokkha, vimutti）と称し、この解脱した心によって覚《さと》られた真理を「涅槃《ねはん》」（nirvāṇa, nibbāna ニルヴァーナ、滅）という。解脱は心の「自由」のことであり、涅槃は「平和」であると解釈する学者もある。[11]

最初説法　仏陀は悟りを開いたあと、深い寂静に沈んだという。七日の間菩提樹の下で三昧《さんまい》（samādhi サマーディ、心の統一）に入って過ごし、そのあとさらに別の樹の下で、解脱の楽を味わいつつ坐していたという。（この期間に、タプッサ、バッリカ（Tapussa, Bhallika）という二人の商人が仏陀に蜜丸を供養して信者になったという。）このようにして五週間も、樹下を立ち得なかったという。そして自己の悟った「法」（dhamma 真理）は深淵であるから、他に説いても理解されないであろうと考え、教えを説かないという心に傾いたという。これは「大事」を達成したあとの心の空虚を示すものであろう。人生の最高の目的を達成すれば、それ以上生存する意味は見出しがたいからである。しかし釈尊は、「自利」の大事達成後の虚無の深淵から立ち直って、衆生済度の「利他」の活動に心を向け直した。これが「法を説く決意」となって現われた。この間の心の動きが、樹下における五週間の寂思と、その間における「説法躊躇」ならびに、梵天の説法勧請の神話によって示されている。故に「梵天勧請《かんじょう》」に深い宗教的意味を認める学者もある。[12]

大事を達成したあとの「虚無感」は、実際にそれを実現した人でなければわからないであろう。仏弟子にも悟りを開いたあとで、実際にこのような虚無を体験した人が多かったのであろう。そこから、釈尊が悟りを開いたあとに、そのまま涅槃に入りたいとの誘惑にかられたという話しができてきたのであろう。そして過去の仏陀には、かかる際にそのまま涅槃に入ってしまった仏陀もあったに相違ないと考えて、ここに「辟支仏《びゃくし》」(pacceka-buddha, pratyeka-buddha 縁覚・独覚)という考えが起こったと解釈されている。そしてのちには「辟支仏乗」が考えられるようになった。辟支仏とは、悟りを開いても利他に廻心しないで、そのまま入寂する仏陀のことである。ただし、辟支仏の起源を、仏陀時代に孤独に修行していた聖仙(ṛṣi)たちの宗教的あり方に求める学者もある。[13]

仏陀は説法することに決心して、まず誰に教えを説こうかと考えて、苦行時代に共に修行した五人の修行者(五比丘)に説こうと考えた。彼らならば、自己の悟った法を理解してくれると思ったからである。彼らは西の方のベナレス(Bārāṇasī)の鹿野苑《ろくやおん》(Migadāya)にいた。鹿野苑は現在サールナート(Sārnāth)として知られ、仏陀の初転法輪の遺跡となっている。アショーカ王の石柱があり、その法輪(Dharma-cakra)を有する「獅子柱頭」はすぐれた力強い彫刻であり、独立インドの紋章となっている。
仏陀の説法を「転法輪」というが、仏陀はベナレスで五人の修行者に対して、苦と楽との両極端を離れた「中道」（majjhimā paṭipadā）と、苦・集・滅・道の「四聖諦」の教えを説いたという。最初に法を悟ったのは五比丘の中のコーンダンニャ（Aññāta-Koṇḍañña 憍陳如《きょうちんにょ》）である。彼が釈尊の最初の弟子となった。その後残りの四人も法を悟って弟子となった。ここに仏教の教団（saṃgha 僧伽《そうぎゃ》）が成立した。その後さらに仏陀は「五蘊無我」の教えを説いたので、それによって彼らは阿羅漢の悟りを得たという。阿羅漢《あらかん》は煩悩を完全に滅した人のことであり、弟子の最高の悟りである。仏陀も煩悩を滅した点で阿羅漢である。この点では弟子と同じである。しかし悟りの智慧においては仏陀がすぐれていたため、弟子は仏陀と呼ばれない。仏教では出家修行者のことを比丘《びく》（bhikṣu, bhikkhu 乞士）という。これは乞食《こつじき》によって生活し、もっぱら修行に専心する出家者の意味である。

教団の発展　釈尊の最初の弟子がコーンダンニャ等の五比丘であったことは、まちがいないであろう。古い『仏伝』によれば、仏陀はそのあとで、ベナレスで長者（seṭṭhi）の子・ヤサ（Yasa）を教化し、彼の父母、妻などが在家信者（upāsaka ウパーサカ、優婆塞《うばそく》 upāsikā ウパーシカー、優婆夷）になったという。さらにヤサの四人の友人や、五十人の友人たちが出家して弟子になった。彼らもすべて阿羅漢になったという。仏陀はこれらの弟子に対して、伝道をなし、人びとを救済せよと告げられた。「比丘等よ、遊行《ゆぎょう》せよ、衆生の愛愍《あいみん》のため、衆生の安楽のため、世間を愛するため、神々と人間との利益、愛情・安楽のために。二人して一つの道を行くなかれ。初めも善く、中も善く、終りも善く、道理と美しさとを備えた法を説け」（*Vinaya.* vol. I, p. 21）と説いたという。ここに少しでも多くの人に真理を伝えようとする仏陀の慈悲が示されている。

仏陀はその後、再びマガダ国にもどり、多くの弟子を得たが、特に当時マガダで有名な宗教家であったウルヴェーラ・カッサパ（Uruvela-Kassapa）との法戦に勝って、彼を弟子にした。彼の二人の弟、ならびにその弟子たちも、仏陀の弟子になった。これによって、マガダにおける仏陀の名声が一時に上がったのである。仏陀は彼らを引き連れて王舎城に入り、ビンビサーラ王（Seniya Bimbisāra）が帰依して、在家信者となった。王は竹園を布施して、僧伽の住処とした。ここに教団の根拠地ができたのである。かくしてビンビサーラ王は僧伽の外護者となった。サンジャヤの弟子であったサーリプッタ（Sāriputta 舎利弗《しゃりほつ》）とモッガラーナ（Mahā-Moggallāna 大目犍連《もっけんれん》）とが弟子となったのもこのころである。サーリプッタは五比丘の一人アッサジ（Assaji 馬勝）から「すべて法は因より起こる。如来はその因を説く、またその滅をも。大沙門はかくのごとく説く人である」（*Vinaya.* vol. I, p. 41）という教えを聞いて、法を悟り、モッガラーナを誘って、仏陀の弟子になったという。仏陀は二人が近づいてくるのを見て、彼らは私の弟子僧伽の中で、一双の上首となるであろうと言われたという。その言葉のごとくこの二人はのちに仏陀を助けて、仏陀の教えをひろめるのに大きな功績があった。マハーカッサパ（Mahākassapa 大迦葉《かしょう》）が多子塔（Bahuputraka Caitya）にて仏陀を見て、弟子となったのもこのころである（*Mahāvastu* II, p. 50）。彼は厳格な修行者であった。そして仏滅後に師なきあとの僧伽をまとめ、遺法を結集する上に大功があった。

仏陀の在家信者の筆頭ともいうべきスダッタ（Sudatta 須達多）が寒林（Sītavana）に仏陀をたずねて、帰依したのは王舎城であった。彼は舎衛城の住人であり、大商人であった。孤児たちに食事を与えるので「孤独な人に食事を与える人」（Anāthapiṇḍika 給孤独長者）といわれた。彼は商用で王舎城に来ていたとき、「仏陀が現われた」という言葉を聞いて、夜が明けないうちに起き出て、寒林に仏陀をたずねたのである。そして帰依したあとで、仏陀を舎衛城に招待した。そして僧伽の住処として、舎衛城にジェータ林（Jetavana 祇園精舎《ぎおんしょうじゃ》）をジェータ太子から買い取り、そこに精舎を建てて、僧伽に布施したのである。精舎は三ヶ月でできたというから、最初の祇園精舎は簡素なものであったであろう。おそらく木造であったであろう。在家信女《ウパーシカー》（Upāsikā 優婆夷）の代表とも言うべきヴィサーカー（Visākhā-Migāramātā 毘舎佉）も舎衛城に住んでいた。彼女も僧伽に多くの布施をしている。仏陀は好んで舎衛城に止住したが、しかし舎衛城のパセーナディ王（Pasenadi 波斯匿《はしのく》）が仏陀に帰依したのはかなりあとである。末利夫人（Mallikā）の導きによったという。

仏陀は成道してから数年後に、故郷のカピラヴァットゥに帰り、父王や王妃らと再会した。このときラーフラを出家せしめた。そのときラーフラはまだ子供であったので、沙弥（sāmaṇera）として出家させ、サーリプッタを師として、指導させたという。その後、釈迦族の多くの青年が出家し、その中には従兄弟のデーヴァダッタ（Devadatta 提婆達多）やアーナンダ（Ānanda 阿難）、さらに異母弟のナンダ（Nanda 難陀）などもふくまれていた。釈迦族の貴族たちの理髪師をしていたウパーリ（Upāli 優波離）もその中にあった。彼は後に戒律に通じた人として、教団で重要な人になった。

仏陀は成道してから入滅するまで、四十五年の間、マガダ国とコーサラ国とを中心とする中インドの地方を遊行して、人びとに法を説いた。東南の王舎城から北上して、ナーランダーを過ぎ、パータリプトラ（華子城、現在のパトナ、当時は小さい村）に着き、ここにてガンジス河を渡り、北岸のヴェーサーリーに着き、リッチャヴィ族（Licchavi 離車）の国に入り、それよりさらに北上して、クシナガラを過ぎて西に迂回してカピラヴァットゥに着き、それより西南に進んで舎衛城に入る。舎衛城より南下してアーラヴィー（Āḷavī 曠野国）を通り、さらにコーサンビー（Kosambī 憍賞弥）に入り、ここより東方に向かい、ベナレスを過ぎ王舎城に達する。王舎城には竹林精舎のほかに、仏陀は好んで霊鷲山《りょうじゅせん》（Gijjhakūṭa）にとどまられた。さらに杖林（Laṭṭhivana）にも止宿された。なお第一結集を開いたという七葉窟（Sattapaṇṇiguhā）も王舎城にある。ヴェーサーリーでは大林重閣講堂が有名であり、コーサンビーには瞿師羅《ぐしら》園（Ghositārāma）が有名である。これは瞿師羅長者（Ghosita）の布施であるという。（しかし仏陀の在世時代から、後世見るごとき豪壮な精舎があったのではなかろう。古くは木材が豊富であったから、精舎も木造であったであろう。律蔵によると王家の城も木造でできていたという。パータリプトラの発掘により、古い城が木造であったことが知られる。仏塔の欄楯なども古くは木造であった。しかし後世には木材が少なくなり、建築物は石造に変わった。仏塔なども現存するものは石造である。）コーサンビーはヴァンサ国の都城で、ウデーナ王（Udena 優陀延）の居城であった。王妃のサーマヴァティー（Sāmavatī）が仏陀に帰依し、その勧めによって王も帰依したという。

仏陀の養母ゴータミーは釈迦族の青年が多く出家したあと、自らも出家することを望み、釈迦族の子女とともに、仏陀のもとに行って出家を願ったが、なかなか許されなかった。再三願った末、アーナンダのとりなしによって、かろうじて許された。これによって女性の出家者、すなわち比丘尼（bhikkhunī）の教団が成立した。しかし禁欲生活を守って修行しなければならない比丘僧伽と比丘尼僧伽との関係をおもんぱかって、仏陀は両者の交際にきびしい制限をもうけ、比丘尼は終生「八重法」（Aṭṭha-garudhamme）を守るべきことを課したという。しかし仏陀はすぐれた教師であったために、すぐれた比丘尼を多数養成した。たとえばケーマー（Khemā）やダンマディンナー（Dhammadinnā）は智慧がすぐれ、男性に向かってしばしば説法をしている。ウッパラヴァンナー（Uppalavaṇṇā 蓮華色）は神通においてすぐれ、キサーゴータミー（Kisāgotamī）は悟りの深さにおいてすぐれていたという。そのほかにも名の知れた比丘尼が多い。

在家信者では、チッタ（Citta）居士は法の理解においてすぐれ、ヴェーサーリーのウッガ（Ugga 郁伽《いくが》）居士や釈迦族のマハーナーマ（Mahānāma）は布施において有名であった。そのほか盗賊のアングリマーラ（Aṅgulimāla 指鬘外道）も仏陀に教化されて弟子となった。一偈も暗記することができなかったというチュッラパンタカ（Cullapanthaka 朱利《しゅり》槃特《はんどく》）も仏陀の導きによって深い悟りに達したという。そのほか説法にすぐれたプンナ（Puṇṇa Mantāniputta 富楼那《ふるな》）、法の解釈にすぐれたマハーカッチャーナ（Mahākaccāna 大迦旃延《かせんねん》）やマハーコーティタ（Mahākoṭṭhita 摩訶拘絺羅《まかくちら》）など、名の知れた弟子が多い。マハーカッチャーナは中インドからはずれた南方アヴァンティ国に教えをひろめた人として有名であり、またプンナはインド西海岸のスナーパランタ（Sunāparanta）までも、教えをひろめたという。さらに『スッタニパータ』（Suttanipāta）の古い詩句『彼岸道品』（Pārāyanavagga）には、南インドのデッカン地方に住んでいたバーヴァリン（Bāvarin）というバラモンの弟子十六人が、はるばる中インドに来て、釈尊に聞法したことを伝えている。これは仏教が南インドにまで伝わったあとの話しであろう。彼らはデッカンのパティターナ（Patiṭṭhāna）から、アヴァンティ（Avanti）国のウッジェーニー（Ujjenī）・ヴェーディサ（Vedisa）を通り、さらにコーサンビー（Kosambī）・サーケータ（Sāketa）等を経て舎衛城へ行った。このデッカンから舎衛城に通ずる道を「南路《ダッキナーパタ》」（Dakkhiṇāpatha）といい、古くから通じていた通商路である。しかしそのとき釈尊は舎衛城におられなかったので、彼らはさらに「北路《ウッタラーパタ》」を経て、王舎城に行った。そこで仏陀に会って教えを聞き、弟子になったという。この十六人のバラモンの青年の中にアジタ（Ajita）とメッテェヤ（Tissa-Metteyya）とがいたが、これはのちの弥勒菩薩に比定せられる人である。

仏陀の入滅　仏陀の伝道は中インドに順調に発展したと見てよい。当時多くの宗教家があったが、後世に教団として知られるものは、仏教のほかにジャイナ教と邪命外道《アージーヴィカ》などである。アージーヴィカの教団にはアショーカ王およびその孫の十車王がバラーバル（Barābar）丘に窟院を布施している。故にこの時代までは存在した。仏陀の晩年には、デーヴァダッタが教団の分裂をはかっている。マガダではビンビサーラ王の子アジャータサットゥ（Ajātasattu, Ajātaśatru）が父王を殺して王位についたが、デーヴァダッタはこのアジャータサットゥの帰依を得て、名声が高まった。そのために彼は僧伽を統理しようとの野望を起こした。しかしこの申し出は仏陀によって拒否されたので、仏陀を亡きものにせんとして、酔象をさしむけ、あるいは山頂より石を投げて仏陀の足を傷つけ、仏身より血を出したという。さらに禁欲的な規則である「五事」を主張して、新参比丘たちの心をつかんだ。そして彼らを引きつれて教団の独立をはかったが、舎利弗・目連のはたらきによって、その企図は失敗に帰したという。提婆の徒党にはコーカーリカ（Kokālika）やカタモーラカティッサ（Kaṭamorakatissa）などが知られている。アジャータサットゥはのち父王を殺したことを後悔し、仏陀に帰依したという。

　コーサラ国ではパセーナディ王が死に、その子ヴィドゥーダバ（Viḍūḍabha）が王位についたが、彼はかつて釈迦族のために辱しめを受けていたので、王位につくと、その恨みをはらすために釈迦族を滅ぼしてしまったという。これも仏陀の晩年のことである。しかしコーサラも、その後アジャータサットゥに滅ぼされてしまう。アジャータサットゥは、さらにガンジス河の北のヴァッジー（Vajjī）族をも征服せんとしていた。そのころ仏陀は王舎城を出発し、最後の遊行の旅に上った。ガンジス河を渡ってヴェーサーリーに入り、ここで遊女アンバパーリー（Ambapālī）を教化し、その園を布施されたという。その後、孤独に雨期（雨安居《あんご》）を過ごしているとき、はげしい病苦に陥った。伝説によれば、そのあとで悪魔が現われて、釈尊に入滅することを勧めたという。そこで釈尊は三月あとに入滅するであろうとの予言をしたという。

それから仏陀はヴェーサーリーを出発して旅を続け、多くの村を経てパーヴァー（Pāvā）に着いた。ここで鍛冶工チュンダ（Cunda）の施食をうけて重い病気にかかり、出血と下痢に苦しんだという。この時仏陀が食べたものは「スーカラマッダバ」（sūkaramaddava）であったというが、これはやわらかい豚の肉であるといわれ、あるいは一種の茸《きのこ》（栴檀茸）であったともいう。その後、仏陀は、病に苦しみつつ遊行を続け、クシナガラ（Kuśinagarī, Kusinārā 拘尸那城）に達した。そしてサーラ樹の下で、ついに般涅槃に入った。『大般涅槃経』によると、仏陀は入滅にさいして種種の遺言をされたようである。たとえば、師亡きあとの教団の将来については、「僧伽は私に何を期待するのか。私は内外の区別なく法を説いた。如来の教法には、弟子にかくすような師の握拳はない」と説かれ、仏陀といえども比丘僧伽の支配者ではないことを明らかにしている。僧伽は共同体であり、そこには特定の支配者はない。仏滅後の僧伽に、大迦葉・阿難・末田地等の伝法相承が語られているが、しかし彼らは教法伝受の系譜を示すのみで、僧伽の統率者を意味しているのではない。さらに仏陀は「自らを灯明（島）とし、自らを帰依処となせ。法を灯明（島）とし、法を帰依処となせ」とも遺言したという。

さらに自分の死んだあとに、出家の弟子たちは仏陀の遺身（śarīra 舎利）に心を労してはならない。出家の弟子たちは「最高善」（sadattha）に努力せよとも遺言したという。さらに、仏陀の亡きあとに「教主の言は終わった、われらの教主はないと思ってはならない、われによって説かれた教法（dhamma）と戒律（vinaya）とがわれ亡きあとの汝らの師である」とも遺言したという。そして最後に並びいる人びとに「何か質問することはないか」と三度繰り返して問い、人びとが沈黙していたので、「すべて存在するものは、滅する性質のものである。不放逸に精進せよ」と説いて、深い禅定に入り、ついに涅槃に入ったという。

仏陀の死後、遺骸はクシナガラのマッラー人たちが受け取り、香や花や音楽（伎楽）などによって尊敬し、供養し、火葬によって葬式をなした。残った遺骨（舎利）は中インドの八つの部族に分けられ、それぞれ舎利塔が建てられた。さらに火葬につかった瓶を得た人が、その瓶を祀って瓶塔を建て、なお残っていた灰を得た人が灰塔を建てたという。一八九八年にペッペ（Peppé）が釈迦族の故地ピプラーフワー（Piprāhwā）で故塔を発掘したところ、遺骨をおさめた壺が発見された。その壺にはアショーカ王の碑文、あるいはこれより古い書体で、これが釈迦族によって祀られた釈尊の遺骨であることが記されていた。これは釈尊の真実の遺骨であることが承認せられ、タイ国王に譲られたが、その一部分は日本にも分与せられ名古屋の覚王山日泰寺に祀られている。そしてその舎利瓶はカルカッタ博物館に保管されている。一九五八年にヴェーサーリーの故地から発掘された舎利瓶には、碑文はなかったが、同様に仏陀の遺骨に比定されている。「八王分骨」という涅槃経の記述は、歴史的事実と見られている。

このようにして祀られた舎利塔（stūpa）が、仏陀を慕う人びとによって礼拝せられ、将来仏塔信仰が盛んになるもとになるのである。

註

（1）Sarvadarśanasaṃgraha. 2. Bauddhadarśanam.

（2）松濤誠廉訳『聖仙の語録』（『九州大学文学部四〇周年記念論文集』昭和四一年一月）、中村元「サーリプッタに代表される最初期の仏教」（『印仏研』一四ノ二、昭和四一年三月）。

（3）Sarvadarśanasaṃgraha. 3. Ārhatadarśanam.

（4）松濤誠廉「ダサヴェーヤーリヤ・スッタ」（『大正大学研究紀要』第五三号、昭和四三年三月）。H. Jacobi: Jaina-sūtras. SBE. Vols. XXII, XLV.

（5）W. Geiger: The Mahāvaṃsa. Introduction. Colombo, 1912.

（6）金倉円照『印度古代精神史』三三八頁以下。

（7）『歴代三宝紀』巻一一、大正四九、九五中以下。金倉円照、前引書三四七頁。

（8）宇井伯寿「仏滅年代論」（『印度哲学研究』第二、五頁以下）。

（9）中村元「マウリヤ王朝の年代について」（『東方学』第十輯、昭和三〇年四月）。なお当時のインドの王統に関しては、中村元『インド古代史上』昭和三八年、二四三頁以下、塚本啓祥『初期仏教教団史の研究』昭和四一年、六二一頁以下等参照。仏滅年代論の資料に関しては、塚本啓祥博士、前引書二一七頁以下、É. Lamotte: Histoire du bouddhisme indien. 1958, p. 13ff.

（10）宇井伯寿「阿含の成立に関する考察」（『印度哲学研究』第三、三九四頁以下、四九頁）。
（11）宮本正尊「解脱と涅槃の研究」（『早稲田大学大学院文学研究科紀要』第六輯、昭和三五年）。
（12）山口益『仏教思想入門』昭和四三年、一二八頁以下。
（13）藤田宏達「三乗の成立について――辟支仏起源考――」（『印仏研』五ノ二、昭和三二年）。桜部建「縁覚考」（『大谷学報』三六ノ三、昭和三一年一二月）。

参考書

仏陀の伝記を、断片的ではあるがまとめた古い経典には次のごときものがある。律蔵の『仏伝』（Vinaya. Vol. I, p. 1ff.『南伝』第三巻、一頁以下）。『スッタニパータ』の『出家経』（Suttanipāta III, 1, Pabbajjāsutta.『南伝』第二四巻、一四七頁以下）。『長部・大本経』（DN. 14, Mahāpadānasuttanta『南伝』第六巻、三六一頁以下）。『長部・大般涅槃経』（DN. 16, Mahāparinibbānasuttanta『南伝』第七巻、二七頁以下）。『中部・聖求経、サッチャカ大経』（MN. 26, Ariyapariyesanasutta, 36, Mahāsaccakasutta,『南伝』第九巻、二九〇頁以下、四一四頁以下）。『ジャータカ・ニダーナカター』（Jātaka. Vol. I, Nidānakathā, II, Avidūrenidāna ff.『南伝』第二八巻、一〇一頁以下）。それぞれ漢訳に相当経がある。『涅槃経』の諸本の比較については、和辻哲郎『原始仏教の実践哲学』八七頁以下参照。律蔵の仏伝の比較については、拙著『律蔵の研究』五一一頁以下参照。

現代学者の仏伝研究のうち特色のあるもの二、三を示す。井上哲次郎・堀謙徳『釈迦牟尼伝』明治四四年。赤沼智善『ビガンデー氏緬甸仏伝』大正四年。常盤大定『仏伝集成』大正一三年。赤沼智善『釈尊』昭和九年。立花俊道『考証釈尊伝』昭和一五年。中村元『ゴータマ・ブッダ、釈尊伝』昭和三三年。水野弘元『釈尊の生涯』昭和三五年。増谷文雄『アーガマ資料による仏伝の研究』昭和三七年。渡辺照宏『新釈尊伝』昭和四一年。塚本啓祥『仏陀』昭和四二年。前田恵学『仏陀』昭和四七年。H. Oldenberg:

Buddha. pp. 84-228; Erster Abschnitt: Buddhas Leben.（木村・河合訳、一一七頁以下）。R. Pischel: Leben und Lehre des Buddha. Leipzig, 1921.（鈴木重信訳『仏陀の生涯と思想』大正一三年）。H. Beck: Buddhismus. I, Der Buddha, Berlin, 1916.（渡辺照宏訳『仏教　上』岩波文庫、昭和三七年）。André Bareau: Recherches sur la biographie du Buddha dans les Sūtrapiṭaka et les Vinayapiṭaka anciens: I De la quête de l'éveil a la conversion de Śāriputra et de Maudgalyāyana. Paris, 1963; do. II Les derniers mois, le parinirvāṇa et les funérailles, Tome I, Paris 1970, Tome II, Paris, 1971.

〔附記〕一八九八年にペッペが発掘した故塔を、さいきんインドの考古学者が再調査し、ペッペが舎利壺を発見した場所よりも更に深いところで、いくつかの舎利壺を発見したという。おそらくそれらの舎利壺は、ペッペの発掘した舎利壺よりも古いであろう。詳細は今後の研究にまたねばならないが、釈尊の遺骨についても再考をせまられることになった。

第四節　教　理

教理の大綱　仏陀の滅後、仏陀が成道以来四十五年にわたって説いた教えが蒐集された。これを第一結集《けつじゅう》（saṅgīti サンギーティ）という。このとき「法《ダンマ》」（Dhamma）と「律《ヴィナヤ》」（Vinaya）とが集められたという。当時、既に文字はあったが、聖典の伝承は暗記によった。そして「ダンマ」（教理）としてまとめられたものが、伝承の間に整理されて経典にまとめられ、集められて「経蔵」（Sutta-piṭaka スッタピタカ）になる。「ヴィナヤ」（戒律）として集められたものが整理されて「律蔵」（Vi-naya-piṭaka ヴィナヤピタカ）となった。特に経蔵は『阿含経《あごん》』（Āgama アーガマ、伝わったもの）とも呼ばれ、古い教えが伝承されたものであることを示している。これらは記憶によって伝来したから、伝承の間に弟子の理解や解釈が附加され、増広され、古い教えが変化を蒙ったことは避けられない。故に阿含経は仏陀の教えそのままではないが、しかし諸多の仏教経典の中では仏陀の教えをもっとも濃くふくんでいるものであり、仏陀の思想を求めるとすればまずこの中に求めねばならない。阿含経の中にも成立の新古があるが、それについては後述する。ここには弟子の解釈をもふくめて、阿含経に示される基礎的な教理を、「原始仏教の教理」として取り扱うことにする。

現存の阿含経から、仏陀の思想のみを取り出すことは、学問的には不可能である。[1]

原始仏教の特徴を一言でいえば、それは理性的性格が強いということである。たとえば「実に怨みは、怨みによっては止むことがない。怨みを捨ててこそ始めて止む。これ万古不易の真理である」（*Dhammapada* 5）という『法句経』の聖句において、たんに倫理的であることのほかに、現実の迷いをたちきる理性的な洞察がふくまれている。「眠れざる人には夜は長く、疲れた人には一ヨージャナ（距離の単位）も長く、正法を知らざる愚者には流転は長い」（*Dhammapada* 60）という聖句においても同じことがいえよう。倫理的な行為が人間を幸福にし、生活を豊かにすることを知って、仏陀は人びとに倫理を勧めた。すなわち、殺さないで愛し合うことを教え、盗まないでかえって施す喜びを教え、妄語を語らないで真実を語る喜びを教えた。しかしそこには、倫理にとどまらないで、合理性の行きつくところ、この矛盾をふくむ現実そのものからの脱出の通路が示されている。

仏教は社会を倫理的に高めてゆく性格を持っていた。そして日常生活にも合理性を導入し、生活を合理的に改革してゆく姿勢を持っていた。原始仏教の時代から、仏教の僧院は衛生的・文化的であり、簡素ななかに豊かな生活をしていた。そこから僧院や仏塔の建築や絵画等の技術や芸術が発展していった。阿含経には農耕の技術に関する教説もあり、商人の財産の運用についての教えもある。律蔵には薬や医術についても説かれている。しかし仏教は単に合理的であるのではなく、自己の現実が矛盾をふくんだものであることを洞察して、その苦からいかにして脱出するかを探求したのである。そして仏教の修行の重点はここにおかれていた。

四諦説　人生の苦は生老病死の四苦で示され、あるいはこれに、愛する人と別れる苦、憎い人と会う苦、欲しいものが得られない苦、五蘊に執着する苦の四を加えて八苦で示される。人生には楽もあるが、しかしそれ故にその楽を奪う病や死が苦となる。そして愛別離苦・怨憎会苦《おんぞうえく》・所求不得苦等が起こるのである。その苦の根本は、生存に対する執着である。これを五取蘊苦（五《ご》陰盛苦《おんじょうく》）という。自然現象としての生老病死が苦であるのではない。自己にとっての生老病死が苦なのである。しかも生老病死は人生に避けられないものであり、自己存在の基底である。故にこれを「苦諦」（苦の真理）という。しかし人生が苦であることは、聖者（ariya）によってのみ、真理として知られるので「苦聖諦」（Dukkha-ariyasacca）という。

　苦の原因を示すものが「苦集聖諦《じっしょうたい》」（Dukkhasamudaya-ariyasacca 原因の真理）である。自己にとって生存が苦となるのは、心の奥に「渇愛《かつあい》」（taṇhā タンハー）があるからである。これはあらゆる欲望の根底をなす欲望である。満たされることのない欲望、人間の不満を造成してゆく欲望である。これを渇愛といったのは、のどの渇いた人が水を求めるときの烈しい欲求に似ているからである。渇愛があるから人間の生存が継続する。故にこれを「再生の原因になるもの」といい、「喜びと貪《むさぼ》りとをともない、満足を求めて止まないもの」ともいう。タンハーは欲愛（kāma-taṇhā）・有愛(bhava-taṇhā)・無有愛（vibhava-taṇhā）の三種であるという。欲愛は感覚的な欲望、あるいは情欲をいう。有愛は生存の永続を願う欲望、無有愛は生存の断絶を望む欲望である。幸福を求めることも欲望の一種であるが、渇愛はそれらとは異なり、欲望の根底にある「不満足性」をいうのである。これが人間を不幸におとしいれる原因である。渇愛をまた「無明」（avidyā）ともいう。この渇愛・無明を根底として、そのうえに種々の煩悩が起こり、これが心を汚している。故に集諦とは、渇愛を根底とするもろもろの煩悩のことであり、これが苦の原因である。

　この渇愛が残りなく滅した状態を「苦滅聖諦」（Dukkhanirodha-ariyasacca）という。「苦の滅の真理」の意味である。これを「涅槃《ねはん》」（nibbāna, nirvāṇa ニルヴァーナ）という。これは心が渇愛の束縛から脱したことであるので「解脱《げだつ》」（vimutti, vimokkha, mokṣa）ともいう。心の中ではまず智慧が先に解脱するので、これを「慧解脱」（paññā-vimutti）といい、さらに煩悩をすべて滅して心の全体が解脱するのを「心解脱」（cetovimutti）という。これは愛情や欲望、努力などが、渇愛に色づけられないで活動する「心の自由なる状態」である。これが真の楽（sukha）であるから、「寂滅を楽となす」といわれる。ニルヴァーナは「滅」と訳されるために、涅槃を「虚無」と理解する人がある。しかし滅は「渇愛の滅」であって、心そのものの滅ではない。渇愛が滅することによって、正しい智慧が顕現し、その智慧によって知られた不動の真理が「涅槃」である。従って涅槃は論理的存在である。しかし涅槃を実現した心の静寂な状態を「完全なる平和」と理解し、この「平和」がすなわち涅槃であると理解する学者もある[2]。

　この苦の滅を実現する道を「苦滅道聖諦」（Dukkhanirodhagāminī-paṭipadā-ariyasacca 道の真理）とい

う。これは「八聖道」(ariyo aṭṭhangiko maggo) で示される。すなわち、正見《しょうけん》・正思・正語・正《しょう》業《ごう》・正命《しょうみょう》・正精進・正念《しょうねん》・正定《しょうじょう》の八つを実践することである。第一の正見とは「正しい見方」であり、ありのままに見ること(如実知見)である。それによって自己と世界とのありのままのすがた、すなわち縁起の道理を知ることになる。正見に基づいて正しい思惟が生ずる。さらにそれによって正しい言葉(正語)、正しい行動(正業)、正しい生活(正命)、正しい努力(正精進)などが行なわれる。これらは日常の生活が、正見に基づいて、道理にかなった生活となることをいう。それによって第七の正念が確立する。正念とは正しい注意力、正しい記憶のことであり、心をつねに正しい状態に維持する心的力である。最後の正定とは、正見や正念に基づいて実現される「心の統一」すなわち正しい禅定をいう。以上の八聖道のうちでは、正見と正定とが重要である。正しい禅定において、正しい智慧が生ずるからである。この八聖道の実践において、苦を滅した状態、すなわち解脱・涅槃が実現するのである。

以上の苦・集・滅・道の四諦を「四聖諦《しょうたい》」(cattāri ariyasaccāni) という。「聖」(ariya, ārya アリヤ、アーリヤ)には「貴い」という意味があり、「聖者」を意味する。しかしこれは、アーリヤ人のアーリヤに関係があろう。仏陀が自己の代表的な教理に「アーリヤ」を冠したことは、自己の悟った真理がアーリヤ民族(当時としては、それがそのまま世界を意味する)の真理であるという自信を持っていたからであろう。

この四諦説は、仏陀が鹿野苑《ろくやおん》で五比丘に説いた最初の説法である、と伝えられている。五比丘はこれを聞いて、「すべて集法（samudaya-dhamma）であるものは滅法（nirodha-dhamma）である」との「法眼《ほうげん》」を得たといい、また「法を見、法を知り、法に悟入した」といわれ、これによって彼らに法の世界が開けたことを示している。

中道と無記　八聖道は「中道」（majjhimā paṭipadā）であるという。欲楽を貪る生活は卑しい生活である。官能に身をまかせる生活には向上がない。しかしその反対のもっぱら身体を苦しめる苦行も、自己を苦しめるだけで、利益をともなわない。仏陀はこの二つの極端（二辺）を捨てて、中道によって覚りを得たという。その中道とはすなわち、正見・正思・ないし正定である。正見等の「正」は、八聖道の教説自体には示されていない。これを示すものが中道である。快楽は何人も望むところであるが、しかし一方的に快楽に身をまかせることは、堕落である。そこには精神の向上がない。つぎに苦行の実行には強い意志と努力とが必要である。この努力は貴いものであるが、しかし肉体を苦しめるだけでは悟りは得られない。苦行だけでは、理性が磨かれないからである。これらの両端の中道を見出していく智慧が、八正道の「正」の意味である。中道は、「苦楽中道」（VP. Vol. I, p. 10）のほかに、「断常中道」（SN. Vol. II, p. 38）,「有無中道」（SN. Vol. II, p. 17）等によっても説明されている。苦楽中道は実践的な立場であるが、断常中道や有無中道は「見方」の問題である。憶説や先入見を持たないで、ありのままにものを見るところに、固定的な見方に陥らない中道の立場がある。現象を、常恒と見、断絶と見、有と見、無と見るのは、固定的な見方であり、独断である。この固定的な立場に依らないところに中道がある。[3]ありのままにものを見ることから、「無記」(avyākata) の立場が導かれる。「我および世界は常住であるか、無常であるか、有辺であるか、無辺であるか」等の問題に対しては、仏陀は沈黙して答えなかったという。このほかにも身体と霊魂は同じであるか、別であるか、如来の死後は有であるか、無であるか等の問題についても同じであった。このような認識不可能の問題、形而上学的な問題に対しては、仏陀は知識の限界を知って、答えをなさなかったのである。

他から論争をしかけられて、沈黙を守ることはなし難いことである。当時の思想家は「これのみが真理である。他は虚妄である」と主張し、他説を排し、自説を主張し、論争を事としていた。そこには自己に対する執着と慢心とがある。たとい真理でも、それを論争の立場とするとき、その真理は執着によって汚される。仏陀は執着をはなれていたから、かかる論争の無益を見て、論争に加わらなかった。そこに、仏陀の理性的な自制力が示されている。当時の思想家が自説の絶対性を主張しながらも、実際には相対的であるにすぎないことを示すのに、鏡面王が盲人に象をなでさせて、象について答えさせた故事を譬えに引いて示したという (*Udāna* IV, 4)。

仏陀が、対象をありのままに見て、先入見や偏見を越えていたことは、仏陀が四姓の平等を唱えた点にも示されている。[4]「人は生まれによって賎民であるのではない。行ないによって賎民となる。生まれを問うなかれ、ただ行ないを問え」(*Suttanipāta* 42, 462) と説いて、行為によって人間の価値がきまることを主張した。

五蘊無我　「無我」（anattan, anātman）とは、固定的な実体我は存在しないという意味であり、仏教の重要な教理の一つである。しかし無我説は、常識で認める自己（仮我《けが》）や認識主観、人格あるいは理性などを否定する意味ではない。自己をありのままに見れば、自己が成長し変化してゆくことは否定できない。しかし凡夫《ぼんぷ》は自己を静止的に見て、固定的な自我を措定し、それに執着する。自己への執着から、自己に関するもろもろの苦が起こる。現実をありのままに見れば、固定的な自我は認められない。原始仏教では心身を「五蘊《うん》」に分析して無我を示している。五蘊とは、色蘊・受蘊・想蘊・行《ぎょう》蘊・識蘊である。蘊（khandha）とは「あつまり」の意味である。色《しき》（rūpa）とは、いろ・かたちのあるもの、特に肉体をさす。受《じゅ》（vedanā）とは感受であり、苦受・楽受・不苦不楽受と説明される。想（saññā）は表象のことである。行（saṃkhārā）とは形成する力の意味であるが、ここでは特に心の意志作用をいう。識（viññāṇa）は「了別」と説明せられ、認識・判断の作用である。

　自己はこの五蘊からなりたっているが、その何れもが絶えず変化している。すなわち無常（anicca）である。しかし人間はそれに執着するために、必然的に苦が生ずる。無常なるものは苦である。苦であるものには「我《が》」は存在しない。我は常住であるべきであるが、常住なるものは自由自在の性格を持つべきである。従ってそこには苦は存在しないはずである。それ故、苦であることによって、自己が常一主宰の我《が》でないことが知られる。そして「無我であるものは、私のもの（mama 我所《がしょ》）ではない。私（aham）がそれではない。それは私の我ではない。このようにありのままに、正しい智慧をもって観ずべきである」と説かれている。[5] 無我説は、人格を流動的に理解する立場である。虚無論ではない。故に無我に執着することも誤りである。それゆえ「我（attan）もなく非我（nirattan）もない」（*Suttanipāta* 858, 919）と示されている。

後世には第一の「色」の中に、すべての物質をふくめて解釈するようになった。そして五蘊でもって「無常なるもの」のすべてを意味することになり、これを「有為法《うい》」（saṃkhatadhamma）という。これに対して変化しない存在、常住なる存在を「無為法」（asaṃkhatadhamma）という。たとえば虚空や涅槃は無為法である。有為法・無為法の考えも既に阿含経に見られる。後世には、五蘊の中に我のないことを見るのを「人無我」といい、法の中に我のないことを見るのを「法無我」と呼ぶ。しかしかかる区別はまだ阿含経には見られない。

法と縁起　「法を見る」ということが、仏陀の覚りにおいて重要な宗教体験であった。五比丘も四諦の教えを聞いて、法を見、法を悟り、法眼を開いたという。「法」（dhamma, dharma）の語義は「たもつもの」（√dhṛ に由来）の意味であるが、これより「変わらないもの」の意味が生じ、人倫的な秩序をたもつもの、古《いにしえ》よりの慣例、義務、社会秩序、さらに善、徳、真理などの意味に、インドでは古くから用いられていた。仏教においても「法」は同じような意味にも用いられる。たとえば「実に怨みは怨みによっては止むことがない。怨みを捨ててこそ止む。これ万古不易の法（dhammo sanantano）である」という詩句では、法が真理の意味に用いられている。このように仏教には、前時代の法の用例も受け継がれているが、しかし仏教以前には、法は善や真理を意味しており、悪不善は「非法」(adharma)と呼ばれ、法の中にふくまれていなかった。しかし仏教になって、煩悩や悪も法と呼ばれ(煩悩法 kilesa-dhamma, 悪不善の法 pāpa-akusala-dhamma)、法の解釈が拡大された。そして「存在」(bhāva)の中に法を見る新しい解釈が起こった。(6)

西紀五世紀にブッダゴーサ(Buddhaghosa 仏音)という大註釈家が現われ、阿含経のほとんどすべてに註釈を著わした。彼は南インドの出身であったが、セイロンに渡って仏教の研究をなし、セイロン仏教に伝わっていた教義学をまとめて、『清浄道論』を著わし、あわせて阿含経の註釈をまとめたのである。彼はその註釈において、法に四つの意味があることを述べている。すなわち属性(guṇa)・教法(desanā)・聖典(pariyatti)・物(nissatta)(*Sumaṅgalavilāsinī* I, p. 99)の四種を挙げ、あるいはこの四種から教法を除いて、因(hetu)を加えて四種としている(*Aṭṭhasālinī* II, 9)。仏・法・僧の三宝という場合の「法宝」は、教法としての法の意味もあるが、同時にその教法に示されている真理・涅槃を意味している。つぎに「九分教」としての法(法蔵)は「聖典」としての法である。九分教とは、阿含経にふくまれる教法を、その内容によって、九つのタイプに分類したものであり、経蔵にまとめられる以前の、教法の分類方式であったという。第三に「因」とは、善法・悪法のごとく、結果を生み出す法のことである。たとえば、善法には善を生みだす力がある。それ故、無記の法は因にはふくまれない。同様に「仮法」も因とはならない。属性としての法は「徳《グナ》」とも訳される。仏陀の備える「十八不共仏法」のごときが、徳としての法である。第四に「物」(nissatta, nijjīva) としての法は、仏教独自の概念である。このような法の理解は、ヴェーダや古いウパニシャッドには現われない。仏陀の悟ったという法も、この意味の法の中にふくまれている。仏陀が覚《さと》りにおいて悟ったのは「涅槃」であるが、これは真理であるとともに「実在」である。その意味で、物としての法の中に、涅槃もふくまれるのである。換言すれば、現象として存在するものが、そのまま永遠の実在、真理の性格をになっているという意味が、ここにふくまれている。そしてそのような永遠の実在と即一なる現象の性格、在り方を発見するのが、「法を見る立場」である。自己は現象的存在者であるが、その自己の備える真理性を発見したとき、「法としての自己・法に成った自己」が見出される。かかる意味の法は、「諸法無我」という場合の法や、「縁起と縁已生法」という場合の法の用例に、よく示されている。

原始仏教では、「個物としての存在」をそのまま法というのではない。法とは現象を成り立たせている基体的存在をいう。たとえば人間を構成している色・受・想・行・識の五蘊は法であるという。しかし色《しき》や行《ぎょう》には、その中にさらに法が細分されている。「色」とは肉体や物質を意味するが、肉体としては眼・耳・鼻・舌・身の五根《こん》が法として立てられている。最後の身根は触覚としての法であり、筋肉等の全体にひろがっているから、身体を指すといってよい。そしてそれを坐として眼根(視覚)等の感覚器官としての法が存在する。この五根で心理生理的な肉体がつくされるので、これらが法として立てられているのである。さらに外界の物質は、色・声・香・味・触の五境に分けられている。眼根で見られる色《しき》は、狭義の色であり、「いろと形」をいう。

さらに、「いろ」には青・黄・赤・白等が区別され、それらのいちいちが法としての存在である。声・香・味等もさらに細分される。「触」は触覚（身根）によって認識される対象のことで、これも種々に区別される。地・水・火・風の四元素などはこの中にふくまれている。

つぎに心理的な法は、五蘊説では行蘊の中にふくめられているが、これには作意・慧・念などがあり、信・精進なども心理的な力として取り出しうるから、法としての存在である。さらに煩悩としては貪《むさぼ》り・瞋《いか》り・慢・疑・見《けん》などの法があり、渇愛・無明も法の一つである。貪りや瞋りなどは心理的な力であり、他から区別した存在であるから法として立てられる。このようにして心理的な法がいくつか立てられている。阿含経の新しい層では、これらの法が、五蘊・十二処（処は āyatana アーヤタナ、領域の意味）・十八界（界は dhātu ダートゥ、要素の意味）に分類されている。

以上のごとく法には種々なるものがあるが、しかし原始仏教では法の数が確定していたのではない。そしてまたこのような基体的存在だけが、法として立てられていたと断言しうるのでもない。しかし原始仏教経典において、法と呼ばれているものを枚挙してみると、大体以上のごとく解釈してよい。すなわち自己という存在を、かかる肉体的心理的な諸法に還元して、法観において自己存在の真実相を理解しようとするのである。このような法が無我であり（諸法無我）、縁起によって成立している（縁已生法 paṭiccasamuppanna-dhamma）といわれるのである。

この基体的存在者が法と名づけられた点に、かかる存在者に真理性を認めていることが示され

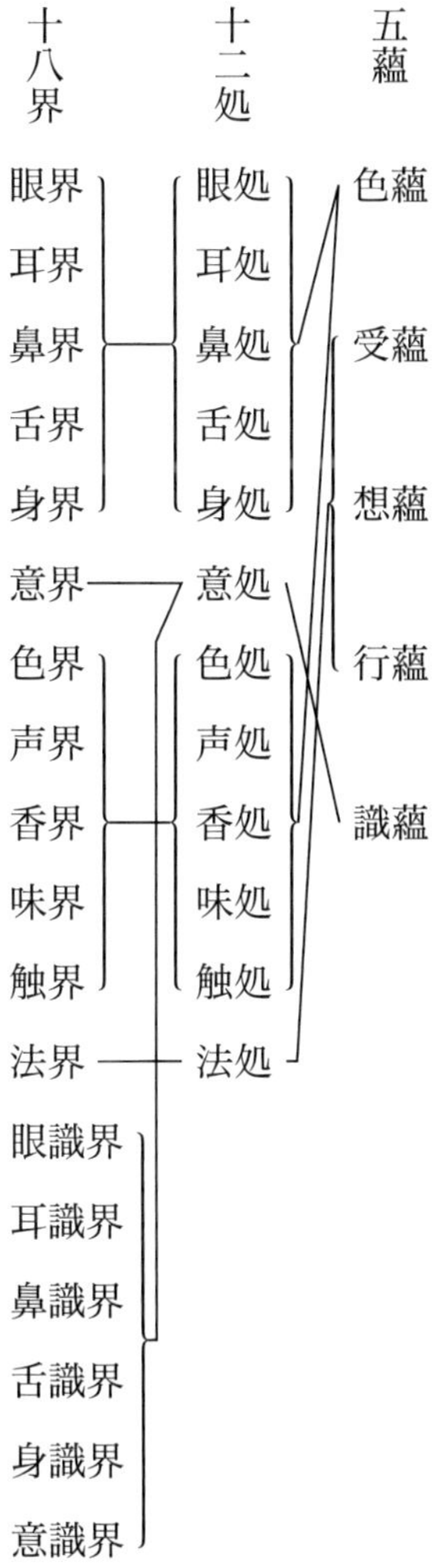

ている。「法」という名称には、真理という性格があるからである。涅槃が最高の法といわれるが、この涅槃に永遠性と真理性とが認められていることは言うまでもない。しかしそのほかの縁起によって成立する法にも、真理性が認められている。「縁起」とは「相依って」(paticca)「起こる」(samuppāda) ことであり、相依相関によって成立する存在をいう。同時に「縁」(paccaya) という他者によって、自己が成立することを示している。これは「此あるとき彼あり、此生ずるより彼生ず。此なきとき彼なく、此の滅するより彼滅す」という公式によって示されている。「他に依る」ということが、自己が存存をうる条件となっている。ここに「自他不二」の世界がある。これは空間的には依存関係になるので「相依性」(idappaccayatā) とも表現されている。世界は相依り相たすけることによって成り立ってゆく。この特質 (dhātu) は、如来が世に出ずるも出でざるも、法として定まり、法として確立しているという (*SN.* Vol. II, p. 25)。多くの縁が集まるとこ

ろに新しい法が成立する。故に生ぜしめる縁と、生じた法とにはつながりがあるわけである。このつながりは、時間的には永遠の過去にまでもさかのぼりうるし、空間的には全世界にまでひろがっている。ここに個々の法をつらぬく「法界」(dhamma-dhātu) が考えられる。

時間的な法のつながりは、一本の糸のような単純なつながりではない。たとえば自己の生命、遺伝というものを考えてみても、自己の生命は二人の親のそれを受けている。しかしその二人の親には四人の親があり、さらにそれには八人の親があり、さらに十六人、三十二人、六十四人とさかのぼる。このような仕方でさかのぼって考えるならば、自己の生命には無数に多くの生命が集約的に集まっていることが知られる。ここに自己の生命や遺伝の持つ普遍性、永遠性すなわち法性がある。縁起で成り立つ存在が法と名づけられた理由が、ここにあると思われる。空間的なつながりにおいても同じことが言える。世界の存在は、どこまでもつながっている。すなわち縁起の世界は「連続の世界」(法界) である。

しかし法は一個の存在者であるから、その限りでは他から切り離された存在である。すなわち法は孤的存在の面を持っている。たとえば貪りが貪りとして認識され、貪りとしての力を発揮しうるのは、それが他から切り離された独立者であるからである (たとえば憎しみが愛と一緒では、憎しみの力は発揮できない。愛と憎は同時にあっても両者は別体である)。この点からアビダルマ仏教では法を「自相を持するが故に法である」と定義している。このように法は自相を持ち、他から区別され、明瞭に認識されるものである。この点では法は周囲の「縁」から断絶している。

法にはこのように連続の面と断絶の面（不常不断）とがある。ここに法の普遍性と個別性とがある。これはすべて法の縁起的性格による。故に「縁起を見る者は法を見る。法を見る者は縁起を見る」（*MN*. Vol. I, p. 191）と説かれる。ここに法が自相を持し、力としての実在でありながら（因となること）、しかも無常であり、無我である理由がある。大乗仏教で法の「空」（śūnyatā）が主張された理由もここにある。法が無常であり、無我であることは、五蘊の教説にも示されている。「色は無常である。無常なるものは苦である。無常・苦にして変易する法は、無我である」と説かれている。法は自相を持しながらも自立できない。縁（他力）によって生じたからである。それ故、必然的に自己ならざるものに形を変えてゆく。「こわれること」が有為法の本性である。

このことは「三法印」にも示されている。「諸法無我」（sabbe dhammā anattā）は「諸行無常」（sabbe saṅkhārā aniccā）（*Dhammapada* 277-279）と表裏の関係にある（これに「一切行苦」（sabbe saṅkhārā dukkhā）を加えて三法印とするが、北伝仏教では、諸行無常・諸法無我・涅槃寂静を三法印とする）。諸行無常とは、一切の存在が絶えず流転してゆく（自己でないものに変わる）という意味である。無常ということが法（有為法）の本性である。しかし変化してゆくものは、固定的に把捉できないから、「行《サンカーラ》」（saṅkhāra）と表現する（すなわち「諸法無常」とは言わない。存在を連続的な面から見てサンカーラといい、個的な面から見て法というが、しかし法と行とは表裏の関係にある）。これは、縁起の連続的全体的な在り方を示している。存在は流転してゆくことが不可避である。しかし凡夫はそれを変化せしめまいとして執着するので、「一切皆苦」（sabbe saṅkhārā dukkhā）となる。流転する存在は連続であり、一切がつながっているが、変化である点で連続の中に差別がある。そこに成立するものが自相をたもつものとしての法である。法の反面は流転的なサンカーラであるために、法は固定的実体であることはできない。その点を「諸法無我」と表現するのである。

以上のごとく縁起の道理を知り、無我と空を知るところに、存在が法としての在り方を持っていることが知られる。すなわち法を知ることは、存在の真相を知ることである。

十二縁起　縁起の道理によって、人間存在の在り方を、法の立場で示したものが「十二縁起説」である。

十二縁起は、無明（avijjā）・行（saṅkhārā）・識（viññāṇa）・名色（nāmarūpa）・六入（六処 saḷāyatana）・触（phassa）・受（vedanā）・愛（taṇhā）・取（upādāna）・有（bhava）・生（jāti）・老死（jarāmaraṇa）の十二の「支分《アンガ》」（aṅga）から成り立っているので、十二縁起あるいは十二支縁起（Dvādasaṅga-paṭiccasamuppāda）という。これは十二因縁とも呼ばれるが、原語は同じである。迷っている現実の生存が何に基づいて成立しているかを示したものが、流転門の縁起・順観の十二縁起である。現実の「苦の生存」を示すものは、十二支の最後の「老死」である。この老死の根拠をたどって「生」が見い出される。「生まれる」ということがあるから、老い死ぬことが起こる。これを「生を縁として老死あり」と表現する。さらに「生」の存在する条件として「有」が求められる。有（bhava）とは、輪廻の生存をいう。自己が輪廻に流転することが、生まれることの縁である。

故に「有を縁として生あり」といわれる。有が輪廻的生存である点で、十二縁起説には輪廻の考えがふくまれている。輪廻の生存は苦であるが、それは何を条件としてあるのかと問うて「取」が発見される。取は執着の意味であり、生存に執着することが、生存を存続させる条件となっている。故に「取を縁として有あり」といわれる。つぎに人間の執着は何を条件としてあるのかと問うて「愛」が発見される。愛《タンハー》は渇愛のことであり、あらゆる煩悩の根底にある欲求性・不満足性である。これが、取を取たらしめている。故に「愛によりて取あり」といわれる。

　愛は迷いの生存の根底にあるものであるから、これを成り立たしめるより、より根底的なものは見出されない。その点で愛は縁起の系列の一つの始源である。その点から愛・取・有・生・老死の五支を「渇愛縁起」と称する。しかし愛の活動する条件がないわけではない。それは「受」である。受とは対象を受け入れることで、苦受・楽受・不苦不楽受である。受に触発されて愛が起こる。故に「受を縁として愛あり」といわれる。つぎに受の起こる条件として「触《そく》」が発見される。触は認識における主観と客観の接触のことで、識（主観）・境《きょう》（客観）・根《こん》（感官）の三者の和合を触という。これは知覚を触発させる心的力のことである。ゆえに「触を縁として受あり」といわれる。つぎに触の起こる条件として「六入」（saḷāyatana）が立てられる。これは六処ともいう。眼・耳・鼻・舌・身・意の六つの認識の領域のことである。これを主客に開けば、眼耳鼻舌身意の六内処と、色声香味触法の六外処との十二処になる。ここに「六入を縁として触あり」といわれる。この認識の領域は身体と心を条件として存在する。これが「名色《みょうしき》」である。名（nāma）

とはここでは心をいい、色（rūpa）とは身体をいう。しかし色は広くいえば物質であるから、外界までも色にふくめ得る。故に「名色を縁として六入がある」といわれる。

つぎに自己の心身（名色）の存在しうる根拠が問われて「識」（vijñāna, viññāṇa）が発見される。識は了別と説明され、認識作用のことである。眼識・耳識・鼻識・舌識・身識・意識の六識で示される。識（認識作用）がなくなれば心身は死滅する。識によって生命体としての心身が統一されている。さらに広くいえば、識の認識において、世界が成立していると言いうる。これは認識と認識内容との関係になる。故に「識を縁として名色あり」といわれる。しかし同時に心身が生きていることによって識の活動が可能となっている。肉体なしに識はあり得ない。その点では「名色を縁として識あり」と言いうる。従って識と名色とは相互依存関係の状態にある。故に縁起の条件づけの関係をここでとめることも可能である。このように識と名色とは相互依存の面があるが、しかし識は能統一であり、能動的な性格を持っている。故に名色よりも識の方が、より基本的であると言いうる。故にこの識の存在の条件が追求せられて「行《サンカーラー》」が発見される。自己の経験界は識によって統一せられているが、しかしその識は、個人的個性に色づけられた思惟となっている。その識を色づけ、識を動かす力がそこに予想される。それが行《ぎょう》である。一般には行はものを作ってゆく「形成力」をいう。諸行無常の行は全世界を形成してゆく力で、行の最も広い用法である。五蘊の第四の行は心理的な形成力を指し、特に意志をいう。これは狭い用法である。十二縁起の行は、識を色づける形成力を指すのであり、これは業《ごう》（karman, kamma）であると説明される。過去の業が識を色づけており、それに影響されて識は判断や活動を行なうからである。

つぎにこの行の存在する条件が求められて「無明《むみょう》」(avidyā, avijjā) が発見される。無明は正しい智慧(明)のないことで、無知のことである。無常を無常と知らないことが無明であるといわれ、一切をありのままに見る力のないことである。無明そのものには能動性はないが、知的能動性が無明に色づけられて起こるところに、一切の迷妄が生ずる。凡夫は無明を通じて一切を見るのである。夢を見ている人がそれが夢であることに気がつけば、既にそのとき夢は消失しているように、無明が無明であることに気がつけば、無明は既に消失している。すなわち無明は発見されることによってなくなるものである。従って縁起の追求は、無明を発見することによって終わるのである。それ故、「無明を縁として行あり」といわれると同時に、「無明滅すれば行滅す」といわれる。もちろん行が存在するためには、無明以外の多くの条件があるが、それらの中では特に無明が基本的な条件だから「無明滅すれば行滅す」といわれる。同様な関係で、「行滅すれば識滅す。……生滅すれば老死滅す」とて、ここに苦の生存の滅が実現する。それ故、一切苦蘊の滅といわれる。この滅を観ずるのを、縁起の「逆観」といい、また「還滅門《げんめつもん》」ともいう。仏陀は十二縁起を順逆に観じて、悟りを開いたといわれる。

十二縁起の無明・行……老死の十二支は、縁起的に成立している「法としての存在」である。縁起を体得せず、法を観ずる力のない人には、十二縁起を観ずる力はない。すなわち我執に基づく固定的な立場で見た十二支は、単なる観念にすぎず、法ではないから縁起観にならないのである。それらを、永遠性と個別性とにおいて見るところに「法観」が成立する。

十二縁起説は縁起観としては完備した体系である。このほか無明と行を除いて、識・名色の依存関係からはじめる十支縁起も説かれている。これは上述のごとく識・名色の間に相互依存の関係が見られるからである。さらに十支のうち、六入を除いて名色から直ちに触にゆく九支縁起も説かれ、さらに上述のごとく五支よりなる渇愛縁起も説かれる。あるいはもっと簡単な種々の縁起説も説かれている。四諦説も果と因の二重構造になっているから、簡単な縁起説と見うる。故に十二縁起説が最初から存在したとは見難い。仏陀が菩提樹下において観じた縁起の真理は、おそらくもっと直観的な内容のものであったであろう。無明を発見したことが、縁起を発見したことであったであろう。この真理を、他に伝えるために種々に説明をなしたところに、種々の縁起説が成立し、最後に十二縁起説によって、縁起説が完成したのであろう。

法を観ずることは必然的に縁起を観ずることになるが、この立場で縁起的に迷いの原因を追求し、これを明らかにすることが、十二支ないし十支・九支その他の支縁起説の目的であると見てよい。ここに、十二縁起説がその後の発達仏教で最も重要視された理由がある。なお十二縁起説では、「行」は「業」の意味であるから、ここにはカルマが認められている。さらに「有」を輪廻的生存の意味で使っているから、輪廻説も認められている。業説も輪廻説もウパニシャッドの時代から仏陀時代にかけて、しだいに発達した思想である。仏教はこれを取り入れて、仏教的な業説・輪廻説として完成したのである。

実践論　とらわれのない心で、ありのままに事実を見るところに真理が発見されると見るのが原始仏教の立場である。そのためには偏見や執着を除かねばならない。心の邪悪な性格を「煩《ぼん》悩《のう》」(kilesa) という。渇愛・無明が煩悩の最たるものであるが、これはまた「癡《ち》」(moha) ともいわれ、これに貪《むさぼ》りと瞋《いか》りを加え、三毒の煩悩という。心を汚すことが最もはげしいからである。さらに慢や疑、見《けん》などが有力な煩悩である。特に自己に対する執着（我慢や我見・我所見）や特定の人生観に対する執着（見取見・戒禁取見《かいごんじゅ》）などが正しい見方をさまたげる。煩悩は心中の汚れが外部に現われるものであるので、「漏《ろ》」(āsava) ともいう。

煩悩は心を汚すものであるから、これを除くことが実践の目標となる。しかも煩悩が除かれれば、心は汚れがなくなり、心の本性である智慧が自然に現われると考える。心の本性をこのように見る考えを「自性清浄心」の思想といい、この思想の萌芽も、阿含経に存在する(7)（ただし「自性」の性 prakṛti の用語はない）。しかし貪りや瞋り・我見なども、自己の心以外のものではないから、煩悩も自己の内部のものである。故に心の本性と煩悩とをはっきり区別することは不可能である。この見方は、心の本性を自性清浄と見ることに反対する。後世の発達仏教には、以上の二つの思想の流れが見られる。しかし煩悩を否定するところに正しい智慧の顕現があるのであり、しかも心にはそのような自己否定の力が備わっていることも見落されてはならない。

正しい智慧の実現の道は、八聖道の実践によって得られるが、これはまた戒定慧の三学としてもまとめられている。まず戒学によって生活をととのえる。仏法僧の三宝に帰依して正しい信仰を発揮し、その上で戒を身に備える。信者は五戒（殺・盗・邪淫・妄語・飲酒を離れること）をまもり、出家して沙弥や比丘になれば、さらに多くの戒をまもり、きびしい修行生活をなす。戒の実践によって悪をはなれるから、心に後悔や不安がなく、さらに戒の規律的な生活によって健康を得、心身の平安を得て禅定に入る準備がととのう。この戒学に基づいて、禅定を実践するのが第二の定学（増上心学）である。これは四禅の実習が主であるが、その準備的修行として、呼吸を観ずる数息観、身体の不浄を観ずる不浄観、身を不浄と見、受を苦と見、心を無常と見、法を無我と観ずる四念処観、さらに慈・悲・喜・捨の四無量心、空・無相・無願の三解脱門など、その他種々の観法がある。定学は、心の寂静の実現の「止」（śamatha, samatha）と、その寂静に立脚して真理を洞察する「観」（vipaśyanā, vipassanā）とに分けることもできる。定学に基づいて縁起の智慧を実現する実習が第三の慧学である。止と観を分ける場合の「観」は慧学にふくめてよい。「観」には四念処観や四無量心なども重要であるが、特に四聖諦を観ずること、五蘊のいちいちを無常・苦・無我と観ずること、十二縁起を順逆に観ずることなどが、正しい智慧の実現のために重要視されている。かくして正しい智慧が強まるに従って、煩悩が除去されるのである。

三学が完成すると、その上に解脱が実現し、解脱したとの自覚（解脱知見）が起こる。三学の完成は煩悩がなくなったことであるから、これを「無漏《むろ》」という。そして無漏の戒・定・慧・解脱・解脱知見を「五分法身」と称する。これは聖者の備える実践的な「法」である。

なお原始仏教の修行道としては、「三十七道品」（三十七菩提分法）が重要視されている。これは、四念処・四正勤・四如意足（四神足）・五根・五力・七覚支・八聖道である。

　このような修行によって進む悟りの進展は、四つの段階に区別されている。それは預流《よる》果（預流果に達するまでは預流向）・一来果（それ以前は一来向）・不《ふ》還《げん》果（それ以前は不還向）・阿羅漢果（それ以前は阿羅漢向）である。果と向《こう》とをあわせて「四向四果」といい、また四双八輩ともいう。この四向四果の教理も、既に阿含経に見られる。「預流」とは「流れにあずかる」という意味であり、仏教の流れに入って、再び退堕しない段階に達したことをいう。三宝に帰依し（正しい信をうること）、聖なる戒を受持すれば預流であるという。しかしこのほか、三結（我見・戒禁取見・疑）を断ずれば預流であるという説、如実知見を得れば預流であるという説などもある。(8)「一来」とは一度この世に帰ってくるという意味である。修行の途中で死んだ人は、来世に天界に生まれるというが、そこで修行を完成して涅槃に入ることはできず、もう一度この世に生まれるという意味で、一来という。一来とは、三結を断じて貪瞋癡がうすくなった状態（三毒薄）であるという。「不還」とは、この世に帰らないという意味で、死して天界に生まれ、そこで涅槃に入る人びとである。これは五下分結（貪・瞋・身見・戒禁取見・疑）を断じた人であるという。五下分結とは、人を欲界に結びつける煩悩（結）のことである。第四の阿羅漢は修行の完成した人であり、一切の煩悩を断じてこの世で涅槃に入る。

　この四向四果の段階も阿含経に説かれている。この修道論は、輪廻の考えと、輪廻の場所としての三界（欲界・色界・無色界）の存在を認めている。これは、この世の修行だけでは悟りを完成しなかった人びとがあったために、このように輪廻を繰り返して修行をするという思想が起こったのであろう。地獄（naraka ナラカ、niraya ニラヤ）という考えも、阿含経に見られる。地獄の上に餓鬼（preta）・畜生・人間・天界を加えて、五道となす考えもこの時代からあったと見てよい。

仏陀観　四向四果は弟子の証悟である。仏陀は菩提樹下で直ちに悟りを開いて仏陀になったのであるから、仏陀には悟りの段階を立てない。後世、部派仏教時代には、菩薩の修行として「三阿僧祇劫百劫の修行」を説き、これが大乗仏教に受け継がれるが、原始仏教の時代には「ジャータカ」（Jātaka 本生経）が説かれ、仏陀の前世の修行が種々に説かれている程度である。

仏陀の在世には、弟子たちは仏陀の偉大な人格に接して、その感化を受けていたが、その死後には、仏陀はしだいに神格化され、超人間的存在と見られるようになった。しかし原始仏教の時代には、なお人間仏陀として見ていた。仏陀は如来（Tathāgata）とも呼ばれ、また阿羅漢・正等覚者など、十種の呼び名（如来の十号）で呼ばれている。仏陀は身体的には「三十二相」を備えていると信ぜられた。三十二相は常人の備えないすぐれた相で、仏陀と転輪聖王《てんりんじょう》のみが備えるものと信ぜられていた。しかし仏陀の身体も無常であり、生老病死は避けられないと見られていた。そして精神的には「無漏の五分法身」を備えており、「十八不共法」を備え、四神足を完全に修しているので、欲するならば一劫のあいだ生きうると考えられていた。そして仏陀の死については、八十歳のとき、教化すべき衆生が尽き、未来の衆生には教化の縁を植えたので、任意に捨命したのであると解釈されるようになった。仏陀の死を「般涅槃《はつねはん》」(parinibbāna 完全なる涅槃)と称し、その死によって「無余涅槃界」(anupādisesanibbāna-dhātu)に入ったと見る。そしてのちには仏陀の生前の涅槃を「有余依涅槃」(sopadhiśeṣanirvāṇa)と解し、死によって「無余依涅槃」(nirupadhiśeṣanirvāṇa)に入ると解釈するようになった。(9)

註

(1) 宇井博士は仏陀の根本思想を「諸行無常・一切皆苦・諸法無我」にあると見た。『印度哲学研究』第二、二二四頁。ただし和辻博士はこのような試みの不可能なことを主張した。『原始仏教の実践哲学』三六頁以下。
(2) 涅槃については、宮本正尊「解脱と涅槃の研究」(『早稲田大学大学院文学研究科紀要』第六輯、一九六〇年)参照。
(3) 中道については、宮本正尊「中の哲学的考察」(『根本中と空』三六五頁以下)参照。
(4) 四姓平等については、藤田宏達「原始仏教における四姓平等論」(『印仏研』二ノ一、五五頁以下)。
(5) 無我については拙論「無我と主体」(『自我と無我』三八一頁以下)、「初期仏教の倫理」(『講座東洋思想』5、四五頁以下)参照。
(6) 法については拙論「諸法無我の法」(『印仏研』一六ノ二、三九六頁以下)、「原始仏教における法の意味」(『早稲田大学大学院文学研究科紀要』第一四号、一九六八年)参照。
(7) 自性清浄心については、拙著『初期大乗仏教の研究』二〇四頁以下参照。
(8) 預流については舟橋一哉『原始仏教思想の研究』一八四頁以下、拙論「信解脱より心解脱への展

開」（『日本仏教学会年報』第三一号、五七頁以下）参照。
（9）宇井伯寿『印度哲学研究』第二、一三五頁以下参照。

参考書

姉崎正治『根本仏教』明治四三年。宇井伯寿「十二因縁の解釈、縁起説の意義」（『印度哲学研究』第二）、「八聖道の原意及び其変遷」「六十二見論」（『印度哲学研究』第三）、「阿含に現れた仏陀観」（『印度哲学研究』第四）。木村泰賢『原始仏教思想論』大正一一年。赤沼智善『原始仏教之研究』昭和一四年。竜山章真『南方仏教の様態』昭和一七年。宮本正尊『根本中と空』昭和一八年。増永霊鳳『根本仏教の研究』昭和二三年。舟橋一哉『原始仏教思想の研究』昭和二七年。西義雄『原始仏教に於ける般若の研究』昭和二八年。水野弘元『原始仏教』昭和三一年。雲井昭善『原始仏教の研究』昭和四二年。『中村元選集』10「インド思想の諸問題」昭和四二年、12「原始仏教の成立」昭和四四年、13・14「原始仏教の思想上下」昭和四五・四六年、15「原始仏教の生活倫理」昭和四七年。宮坂宥勝『仏教の起源』昭和四七年。金倉円照『インド哲学仏教学研究I仏教学篇』昭和四八年。

H. Beck: Buddhismus. II, Die Lehre, Berlin und Leipzig, 1920; E.J. Thomas: The History of Buddhist Thought. London, 1933; Mrs. Rhys Davids: The Birth of Indian psychology and its development in Buddhism. London, 1936; E. Conze: Buddhist Thought in India. London, 1962; T.W. Rhys Davids: Buddhism. London, 1920; H. Oldenberg: Buddha sein Leben, seine Lehre, seine Gemeinde. 9 Auf., Stuttgart, 1927.（木村泰賢、景山哲雄『オルデンベルグ著仏陀』昭和三年）。G.C. Pande: Studies in the Origins of Buddhism. Allahabad, 1957; D. Schlingroff: Die Religion des Buddhismus（Sammlung Göschen Band 174）, Berlin, 1962.

第五節　教団組織

仏教教団の理想　仏教の教団を「サンガ」(saṃgha 僧伽《そうぎゃ》) 特に「和合僧」(1) (samagga-saṃgha) という。これは平和を実現する団体の意味である。仏教の目的は、個人としては悟りを開き、真理と合一した生活をすることであるが、そのような人びとが集まって共同生活をすれば、そこには真実なる平和が実現する。そしてサンガに入っても、まだ悟らない人は、自己の解脱のために努力しつつ、しかも団体の平和の実現に努力するのである。平和の実現に努力することが、そのまま自己の悟りの実現に合致するのである。

弟子たちは仏陀を「大師」(satthar) として帰依し、絶対の信頼をささげていた。そして仏陀を、法根・法眼・法依として尊崇し、つねにその指導に従った。それ故に弟子たちは、教えを聞くもの (śrāvaka, sāvaka 声聞) と呼ばれた。仏陀には深い禅定から生ずる寂静が備わっており、接する人に神秘的なやすらぎを与えた。さらに一切を洞察する深い智慧と、すべてをつつむおだやかな慈悲とを備えていたので、弟子たちは仏陀に無条件に帰依し、それぞれの天分を発揮して、よく修行の目的を達した。そして師弟同一味の悟りに安住した。このような師と弟子とが集まってつくる仏教の教団（僧伽）は大海にたとえられる。⑴大海が漸々《ぜんぜん》に深くなるように、僧伽には漸々に学がある。⑵大海の水が岸を越えないように、弟子たちは戒律を破らない。⑶大海は死屍を受けつけない。必ず岸に上げるように、僧伽も犯戒者は必ず挙罪する。⑷百川海に入ればもとの名を失うように、僧伽に入る者は階級や姓名を捨てて、沙門釈子とのみ呼ばれる。⑸大海は同一鹹味なるごとく、僧伽は同一解脱味である。⑹大海は百川流入するも増減がないように、僧伽の修行僧がいかに多く涅槃に入っても増減がない。⑺大海に種々の財宝がかくされているごとく、僧伽には微妙な教法と戒律とがある。⑻大海には種々の大魚が住するが、僧伽にも偉大なる弟子たちが住する。と、サンガの特徴が説明されている。これを仏教僧伽の「八未曽有法」という。

四衆　仏陀の弟子には、在家者と出家との二種類があった。在家の男性信者をウパーサカ（upāsaka 優婆塞《うばそく》）といい、女性信者をウパーシカー（upāsikā 優婆夷《うばい》）という。ウパーサカとは「かしずく人」という意味であり、出家者にかしずき、その生活の資具を布施し、その指導を受けて、在家生活をなしつつ修行する。三宝に帰依することによってウパーサカと呼ばれるが、熱心な人はさらに五戒を受ける。

出家の男性修行者をビック（bhikkhu, bhikṣu 比丘《びく》）と呼び、女性修行者をビックニー（bhikkhunī, bhikṣuṇī 比丘尼）と呼ぶ。ビックとは「乞う人」という意味であり、信者の施物によって生活しつつ、修行に専心する人びとである。比丘になる時には具足戒（upasampadā）を受ける。これは、いわゆる二五〇戒であり、出家者としてのきびしい戒律生活を守るのである。この比丘・比丘尼・優婆塞・優婆夷を仏の「四衆」(cattāri parisadāni)と称し、仏弟子を総称する。

サンガ　仏教の教団をサンガ(saṃgha 僧伽《そうぎや》)という。広い意味では四衆全部をふくめて、サンガと言ってもよいであろうが、原始仏教時代の用例からみると、サンガを組織したのは出家者のみであった。すなわちビクは集まって「比丘僧伽」(bhikkhu-saṃgha)を組織し、ビクニは「比丘尼僧伽」(bhikkhunī-saṃgha)を組織した。両者を「両僧伽」という。ビクサンガもビクニサンガもそれぞれ独立であり、自治によって秩序を維持していた。四衆を一まとめにしてサンガと呼ぶことはない。サンガは中国語に「僧伽」と訳されたが、「僧」とも訳されている。日本では僧といえば、一人の坊さんを意味するが、本来は教団の意味である。仏陀時代のインドでは、政治団体や商工業者の組合などをサンガと呼んでいた。この呼称が宗教団体にも適用されて、仏教の教団をサンガと呼んだのである。当時はサンガのほかに「ガナ」(gaṇa)とも呼ばれている。特に大乗仏教では「菩薩ガナ」(bodhisattva-gaṇa)がよく用いられる(2)。

比丘・比丘尼には年齢の制限があり、二十歳以上になって、入団が許される。その入団許可の儀式を具足戒という。年少の者がサンガに入るには、沙弥《しやみ》(sāmaṇera)沙弥尼(sāmaṇerī)になる。沙弥・沙弥尼は「出家」(pabbajjā)の儀式を受け、このとき十戒を受ける。十四歳で沙弥・沙弥尼になりうるが、特別の場合は七歳でも沙弥になりうる。これを駆烏の沙弥という。沙弥尼は十八歳になると正学女（sikkhamānā 式叉摩那）の儀式を受けることができる。これは二年間六法戒を守る修行者であり、そのあとに具足戒を受けて比丘尼になる。以上の比丘・比丘尼・正学女・沙弥・沙弥尼を「出家の五衆」といい、これに優婆塞・優婆夷を加えて「七衆」という。信者は五戒を守るほかに、毎月の布薩日（uposatha）（八・十四・十五・二十三・二十九・三十日、これを六斎日という）には、八斎戒を守るならわしである。ただし信者の五戒や八斎戒は義務ではないから、これを守らなくても罰を課せられることはない。出家の五衆の戒はサンガの秩序を維持するために必要であり、強制的に守らしめられる。これを破ると罰則がある。

戒（sīla, śīla）は自発的に守るものであり、仏教の修行をなさんと決心した人が、受けるものである。戒を受ける時、在家者として修行するか、出家者となって修行するかの選択がある。それによって受ける戒が異なる。戒は仏教の修行の原動力になるものである。特に出家者はサンガを組織し、集団生活をするために、団体の秩序維持の必要からも、サンガの規則を強制的に守らしめられる。この規則をサンガの「律」（vinaya）という。いわゆる二五〇戒がそれである。最も重い罪を波羅夷罪（pārājika, パーラージカ）という。これは、殺・盗・淫・大妄語の四種で、これを犯すとサンガから追放される。つぎに重い罪は僧残罪で十三条ある。律の根底には戒の自発的な精神が存在するが、出家者はその上にさらに律を守るのである。

サンガには現前僧伽と四方僧伽との別がある。現前僧伽（sammukhībhūta-saṃgha）とは、「現にそこに成立しているサンガ」という意味である。ある土地に四人以上の比丘が集合しておれば、彼らは現前僧伽を形成する。故にサンガの単位は四人以上である。この僧伽の地域的限界を「界」(sīmā, シーマー)という。その界内に入った比丘は、必ずその僧伽の会議に出席する義務がある。サンガの会議のしかたを羯磨《こんま》(kamma)という。そしてその議長を羯磨師という。サンガの会議は、原則として全員の出席を必要とする。特に布薩(比丘の布薩は十五日と三十日)や安居の集会、サンガの役員比丘の選出などの会議は重要である。普通の羯磨は四人僧伽でなしてよいが、自恣《じし》羯磨は界内に五人以上の比丘が必要である。(自恣とは、安居のあとの安居僧伽の解散式のこと。このとき、安居三ヶ月間に他に迷惑をかけたことを指摘しあい、互いに懺悔する。この会議では懺悔を受ける比丘が必要であるので五人僧となる。)さらに具足戒羯磨は十人(和尚・羯磨阿闍梨・教授阿闍梨の三師と七人の証人より成る十人僧伽)の比丘が必要である。ただし辺地で比丘を集め難い所では五人僧伽(三師と二人の証人)で具足戒を授けてもよいとされている。僧残罪を犯した比丘の出罪羯磨をなすには二十人僧伽たることが必要である。ただしサンガの会議のたびに全体の比丘が集合することは、修行の妨げになるので、具足戒羯磨や出罪羯磨の場合には、十人あるいは二十人の比丘が特定の小界の中に集まって羯磨をするようになった。これが戒壇の起こりである。

現前僧伽は自治の単位であり、戒律によって内部を自治的に秩序をたもち、布薩や安居を自主的に行なう。そしてサンガの財産である僧園・精舎等を管理し、公平に利用した。さらにサンガに布施された食物や衣服等を比丘たちに平等に分配して、修行生活をなした。

サンガの秩序の根源である戒律は、現前僧伽で勝手に変更できないものであり、戒律は現前僧伽を越えた存在であった。またサンガの財産である僧園や精舎等も現前僧伽は利用が許されるだけであり、処分することはできなかった。この二つの理由から、現前僧伽を越えた高次の僧伽が考えられる。それが四方僧伽（cātuddisa-saṃgha 招提僧）である。四方僧伽は弟子の教団そのものをいう。空間的・時間的に限界を持たない三世一貫の常住僧である。地域的にもどこまでも拡大しうる僧伽であり、時間的には未来に永遠に存続してゆくべき僧伽である。この四方僧伽が、精舎等の常住物を所有し、戒律としての僧伽の秩序を代表するのである。

つぎに女性の教団についていえば、比丘尼僧伽の組織は、原則的には比丘僧伽と同じである。ただし比丘尼は教法や戒律の学修において、比丘の指導を受けねばならなかった。しかし禁欲生活をなす両者の接触には、きびしい規則があり、これが八敬法（八重法 Aṭṭha-garudhamme）としてまとめられている。[3]

波羅提木叉　サンガに入った比丘・比丘尼が守るべき規則を集めたものを「波羅《はら》提木叉《だいもくしゃ》」(Pātimokkha, Prātimokṣasūtra 戒経・戒本）という。これは、いわゆる二五〇戒（比丘尼の条文はこれより多い）である。ただしこの中にはサンガが主体となって実行する羯磨はふくまれない。比丘の波羅提木叉は八節に分かれ、比丘尼の波羅提木叉は七節よりなる。この中で最も重い罪は「波羅夷法」（pārājika）である。これは婬・盗・断人命・大妄語の四条（比丘尼は八条）であり、これらを破るとサンガから追放され、再びサンガに入ることは許されない。

つぎは僧残法十三条（比丘尼は十七条ないし十九条）で、性に関する罪や破僧を企てた罪、他人を波羅夷罪で誹謗した罪、その他がふくまれている。これを犯すと、現前僧伽の面前で懺悔を課せられる。そしてマーナッタ（七日間の謹慎）を行ない、そのあとで出罪羯磨によって、罪は許されることになっている。これは波羅夷につぐ重罪である。波羅夷と僧残を破ろうと企てて、未遂に終わった場合を「偸蘭遮罪」（thullaccaya）という。

第三は不定法二条（比丘尼ナシ）。これは比丘が女性と共に居た場合の罪で、証人の証言によって罪がきまるので「不定」という。

第四捨堕法三十条（比丘尼三十条）は、所有を禁じられている物を持っていた場合の罪である。たとえば衣服は三衣一揃が所有を許される。余分の布を得た場合は一定の期間のみ所有を許される。そのほか坐具・雨浴衣・鉢・薬などについても所有の制限の規定があり、金銀宝物の所有や売買は禁止されている。捨堕罪にふれると、その物を放棄して、懺悔をしなければならない。

第五波逸提法九十、ないし九十二条（比丘尼一四一条―二一〇条）。これは、妄語・悪口その他軽罪を集めたもの。破ると懺悔を課せられる。

第六悔過法四条（比丘尼八条）。これは受けてはならない食物を受けて食した場合の罪であり、軽罪である。

第七衆学法七十五、ないし百七条（比丘尼も同じ）。これは、食事や乞食・説法などの行儀作法を規定したものである。破っても心中で懺悔すればよい。この罪を「悪作《あくさ》」（dukkaṭa 突吉羅）という。なおこれから「悪説」という罪を分ける場合もある。

第八滅諍法七条（比丘尼も同じ）。僧伽に争いが生じた時には、僧伽の知事比丘は僧伽の規則（諍事を裁定する羯磨七種）を適用して争いを滅すべきである。これに違反すると悪作の罪をうる。以上の波羅夷・僧残・波逸提・悔過・突吉羅を「五篇罪《ごひん》」といい、これに偸蘭遮と悪説を加えたものを「七聚罪」という。

以上、波羅提木叉の条文はパーリ律で二二七条（比丘尼三一一条）、四分律では二五〇条（比丘尼三四八条）である。他の律では条数に若干の違いがある。しかし波羅夷・僧残・捨堕・波逸提等、重要な条文には、諸律に合致があり、これらが原始仏教時代から確定していたことを示している。(4)

サンガの修行生活　サンガに入って修行したい人は、人種や階級の別なく許可される。志望者は、まず入団後の指導者となる「和尚」（upajjhāya）を求める。和尚は彼のために三衣（袈裟《けさ》）や食鉢を求め、十人僧伽を準備して、戒壇で具足戒を受けしめる。ただし父母の許しを得ていない者、借財のある者、かつて波羅夷を犯した者、犯罪者で官から追跡されている者、その他、具足戒を許可されない条件が二十余あり、その検査がなされる。(5) 十人僧伽で、この検査をなす比丘を教授師といい、この会議の議長をなす人を羯磨師という。故に羯磨師が戒師である。具足戒の儀式のあとで波羅夷の四条が教えられ、出家者の基本的生活法としての「四依」が教えられる。四依とは、出家は死ぬまで、乞食によって生活すること（尽形寿乞食）、衣は糞掃衣であること、住は樹下に住すること、薬は陳棄薬であることである。しかしこれは原則であって、余得としては請食や新しい衣・精舎の住居・樹根等よりうる薬も認められている。

具足戒を受けた新比丘は和尚の弟子となって、その指導のもとに共同生活をなしつつ、戒律を学び坐禅を実習し、教法を学習し、修行をなす。ただし禅定や教法に関しては、和尚の許可を受けて、専門的な師（ācariya 阿闍梨）について学習することも許されていた。和尚は弟子を見ること子のごとく、弟子は和尚に仕えること父のごとくであり、食物や衣服を分かちあい、病気の時には看病をなし、互いに助けあって修行生活をなす。サンガの秩序は、出家してからの年数（法臘）による。先に出家したものを敬い、礼儀をまもり、秩序を立てて団体生活をなしていた。サンガの生活は、禁欲生活であり、午後は食事をなさず、一切の娯楽をしりぞけたきびしい生活であった。早朝に起きて坐禅をなし、午前中に村に出て乞食し、正午までに食事をなす。出家は一日一食であり、午後の食事は許されない。そのあと信者の家を訪ね、あるいは日中の休息のために樹下等に坐禅をなす。夕方、禅より立って法堂に集合する。そして日中の坐禅で得た体験あるいは感じたことを話しあったり、法談をなす。あるいは師を訪ねる。サンガの生活は聖なる沈黙と法談とであったという。そのあとで自室にしりぞき、さらに坐禅をなし、後夜に就寝する。毎月六回の布薩日には、精舎に訪ねてきた信者に五戒を授けたり、説法をなす。比丘の布薩は毎月二回であり、この日は夜になってから比丘のみで布薩の集会をなし、波羅提木叉を誦出するのである。

比丘の生活は原則としては遊行生活であり、一ケ所に定住しない。そのために所持品も簡素であり、三衣と食鉢、坐具、漉水嚢の「六物」が比丘の財産であった。しかし雨期の四ヶ月の中、三ヶ月間は雨安居のために一ケ所に定住する。この間に、坐禅や教法の学習などをなした。安居のすんだ日には自恣の儀式（解散式）をなし、再び遊行に出発する。ただし安居のあとには三衣を新しく作りなおすので、その後もしばらく同じ場所にとどまっていたらしい。インドでは、大きな布を身体にまいて衣となすので、布がそのまま衣である。在家人は白い布を用いるが、仏教の比丘は、袈裟色（カーシャーヤ、くすんだ黄色）に染めて用いるので、袈裟衣という。下衣（五条袈裟）・上衣（七条袈裟）・大衣（九条―二十五条袈裟）の三種の衣がある。衣材は木綿が主であったが、麻や絹、羊毛等も用いられた。三衣を作るには多量の布を必要としたので、布施によってこれを入手するのは容易でなかった。

比丘たちにとって遊行の先ざきに精舎が完備していたのではなかったから、野宿や樹下に宿ることも多かった。雨季を除いた八ヶ月はほとんど雨が降らないから、樹下の宿もそれほど苦痛ではない。弟子たちの中には進んで苦行的な生活を守る比丘もあった。かかる苦行的な生活法がまとめられて、のちに頭陀《づだ》行（dhūta 十二、あるいは十三頭陀）と呼ばれた。大迦葉は頭陀行の実行者として有名であった。

註

（1） 和合僧については、拙著『原始仏教の研究』昭和三九年、二九五頁以下参照。

（2）僧伽については、拙著『原始仏教の研究』一頁以下、「菩薩ガナ」については、拙著『初期大乗仏教の研究』七七七頁以下参照。
（3）八敬法については、拙著『原始仏教の研究』五二一頁参照。
（4）波羅提木叉の条文の数については、拙著『律蔵の研究』昭和三五年、四三〇頁以下参照。
（5）拙著『原始仏教の研究』四五四頁以下参照。

参考書

長井真琴『南方所伝仏典の研究』昭和一一年。長井真琴・上田天瑞・小野清一郎『仏教の法律思想』昭和七年。境野黄洋『戒律研究上下』（『国訳大蔵経』論部附録）昭和三年。西本龍山『四分律比丘戒本講讃』昭和三〇年。拙著『律蔵の研究』昭和三五年。佐藤密雄『原始仏教教団の研究』昭和三八年。早島鏡正『初期仏教と社会生活』昭和三九年。拙著『原始仏教の研究』昭和三九年。
Sukumar Dutt: Early Buddhist Monachism. London, 1924; Nalinaksha Dutt: Early Monastic Buddhism. Calcutta, 1941; Gokuldas De: Democracy in early Buddhist Saṃgha. Calcutta, 1955; S. Dutt: Buddhist Monks and Monasteries of India. London, 1962; D. Schlingloff: Die Religion des Buddhismus, 1 Der Heilsweg des Mönchtums. Berlin, 1962.

第六節　原始経典の成立

第一結集　仏陀が入滅したとき、大迦葉は、このまま放置すれば仏陀の教えは速やかに湮滅するであろうと考えて、教法の結集《けつじゅう》（saṃgīti）をなそうと考えた。集まってきた仏弟子たちにこれを提案して賛成を得、王舎城に五〇〇人の遺弟が集まり、仏陀の一代の説法を結集したという。これを「第一結集」という。(1)「結集《サンギーティ》」は「合誦《ごうじゅ》」とも訳され、記憶している教法を、一緒に合唱することである。この第一結集を否定する学者も多いが、しかし諸部派の文献に同じく伝えているから、何らかの形で遺法の結集がなされたと見てよいであろう。

この時、教法（Dhamma）は仏陀の常侍の弟子であったアーナンダ（Ānanda）が誦出《じゅしゅつ》し、律（Vinaya）は戒律に理解の深かったウパーリ（Upāli）が誦出したという。このとき、のちに経蔵・律蔵の原形になるものが誦出されたのである。論蔵の成立はもっとあとである。これらの法と律とは、記憶に便利なように、重要な教説が簡単な短文であるスートラ（sūtra 契経）にまとめられ、あるいは詩句（gāthā ガーター、伽陀）に作られて伝承せられたと考えられる。しかしそれらの梗概要領には、説明解釈が付加されて伝承されたであろうし、ガーターにはそれができたいいわれ

(nidāna 因縁）などが付随して記憶せられたであろう。のちにはこれらの短文や詩句をつづり合わせ、つなぎの文章を加えたりして、長文の教法も作られたようである。そしてそれらが、「法門」(dhammapariyāya or pariyāya）と呼ばれたようである。さらにのちには長文の「経」(sutta, suttanta)が編集せられた。スッタ（経）とは「縦糸」の意味であり、豊富な意味を短い文章にまとめたものを言うのが原意である。しかし仏教ではのちには長文の経も多く作られている。この長文の経典が作られたのが、仏滅から百年ごろまでの状態である。

なお律については、戒律の条文すなわち波羅提木叉は比較的早くまとめられた。そしてこの条文を「スッタ」と呼び、その解説を「経分別」(suttavibhaṅga）と呼ぶことも、比較的古くから確定していたと見てよい。条文の意味を正確に知ることは、比丘たちにとって、正しい戒律生活をするために重要なことであったからである。これと並行してサンガ運営の規則も集められたと考えてよい。サンガ運営の規則は、「羯磨《こんま》」(kamma）と呼ばれ、律蔵の「犍度部《けんど》」の中心となるものである。後世には百一羯磨といわれる程多数のコンマが整備されたが、最初から教団運営のためにかなり多数のコンマがあった。波羅提木叉と犍度部の原形とが確定したのは、仏滅百年ごろと見てよい。

これらの教法や戒律の憶持には分業も行われたようであり、古くから経師（suttantika）・持律師(vinayadhara)・説法師（dhamma-kathika）・持法師（dhammadhara）等がサンガに存在していた。しかし第一結集の法と律から、現在残っている経蔵と律蔵にいかなる経路をたどって発展したかはあとづけ難い。ともかく原始仏教の末期には、教法は整理されて「経蔵」(Sutta-piṭaka)となり、律は「律蔵」(Vinaya-piṭaka)になったと考えられる。しかるに仏滅百年ごろに原始教団が大衆部と上座部とに分裂したため、教法の伝持も部派教団に移行した。その後、上座部も大衆部もそれぞれ内部分裂を起こし、最後には一八部に分かれたという。そして経蔵も律蔵も、それぞれの部派で伝持される間に、部派的増広や変容を蒙った。それらがパーリ語(Pāli-bhāsā)でセイロンに伝えられ、あるいは中国に伝えられて漢訳せられ、現在われわれの利用しうる経蔵・律蔵となっているのである。その間に長い年月を経ているために、原始仏教の末期に経律二蔵がまとめられていたとしても、その時の原形を知ることは現在としては不可能である。しかし経蔵・律蔵の現在形には、古層と新層とが種々に入りまじっていることが種々の点より明らかである[2]。

経蔵と律蔵の現在形について述べると、アショーカ王の時代にマヒンダ(Mahinda)によってセイロンに伝えられた仏教は、パーリ語によって伝持され、その経蔵は五つのニカーヤ(nikāya 部・集成)にまとめられている。これは上座部(Theravāda)系の分別説部(Vibhajjavādin)の伝持したものである。パーリ語は中インドの西南のヴェーディサ(Vedisa, Bhilsa)地方の古代方言であったという。これはマヒンダの母の生地である。この地方の仏教がマヒンダによってセイロンに伝えられたという。これに対して北インドから中央アジアを通って、中国に伝来した経蔵は『阿含《あごん》経』と呼ばれ、四種の阿含経が中国に訳出された。ただし長阿含経は法蔵部の伝持したもの、中阿含経と雑阿含経とは説一切有部の伝持したもの、増一阿含経は大衆部の伝持したものといわれる。ただし漢訳の増一阿含は大衆部の伝持したものではないようである。律蔵にはパーリ語による上座部の律があり、漢訳には法蔵部の四分律、説一切有部の十誦律、化地部の五分律、大衆部の摩訶僧祇律、根本説一切有部の五種の律蔵がある。チベット訳にも根本説一切有部律がある。それらの内容は次のごとくである。

律蔵（Vinaya-piṭaka）
- Ⅰ 経分別（Suttavibhaṅga）
  - 比丘戒経分別（Mahāvibhaṅga）
  - 比丘尼戒経分別（Bhikkhunīvibhaṅga）
    - 波羅夷章（Pārājikā）
    - 波逸提章（Pācittiyā）
- Ⅱ 犍度部（Khandhaka）
  - 大品（Mahāvagga）十章に分かれる。
  - 小品（Cullavagga）十二章に分かれる。
- Ⅲ 付随（Parivārapāṭha）

経蔵（Sutta-piṭaka）
- 五ニカーヤ（Pañcanikāya 上座部所伝）　四阿含
- ディーガニカーヤ（Dīgha-nikāya 長部・三四経）
  - 長阿含経（三〇経、法蔵部所伝、四一三年訳）

マッジマニカーヤ（Majjhima-nikāya 中部・一五二経）
　　中阿含経（二二二経、説一切有部所伝、三九八年訳）
サンユッタニカーヤ（Saṃyutta-nikāya 相応部・二八七二経）
　　雑阿含経（一三六二経、説一切有部所伝、四四三年訳）
アングッタラニカーヤ（Aṅguttara-nikāya 増支部・二二九八経）
　　増一阿含経（四七一経、所属部派不明、三八四年訳）
クッダカニカーヤ（Khuddaka-nikāya 小部・一五部）
　　漢訳は部分訳。義足経・法句経・本事経・生経等

『律蔵』はパーリ律の組織[3]を示したが、漢訳諸律の組織も大綱はこれに同じい。パーリ律はオルデンベルヒ（H. Oldenberg: The Vinayapiṭaka in Pali. 5 Vols, London, 1879-83）が出版した。これには、PTS.（Pali Text Society）の複刻版がある。さらに戒経（Pātimokkha）の出版もある。英訳はリス・デヴィッヅ（T. W.Rhys Davids）とオルデンベルヒによってSBE.（The Sacred Books of the East. Vols, XIII, XVII, XX）に部分訳がなされた。完訳はI・B・ホーナー女史（I.B. Horner）によってSBB.（The Sacred Books of the Buddhist. Vols, X, XI, XIII, XIV, XX）において訳出された。（The Book of the Discipline. 1949-52）. 日本訳は『南伝大蔵経』第一―五巻に収録されている。Buddhaghosa: Samantapāsādika. 7 Vols.（善見律毘婆沙）はパーリ律の註釈である。漢訳律蔵は『四分律』以下五種あり、『大正大蔵経』第二二―二四巻に収録される。広律のほかに戒経、律疏もある。国訳は『国訳一切経』律部二六巻に広律・戒経・律疏がふくまれてい

る。その解題・註記等は有益である。チベット訳律典は『影印北京版チベット大蔵経』第四一―四五巻に収録、律疏は同じくその第一二〇―一二七巻に収録されている。チベット訳はすべて根本有部律関係の律典である。サンスクリットの律原典には完全なものはない。中央アジアでペリオ探険隊、ドイツ探険隊などが発見した断片がある。多くは有部・根本有部・大衆部の戒経・経分別・犍度部・羯磨本などの断片である。さらにラーフラ（Rāhula Sāṃkṛtyāyana）がチベットで発見し、パトナに保存される梵本にも、大衆部系の戒経・比丘尼律があり、出版されている。W. Pachow and R. Mishra: The Prātimokṣasūtra of the Mahāsaṅghikās. Allahabad, 1956; G. Roth: Bhikṣuṇī-Vinaya including Bhikuṣuṇīprakīrṇaka and a Summary of the Bhikṣuprakīrṇaka of the Āryamahāsaṃghika-Lokottaravādin. Patna, 1970; B. Jinananda: Abhisamacārikā (Bhikṣuprakīrṇaka). Patna, 1969. 最もまとまった梵文律蔵は、カシュミールのギルギットの故塔から発見された根本有部律の写本である。主としてN・ダットが出版している。N. Dutt: Gilgit Manuscripts. Vol. III, Parts 1-4. Mūlasarvāstivāda-Vinayavastu, Srinagar. 1942-54. 戒経はバネルジー（A. Ch. Banerjee）が出版した（一九五四年）。律蔵の資料は豊富であるため、これらの比較研究によって、部派分裂以前の状態を推知することが可能である。(4)

『経蔵』(5)はパーリには完全なものが残っているが、漢訳は有部の中・雑二阿含、法蔵部の長阿含、部派不明の増一阿含が存在するのみである。(6)パーリ語の阿含経はセイロン・ビルマ・タイ等でも出版されたが、リス・デヴィッヅ（T.W.Rhys Davids）が一八七八年にPali Text Societyを組織し、諸学者の援助のもとに、組織的に出版した。ただしジャータカ（Jātaka）はファスベェール（V. Fausböll: The Jātakamtogether with its commentary. 7 Vols, 1877-97）によって出版された。パーリ阿含経の英訳も大部分はPTS. から出版されている。日本訳は『南伝大蔵経』第六―四四巻に収録され、その他にも若干の翻訳がある。[7] パーリ五ニカーヤには、ブッダゴーサの註釈、Sumaṅgalavilāsinī 以下があり、共にPTS. より出版されている。これらは阿含経研究の必読の参考書である。漢訳阿含経は『大正大蔵経』第一・二巻に収録され、四阿含のほかに阿含系統の単経の翻訳が多数にふくまれている。『国訳一切経』阿含部にその国訳がある。漢パ阿含の比較には、古くは姉崎正治の対照があり、完全なものとして赤沼智善『漢巴四部四阿含互照録』（一九二九年）が珍重される。チベット訳阿含経は長・中・雑阿含等にふくまれる若干の単経があるにすぎない（影印北京版第三八―四〇巻）。サンスクリットの阿含経[8]は主として中央アジアで発見された写本の断片である。雑誌に発表されたものが多いが、ヘルンレがまとめて出版したものがあり、またドイツ探険隊が中央アジアで蒐集したものはワルドシュミット及び彼の門下によって出版された。[9] この中には涅槃経・大本経・四衆経・ウダーナヴァルガ、その他重要なものが多い。古いダルマパダはブラフによって出版された(J. Brough: The Gāndhārī Dharmapada. Oxford, 1962)。

九分教と十二分教　原始仏教の教法（Dhamma）が四阿含・五ニカーヤにまとめられる前に、九分教（Navaṅga-sāsana）あるいは十二分教（Dvādaśāṅga-dharmapravacana）にまとめられたと見る説がある。九分教はパーリ経典や摩訶僧祇律の説である。十二分教（十二部経）は法蔵部の長阿含や四分律、有部の中阿含や雑阿含、化地部の五分律、根本有部律などに伝承される。

九分教（Navaṅga-sāsana）
1 契経（sutta）
2 祇夜（geya）
3 授記（記説）（veyyākaraṇa）
4 伽陀（gāthā）
5 優陀那（udāna 自説）
6 如是語（itivuttaka）
7 本生（jātaka）
8 方広（vedalla）
9 未曽有法（abbhutadhamma）

十二分教（Dvādaśāṅga-dharmapravacana）
1 修多羅（sūtra）
2 祇夜（geya）
3 授記（vyākaraṇa）
4 伽陀（gāthā）
5 憂陀那（udāna）
6 尼陀那（nidāna 因縁）
7 本事（itivṛttaka）
8 本生（jātaka）
9 方広（vaipulya）
10 未曽有法（adbhutadharma）
11 譬喩（avadāna）
12 論議（upadeśa）

十二分教は九分教に因縁（nidāna）・譬喩（avadāna）・論議（upadeśa）の三支を加えたものである。九分と十二分のどちらが古いかは、きめ手となる証拠はないが、一般には九分教が古いと見られている。[10] さらに九分・十二分と四阿含・五ニカーヤと、どちらが古いかという点も、まだ解明されない点があるが、多くの学者は九分・十二分が古いと見ている。たしかに九分・十二分には古い要素が保存されているであろうが、しかしジャータカなどの成立は新しいようであり、これがそのまま古い成立だと速断できない点がある。これは、五ニカーヤの第五クッダカ・ニカーヤや、四阿含雑蔵の「雑蔵」と関係せしめて考察すべき問題をはらんでいる。

註

（1） 第一結集については、赤沼智善『仏教経典史論』昭和一四年、二頁以下。金倉円照『印度中世精神史』中、一九六頁。塚本啓祥『初期仏教教団史の研究』昭和四一年、一七五頁以下。J. Przyluski: Le concile de Rājagṛha. Paris, 1926-8 参照。

（2） 阿含および律の新古の層については、宇井伯寿「原始仏教資料論」（『印度哲学研究』第二）、和辻哲郎『原始仏教の実践哲学』序論、拙著『律蔵の研究』第一章。H. Oldenberg: The Vinayapiṭaka. Vol. I, Introduction; T.W.Rhys Davids: Buddhist India. p. 176ff.

（3） 律蔵の組織については、拙著『律蔵の研究』第四・六章参照。

（4） 律の文献については、拙著『律蔵の研究』五八頁以下参照。

（5） 増一阿含の部派所属については、拙著『初期大乗仏教の研究』二九頁以下参照。

（6） 経蔵の組織については、前田恵学『原始仏教聖典の成立史研究』六一九頁以下参照。

（7） パーリ語仏教文献については、W. Geiger: Pāli Literatur und Sprache. Strassburg, 1916, English translation by B. Ghosh, Calcutta, 1956 参照。

（8） サンスクリット阿含経については、山田龍城『梵語仏典の諸文献』昭和三三年、三一頁以下参照。

（9） A.F.R. Hoernle: Manuscripts remains of Buddhist Literature found in Eastern Turkestan. Oxford,

1916; ドイツ探険隊発見の写本の出版については、E. Waldschmidt: Sanskrit-handschriften aus den Turfanfunden. Teil, I. Wiesbaden, 1965, ss. XXVI-XXXII.

(10) 前田恵学、前引書四八二頁以下。

参考書

宇井伯寿「原始仏教資料論」(『印度哲学研究』第二) 大正一四年。赤沼智善『漢巴四部四阿含互照録』昭和四年。同『印度仏教固有名詞辞典』昭和六年。渡辺海旭『欧米の仏教』(『壺月全集』上巻) 昭和八年。金倉円照『印度古代精神史』(五六、仏教の聖典) 昭和一四年。赤沼智善『仏教経典史論』第一「小乗経典史論」昭和一四年。中村元「原始仏教聖典成立史研究の基準について」(『日本仏教学会年報』第二一号、昭和三一年。『中村元選集』14「原始仏教の思想下」昭和四六年) 山田龍城『梵語仏典の諸文献』昭和三四年。拙著『律蔵の研究』昭和三五年。前田恵学『原始仏教聖典の成立史研究』昭和三九年。渡辺照宏『お経の話』昭和四二年。三枝充悳「相応部の経の数について」(『宗教研究』一九二号) 昭和四二年。拙著『初期大乗仏教の研究』昭和四三年。石上善應「初期仏教における読誦の意味と読誦経典について」(『三康文化研究所年報』第二号、昭和四三年)。

H. Oldenberg: The Vinayapiṭaka. Vol. I, Introduction, London, 1879; T.W. Rhys Davids: Buddhist India. p. 161ff. London, 1903; W. Geiger: Pāli Literatur und Sprache. Strassburg, 1916 (B. Ghosh, English translation. Calcutta, 1956); E. Frauwallner: The earliest Vinaya and the beginnings of Buddhist Literature. Rome, 1956; É. Lamotte: Histoire du bouddhisme indien. Louvain, 1958; F Bernhard: Udānavarga. Band I, Göttingen, 1965; Band II, Göttingen, 1968; J. W. de Jong: Les sūtrapiṭaka des Sarvāstivādin et des Mūlasarvāstivādin. (Mélanges d' indianisme à la mémoire de Louis Renou, Paris, 1968).

第七節　教団の発展と分裂

仏滅後の教団　仏滅直後の仏教教団は、中インドにひろまった地方教団にすぎなかった。仏陀の誕生地ルンビニーと入滅の地クシナガラ（クシナーラー）とは、中インドの北辺にある。悟りを開いたブッダガヤーは、中インドの南部にあり、はじめて法を説いた初転法輪の地サールナート（鹿野苑）は、中インドの西部にある。この四ケ処は「四大霊場」（cetiya）として、仏滅後には仏陀を慕う信者たちの巡礼参拝の地として栄えた（*DN.* Vol.II, p. 140）。初期の仏教徒の考えた「中国」(1)も中インドを中心に考えられている。

しかし仏滅後には西方および西南方に伝道がすすめられ、仏教教団は徐々にこの両方面に発展した。これは、中インドの南方はヴィンドヤ山脈の高原によってさえぎられ、東方は酷熱未開の地であったためであろう。特にまず西南の方向に伝道がすすめられた。西方に仏教が発展したのは、それより少しくおくれた。それは、西方はバラモン教の強固な地盤であったためであろう。

仏陀の在世時代に既に中インドから南西にあたるインド西海岸方面に伝道がなされたといわれている。十大弟子の一人といわれるマハーカッチャーナ（Mahākaccāna 大迦旃延）はアヴァンティ

(Avanti) の出身であったという（アヴァンティの首都はウッヂェーニー Ujjenī である)。彼は簡単な教説を詳しく解説すること（分別）に巧みであったという。のちに郷国アヴァンティに帰り、人びとを教化したことが、阿含経に説かれている。特に弟子にソーナクティカンナ (Soṇakuṭikaṇṇa 億耳) があった。彼はアヴァンティでマハーカッチャーナについて出家し、のち舎衛城に仏陀を訪ねようとした。そのときマハーカッチャーナが、億耳に托して、仏陀にアヴァンティ・ダッキナーパタでは、戒律についての五つの例外（五事）を許可されるように願ったことは有名である。その「五事」の中に、辺地では十人の比丘を集め難いから、五人比丘のサンガで具足戒を授けてもよいことがふくまれている。億耳はアパランタ (Aparanta) の出身とされるが、アパランタはウッジェーニーよりもさらに西方で、インドの西海岸の地方である。

上座部系の諸律では億耳はマハーカッチャーナの弟子になっているが、大衆部系の摩訶僧祇律では億耳はプンナ (Puṇṇa 富楼那) の弟子となっている。プンナもスナーパランタ (Sunāparanta) のスッパーラカ (Suppāraka) の出身であったというが、スッパーラカはソーパーラ (Sopāra) ともいわれ、インド西海岸の海港である。付近からアショーカ王の碑文が発見されている。ボンベイより少しく北方にあたる。プンナも悟りを得てから、故郷に帰り伝道に従事し、多くの弟子を得たという。彼が伝道の決意を仏陀に披歴した有名な経典がある (*MN.* No. 145)。おそらく彼らの努力によって、この方面に仏教の根がおろされたのであろう。仏教は商人階級に信者が多かったことは、阿含経にしばしば伝えている。各地から商用で中インドに来た人が、仏教に帰依し、帰国して郷里に仏教をひろめた。プンナやカッチャーナ等もそれらの人びとの一人である。なおマハーカッチャーナはアヴァンティのみでなく、マツラー（Mathurā, Madhurā 摩偸羅、デリーに近い）地方にも開教したという。ここで彼が法を説いたという経典もある。

さらにスッタニパータの彼岸道品の「序偈」によれば、デッカン地方のゴーダーヴァリー河の上流地方に住していたバラモン、バーヴァリー（Bāvarī）が仏陀の名声を聞いて、十六人の弟子を聞法のためにつかわすことが説かれている。十六人の弟子はゴーダーヴァリー河の上流パティッターナ（Patiṭṭhāna, Paithan）から南路《ダッキナーパタ》を通って、すなわちウッヂェーニーからヴェーディサ・コーサンビー・サーケータ等を通過して、舎衛城に行ったという。そしてこのとき十六人のバラモンの童子が仏陀に質問し、仏陀がこれに答えた法話が「彼岸道品」（Pārāyana-vagga）として残っている。この経のパーリ語の文体は非常に古い形を示しており、同じくスッタニパータの「アッタカ・ヴァッガ」（Aṭṭhaka-vagga）と共に、阿含経の中でも最古の成立と見られている。しかし文体が古いとしても、これらの文体をアショーカ王の碑文の文体と比較して、その新古をはっきりきめることはできないようである。文体が古いということだけで、彼岸道品が仏陀在世の作品と決定することは無理のようである。しかもこの聞法の因縁を伝えている「序偈」は、彼岸道品の本文よりも成立が新しい。そのために「序偈」の記述によって、仏陀の在世時代に既に仏陀の名声がデッカン地方にまでも伝わっていたと決定することは困難なようである。

しかしともかく以上の種々の資料によって、仏滅後にまずダッキナーパタ（南路）の方向に、仏教教団が勢力を拡大していったことは確かであろう。アショーカ王の息子マヒンダの生地もウッヂェーニーであったという。彼がセイロンに伝えたのはパーリ語の仏教であるが、このパーリ語も、アショーカ王の碑文と比較研究して、アパランタに近いカーティヤワール半島のギルナール（Girnār）の碑文に最も近いといわれる。従ってアショーカ王の時代に、この地方の仏教は既に充実していたことが知られる。(2)

政治情勢　政治的には仏陀の晩年には、マガダの国王は阿闍世王（Ajātasattu）であった。セイロン伝によれば仏の入滅は、王の即位八年であったという。阿闍世は父王を殺して位についたが、英明な君主であり、中インドの各地を征服して、マガダの王権を堅固なものにした。この王朝は彼のあと数代続いたが、ナーガダーサカ王（Nāgadāsaka）の時、人民によって廃されて、大臣のススナーガ（Susunāga）が王位に即けられ、ススナーガ王朝を開いたという。この時代にアヴァンティもマガダに征服せられたという。しかしススナーガ王朝もまもなく滅び、ナンダ王朝（Nanda）に代わった。ナンダ王朝はインドのより広大な領土を征服したといい、強大な軍事力を持っていた。しかしわずか二十二年の統治で、この王朝も滅びたという。アレキサンドロス大王が大軍をひきいて西北インドに侵入したのは、紀元前三二六年であり、この王朝の時代であった。しかし大王は西北インドを征服しただけで、軍をかえし、紀元前三二三年にバビロンで客死した。そのためにインドの中原はギリシャ人に征服されるのをまぬがれたのである。

しかしこのようなギリシャ人の侵入という混乱のあとで、青年チャンドラグプタ（Candragupta）が挙兵し、宰相カウティリヤ（Kauṭilya）の助けをかりて、ナンダ王朝をたおし、マウリヤ（Maurya 孔雀）王朝を創始したのである。そして彼は西北インドからギリシャ人の勢力を一掃し、全インドを征服して、強大な王国をつくった。彼は二十四年間王国を統治したという。そのあとを継いだのはその子のビンドゥサーラ（Bindusāra）である。彼は二十八年間統治したという。彼の息子がアショーカ（Aśoka, Asoka）である。彼が王位を継いだのは西紀前二六八年ごろである。

セイロン伝によれば仏入滅からアショーカ王の即位まで二一八年であったという。北方の伝承によればこの間は約百年である。上記の諸王統が実際にあったとすれば、百年では年代が短かすぎる。『阿育王伝』等の北方の伝承では、ビンビサーラ王から、アショーカ王時代のスシーマ（Susīma）まで、マガダを治めた王として十二人の王名を挙げている（大正五〇、九九下・一三二中）。しかしそれぞれの王の統治した年代は示されていない。ともかくアショーカ王が仏滅百年の出世か、あるいは二一八年の即位かは、決定がむつかしい。これには政治史の資料を無視することはできないが、しかし政治史の資料は雑多であり、その間に種々の不一致があり、どの資料も絶対的な拠りどころとはなり得ない難点がある。しかしそれらの中ではセイロン伝の伝える王統の年代論が比較的信頼しうると見られているのである。しかしこの年代論も、仏教の教団史の立場からはそのままでは受け入れ難い点がある。従ってここには王統の年代論は括弧に入れて、セイロン伝の教団史の資料ならびに北伝の教団史の資料を材料にして、仏滅からアショーカ王までの教団の発展を述べることにしたい(3)。

第二結集と根本分裂　上述のごとく仏滅後には、中インドからダッキナーパタの方向に向かって伝道が進められたが、西方に向かってもしだいに伝道が進められた。西方仏教の有力な拠点となったのはマツラー（Mathurā, Madhurā）である。これはヤムナー河に沿った都市で、デリーより少しく東南の方角に当たる古い都市である。中インドよりはるかに西方に位置する。マツラーはクリシュナ信仰の発祥地として、ヒンドゥ教には重要な聖地であるが、一時は仏教が非常に栄えて、ながく説一切有部の根拠地となっていた。マツラーにはマハーカッチャーナが伝道したという経典があるが、仏陀がここを訪ねたと説く経典はない。仏陀は「マツラーには五禍あり」として、ここを避けて通ったという。ともかく中インドからは遠隔な地にあったために、この地にまで仏教が伝わるにはかなりの時間を要した。

仏滅百年に起こったという第二結集の時代には、まだマツラーは有力な仏教の拠点ではなかったようである。第二結集とは、ヴェーサーリー（Vesālī）の比丘たちが、戒律に違反する十種の問題（dasa vatthūni 十事）を実行していたために、それに反対する人びととの間に争いが起こった。その争いを裁定するために、七百人の比丘がヴェーサーリーに集まった。このときこの十事は、戒律に違反するとして否定せられた。この七百人の会議は、十事の審議が主であったが、そのあとで聖典の結集をしたという説が、セイロンの王統史である『島史』（Dīpavaṃsa）にあるため、この七百人の会議を第二結集という。(4) ただし律蔵の「七百犍度」には十事の審議を言うのみで、第二結集には言及していない。

十事とは、1塩浄・2二指浄・3聚落間浄・4住処浄・5随意浄・6久住浄・7生和合浄・8水浄・9不益縷尼師檀浄・10金銀浄であり、すべて戒律に関する事柄である。(5) これらはすべて、二五〇戒の中で禁止されているが、実行しがたい点が多いのでこれらには除外例を認めよという意味であり、戒律の緩和を要求する運動と見てよい。特に第十「金銀浄」は、戒律では比丘は金銀銭を受けることが禁止されているが、その緩和を要求するものであり、十事の中で最も大きな争点であった。以下律の「七百犍度」によって、この問題を簡単に示す。仏滅百年のころ、ヴェーサーリーに遊行してきたヤサ・カーカンダカプッタという比丘が、ヴェーサーリーの比丘たちが信者から金銀の布施を受けているのを見て、これを摘発したという。しかしヤサは逆にヴェーサーリーの比丘たちから擯斥されたので、西方の比丘たちに応援を求めることになった。

ヤサが応援を求めたのは、アヴァンティと南路《ダッキナーパタ》の比丘（Avanti-Dakkhiṇāpatha）およびパーテッヤカー（Pāṭheyyakā）の比丘たちであった。アヴァンティ・南路方面は、カッチャーナやプンナによって既に伝道が進められていたのであるから、仏滅百年の時代に有力な僧伽があったことは充分考えられる。つぎにパーテッヤカー（波利邑）比丘とは、パーティヤに住む比丘の意であるが、このパーティヤはコーサラ国の西方を指すようである。これは舎衛城よりはるかに西方で、サンカッサ（Saṃkassa）やカンナクッジャ（Kaṇṇakujja）等をふくむ地方のごとくであり、これより少し西方に行けばマツラーである。このパーティヤ方面にも有力な教団があったわけである。さらに当時の西方の有力な長老比丘はサンブータ・サーナヴァーシー（Saṃbhūta Sāṇavāsī）であったが、彼はアホーガンガ山（Ahogaṅga）に住んでいた。もう一人の教界の長老であったレーヴァタ（Revata）はソーレッヤ（Soreyya）に住んでいた。レーヴァタのいたソーレッヤはサンカッサの近くであろう。サンカッサはガンジス河の上流に沿った町である。これから直線で二〇〇キロメートルほど西方に行けばマツラーに達する。パーティヤはサンカッサなどを中心とする地方で、アヴァンティ・ダッキナーパタと共に、仏滅百年ごろに西方仏教教団の中心地であったのである。これを少し拡大すればマツラー仏教になる。従って仏滅百年には中インドのわくを越えて、仏教教団は西方に拡大していたのである。

十事の諍いは、ヤサが西方比丘に応援を求めたために、東西の比丘の争いになったようであるが、しかし東国（マガダやヴェーサーリーをさす）の比丘の中にも十事に反対した比丘があった。従ってこれは、戒律をゆるやかに守って、除外例を認めようとする寛容派の比丘と、あくまで戒律を厳守すべきであると主張する厳格派の比丘との対立であったと見てよい。仏滅百年ともなれば、サンガの拡大とともに、比丘の数もふえ、考え方の違いも起こるから、教団にかかる対立が起こるのは、充分ありうることである。この会議では厳格派の主張が全面的に通ったようであるが、これは長老比丘には厳格派が多かったためであろう。東西からそれぞれ四人の代表を出して、彼らの審議によって正否を決定したという。長老比丘が代表に選ばれたために、十事はすべて「非事」と判定されたのである。しかしこの決定に承服しない比丘の方が多かったらしい。そのためにこれが教団分裂の原因になったのである。

すなわちこの決定に承服しない比丘たちが集まって大衆《だいしゅ》部（Mahāsaṅghika）を作ったので、これによって教団は、上座部（Theravāda, Sthaviravāda）と大衆部とに分裂したという。これを「根本分裂」と名づける。「大衆部」には、人数が多いという意味があるから、この名称に、寛容派の比丘たちの数の多かったことが現われている。北方仏教に伝わった資料で、部派仏教の分派の順序と、それぞれの部派の教理を述べたものに『異部宗輪論』があるが、この『異部宗輪論』では、根本分裂の原因は、「大天の五事」であったという。しかしこれは、枝末分裂の原因を根本分裂にさかのぼらせたもので、誤りであると見るのが多くの学者の意見である。十事の事件が仏滅百年に起こったことは、諸部派の律蔵をはじめ、多くの資料に一致して言うところである。そして根本分裂が仏滅百年に起こったことは、セイロン伝の『島史』（Dīpavaṃsa）『大史』（Mahāvaṃsa）と、北伝の『異部宗輪論』との同じく言うところである。部派分裂については、この外にもチベットに種々の伝承があるが、南北両伝の一致する「仏滅百年、上座・大衆二部分裂」説が、もっとも妥当な見解であると思う。しかも十事の事件が仏滅百年であることも、上座部、説一切有部、化地部、法蔵部等の諸部派の律蔵が同じく説いているから、従ってこれが分裂の原因であったと見ざるを得ないわけである。しかし「大天の五事」がこれに加えて起こったと考えることも不可能ではない。「大天の五事」とは、大天（Mahādeva）という高僧が唱えた五つの主張の意味で、「⑴余のために誘わる。⑵なお無知あり、⑶また猶予あり、⑷他をして悟入せしむ、⑸道は声に因りて起こる」の五事である。阿羅漢の悟りを低く見る説である。これは北伝有部の上記の『異部宗輪論』や『大毘婆沙論』等で伝えるが、南伝上座部の『論事』にも収録されており、部派仏教時代の論争題目の一種であったと見てよい。

なお大衆・上座の分裂と言っても、インドの広い地域にわたって、しかも交通不便の時代の分裂であるから、短日月の間に分裂が完成したのではなかろう。故にいつ分裂が起こり、どれだけかかってそれが完成したのかは、言い得るものではない。ともかく百年すぎに分裂が起こり、そのために各地の現前僧伽において、分裂に関する種々の争いが続いたと見てよかろう。なお『異部宗輪論』によれば、大衆部の教理は、その仏身論や菩薩観において進歩した思想を示しているが、しかしこれは大衆部の後期の発達した思想を示したものであろう。分裂の最初からかかる発達した思想があったのではなかろう。

サンガの相承とサーナヴァーシー　諸部派の律蔵の「七百犍度」で一致して言っていることは、仏滅百年ごろの教団の長老は、東方ではサッバカーミー（Sabbakāmī 一切去）であり、西方では前記のレーヴァタとサンブータ・サーナヴァーシーであった。これらの人はセイロンの伝承でも重要視するものであるが、このうちサーナヴァーシーが北方の伝承と共通点がある。

北方のディヴヤーヴァダーナ（*Divyāvadāna*）『阿育王伝』『阿育王経』『根本有部律雑事』等では、

釈尊滅後の教団の師資相承を示して、大迦葉（Mahākāśyapa）・阿難（Ānanda）・シャーナカヴァーシー（Śāṇakavāsī 商那和修）・ウパグプタ（Upagupta 優波毱多）と次第する。そしてシャーナカヴァーシーの同門にマドヤーンティカ（Madhyāntika 末田地）があったという。マドヤーンティカは阿難入滅直前の弟子であったというから、ほぼウパグプタと同時代の人と見てよい。これらの中で、シャーナカヴァーシー、ウパグプタ、マドヤーンティカ等が、セイロンの伝承とつながりが見られるのである。

第一に、律蔵の「七百犍度」で説くサンブータ・サーナヴァーシーは阿難の弟子であるが、『阿育王経』等でいうシャーナカヴァーシーも阿難の弟子である。共に仏滅百年ごろの人である。「七百犍度」で説くサーナヴァーシーはアホーガンガ山に住んでいたが、『阿育王経』等でいうシャーナカヴァーシーはマツラー国のウルムンダ山（Urumuṇḍaparvata）に住んでいたという（*Divya.* p. 349）。両者の山の名は異なるが、しかしウルムンダ山も舟で行けるところにあったと記している。アホーガンガ山も舟で行けるところにあったという（ただしアホーガンガは「ガンガ」とあるから、ガンジス河に面していた山であろう）。セイロン伝ではウパーリ・ダーサカ・ソーナカ・シッガヴァ・モッガリプッタと次第し、サーナヴァーシーはその相承の中に加えられていないが、しかしアショーカ王の師とされるモッガリプッタ・ティッサ（Moggaliputta Tissa）もアホーガンガ山に住んでいたという（*Samanta.* p. 53）。そしてアショーカ王は彼を迎えるために舟をつかわしたという。彼はアホーガンガ山から舟でパータリプトラ（Pāṭaliputra）に来たのである。北伝ではシャーナカヴァーシーの弟子のウパグプタがアショーカ王の師とされているが、彼は師のあとを継いでウルムンダ山に住していた。『阿育王伝』等によれば、アショーカ王は彼を迎えるために舟をつかわしたという。ウパグプタも同様に舟でパータリプトラに来たということになっている。かかる点から見ると二つの山は名は異なるが、かなり共通点が見られるのである。しかし北伝のシャーナカヴァーシーには「サンブータ」という名はついていない。従って両者をただちに同一視することはできないが、しかし共に阿難の弟子であり、年代も同じく仏滅百年であり、住した場所も類似しているのであるから、両者は同一人ではなかろうかと考える。

セイロンの『島史』『大史』『善見律』(Samantapāsādikā) 等によれば、律の伝承はウパーリ (Upāli) よりダーサカ (Dāsaka)・ソーナカ (Sonaka)・シッガヴァ (Siggava)・モッガリプッタ・ティッサと次第したという。南伝ではモッガリプッタがアショーカ王の師であるとなすから、アショーカ王までに教団は五代を経過したことになる。『阿育王伝』等の北伝ではウパグプタまでに四代である。セイロン伝の律の伝承にサンブータ・サーナヴァーシーが出てこないのは、師弟の伝承が異なるからであろう。南伝は律の系譜を出すためにウパーリの系統である。モッガリプッタの和尚はシッガヴァであり、さらにシッガヴァの和尚はソーナカであり、順次にさかのぼってウパーリに至るのである。これに対してサーナヴァーシーは、上述のごとく阿難の弟子であるから、この相承には入らない。系統が異なるのである。

北方の伝承ではウパグプタの和尚はシャーナカヴァーシーであり、彼の和尚は阿難であった。

この点は『阿育王経』等に示されている。しかし阿難の和尚が大迦葉であったかどうかは疑わしい。パーリ律では、阿難の和尚はベーラッタシーサ（Belaṭṭhasīsa）であったと言っている（*Vinaya* Vol. IV, p. 86）。おそらく阿難の和尚は大迦葉ではなかったであろう。しからば何故、大迦葉・阿難・商那和修・優波毱多という相承を立てたかというに、おそらく仏滅後の教団で、大迦葉は第一結集を主宰したりして、最も有力な長老であったからであろう。阿含経にも、仏陀が迦葉に半座を分ちて坐せしめ、説法せしめたとか、仏の糞掃衣と迦葉の麻布の僧伽梨と取りかえたというように、大迦葉を尊重する話が説かれている。大迦葉は舎利弗・目連亡きあと、仏滅後の教団では、仏陀のあとをつぐ有力な長老として自他ともに認められていたのであろう。そのために阿難の弟子の系統で、相承を説く場合、無名にも等しい阿難の和尚を立てたのでは、阿難の権威が高まらないために、迦葉から阿難へ「法蔵の付嘱」がなされたという伝説を作ったのではなかろうか。しかし実際には阿含経や律蔵には、迦葉と阿難との不和を示す伝説が多いのである。第一結集のあとで迦葉が阿難の過失をいくつか取り立てて、その懺悔を迫った伝説は律蔵の「五百犍度」にあり、有名であるが、しかしそれ以外にも両者の不和を示す伝説が多い。特に阿難の徒衆が老齢の迦葉を非難する伝説が多い。おそらく仏滅後の教団では、はじめは大迦葉の勢力が強かったのであろうが、しだいに阿難の徒衆の力が強くなったものと思われる。

阿難は西方に縁の深い人であった。阿含経には、阿難がコーサンビー（Kosambī）のゴーシタ園（Gositārāma）に滞在して、法を説き、人びとを教化したことを示す教説が多い（赤沼『印度仏教固有名詞辞典』二五—二八頁)。コーサンビーは中インドの西方にある。このように阿難は好んで西方を教化したために、弟子にも西方に発展した人が多かったのであろう。第二結集のときの代表の八人の長老のうち六人までが阿難の弟子であったというが、これは仏弟子の中では阿難が比較的長生きをしたためであろう。そのために彼の弟子であった人びとが、仏滅百年ごろにちょうど教界の最長老比丘になっていたのである。年齢的にもこのことは可能である(阿難は仏入滅のとき侍者をしていたというが、「侍者」という役は長老比丘のすることではない。おそらくそのとき彼は五十歳くらいであったであろう。『長老偈註』、および『大智度論』には、阿難が二十五年間仏陀に侍したと伝う。従ってもし出家直後から仏陀の侍者になったとすれば、仏入滅の時、阿難は四十五歳であったことになる。その後、三十年ないし四十年生きることは可能であったであろう)。阿難の弟子の商那和修は『阿育王経』等によれば、王舎城の出身であるが、西方のマツラーを開教した人である。上述のウルムンダ山はマツラーにある。彼の弟子の優波毱多はマツラーの出身であるという(大正五〇、一一四中、一一七中)。即ち商那和修の時代にマツラーまで教線がのびていたのである。

セイロン伝が、第二結集を主宰した代表比丘たちの多くは阿難の弟子であったことを認めながらも、自らの相承の系譜はウパーリの系統を出すのは、マヒンダの和尚が実際にモッガリプッタであったからであろう。セイロン仏教で最も重要な人は、セイロンに法を伝えたマヒンダである。そのマヒンダの和尚をたずねてモッガリプッタに至り、さらに順次にさかのぼってウパーリに至ったのである。このような和尚から弟子への相承は、自己の受戒の正当性を主張するためにも重要なことであるから、マヒンダの和尚の系譜が忘れられたり、あるいは故意に混乱して記憶されたとは考え難い。これは、仏教教団にとって「聖なる問題」である。ウパーリからモッガリプッタまでの中間のソーナカ・シッガヴァ等が教団史の表面に現われないのは、それだけこの相承の真実性を示していると思われる。これは和尚から弟子への系譜であるから、ソーナカやシッガヴァ等がその時代時代の教団を統理していたという意味ではない。

以上のごとく、セイロン伝に見られるように律相承の世代でいえば仏滅よりアショーカ王までは五代である。しかし北伝の『阿育王伝』等の伝承では、阿難の弟子のシャーナカヴァーシーが長寿であったために、アショーカ王の時代は四代目のウパグプタの時代とされる。阿難からシャーナカヴァーシー、さらにつぎのウパグプタへは、「和尚と弟子」の関係であるが、しかし迦葉と阿難との間に和尚と弟子の関係がないために、北伝はその相承を「法蔵の付嘱」という形をとったのであろう。ともかく北伝ではウパグプタがアショーカ王の師であるとし、南伝ではモッガリプッタが師であったとする。モッガリプッタはアホーガンガ山から迎えられ、ウパグプタはウルムンダ山から迎えられたという。両者には共通点が見られるが、しかしそれでこの二人を同一人と見ることは無理であろう。両者のいずれがアショーカ王の師であったか、あるいは二人共にそうであったか、目下のところ決定し難い。ともかくこのような仏教教団の相承から見る限り、仏滅からアショーカ王即位まで二一八年とする南伝の説は、時間が長すぎるのは否まれない。むしろ北伝の一一六年くらいが妥当であると見ざるを得ない。

マドヤーンティカと伝道師の派遣　つぎにマドヤーンティカ（Madhyāntika 末田地）についても南北両伝に共通点が見られる。北伝によれば、末田地は阿難の最後の弟子であり、仏の般涅槃後百年のとき罽賓《けいひん》（Kaśmīra）に行き、坐禅処を作って住し、その地の悪竜を教化し、仏法をひろめ、人民に鬱金香の栽培を教えて生活を立てしめたという。セイロン伝によれば、アショーカ王の時代にモッガリプッタの提唱により、教団より各地に伝道師を派遣することになった。このとき九つの地方に大徳が派遣されたが、カシュミールとガンダーラにはマッジャンティカ（Majjhantika 末闡提）が派遣されたという。マッジャンティカは五人の比丘と共にカシュミールに行って、神通力によって悪竜を教化し、人民に『蛇譬喩経』（Āsīvisopama-sutta）を説いて教化したという。南北両伝のマドヤーンティカはおそらく同一人を指しているものと思う。北伝のマドヤーンティカは阿難の弟子であるが、最後の弟子であったから、年代的にはウパグプタと同時代の人と見てよい。もしウパグプタがアショーカ王時代の人とすれば、王の仏教帰依によって、インド全体における仏教の伝道は容易になったであろうから、マツラーまで仏教がひろまっていた当時としては、マドヤーンティカによってカシュミールの開教がなされたことは、充分考えられる。

セイロンの伝承によれば、このときマガダの教団から派遣された大徳は前記のマッジャンティカのほかに、つぎのごとき人びとが主となり、それぞれ五人の比丘と共に派遣されたという。比丘は五人でサンガを組織し、具足戒を授けることができる。それ故、拡大しうるサンガの最少の単位は五人である。

マハーデーヴァ（Mahādeva 大天）	マヒサマンダラ（Mahisamaṇḍala）天使経
ラッキタ（Rakkhita）	ヴァナヴァーシー（Vanavāsī）無始相応
ダンマラッキタ（Dhammarakkhita）	アパランタカ（Aparantaka）火聚喩経
マハーダンマラッキタ（Mahādhammarakkhita）	マハーラッタ（Mahāraṭṭha）大ナーラダ迦葉本生経
マハーラッキタ（Mahārakkhita）	ヨーナローカ（Yonaloka）迦羅羅摩経
マッジマ（Majjhima）	ヒマヴァンタパデーサ（Himavantapadesa）転法輪経
ソーナカ（Sonaka）・ウッタラ（Uttara）	スヴァンナブーミ（Suvaṇṇabhūmi）梵網経
マヒンダ（Mahinda）	ランカーディーパ（Laṅkādīpa セイロン島）小象跡喩経その他

以上のごとく派遣せられた。大天の派遣せられたマヒサマンダラはナルマダー河の南方を指すようである。あるいはマイソールを指すともいう。『善見律』では、この大天は末闡提とともに、マヒンダの具足戒の師（ācariya）となった人である。有部の伝説では大天は、「五事」を唱えて根本分裂の原因を作った人と、大衆部内で制多山（Caitika）に住し、「五事」を唱えて、制多山部の分派を作った人との二人がある。後者の大天は仏滅二百年の人といわれる。制多山はキストナ河の中流、すなわちアンドラ地方にある。根本分裂の大天は架空の人物のごとくであるが、後者の大天とモッガリプッタによって派遣せられた大天とが同一人か否かは決定しがたい。アパランタ

カはかつてプンナの開教した西海岸地方、マハーラッタは現今のボンベイ附近のマハーラーシュトラ（Mahārāṣtra）、ヨーナローカは北インドのギリシャ人の世界、ヒマヴァンタパデーサは雪山地方、スヴァンナブーミ（金地国）はビルマに近い東インド方面といわれる。

このなかで雪山方面を開教したのは、マッジマのほかにカッサパゴッタ（Kassapagotta）・アラカデーヴァ（Alakadeva）・ドゥンドゥビィッサラ（Dundubhissara）・サハデーヴァ（Sahadeva）の五人であったというが、サーンチー（Sānchī）の第二塔から発見された古い数個の骨壺のうちに、雪山地方の師であるカッサパゴッタ（Kāsapagota）の遺骨と聖者マッジマ（Majhima）の遺骨とがふくまれていた。そのためにマッジマ等が雪山地方を教化したことも事実であろうと承認せられている。つぎにマヒンダはセイロンに行くのに、サーンチーの近くのヴェーディサ山（Vedisagiri）精舎で旅装をととのえ、母に別れを告げて、五人の比丘と共にセイロンに行ったという。おそらくウッジェーニーよりインド西海岸に出て、海岸づたいに舟で南下し、インド半島の尖端を廻ってセイロンに着いたのであろう。このように伝道師の派遣ということは、部分的には碑文によっても証明され、大体事実と見てよいものである。

以上を要約すると、阿難はコーサンビーを開教し、仏滅百年にはサンカッサ、カンニャクッジャならびにアヴァンティ、ダッキナーパタ方面に教団は拡大していた。そして商那和修、優波毱多によってマツラーの開教がなされ、その次にカシュミール、南インド、雪山地方等へ伝道師が派遣せられた。商那和修、優波毱多時代の教団の版図と、次の時代の伝道師の派遣の地方とはよくつながっている。したがって伝道師の派遣は、百年以後百五十年以前の頃と見るのが無理のない見方であると思う。もしアショーカ王を仏滅二一八年即位とすると、商那和修からモッガリプッタまで百年間の断絶ができ、その間、教団の活動が休止してしまうことになろう。

第三結集について　以上のごとく南北両伝には相違もあるが、しかし合致点があり、共にアショーカ王の時代までに、サンガは四代ないしは五代を経過したと言い、アショーカ王の時代までにカシュミールの開教がはじまったと言っている。それに相当して南方はデッカン地方まで仏教がひろまったと見てよいであろう。しかもセイロン伝で見ても、アショーカ王の時代に各地に伝道師を派遣したと言っているのであるが、これを分裂したサンガの一部派の事業と見ることはできないであろう。セイロンの『島史』第五章によれば、第二の百年の間に枝末分裂が起こり、十八部が生じたと言っている。そしてこれをアショーカ王以前となしているから、大衆部系の制多山部などもアショーカ王即位以前にアンドラ地方に確立していたことになる。さらに有部からは法蔵部や飲光部が分派したとしているからカシュミールの有部も、アショーカ王時代以前に既に確固たる地盤を築いていたことになる。そういう所へ更に伝道師を派遣したという矛盾が起こる。さらに化地部や犢子部・正量部・法蔵部なども成立していたというが、これらがすべて中インドのみにあったとは言えないであろう。すなわちアショーカ王以前に仏教はインド全土にひろまっており、王以前に部派の分裂も一段落していたことになる。そのときに当たって伝道師を派遣したというのは理解し難いことではなかろうか。従ってセイロン伝で、枝末分裂を二百年までと見、しかもそのあとで伝道師の派遣を説くのは矛盾がある。しかし伝道師の派遣も、部派の分裂も事実であるとすれば、伝道師の派遣は部派分裂の前になる北伝の説の方が理屈にあうわけである。(セイロン伝では、十八部分裂がアショーカ王以前であること、本書一五五頁参照。)

セイロン伝のごとくアショーカ王よりも前に部派分裂があったとすれば、アショーカ王の時代にサンガに争いがあったということも理解し難い。争いはむしろサンガ分裂の前兆と見るべきものである。セイロン伝によればアショーカ王の時代にパータリプトラのサンガに争いが起こり、これをしずめるためにモッガリプッタがアホーガンガ山より迎えられたという。おそらく中インドのサンガに当時争いが起こっていたのであろう。さらにアショーカ王の碑文によれば、コーサンビー、サーンチー、サールナートの法勅において、破僧伽がきびしくいましめられており、僧伽を破る比丘は追放して白衣を着せしめよと命じている(法勅が刻まれていることは、争いが長期にわたっていたことを示すようである)。これら法勅の刻されている地点は、第二結集のとき、西方比丘、アヴァンティ・南路の比丘たちの有力な拠点となった地方である。これは「十事」以後の根本分裂の様相を示すものと解釈して、納得のいくことである。

セイロン伝では、モッガリプッタがパータリプトラに招かれて、異端者を還俗せしめ、分別説(vibhajjhavāda)によって僧伽を浄化し、その後一千人を集めて第三結集をなし、標準説を示すために『論事』(Kathāvatthu)を編集したという。そしてこれが王の即位十八年であったという。しかしセイロン伝のいうごとく既に部派分裂がすんだあとであるとすれば、分別説によって僧伽を浄化することが果たして可能であったであろうか。さらにコーサンビーやサーンチー・サールナート方面の僧伽の争いまでもしずめ得たであろうか。さらにその後に一千人の比丘を選んで結集をなしたと言っても、他部派の比丘までも選ぶことが可能であったであろうか。おそらくこれらのことは不可能であったであろう。従ってインド仏教全体のサンガの行事として、第三結集の存在を認めることは無理である。しかし上座部の内部で、『論事』の編集が行なわれたことは事実であるから、その意味での何らかの結集はあったわけである。しかしそれはアショーカ王の時代ではなく、それより百年以上時代が下るであろう。『論事』は部派分裂以後の諸部派の教理を取り上げ、批判しているために、『論事』の成立は、部派成立以後、すなわち西紀前二世紀の後半と見るのが、学者の説である。これはアショーカ王より約百年あとである。従って第三結集を認めるとすれば、それは西紀前二世紀後半における上座部だけの事業となすべきであろう。

以上種々なる点から考察して、セイロン伝のごとく、アショーカ王以前に部派分裂が完成したとなし、仏滅よりアショーカ王即位までを二一八年と見るのは、仏教の教団史の立場からは困難である。アショーカ王までは、サンガの相承は四代ないし五代であったのであり、その年代は「百年あまり」と見るのが妥当のごとくである。しかも諸種の資料を見るに、アショーカ王を仏滅二一八年即位とするのは、セイロンのみの伝承であり、インド本土には見当たらない。セイロン王が仏陀伽耶に大覚寺を建て、セイロン僧の宿舎にしたことは『大唐西域記』（大正五一、九一八中）

にもいう。さらにナーガールジュナコーンダにはセイロン寺が存在した（本書三〇九頁）。このようにインド本土とセイロンとは交渉があったが二一八年説は伝わらなかったようである。インド本土では、仏滅百年、あるいは百年余出世とする説がはるかに優勢である。しかもセイロンでも二一八年説のみがあったのではない。法顕は四一六年にインドより帰国したが、セイロンに立寄り無畏山寺に二年滞在した。そこで彼は「泥洹已来一千四百九十七歳」（大正五一、八六五上）という年数を伝えている。これは仏滅を紀元前一千年以上も以前と見る説になるから、二一八年説とは合致しないであろう。故にセイロンにも二一八年説と異なる説もあったわけである。

それ以外のインドの資料では、アショーカ王を仏滅百年（百余年）とするのが、ほとんどすべてである。すなわち『大荘厳論経』巻九（大正四、三〇九下）、『僧伽羅刹所集経』巻下（大正同、一四五上）、『賢愚経』巻三（大正同、三六八下）、『雑譬喩経』巻上（大正同、五〇三中）、『衆経撰雑譬喩』巻下（大正同、五四一下）、『雑阿含経』巻二三（大正二、一六二上）、*Divyāvadāna* p. 368 (ed. by Vaidya, p. 232)，『阿育王伝』巻一（大正五〇、九九下）、『阿育王経』巻一（大正同、一三二上）、『大智度論』巻二（大正二五、七〇上）、『分別功徳論』巻三（大正同、三九上）等すべて、アショーカ王を仏滅百年出世としている。玄奘の『大唐西域記』巻八（大正五一、九一一上）も同様であり、義浄の『南海寄帰内法伝』巻一（大正五四、二〇五下）は「一百余年」としている。これらは、玄奘や義浄の時代のインドに、百年説が行なわれていたことを示すものである。『異部宗輪論』では、チベット訳は「百年後」とし、漢訳『異部宗輪論』（大正四九、一五上）は「百有余年」とし、『十八部論』と『部執異論』(大正同、一八上・二〇上)とは「百十六年」とする(ただし、『部執異論』の元版・明版は一六〇年とする)。さらに『大乗無想経』巻四(大正一二、一〇九七下)には「百二十年」とし、『摩訶摩耶経』巻下(大正同、一〇一三下)には「二百歳以前」としている。バヴィヤ(Bhavya)の『異部分派解説』(北京版五六四〇)に、上座部の伝える説として、仏滅百六十年法阿育王の治世に根本分裂があったとする。

最後のバヴィヤの一六〇年説を重視する学者は、これによって『部執異論』の元版・明版の一六〇年によって『異部宗輪論』までも一六〇年に変えようとするごとくである。しかし『部執異論』でも元・明版より古い宋版や高麗蔵が一一六年となっているのであり、他にこれを支持する資料はないのであるから、『異部宗輪論』としては、「百年余」あるいは「一一六年」と見るのが正しいと考える。なお「一六〇年」説はバヴィヤの伝える諸説の中の一説にすぎないのであり、資料の成立年代も新しく、しかも同じく、上座部説である二一八年説と、どのように調和するのか。これがどれだけ確実な資料であるか見極め難い。

以上、仏教の教団の発達史、ならびに仏教内の資料から見れば、アショーカ王は仏滅百年(百余年)出世と見るのが妥当であると考える。しかしマガダの王統譜の発展から見れば、一一六年では年数が少ない。二一八年説を採る理由も出てこよう。あるいは両者の折衷説として一六〇年説をとるのも意味があろう。しかし諸説を同時に採ることはできないことである。仏教の教団の発達を叙述するのには、二一八年説では説きようがないと考えるのである。

以上を要約すると仏滅より仏教教団は西方および西南の方向に発展し、仏滅後には長寿を保った阿難が教界で有力であったらしい。その後には阿難の弟子のシャーナカヴァーシーが西方教団において重きをなした。しかし教団はまだマツラーまでは発展していなかった。東方教団にはサッバカーミーがあり、西方にはさらにレーヴァタもいた。そのころに「十事」の事件が起こり、ヴェーサーリーに長老たちが集まって問題を審議した。争いは一応おさまったが、しかしこれを承服しない多くの比丘たちがいた。このことが将来、教団が大衆部と上座部とに分裂する原因となった。すなわち百年ごろからしばらくの間、各地のサンガに争いが絶えなかったらしい。しかしシャーナカヴァーシーの晩年には、マツラーまで教線が拡張された。そして百年すぎにアショーカ王が即位した。このときにはシァーナカヴァーシー等は既に没しており、教団はウパグプタ、モッガリプッタの時代であった。アショーカ王は仏教に帰依して、彼らをパータリプトラに迎えた。北伝によればウパグプタの勧めによりアショーカ王は共に仏跡を巡拝し、各地に塔を立てたことが伝えられている。アショーカ王が仏跡を巡拝したことは、アショーカ王の碑文によって確認される。つぎにモッガリプッタについては、南伝によりパータリプトラの僧伽の争いをしずめたことが語られ、彼の提唱により各地に伝道師が派遣されたという。この当時カシュミールを開教したのはマドヤーンティカであった。雪山にはマッジマやカッサパゴッタが派遣され、南インドにはマハーデーヴァが派遣された。アショーカ王の帰依と援助とによって、仏教はインド全体にひろまった。しかし王の在世には、教団の分裂が表面化しながらもまだ決定的にならなかった。

そして王の滅後にマウリヤ王朝の衰微とも関連して、教団分裂が現実化したのである。これが上座・大衆の根本分裂である。故に根本分裂はアショーカ王の前に起こったが、実質的分裂はその後であったであろう。しかし僧伽がインド全域にひろまれば、教理の違いに地域的特殊性も加わり、それぞれの教団内に枝末分裂の起こることも避けられないのであり、その後まもなく枝末分裂が起こったわけである。

註

（1）宮本正尊『根本中と空』三七〇頁。
（2）仏滅後の仏教については、前田恵学『原始仏教聖典の成立史研究』第一編参照。
（3）政治史については、金倉円照『印度古代精神史』三三八頁以下。中村元『インド古代史上』二四三頁以下、二七七頁以下。塚本啓祥『初期仏教教団史の研究』六二頁以下等参照。
（4）「第二結集」について、赤沼智善『仏教経典史論』八四頁以下。拙著『律蔵の研究』六七一頁以下、金倉円照『印度中世精神史中』二一六頁以下、塚本啓祥、前引書二〇八頁以下等参照。M. Hofinger: Étude sur le concile de Vaiśālī. Louvain, 1946.
（5）「十事」については、金倉円照「十事非法に対する諸部派解釈の異同」（同『インド哲学仏教学研究I』昭和四八年）参照。

参考書

第一、第二結集については、律蔵の「五百犍度」「七百犍度」の説が第一資料である。さらにセイロンのDīpavaṃsa（島史）Mahāvaṃsa（大史）がある。共にPTS. より出版。H. Oldenbergの『島史』英訳、W. Geiger の『大史』英訳、同上。和訳は『南伝大蔵経』第六〇巻。第三結集はセイロンのみの伝承で、上記の『島史』『大史』に説く。なお『善見律毘婆沙』（大正蔵第二四巻所収）およびその原典 Samantapāsādikā（PTS. 出版）にも説かれる。部派分裂に関しては、上記の『島史』・『大史』・Sāsanavaṃsa, ed. M. Bode. PTS., 1897, および北伝の『異部宗輪論』（漢訳は異部宗輪論・十八部論・部執異論の三訳、大正蔵第四九巻所収。国訳大蔵経論部第一三巻所収、三訳対照、木村泰賢・干潟竜祥国訳。慈恩の註釈を加えた『異部宗輪論述記発軔』が便利。ならびにチベット訳＝影印北京版西蔵大蔵 Vol. 127, Nos. 5639-5641.（寺本婉雅和訳、『西蔵語文法』所収）。『法顕伝』『大唐西域記』Kathāvatthu（『論事』および仏音の註 Mrs. Rhys Davids: Points of Controversy. 1915）なども参考になる。碑文も有力な資料である。（静谷正雄『インド仏教碑銘目録』Parts 1-3, 1962-5 を参照）。『阿育王伝』『阿育王経』（大正蔵第五〇巻所収）。Divyāvadāna No. 26 Pāṃśupradānāvadāna, No. 27 Kuṇālāvadāna.

現代学者の著書としては、前記註に挙げた諸研究。木村泰賢・干潟竜祥『結集史分派史考』（国訳大蔵経論部第一三巻）大正一〇年。寺本・平松『西蔵訳異部宗輪論』昭和一〇年。佐藤密雄・佐藤良智訳註『論事附覚音註』昭和八年。塚本啓祥『アショーカ王』昭和四八年。

N. Dutt: Early History of the Spread of Buddhism and Buddhist Schools. London, 1925; André Bareau: Les sectes bouddhiques du petit véhicule. Saigon, 1955; É. Lamotte: Histoire du bouddhisme indien. Louvain, 1958, p. 13ff.

第八節　アショーカ王の仏教

法勅　アショーカ王の仏教は原始仏教に附随して説くのが一般的である。その理由は、王の仏教は原始仏教に親近性があり、部派仏教にはつながらないからである。アショーカ王（Asoka, Aśoka 阿育、無憂と訳す）の即位年代は、紀元前二七〇年ごろ（前二六八―二三二年ごろ在位）である。これは王の『十四章法勅』の第十三章に記されているアショーカ王時代の西方の五王の在位年代から算出して推定された。王は国内のみならず、隣国にまでも正法宣布の使臣をつかわした。その使臣をつかわした隣国として、シリヤ、エジプト、マケドニヤ等の五王の名が挙げられている。それらの王の在位年代から、アショーカ王の即位が推定しうるのである。五王の年代のとり方によって若干の違いはあるが、その差は二年から十年くらいまでの範囲といわれ、今後もこれが大きく変わることは考えられないという。歴史のないインドにおいて、この王の即位年代は、貴重であり、古代史の年代算定の基準になっている。なお王の在位年数は、セイロンの『大史』（XX. 6）によれば三十七年間であり、プラーナ（purāṇa）等によれば三十六年間となっている。王の歴史は、碑文が第一資料であるが、そのほかにセイロン伝の『島史』『大史』『サマンタパーサーディカー』（善見律毘婆沙）等、および北伝の『阿育王伝』『阿育王経』『ディヴヤアヴァダーナ』その他の伝説も利用される。

伝説によるとアショーカ王は若い時にはひじょうに乱暴で、多くの人を殺したという。しかしその後仏教に帰依して善政を布いたので法阿育と呼ばれたという。しかし碑文から推定すると、アショーカ王は即位七年ごろに仏教に帰依し、信者《ウパーサカ》になったらしい。しかしはじめの二年半くらいは熱心でなかった。そして即位八年をすぎたとき、カリンガ国を征伐した。そのとき、多くの罪なき人びとが殺され、あるいは捕虜として移送され、親を失い、子と別れ、夫婦が別離する等の悲惨な状態を見て、深く戦争の罪悪性を悟った。そして暴力による勝利は真の勝利ではなく、「法による勝利」（dhamma-vijaya）こそが真の勝利であることを悟った。そしてそれより一年余は僧伽に近づいて熱心に修行をなし、即位十年後に「三菩提」（sambodhi）に行った。「三菩提」とは「悟り」の意味であるが、これは王が悟りをひらいた意味であると解釈され、あるいは仏陀が悟りをひらいたブッダガヤーに行ったことの意味にも解釈されている。王はそれから「法の巡行」を行ない、仏蹟巡拝を行なっている。即位二十年後にはルンビニー園を訪れたことが碑文に出ている。王が熱心に修行をなし、法の樹立と法の増長のために努力し、人民に天宮の光景などを見せしめたので、いままで天界と交渉のなかった世間の人びとも天界と交渉を持つに至ったという。

王は即位十二年すぎから、王の悟った法を宣布し、後世に残すために石碑に刻ましめた。これを即位二十七年まで続けた。これには岩壁を磨いて法勅を刻みつけた「摩崖法勅」と、巨大な砂岩の柱を磨いて、それに法勅を刻みつけた「石柱法勅」とがある。摩崖法勅には大小二種あり、大摩崖法勅（Rock edict）は主として当時の国境地方にあり、ギルナール（Girnār）等の七ケ所が発見されている。これは十四章の法勅を刻んでいる。内容が最も長文であり、代表的な法勅である。小摩崖法勅（Minor rock edict）は中インドや南インド等の七ケ所で発見され、アショーカ王がどのように仏教を修行したか等のことが示されており、仏教に関係の深い碑文である。王が推薦した「七種の法門」を刻むのも、バイラート（Bairāṭ）から発見された小摩崖法勅である。つぎに石柱法勅（Piller edict）にも大小二種があり、大石柱法勅は六章、あるいは七章の法勅を刻み、主として中インドの六ケ所から発見されている。摩崖法勅と同じく、法の内容の説明が主である。これは即位二十六年すぎに作られたものである。小石柱法勅はサールナート、サーンチー等の仏教遺跡から発見され、サンガの分裂をいましめる等の仏教教団に関係する法勅である。石柱法勅には石柱の柱頭に動物の彫刻がのせられているが、特にサールナートの石柱には、柱頭に巨大な四匹の背中あわせの獅子の像を彫み、その直下に法輪をおいている。非常にすぐれた彫刻であり、独立インドの国家の紋章となっている。

これらの碑文は十九世紀のはじめからつぎつぎに発見され、今世紀になってからも発見が報告されている。最近では一九四九年にアフガニスタンのランパーカ（Rampāka）からアラメ語の碑文が発見され、さらに一九五八年にカンダハール（Kandahār）から、ギリシャ語とアラメ語の併記された王の碑文が発見されている。一九六六年にはデリー市内から摩崖法勅の発見が報告されている。現在までに三十以上の法勅の存在が確認されている。そして一八三七年プリンセプ(James Prinsep)によってはじめて碑文が解読されて以来、碑文の研究は長足の進歩をなした。しかしその内容には、なおいまだ十分理解されていない点がある。

アショーカ王の法　王が自己をもふくめた人間の守るべき「法」と考えたものは、人間の本質は平等であるという仏陀の教えに基づいて、生物をいつくしみ、真実を語り、寛容と忍耐を行ない、困窮者を助ける等の倫理的な誠実さと慈悲の理念である。これは単純ではあるが、しかし王は、これが万人の守るべき不易の真理であると信じ、万代までも伝えんとして、法勅に刻ましめたのである。

王は法勅の全体を通じて、生物の命を尊重すべきことを繰り返し命じている。無用な殺生を禁じ、止むを得ない場合も、孕める動物、哺乳しつつある動物を殺すことを禁じている。そして人間と動物のために、二種類の病院を建て、薬草の栽培、道路樹をうえ、井泉を掘り、休憩所や飲水所を作るなどして、人間と動物の安楽をはかっている。これらはすべて生物にたいする愛情(dayā)に基づいている。

さらに王が繰り返し説いているものは、父母や師長に対する柔順、長者に対する礼節、朋友・知人・婆羅門・沙門・貧人・従僕・奴隷等に対する正しい取り扱いであり、ここに人格の尊厳に対する正しい認識が示されている。さらに婆羅門・沙門・貧人等に対する布施をすすめている。王自身も狩猟等の娯楽をやめて、法の巡行（dharma-yātra）をなしている。すなわち宗教者や耆宿を訪問して、布施（財施）をあたえ、人民を引見して、法の教誡（法施）をなし、かかる法の巡行を無上の楽しみとした。そして法の布施、法による親善、法の分与等よりもすぐれた布施はないと述べている。法の布施によっては、現世にも果報があり、また後世にも無限の功徳が生ずると述べている。布施を尊重するとともに、「僅かに消費し、僅かに畜える」ことをすすめている。これは多欲をいましめたものである。

王は、特に政務に精励し、自己が食事中にも、後宮にあるときも、内房にあるときも、園林にあるときも、いかなるときも政務を上奏せよと命じている。王がよい政治をなすのは、国民に負うた王の義務であるという。一切世間の利益を増進することが王の義務であり、一切世間に利益をなすよりも崇高な事業はないと説いている。王がいかなる努力をなすのも、それはすべて有情（生きもの）に対して自己が負っている義務の債務の返還のためであり、また人びとをこの世においては安楽ならしめ、後世においては天に達せしめたいためであると述べている。「一切の有情はすべてわが子である」ともいう。

王によれば、法とは善（sādhu）である。煩悩が少なく（alpāsrava）、善い行ないが多く（bahukalyāṇa）、愛情（dayā）と布施（dāna）・真実（satya）・清浄なる行為（śauca）、これらが法であると定義している。あるいはまた、法の達成（dharma-pratipatti）とは、愛情、布施、真実、清浄、柔和（mārdava）、善（sādhu）とであるとも言っている。そして、たとい布施をなしても、自己制御（saṃyama）・報恩（kṛtajñatā）・堅固な誠信（dṛḍhabhaktitā）を欠くならば賎民である、そして狂悪・不仁・怒り・高慢・嫉妬等は煩悩に導くものであると警告している。そして「善はなし難い、何人でも善をなし始める者は、なし難きをなすなり」と述べ、「われは既に多くの善をなしたり」と言っている。

アショーカ王の考えていた「法」は以上のごときものであるが、この法を増長せしめるには二つの方法があるという。即ち「法の規制」（dharma-niyama）と「法の静観」（Dharma-nidhyāti）とである。法の規制とは、王が発布した「規則」のことである。特に王が生物の殺害を禁じた規則のことであるという。この規則が、生物の不殺害という法を、人びとに実現せしめるのである。つぎの法の静観とは、心をしずめて法を観想することと解される。即ち法を観想することによって、生物の不殺生の意味を一層ふかく理解することができる。この理解が、その人を生物の不殺害に一層ふかく導くからである。それゆえ法の静観は、法の規制よりもすぐれているという。王は、生物の不殺生・生命・人格の尊重を特に重要視し、死刑の決定した罪人にも、なお三日の恩赦をあたえている。即位二十六年すぎまでに、二十五回囚人を釈放したという。王の法の本質は、あらゆる生命が尊いという、生命の本質についての自覚である。さらにこの自覚から、慈愛・布施・真実を語る・清浄（清浄な行為）・父母に対する柔順・他の人びとに対する正しい接し方・社会に対する報恩などが、自然に発現してくる。これらが法の内容を豊かにしているのである。

王は、この法がいつまでも世間に行なわれるようにと、即位十三年には法大官（dharma-mahāmātra）を任命し、五年ごとに国内を巡回せしめ、「法の教誡」をなさしめている。そしてこの法を、万代までも伝えんとして、摩崖法勅等を刻ましめたのである。ただし最大の法勅である「摩崖法勅」（十四章法勅）には、この法が仏教に基づくものであることを明言していない。そのためにアショーカ王の法は、仏教の法ではないという見方をする人がある。しかし仏教以外にアショーカ王の法の根拠を求めることはむつかしい。たとえば「法典」（Dharmaśāstra たとえば「マヌ法典」）などの「法」は、刑法・民法等の意味の法である。ニヤーヤ学派でもダルマを説き、ジャイナ教でもダルマ・アダルマを説くが、それらの法はアショーカ王の法とは全く異なった概念である。ヴェーダやウパニシャッドの系統でもダルマを説いており、これが比較的アショーカ王の法の意味に近い。しかし全同ではない。しかもウパニシャッドの中心思想は「梵我一如」の思想である。ダルマは、ウパニシャッドで特に重んぜられている概念ではない。さらに「バガヴァッド・ギーター」には、「自己の本務《ダルマ》」（svadharma）としてのカルマ・ヨーガを説いている。ここに種々の道徳的徳目が挙げられている。そこには、アショーカ王の法と共通する徳目が見られる。しかしギーターは戦争を容認する立場であるから、アショーカ王の法とは根本的な立場が異なるのである。これに対して仏教はダルマを最も重んずる宗教である。仏教では、ダルマは仏・法・僧の三宝の一つである。しかも小摩崖法勅や小石柱法勅には、アショーカ王が熱心な仏教徒であったことが示されている。このように見るならば、アショーカ王の法が仏教から得られたものであることは明らかであろう。

仏教教団の援助　アショーカ王は仏教に帰依したが、しかし他の宗教をも平等に取り扱っている。摩崖法勅第十二章には「王は布施（dāna）と種々の供養（pūjā）とをもって、出家と在家との一切の宗派（pārṣada）を供養す」と述べ、同じくその第七章には「一切の宗派の人が、一切処に住することをねがう」とも述べている。さらに石柱法勅第七章には、仏教の「サンガ」（Saṃgha）に関係する事務を行なう法大官、および婆羅門・邪命外道（Ājīvika）に関する事務を行なう法大官、ジャイナ教（Nirgrantha）に関する事務を行なう法大官を任命したことを言っている。このように王はすべての宗教を平等に取り扱ったが、特に仏教に帰依していたことは、碑文に明らかに示されている。王は即位七年ごろに仏教に帰依したらしい。小摩崖法勅には、王が仏教の信者となったはじめの二年余りは熱心ではなかったが、次の一年余は僧伽に近づいて熱心に修行した。この「僧伽に近づく」（saṃghaḥ upetaḥ）とは、僧伽に所属して、出家と同じ修行をすることを意味するようである。摩崖法勅の第八章には、王が即位十年には「三菩提」（sambodhi）に行ったことを言っている。さらに「ニガーリー・サーガル」（Nigālīsāgar）石柱法勅には、即位十四年すぎにコーナーカマナ仏の塔を修築し、親しく供養をなしている。さらに「ルンビニー」（Lumbinī）石柱法勅には、王が即位二十年すぎに、この仏陀誕生の地をたずね、親しく供養したことを述べている。そして石柱を建てしめ、この地の税金を軽減したことを説いている。さらにサーンチー・サールナート・コーサンビー等の法勅には、僧伽の分裂を誡告することを述べており、破僧を企てる比丘・比丘尼は白衣を着せしめて、還俗せしむべきことが説かれる。この破僧の誡告は、小摩崖法勅にも見られる。さらに「バイラート法勅」(Bairāṭ) には、王が仏教の僧伽に敬礼し、自ら三宝に恭敬 (gaurava) と信心 (prasāda) をささげることを告白し、つぎに仏陀の説いた法はどの法も善説であるが、特に次の法門 (dharmaparyāya) は正法久住に役立つとして、

Vinayasamukase 毘奈耶における最上の教え (*Vinaya* Vol. I, p. 7, etc.)
Aliyavasāṇi 聖なる系譜 (*AN.* IV, 28, Vol. II, p. 27)
Anāgata-bhayāni 未来の怖れ (*AN.* V, Vol. III, p. 100ff.)
Muni-gāthā 牟尼偈 (*Suttanipāta* vv. 207-221)
Moneyasūte 沈黙行の経 (*Suttanipāta* vv. 679-723)
Upatisa-pasine ウパティッサの質問 (*Suttanipāta* vv. 955-975)
Lāhulovāda ラーフラに対する教誡 (*MN.* No. 61)

以上七種の経を挙げている。そして正法久住のために、四衆がこれらの経をしばしば聴聞し、思念することを希望している。

なお仏塔に関しては、碑文にはコーナーカマナ仏 (Konākamana, Kanakamuni) の塔を修築したことを説くのみであるが、『阿育王経』等によれば、王は仏陀の舎利を供養し、八万四千の宝塔を起こし、多人を饒益したと説いている。そして優波笈多のすすめによって、ルンビニー、鹿野苑、仏陀伽耶、クシナガラをはじめ、多くの仏蹟を巡拝し、それぞれの場所に塔を建てたという。さらに舎利弗と目連の塔を起こしたことも言っている。アショーカ王の建てたと伝える仏塔は、法

顕や玄奘の時代にも多数残っていた。彼らはその多くを見ている。さらに近代になって多くの仏塔が発掘され、研究されているが、それらの考古学的研究の成果からも、仏塔の最古の部分が、アショーカ王の時代に成立したと認められるものが多い。このような点から考えて、王が多くの仏塔を建立したことは認められることである。

以上のごとき法の宣布と仏教への帰依によって、アショーカ王は「ダンマ・アソーカ」(法阿育)とたたえられたのである。たしかに王の法の理念は崇高であった。しかしそれがどれだけ人民に理解され、民間にゆきわたったかは明らかでない。さらに仏教の教団が法の実践者であることを認めて、王は教団を援助したのであるが、しかし教団が経済的に豊かになることは、一面では教団の堕落を招くことにもなる。さらに教団への莫大な布施は、国家の経済を圧迫することにもなったであろう。『阿育王経』等によれば、アショーカ王は晩年には太子や大臣等からそむかれ、教団への布施をさし止められ、最後には手中の阿摩勒果《あまろくか》半分しか自由になるものがなかったという。この伝説は、晩年のアショーカ王が不幸であったことを暗示しているようである。実際にも王の死後、マウリヤ王朝は勢力を失い、まもなく滅びたのである。

しかしそれだから、アショーカ王の法の理念が無価値であると見るべきではない。王の示した法の価値は、それ自体として評価さるべきである。

参考書

宇井伯寿「阿育王刻文」(『印度哲学研究』第四、南伝大蔵経第六五巻所収)。金倉円照「阿育王と仏教」

(『印度中世精神史』上、第六章)。中村元『宗教と社会倫理』第五章。塚本啓祥「Kandahār 出土のアショーカ法勅」(『金倉博士古稀記念、印度学仏教学論集』所収)。同『アショーカ王』昭和四八年。

E. Hultzsch: The Inscriptions of Asoka. Oxford, 1925; J. Bloch: Les inscriptions d'Asoka: Paris, 1950; A.C. Sen: Asoka's Edicts. Calcutta, 1956; W.B. Henning: The Aramic Inscription of Aśoka found in Lampāka. BSOAS., XIII, 1949; É. Lamotte: Histoire du bouddhisme indien. p. 244ff, Louvain, 1958; G. Pugliese Carratelli and G. Garbini: A bilingual Graeco-Aramic edict by Aśoka, The first Greek Inscription discovered in Afghanistan. (Series Oriental Roma XXIX) Roma, 1964.

第二章　部派仏教

第一節　部派教団の分裂と発展

部派仏教の性格　部派仏教（Nikāya-Buddhism）[1]とは、原始教団が上座・大衆の二部派に分裂した以後の伝統的な教団の仏教をいう。当時それ以外にも仏教徒が存在したであろう。たとえば在家信者は教団（サンガ）の外にあったが、しかし彼らがどのような宗教活動をしていたかは不明である。仏誕生処・成道処・初転法輪処・仏般涅槃処が早くから「四大霊場」として尊崇され、仏陀を慕う人びとの巡礼の聖地として栄えたことは既に述べた。仏教の最初から、信者の宗教活動も盛んであったのである。さらに仏滅直後に「八王分骨」によって、中インドの各地に仏塔（stūpa）が建てられたが、そのとき仏陀の遺骸を火葬に付し、舎利（śarīra 身体）を分け、塔を建てたのは、すべて在家信者であった。それらの仏塔は、比丘たちの住む精舎（vihāra）に建てられたのではない。「四大路（cātumahāpatha）に如来の塔を造立すべし」（*DN.* Vol. II, p. 142）と説かれ、塔は多人数の集まる広場に建てられたのである。これらの塔は信者が自主的に管理し、信仰し、護持していたのである。『阿育王経』等によれば、アショーカ王は八王分骨の塔をひらいて、仏骨を分け、舎利を全土に分散して、多数の塔を建てたという。王が多数の仏塔を建てたのは、当時仏教徒のあいだに仏塔信仰が盛んであったことを示すものであろう。その要求に応じて、王の仏塔建立があったと考えたい。しかし当時、仏塔を地盤としていかなる信仰や教義が行なわれていたかは、文献が伝わらないために不明である。

後世の大乗仏教の発展の源流を考える場合には、原始仏教の時代から仏塔教団においてつちかわれていた「仏陀信仰・仏徳讃仰」の運動をあとづけることは重要である。従って信者団の信仰を無視することはできないが、しかし仏教教団の正系は、原始教団を継承する部派教団であった。すなわち仏陀の直弟子である大迦葉や阿難等によって受持された仏教が、師から弟子へと受け継がれて、部派教団に発展した（舎利弗と目連とは、仏陀の入滅以前に亡くなっている）。故に部派教団の仏教は、「弟子の仏教、学ぶ立場の仏教」である。他に教える立場の仏教ではない。このような受動的な仏教であるので、大乗教徒から「声聞乗《しょうもん》」（Śrāvakayāna）と呼ばれた。声聞とは仏陀の言葉を聞いた人、すなわち「弟子」という意味である。従って古くは「声聞」には在家者をもふくめて呼んでいた。しかし部派仏教の時代には、「声聞」は出家の弟子のみに限られたようである。

つぎに部派仏教の教理の特徴は、出家主義という点である。出家して比丘となり、戒律をきびしく守って修行する。在家と出家の区別をきびしくし、出家を前提として教理や修行形態を組織している。つぎにこれは、隠遁的な僧院仏教である。彼らは僧院の奥深くかくれて、禁欲生活をなし、学問と修行に専心する。故に街頭の仏教ではない。他人の救済よりも、まず自己の修行の完成を目ざす仏教である。そのために大乗教徒から「小乗」（Hīnayāna）と呼ばれて、卑しめられた。小乗とは、狭い教理、卑しい教理の意味である。このように彼らが生活費のためにわずらわされず、もっぱら修行に専心することができたのは、僧院が経済的に豊かであったからである。仏教の出家教団は、国王や王妃あるいは大商人等の帰依と経済的支持を受けることが多かった。彼らは広大な荘園を寺院に寄進した。カニシカ王（Kaniṣika）が説一切有部に帰依したことは有名であるが、それ以前にも北インドの大蕃侯（Mahākṣatrapa）のクスルカ（Kusuruka）や蕃侯（Kṣatrapa）のパティカ（Patika）などが教団に土地を布施したことを示す碑文が見られる。さらに南インドではアンドラ王朝の王族や王妃たちが、仏教教団を支持していた。彼らが僧団に土地を布施したことを示す碑文も多い。仏塔や四方僧伽に土地や窟院を布施したことを示す碑文が、紀元前二世紀ごろから、紀元後五世紀ごろまでに多数作られており、それらにより当時二十以上の部派教団があったことが知られる。

このように僧団には国王たちの支持があったが、さらに商人階級も仏教の僧団を支持したらしい。商人は隊商を組んで、大きな密林をぬけ、砂漠をよこ切って、遠方の都市と交易をしたり、あるいは船を大海にのり出して、他国と通商をした。これらの通路には数かずの困難と危険があった。それらの危険をのり切るためには、冷静な判断と、勇気と忍耐とを必要とした。理性的な宗教である仏教が、彼らの好みに合致したのである。さらに彼らは他国に出かけて、異民族や異なる階級と自由に交際しなければならなかったから、カースト制度をきびしく守るバラモンの宗教は適当でなかったのである。これに対して農民は、バラモンの宗教に強く結びつけられていた。

商人階級には部派教団のみでなく、大乗教団に帰依した人びとも多かったが、彼らの中の富商・指導者を「長者」（Śreṣṭhin）という。長者としては、仏陀に帰依した給孤独長者（Sudatta 須達）やウルガ長者などが有名であるが、原始仏教の時代から、仏教信者で名の聞こえた長者は多い。大乗経典にも長者が、仏陀の説法の対告衆としてしばしば出てくる。彼らは部派教団をも支持したと見てよい。このように国王や長者たちの援助によって、僧団は生活の心配なしに、出世間主義をつらぬき、研究と修行とに力を入れ、ここに分析的に精緻な仏教教理を完成した。これがアビダルマ（Abhidharma 法の研究）仏教である。

第二結集と第三結集　仏滅百年ごろに原始教団に「十事」の争いが起こり、七百人の長老がヴェーサーリーに集会したことは既に述べた。パーリ律蔵の「七百犍度」には、七百人の長老が十事を戒律の立場から検討し、これを「律結集」（Vinayasaṅgīti）と呼んだことを述べているが、十事の検討のあとで、改めて経蔵と律蔵とを結集したことは言っていない。漢訳諸律の「七百犍度」でもほぼこれと同じである。標題には「結集律蔵」「集法毘尼」等の名目を掲げているが、叙述の内容には十事以外に経律二蔵の再結集をしたことは言っていない。しかしセイロンの『島史』『大史』には、十事の争いのあとで、七百人の長老がレーヴァタを上首として「法結集」（Dhamma-saṃgaha）をなし、八ヶ月を要して完成したと言っている。そしてこれを「第二結集」（Dutiya-saṃgaha）と呼んでいる。さらに『島史』には、長老たちによって追放せられた悪比丘も一万人の味方を得て、「法結集」を行なった。そのためにこれは「大結集」(Mahāsaṃgīti) と呼ばれたが、しかし彼らは誤まった教法を結集した。すなわち彼らは根本の結集(第一結集)を破壊して、別の結集を作った。ある個所に結集されていた経を他の個所に移し、五部における義と法とを破壊し、異門説も、了義未了義も理解せず、真実の経と律との一部分を捨てて、にせの経と律とを作ったと言っている。

これでみると、大結集の比丘たちも経律の再結集を行なったことになる。しかもその内容は上座部の結集とはかなり違っていたことになる。この大結集を行なった比丘たち(Mahāsaṃgītika 大結集派)が、「大衆部《だいしゅぶ》」(Mahāsaṃghika) と呼ばれるのである(島史で「大結集派」となすものを、大史では大衆部とする)。「大衆」とは人数が多いという意味である。すなわちセイロン伝によれば、根本分裂のあとで、上座・大衆のそれぞれが結集をしたことになる。

北伝の『異部宗輪論』では、結集があったことは言わない。そして仏滅百年、アショーカ王の治世に「四衆が共に大天の五事を議すること同じからざるが故に、分かって両部となる。一には大衆部、二には上座部なり」と言って、「大天の五事」について、四衆の意見が別れたために、二部に分裂したと言っている。大天の五事については既に触れたが、「四衆が議した」という四衆とは、竜象衆(Gnas-brtan-klu)・辺鄙衆(Śar-phyogs-pa, 東方衆)・多聞衆(Maṅ-du-thos-pa)・大徳衆であったという(ただしチベット訳の『異部宗輪論』では「三衆」、『部執異論』では「四衆」になっている)。

ともかく「七百結集」（十事の集会）があったことは、大衆部系の摩訶僧祇律も、上座部系の諸律も共に言うところであるから、これはまちがいないであろう（ただし摩訶僧祇律では「十事」は言わない）。しかしそのあとで、経蔵の再結集がなされたことは、セイロン伝の『島史』等のみの説である。一般には一連のこれらの事件を、ばくぜんと「第二結集」と呼んでいるのである。このとき経蔵・律蔵の再結集がなされたかどうかは明らかでないが、七百人が集まって、結集をしたという点では、諸資料に共通性がある。その意味では「第二結集」は歴史的事実と認めてよい。

つぎに「第三結集」は、セイロン伝の『島史』『大史』『善見律』等の説であり、セイロン上座部のみの伝承である。セイロン伝では、仏滅百年の第二結集はカーラアソーカ（Kālāsoka）王の時代にあり、つぎに仏滅二一八年に即位したアショーカ王の時代に、モッガリプッタ・ティッサを中心にして「第三結集」（Tatiya-saṃgaha）が行なわれたという。そうしてこのときまとめられたものが『論事』（Kathāvatthu）であったという。このようにカーラアソーカとアショーカとを分けるために、第二、第三と二つの結集が説かれるのである。しかし北伝の『異部宗輪論』では、アショーカ王を仏滅百余年の出世とするため、第三結集を認める余地はない。そしてセイロン伝で、第三結集でまとめられたという『論事』は、セイロン上座部のみが伝える論書である。他の部派では何も言及していない。従って第三結集があったとしても、それは上座部のみの一部派内での結集であったと解釈すべきであろう。

『島史』等によると、アショーカ王の仏教教団支持により、教団は経済的に豊かになった。そのために「安易な生活を望んで出家する者」（theyyasaṃvāsaka 賊住比丘）が多くなり、サンガの戒律や修行が乱れた。そのためにサンガに争いが起こり、毎月の布薩も行なわれなかった。このサンガの乱れを正すために、モッガリプッタ・ティッサがアショーカ王の支持を受けて、サンガを粛正した。すなわち仏教を「分別説」（vibhajjavāda）であると答えた者は仏教徒であり、これに反する比丘は仏教徒でないとして、サンガから追放したという。そして自説を明らかにするために作ったものが『論事』であったという。さらにそのあとでモッガリプッタは千人の阿羅漢を選び、「法の結集」を行ない、九ヶ月にして修了したという。これが第三結集であるという。

セイロン上座部は仏教を「分別説」であると理解している。すべてのことについて、一方的に断定（一向記）しないのが、分別説である。真理を一方的に主張すると、そこには必ず争いが起こる。現実はそのような一方的なものではなく、必ず肯定的なものと否定的なものとが混じている。このような認識に立って、肯定的なものと否定的なものとを区別（分別）して、現実を理解するのが「分別説」の立場である。セイロン上座部は、仏教をこのような分別説であると理解していた。そのためにセイロン上座部を「分別説部」（Vibhajjavādin）ともいう。以上の伝承は、上座部の内部において、ある時代に第三結集がなされたことを示すと解釈することができよう。すなわち第三結集を全く否定するのは妥当でなかろう。しかし『論事』の内容は、諸部派の教理を前提として組織されているから、部派分裂の完成を予想している。従って『論事』の現在形の成立は、アショーカ王の時代と見ることはできない。それよりも百年以上後であり、学者によって紀元前二世紀の後半の成立と見られている。従って、論事が第三結集の内容を示すというならば、第三結集は紀元前二世紀にあったとすべきであろう。

枝末分裂　上座・大衆の二部分裂を「根本分裂」というのに対し、上座・大衆のそれぞれが、さらに分裂を繰り返したのを「枝末分裂」という。

上座部と大衆部との中で、まず始めに内部分裂を起こしたのは大衆部であるという。大衆部系は人数も多かったが、自由思想家が多く、内部の統制が強固でなかったのであろう。『異部宗輪論』によると、第二の百年のうち、大衆部から三部が分出した。一説部・説出世部・雞胤《けいいん》部である。つぎに同じく第二の百年のうち、大衆部から多聞《たもん》部が分出した。つぎに同じく説仮《せっけ》部が分立した。つぎに第二の百年が終わるころ、大天が南インドの制多山（Caitya）において「五事」を唱えた。これに賛成するものと反対するものとがあって、三部が分かれた。すなわち制多山部・西山住部・北山住部であるという。以上、『異部宗輪論』によると、大衆部からは四回分裂があり、八部が分出したので本末あわせて九部となる。そしてそれは、仏滅百年から二百年までの間であったということになる。

つぎに上座部の枝末分裂については、『異部宗輪論』はこれを二百年以後となしている。すなわち上座部は分派後百年間は一味和合していたが、二百年が終わってから、すなわち第三の百年に入って、分裂が起こった。まず上座部は少しの争いにより、説一切有部（説因部）と本上座部

（雪山部）とに分かれた。つぎに説一切有部から犢子《とくし》部が分出した。つぎに犢子部から法上《ほうじよう》部・賢冑《けんちゆう》部・正量《しようりよう》部・密林山住《みつりんさんじゆう》部の四部が分出した。つぎに第四次分派として、説一切有部から化地《けじ》部が分出した。つぎに化地部から法蔵部が出た。法蔵部は自ら、目連の系統を受けていると主張したという。つぎに第六次分派として、説一切有部から飲光部（善歳部ともいう）が分出した。

以上の六次分派までは、三百年中の出来事である。つぎの第七次分派は第四の百年に入ってからであるという。すなわち説一切有部から経量《きようりよう》部（説転部ともいう）が分出した。経量部は論よりも経を重んじ、第一結集のとき経蔵を誦出した阿難をもって師となすと主張していたという。

以上、上座部は七回の分裂により十一部に分かれた。大衆部は本末九部であるから、上座部と合して二十部となる。これから根本の二部を除いて「十八部の分裂」ともいう。大衆部の場合は四回の分派をしながらも、根本の大衆部がそのまま残っていたが、上座部の場合はその点がはっきりしない。最初に分裂した有部と雪山部（本上座部）との何れかが根本上座部であるべきであり、雪山部が本上座部と呼ばれる点では、これが根本上座部のごとくである。しかし雪山部は地域的には北に片寄りすぎており、部派としての勢力も小さかったようである。しかも上座部の他の枝末分裂はすべて有部から出たようになっているから、この点には『異部宗輪論』には疑問がある。『異部宗輪論』（Samayabhedoparacana-cakra）の著者は世友《しようう》（Vasumitra）であるが、彼は有部の人であるために、有部を上座部の根本に見せるため、何らかの作為が行なわれたかもしれない。ともかく上座部の枝末分裂は仏滅二〇一年すぎから三〇〇年すぎごろまでとなる。これは、仏滅をアショーカ王即位から一一六年以前とすれば、仏滅は紀元前三八六年（宇井説、中村説は三八三年ごろ）となり、大衆部の枝末分裂は紀元前三世紀中、上座部の枝末分裂は紀元前二世紀から前一世紀にかけてということになる。経量部も紀元前一世紀には存在していたことになろう。ただしセイロン伝の二一八年説に当れば、これより約一〇〇年古くなり、仏陀の入滅は紀元前四八四年（ヤコービ＝金倉説）ごろとなる。これによると、大衆部の枝末分裂はアショーカ王以前に既に完了しており、上座部の分裂はアショーカ王の時代から、その後の百年間ということになろう。

『異部宗輪論』による分派を次に示す。

大衆部（Mahāsaṃghika）本末九部（ただし陳訳のみ八部）

- 大衆部
  - 第一次分裂 第二百年中
    - 一説部 Ekavyavahārika
    - 説出世部 Lokottaravādin
    - 雞胤部 Kaukuṭika
  - 第二次分裂 第二百年中
    - 多聞部 Bahuśrutīya
  - 第三次分裂 第二百年中
    - 説仮部 Prajñaptivādin
  - 第四次分裂 第二百年終
    - 制多山部 Caitika
    - 西山住部 Aparaśaila
    - 北山住部 Uttaraśaila

上座部（Sthavira）本末十一部（秦訳は雪山と本上座を別にして十二部とす）

- 上座部
  - 第一次分裂 第三百年初
    - 本上座部（雪山部 Haimavata）
    - 説一切有部（説因部）Sarvāstivādin, Hetuvādin
      - 第二次分裂 第三百年中
        - 犢子部 Vātsīputrīya
          - 第三次分裂 第三百年中
            - 法上部 Dharmottarīya
            - 賢冑部 Bhadrayānīya
            - 正量部 Sammatīya
            - 密林山住部 Ṣaṇṇagarika
      - 第四次分裂 第三百年中
        - 化地部 Mahīśāsaka
          - 第五次分裂 第三百年中
            - 法蔵部 Dharmaguptaka
      - 第六次分裂 第三百年中
        - 飲光部 Kāśyapīya（善歳部 Suvarṣaka）
      - 第七次分裂 第四百年初
        - 経量部 Sautrāntika（説転部 Saṅkrāntika）

つぎにセイロン伝の『島史』（Dīpavaṃsa）『大史』（Mahāvaṃsa）の説く分派の順序は、『異部宗輪論』とはかなり異なる。セイロン伝では、大衆部の分裂も上座部の分裂も、ともに第二の百年中に起こったとしている。セイロン伝では仏滅からアショーカ王即位までを二一八年と見るから、枝末分裂はすべてアショーカ王即位以前に完了していたことになる。すなわちアショーカ王の治世は、部派仏教の割拠時代になるわけである（しかしアショーカ王の碑文から見るところでは、王の時代がそのような部派教団の割拠時代であったとは見難い）。

『島史』『大史』によると、まず大衆部（Mahāsaṃgītika, Mahāsaṃghika Vajjiputtaka）からGokulika（牛家部、『異部宗輪論』の雞胤部Kaukuṭika）とEkavyohārika（一説部）の二部が分出した。つぎに牛家部からPaññatti（説仮部）とBahussuttaka（多聞部）とが生じた（『異部宗輪論』では、以上の四部はすべて大衆部から分出したとする）。つぎにCetiyavāda（制多山部）が生じた。『島史』ではこれは大衆部から分出したとなすが、『大史』では説仮部と多聞部から出たようにいう。以上で大衆部系の分派は終わるのであり、全部で六部であるという。

これに対して上座部（Theravāda）の分派については次のごとくいう。まず上座部からMahiṃsāsaka（化地部）とVajjiputtaka（犢子部）の二部が分出した。つぎに犢子部からDhammuttariya（法上部）・Bhadrayānika（賢冑部）・Chandāgārika（密林山部）・Saṃmitīya（正量部）の四部が分出した。つぎにさきの化地部から、Sabbatthavāda（説一切有部）とDhammaguttika（法蔵部）とが分派した。すなわちセイロン伝では、有部は化地部から分出したことになっている。しかし『異部宗輪論』では、この点を逆にして、有部から化地部が分出したとなし、化地部のみでなく、犢子部も有部から分出したとなしている。このように逆転するから、有部が最も古いことになる（ただし犢子部から法上部等の四部が分出する点は、南北両伝が一致している）。

つぎに有部からKassapiya（飲光部）が生じ、飲光部からSaṅkantika（説転部）、さらに説転部からSuttavāda（経量部）が生じたという。『異部宗輪論』では、これらはすべて有部から直接に分派したとなしている。

以上、上座部から分出したものは十一部であり、これに根本の上座部を加えて十二部となる。大衆部系は本末六部であるから、両者を合して「十八部」となる。部派の分裂には「十八」という数字が重要視されている。おそらくある時代に、十八部の部派教団が存在していたのであろう。以上、根本の部派から大衆部以下の十七部が分出したのは、第二の百年の間であったという。しかしそれ以後に分出した部派があり、それらの部派として、『島史』には、Hemavatika（雪山部）・Rājagiriya（王山部）・Siddhatthaka（義成部）・Pubbaseliya（東山住部）・Aparaseliya（西山住部）・Aparājagirika（西王山部）の六部を示している。これらの六部が何部から分派したかを説いていないが、『異部宗輪論』によれば、第一の雪山部は上座部系であり、最も古い分派であるが、セイロン伝では新しい成立の部派となる。西山住部は『異部宗輪論』では制多山部とならんで大衆部に入っている。ブッダゴーサは『論事註』の中で、東山住部・西山住部・王山部・義成部の四派をまとめてアンダカ派（Andhaka）と呼んでいる。そのためにこれらは大衆部系の部派と見られている。

『大史』では、『島史』の挙げる六部派のうち、最後の西王山部を除いてVājiriya（金剛部）を入れている。そしてさらにセイロン島に伝来してからの上座部からの分派として、Dhammaruci（法喜部）とSāgaliya（海部）とを挙げている。以上を表に示すと次のごとくである。

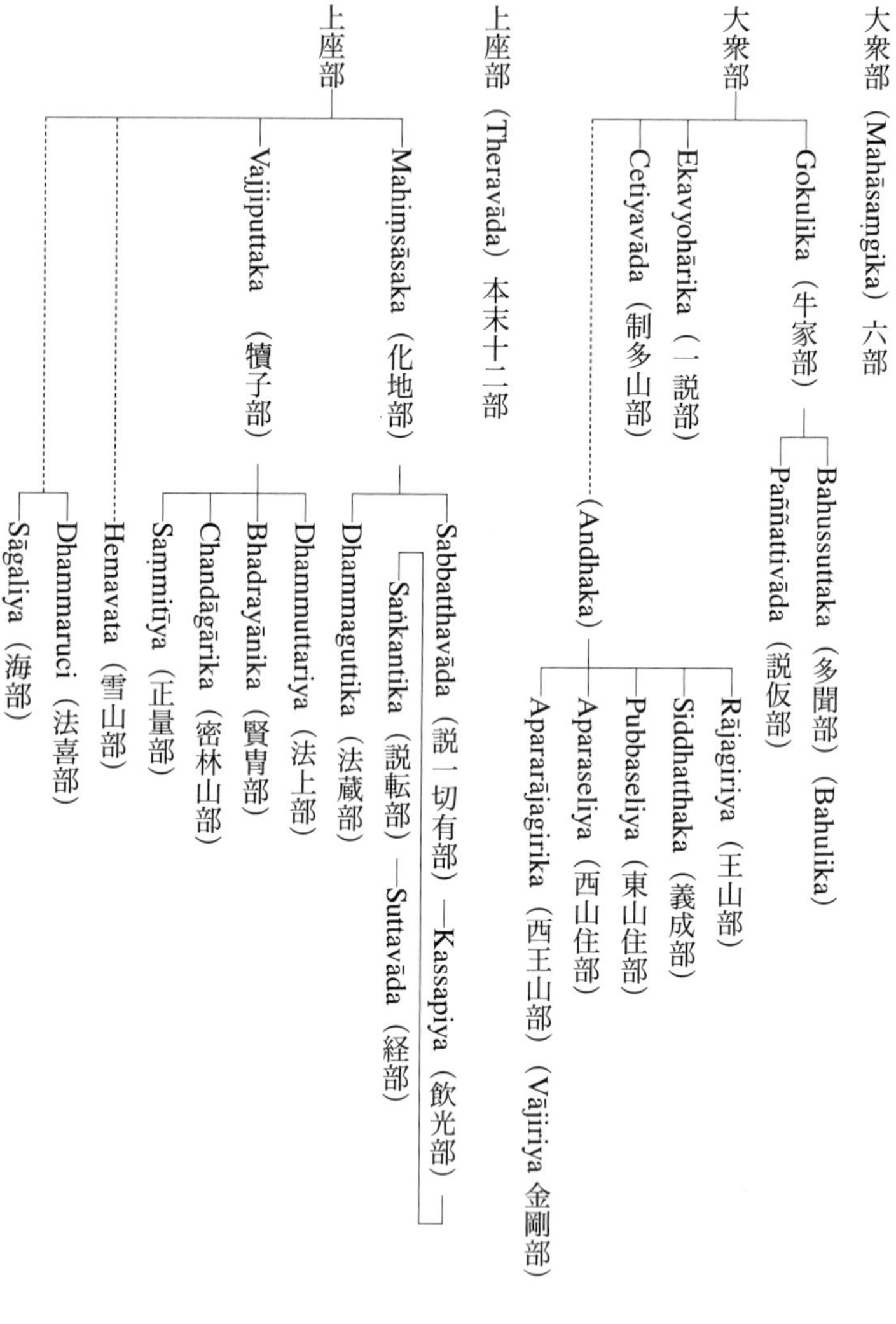
大衆部（Mahāsaṃgika）六部
大衆部
Gokulika（牛家部）
Bahussuttaka（多聞部）（Bahulika）
Paññattivāda（説仮部）
Ekavyohārika（一説部）
Cetiyavāda（制多山部）
（Andhaka）
Rājagiriya（王山部）
Siddhatthaka（義成部）
Pubbaseliya（東山住部）
Aparaseliya（西山住部）
Apararājagirika（西王山部）（Vājiriya 金剛部）
上座部（Theravāda）本末十二部
上座部
Mahiṃsāsaka（化地部）
Sabbatthavāda（説一切有部）
Kassapiya（飲光部）
Saṅkantika（説転部）
Suttavāda（経部）
Dhammaguttika（法蔵部）
Vajjiputtaka（犢子部）
Dhammuttariya（法上部）
Bhadrayānika（賢胄部）
Chandāgārika（密林山部）
Saṃmitīya（正量部）
Hemavata（雪山部）
Dhammaruci（法喜部）
Sāgaliya（海部）

以上、南北両伝において、分派の順序や年代について若干の相違はあるが、注目すべき一致点も見られる。両者を比較することによって、大体の分派の順序を知ることができよう。なお上座部の分派における有部の位置は、セイロン伝が正しいと見るべきであろう。以上の『異部宗輪論』と南伝の『島史』等によって、部派の名称がすべて尽くされているのではない。部派教団に布施を奉納したことを示す碑文が、インドの各地から多数発見されているが、それらの碑文とさらに文献とをあわせて、それらに出てくる部派名を網羅して、アンドレ・バロウ（A. Bareau）は次の三十四の部派名を挙げている（綴字はバロウによる）。

1 Mahāsaṅgika（大衆部）
2 Lokottaravādin（説出世部）
3 Ekavyāvahārika（一説部）
4 Gokulika ou Kukkuṭika（牛家部、雞胤部）
5 Bahuśrutīya（多聞部）
6 Prajñaptivādin（説仮部）
7 Caitīya ou Caitika（制多山部）
8 Andhaka（アンドラ派）
9 Pūrvaśaila ou Uttaraśaila（東山住部＝北山住部）
10 Aparaśaila（西山住部）

11 Rājagirīya（王山部）
12 Siddhārthika（義成部）
13 Sthavira（上座部）
14 Haimavata（雪山部）
15 Vātsīputrīya（犢子部）
16 Sammatīya（正量部）
17 Dharmottarīya（法上部）
18 Bhadrayānīya（賢冑部）
19 Ṣaṇṇagarika ou Ṣaṇḍagiriya（六城部＝密林山部）
20 Sarvāstivādin Vaibhāṣika（説一切有部＝毘婆沙師）
21 Mūlasarvāstivādin（根本説一切有部）
22 Sautrāntika ou Saṅkrāntivādin（経量部＝説転部）
23 Dārṣṭāntika（譬喩師）
24 Vibhajyavādin（分別説部＝セイロン上座部）
25 Mahīśāsaka（化地部）
26 Dharmaguptaka（法蔵部）
27 Kāśyapīya ou Suvarṣaka（飲光部＝善歳部）
28 Tāmraśāṭīya（セイロン島部）

29 Theravādin du Mahāvihāra（大精舎上座部）
30 Abhayagirivāsin ou Dhammarucika（無畏山寺派＝法喜部）
31 Jetavanīya ou Sāgalika（ジェータ林寺派＝海部）
32 Hetuvādin（説因部）
33 Uttarāpathaka（北道派）
34 Vetullaka（方広部）

部派分裂の資料　部派分裂を示すものとしては、まずセイロン伝に『島史』・『大史』、ブッダゴーサの『論事註』（Kathāvatthu-aṭṭhakatā）などがある。さらに、説一切有部の世友（Vasumitra）の著わした『異部宗輪論』があり、この両者が最も重要な資料である。『異部宗輪論』には、漢訳に『十八部論』と『部執異論』の異訳があり、さらにチベット訳 Gshuṅ-lugs-kyi bye-brag bkod-paḥi ḥkhor-lo（Samayabhedoparacana-cakra 北京版 No. 5639）がある。さらにこれに関係のあるものとして、『文殊師利問経』『舎利弗問経』などがある。なおこのほかに漢訳には『出三蔵記集』巻三におさめられる「新集律分為十八部記録」がある。これは律蔵を伝持した部派に五部派が有力であったとして、これらの五部を中心にして分派を示したものであり、中国仏教に大きな影響をあたえた。

つぎにチベットに伝承されるものに、バヴィヤ（Bhavya 清弁）の Sde-pa tha-dad-par ḥbyed-pa daṅ rnam-par bśad-pa（Nikāyabhedavibhaṅga-vyākhyāna 北京版 No. 5640, 異部分派解説註）とヴィニータデーヴァ（Vinītadeva 調伏天）の Gshuṅ tha-da-pa rim-par klag-paḥi ḥkhor-lo-las sde-pa tha-dad-pa bstan-pa bsdus-pa（Samayabhedoparacanacakre nikāya-bhedopadeśana-saṃgraha, 北京版 No. 5641, 異部宗輪中、異部解説集）、Dge-tshul-gyi daṅ-poḥi lo dri-ba（Śrāmaṇera-varṣāgra-pṛcchā, 北京版 No. 5634, 沙弥初夏問）などがある。

バヴィヤの『異部分派解説註』には、上座部の伝承、大衆部の伝承、正量部の伝承など、種々の部派の伝える分派説を載せている。この中には、先述した上座部の一六〇年説があるほかに、バヴィヤの第三説「正量部の伝承」として、仏滅一三七年に根本二部の分裂が起こったとなし、それより六十三年間争い、二百年中にまず大衆部より分派が起こったと述べている。部派分裂においてこの「一三七年」を重視する学者もある。ヴィニータデーヴァ（調伏天）の『異部宗輪中、異部解説集』に示す分派説をバロウは根本説一切有部の伝えた説であるという。このほかターラナータ（Tāranātha）の『インド仏教史』にも、十八部の分裂について、種々の異説を示している。しかしバヴィヤ以下の諸説は、資料の成立年代が六世紀以後であり、部派分裂が行なわれた時代より数百年も後である点で、資料的価値が劣ることは否定できない。なおこのほかに Mahāvyutpatti（翻訳名義大集）No. 275「四分作十八部の名目」および義浄の『南海寄帰内法伝』巻一にも、分派説を示している。

バヴィヤ以下の資料には、「根本二部」説もあるが、このほかに根本分裂が三部（上座・大衆・分別説部）であったとする説や、四部（大衆・有部・犢子・雪山、あるいは大衆・有部・上座・正量）であったとする説を伝えている。『翻訳名義大集』も根本四部（有部・正量・大衆・上座）を伝え、義浄の『南海寄帰内法伝』にも、根本四部（大衆・上座・根本有部・正量）を挙げている。しかし律の伝承の立場から「五部」（法蔵・有部・飲光・化地・犢子、あるいは犢子部の代わりに大衆部を入れる）の説も、種々の経論に見え、『大唐西域記』巻三にも「律儀の伝訓」としてこれを伝えている。

以上を総括して見れば、根本分裂としては、上座・大衆の二部分裂説が確実なようであるが、その後の部派教団の消長という点では、大衆・上座・有部・正量の四部が有力であったようである。特に時代が下るにつれ、正量部の勢力が強まったことが、法顕や玄奘の旅行記から知られる。

つぎにバラモン系統の哲学書において仏教に関説するときには、大乗仏教としては中観派（Mādhyamika）・瑜伽行派（Yogācāra）の二派、部派仏教としては毘婆沙師（有部）（Vaibhāṣika）・経量部（Sautrāntika）の二派である。時代は下るがシャンカラ（Śaṅkara 八世紀ごろ）の『ブラフマスートラ註解』（Brahmasūtra-bhāṣya II, 2, 18）には、**Sarvāstitvavādin**（説一切有部）・**Vijñānāstitvavādin**（唯識派）・**Sarvaśūnyatvavādin**（中観派）の三派を挙げる。しかし学者の研究によれば、最初の **Sarvāstitvavādin** には経量部もふくまれているという。その後、ヴェーダーンタ学派の中には、シャンカラ説を最高の思想と見なし、その下位にインドの一切の諸哲学思想を価値づけして、配列する試みがなされている。たとえば『全学説綱要』（Sarvamata-saṃgraha）・シャンカラに帰せられる『全定説綱要』（Sarvasiddhānta-saṃgraha）、マーダヴァ（Mādhava 十四世紀）の『全哲学説綱要』

(Sarvadarśana-saṃgraha)、マドゥスーダナ・サラスヴァティー(Madhusūdana Sarasvatī 十五・六世紀)の『種々なる道』(Prasthānabheda)などにおいて、最も低い哲学説は唯物論(順世派)であるとなし、つぎに仏教(Bauddha)ついでジャイナ教の順序で挙げている。そこで仏教として示されているものは、Mādhyamika(中観派)・Yogācāra(瑜伽行派)・Sautrāntika(経量部)・Vaibhāṣika(毘婆沙師＝有部)の四派である。すなわち小乗仏教としては、有部と経量部とが代表と見なされている。これは、有部が外界は実在であるとなす(bāhyārtha-pratyakṣatva 現量得)のに対し、経量部は外界は刹那滅であるから推論でしか認識されない(bāhyārthānumeyatva 比量得)とする、唯識派は外界は無で識のみが実在である(bāhyārthaśūnyatva)とする、中観派は主観客観のすべてが空である(sarvaśūnyatva)とするというように、四派を図式的にまとめ得る点にも、この四派が選ばれた理由があるようである。

部派教団の発展　アショーカ王時代にインド全土にひろまった仏教は、その後順調な発展をとげた。上座・大衆に分裂した初期の部派教団では、中インドには大衆部が盛んであったらしい。これは「十事」を主張した比丘たちが、ヴェーサーリーの比丘(ヴァッジー族出身 Vajjiputtaka)であり、彼らが中心になって大衆部が形成されたからであろう。十事に反対した比丘は、西方の比丘やアヴァンティ・南路の比丘たちであった。おそらく上座部の中心は、中インドよりも西の方にあったのであろう。セイロンに法を伝えたマヒンダ(Mahinda)はアショーカ王の子であったというが、母はウッジェーニー（Ujjenī 南路に沿う）のヴェーディサ（Vedisa）の住人であり、マヒンダはここで旅装をととのえ、インド西海岸より船にのってセイロンに渡ったようである。パーリ語がギルナールの碑文に近いことなども、上座部が西方に力を持っていたことの一証拠となろう。

有部の伝承から見ても、同じ結論が得られる。『大毘婆沙論』巻九九には、アショーカ王の時代に、大天の五事の問題を論じたとき、上座たちは大天の朋党に人数の点で負けた、そこで彼らは鶏園（アショーカ王の建てたパータリプトラの僧園）を放棄し、カシュミール（Kaśmīra）に移住したと説いている。『阿育王経』等によるも、ウパグプタはマツラーを開教した人であり、末田地はカシュミールを開教した人である。これらの伝承は、後年カシュミール（罽賓《けいひん》）が強固な有部教団の地盤となっていたこととも合致する。有部が物資豊かなカシュミールに教団を持っていたことが、精緻なアビダルマ教学を発展せしめ得た一つの理由である。

上座部系が西方・北方に発展したのに対し、大衆部は中インドから南方に発展したようである。大衆部系の碑文が、南インドから多く出ている。しかし概していえば、大衆部は上座部に比較して勢力が小さかったようである。上座部系の部派には、上座部・有部・正量部など、名の知れた部派が多いが、大衆部系には大衆部以外に名の知れた部派は少ない。上座部系の論書は現在も多数に伝わっているが、大衆部系の文献は非常に少ない。大衆部系の説出世部の伝えた仏伝である『マハーヴァスツ』（Mahāvastu 大事）のほか、二、三を数えるにすぎない。

部派教団の枝末分裂は、紀元前二世紀のころが中心であったと思われるが、分裂の理由などは明らかでない。さらに「十八部」がそれぞれどの地方に栄えたかということも、明らかでない。ともかく紀元前一世紀のころには、既に大乗仏教が起こったと見られるが、しかしそれによって部派教団が滅ぼされたのではない。大乗教団と並んで、部派教団も盛大におもむいたのであり、質量ともに部派教団は大乗仏教を圧していたのである。一般には大乗仏教は大衆部から発達したと見られているが、しかし大衆部は大乗の中に解消したのではない。大乗教団が現われた後にも、長く教団として存在していた。義浄（六三五—七一三）の時代にも、大衆部は有力な四教団の一つとして栄えていたのである。

インドの部派仏教の動向を示す資料は少ない。中国からインドに旅行した求法僧の記録は、この点で重要である。まず法顕《ほっけん》は西暦三九九年（隆安三年）に中国を出発してインドに行ったが、彼の伝えるところによれば、そのころのインドには小乗を学ぶ寺、大乗を学ぶ寺、大小兼学の寺の三種があったという。たとえば北インドの羅夷《らい》国には三千の僧があって、大小二乗を兼学していた、また跋那《ばつな》国には三千ばかりの僧があり、皆、小乗を学んでいた等と記している。『法顕伝』は一巻の小著であるので、その記述は詳しくないが、その中に、小乗仏教の行なわれている国を九ヶ所、大乗仏教の行なわれている国を三ヶ所、大小兼学の国を三ヶ所指摘している。そのほか大小乗をいわないで、仏教の行なわれている国を二十余挙げている。これが、五世紀はじめのインドの仏教の状態である。しかし部派名を全く挙げていないために、詳しいことは不明である。

つぎに六二九年に中国を出発して、インドに旅行した玄奘（六〇二—六六四）の『大唐西域記』

には、七世紀のインド仏教の状態が詳しく報告されている。『西域記』には、仏教の学派の名を示す場所が九十九ヶ所ほど示されている。その中で小乗を学ぶ所が六十ヶ所、大乗を学ぶ所が二十四ヶ所、大小兼学の所が十五ヶ所示されている。割合から言えば、小乗仏教の方がはるかに多い。小乗仏教六十ヶ所のうちで、説一切有部が十四ヶ所、正量部が十九ヶ所、上座部二ヶ所、大衆部三ヶ所、説出世部一ヶ所、大乗上座部五ヶ所、単に小乗仏教と記する所が十六ヶ所となっている。

以上をもってみるも、七世紀前半には小乗教団が圧倒的に有力であったことが明らかである。しかもその中では、正量部と有部が強力であった。大衆部系は大衆部が三ヶ所、説出世部が一ヶ所を示すのみである。玄奘は大乗上座部を、五ヶ所挙げているが、これはセイロンの仏教を指すようである。これは上座部ではあるが、大乗的な思想をも受容していたのであろう。当時のセイロン仏教は、マヒンダ以来の伝統的な上座部の仏教を奉ずる大寺派（Mahāvihāravāsin）と、大乗系の方広派（Vetulyaka）の教義を受容して、自由研究を標榜した無畏山寺派（Abhayagiri-vihāravāsin）との対立時代であった。四一〇年ごろにセイロンに旅行した法顕は、無畏山寺に五千僧、支提山寺に二千僧、大寺に三千僧が住したと記しており、無畏山寺の優勢を示している。法顕はここで、化地部の律蔵や長阿含、雑阿含、雑蔵等を入手している。玄奘の時代にはセイロンは戦乱があったので行くことができなかった。しかし彼は「大寺は大乗を斥けて小乗を習い、無畏山寺は二乗を兼学し、三蔵を弘演す」と述べている。それ故無畏山寺のように基本的には上座部の教学によりながらも、大乗を受容している仏教を「大乗上座部」と呼んだのであろう。

玄奘の時代にはインドの仏教は既に衰退期に向かっていた。彼はガンダーラの仏教を示して、仏塔の多くが「荒蕪圮壊」していることを述べ、「伽藍は千余あるも、すべて摧残荒廃し、蕪漫蕭条である」と述べている。天祠が多く、「異道甚多」とも言っている。これはヒンドゥ教の勢力が漸く強大になっていることを示すものである。なお部派仏教の初期には説一切有部の勢力が強かったのであるが、しだいに正量部の勢力がこれに代わっている。たとえばサールナートの碑文によると、鹿野苑の精舎はクシャーナ時代には有部の所領であったが、四世紀ごろには正量部に代わっている。正量部がしだいに盛大になったのは、正量部がアートマン（pudgala 補特伽羅・人我）を認め、インドの伝統説と共通点があったためかもしれない。

つぎに六七一年にインドに行った義浄（六三五—七一三）は、主としてナーランダー寺（Nālandā）に留まって研究をしたが、彼の『南海寄帰内法伝』巻一によれば、大乗と小乗との区別は明らかでないと言っている。両者共に同じく二五〇戒を守り、共に四諦を修している。その中で、菩薩を礼拝し、大乗経を読む者は大乗と名づけ、これをしないものが小乗であると言っている。そして大乗と言っても、中観と瑜伽の二派のみであると言い、「大小雑行」を強調している。そして小乗仏教を立場として、インドの仏教地図を示している。当時は大衆・上座・根本有部・正量の根本四部が主であったというが、マガダは四部を通習するが、しかし有部が盛んである。西インドの羅荼《らだ》・信度《しんど》地方は、正量がもっとも多いが、余の三部も少しはある。南インドは上座が圧倒的であるが、余の部も少しはある。東インドは四部がまじっている。セイロン（師子洲）はすべて上座で、大衆は斥けられている。南海諸洲の十余国は、もっぱら根本有部であるが、正量が少しはある。末羅遊（マレー半島？）のみに少しく大乗がある。以上のごとく記している。

以上によってみるも、有部・正量・上座の三部が強いことが知られる。なお義浄は「根本説一切有部」（Mūlasarvāstivādin）を言って、説一切有部を言わない。しかし彼より五十年前の玄奘は説一切有部のみを言って、根本有部を言わない。根本有部の名は主としてバヴィヤやターラナータ、『翻訳名義大集』など、チベットの伝承に伝えられている。有部と根本有部との違いがどうして起こったか明らかでないが、中インドの有部教団がカシュミールの有部教団に対抗して、根本有部を名乗ったのではないかと思う。有部の付法相承は大迦葉・阿難・商那和修・優波毱多と次第する。そして商那和修も優波毱多もマツラーに居住していた。そのウパグプタがアショーカ王に迎えられたのである。中インドの有部はおそらくこの系統を継ぐものであろう。これに対して商那和修の同門に末田地があり、彼がカシュミールを開教したのである。従って末田地は有部の付法相承からははみ出すことになる。『阿育王伝』では、大迦葉・阿難・商那和修・優波毱多・提地迦の順で付属がなされたように記している。『根本説一切有部毘奈耶雑事』巻四十でも同様に記している。すなわち『阿育王伝』等は、根本有部の相承を示すのである。これに対して『阿育王経』巻七では、大迦葉・阿難・末田地・舎那婆私・優波笈多の順序で正法の付属がなされたと記している。このように末田地を相承の系譜に挿入するのは、カシュミールの有部の主張と見てよい。

これに対して中インドの有部が、この相承説に満足せず、カシュミールの有部の勢力の衰えた時代に、根本有部を名乗るようになったのではないかと思う。いずれにしても根本有部は中インドにあったと見てよい。

セイロン上座部　セイロンは古くはタンバパンニー（Tambapaṇṇī 銅葉洲）ともいわれ、またランカー島（Laṅkādīpa 楞伽島）、師子洲（Siṃhara）とも呼ばれ、インド半島の南端に位する（現在のセイロンの国名はスリランカであるが、これはシュリー・ランカー〈(Śrī-Laṅkā) 栄ある楞伽島〉に由来する）。人口九百万余、九州と四国とを合したほどの小島であるが、ここに伝承せられた仏教が、現在、セイロン、ビルマ、タイ、カンボジャ等に行なわれる「南方仏教」となっている点で、重要な意味を持っている。

セイロンの仏教はマヒンダ（Mahinda）と四人の比丘、従者たちの来島によってはじまる。時のセイロン王はデーヴァーナンピヤ・ティッサ（Devānampiya-Tissa）であった。彼はマヒンダ一行のために王都アヌラーダプラ（Anurādhapura）に寺院を建立した。これが後世「大寺《マハーヴィハーラ》」（Mahāvihāra）として発展し、いわゆる「大寺派」（Mahāvihāravāsin）の根拠地となった。またマヒンダが到着したミヒンタレーには支提山寺（Cetiyapabbatavihāra）が建てられた。さらにマヒンダの妹サンガミッター尼（Saṃghamittā）等が菩提樹を持って来島し、比丘尼教団の基礎も作られた。その後セイロン人で出家する人も多く、国王の帰依のもとに寺院や仏塔も続々と建立され、セイロン仏教は順調に発展した。

その後の注目すべきことは、西紀前一世紀に建立された無畏山寺《アバヤギリ》（Abhayagiri-vihāra）の出現である。これによってセイロン仏教が二派に分かれ、その後長く抗争することになった。当時のセイロン王ヴァッタガーマニ・アバヤ（Vaṭṭagāmaṇi-Abhaya）は紀元前四十四年ごろに即位したが、タミル人のために一度は王位を追われた。しかし十五年後に王位を回復し、十二年間（前二九―前一七年）統治した。これは紀元前二十九年であったという。しかもマハーティッサ長老（Mahātissa）に献じた。これは紀元前二十九年であったという。しかもマハーティッサ長老は大寺から排斥された。そのために彼は多くの弟子とともに大寺を脱し、アバヤギリ寺に住した。そのためにセイロン仏教は二派に分裂したのである。なおヴァッタガーマニ王の時代に、従来口伝によって伝えられていた聖典が書写されたという。この書写のために五百人の比丘が参加した。おそらく各人が記憶していた聖教を、たがいに確認し合って、文字に移したのであろうから、同時に聖典の編集が行なわれたと考えてよい。そのとき書写したのは経・律・論の三蔵と、その註釈であったという。これによってパーリ聖典の内容が一段と確定したと見られる。この事業は大寺派の比丘の行なったことであり、王の支持なしに行なわれた。

同じ王の時代にインドのヴァッジプッタカ派（Vajjiputtaka 犢子部）のダンマルチ長老（Dhammaruci）が弟子とともにセイロンに来て、アバヤギリ寺に迎えられた。そのためにアバヤギリ派はダンマルチ派（法喜部）ともいわれる。その後もアバヤギリ寺の比丘たちはインドの仏教と密接な関係を持ち、新しい学説を受け入れて、教理を発展せしめた。これに対して大寺派は、上座部仏教の分別説部（Vibhajjavāda）の立場を堅持して、現代にまで至っているのである。

つぎにヴォーハーリカ・ティッサ王（Vohārika-Tissa 二六九―二九一）の時代にアバヤギリ寺に、インドから来た大乗系のヴェートゥッラヴァーダ（Vetullavāda 方広派）の徒が入りこんだが、まもなく王によって放逐された。しかしその後もアバヤギリ寺は方広派の徒を受け入れたので、アバヤギリ寺から離れて、ダッキナーギリ（Dakkhiṇāgiri 南山）で別派を立てるものが現われた。これは祇陀林寺（Jetavanavihāra）ともいい、サーガリヤ派（Sāgariya）である。これはゴーターバヤ王（Goṭābhaya 三〇九―三二二）の時代である。これでセイロン仏教は三派に分かれたのである。王は無畏山寺に住した六十人の方広比丘を捕えて、彼らを破門して、対岸のインドに放逐したという。さらに二代あとのマハーセーナ王（Mahāsena 三三四―三六一）は大寺を弾圧したので、その後長く大寺派は衰微し、無畏山寺の黄金時代が長く続くことになった、シリ・メーガヴァンナ王（Siri-Meghavaṇṇa 三六二―四〇九）の時代にカリンガより仏歯が渡来し、無畏山寺に安置された。

五世紀に入ってマハーナーマ王（Mahānāma 四〇九―四三一）の時代に、大註釈家ブッダゴーサ（Buddhaghosa）が来島して、マハーヴィハーラに住し、パーリ三蔵の註釈をつくり、さらに多くの著作を著わした。『小王統史』（Cūlavaṃsa XXXVII, 215-246）によれば、ブッダゴーサは中インドの菩提道場近くのバラモンの出身であるとするが、ビルマの伝承によれば、彼はビルマのタトンの出身であり、仏入滅九四三年マハーナーマ王の治下にセイロンに渡ったとなす。しかし最近の研究によれば、ブッダゴーサは南インドの出身であろうと推定されている。ともかくブッダゴーサは他国からセイロンに来て、マハーヴィハーラに住し、大寺の伝承に依拠して、名著『清浄道論』(Visuddhimagga)を著わした。さらにここに伝承されていた古い註釈を活用し、経・律・論の三蔵のそれぞれに詳しい註釈を著わした。あるいはシンハリーズ語(セイロン語)で書かれていた註釈をパーリ語に直したという。上座部の教学は、このブッダゴーサの解釈が、現代でも標準となっている。ブッダゴーサは仕事を終えたあと、生国に帰ったという。

その後も長く、大寺と無畏山寺とは、相対立したが、歴代の王は無畏山寺を支持した人が多かったようである。しかしそれに対して大寺はよく苦難に堪えて、清純な上座部の教学と戒律とを維持したのである。八世紀の前半には、セイロンに大乗仏教、特に密教が行なわれ、金剛智や不空が来島したという。しかるに十一世紀初頭マヒンダ五世の当時、シヴァ教徒である南インドのチョーラ人(Chola)の侵入によって、王都も精舎も廃墟と化した。しかしヴィジャヤバーフ一世(Vijayabāhu I, 一〇五九—一一一三)は半世紀にわたってセイロンを占領していたチョーラ人を撃退し、王位を回復した。そしてビルマより長老を招請して、仏教を復興した。さらに十二世紀にはパラッカマバーフ一世(Parakkamabāhu I, 一一五三—一一八六)が出て、大寺、無畏山寺、祇陀林寺等の僧侶の頽廃せるものを還俗せしめ、教団を浄化した。そして大寺の仏教が正しいことを認め、大粛正を断行し、正純なる上座部の仏教を興隆することに成功した。この粛正によって無畏山寺の仏教は全く否定せられ、その勢力は失われた。かくして千余年にわたる大寺と無畏山寺との争いは終りをつげ、大寺の正統上座部の仏教に統合されたのである。アバヤギリは荒廃するにまかせられて、現在に至っている。

しかしその後もチョーラ人、ポルトガル人、オランダ人、イギリス人と、来攻相ついで今日に至った。十八世紀にはキッティシリ・ラージャシンハ王（Kittisiri-Rājasiṃha）は、十人の大徳をタイ国から招請して、仏教の興隆をはかった。その後もタイおよびビルマから補強工作が行なわれた。今日のセイロン仏教は、その移入の地にちなんで、シャム派、ケラニ派、アマラプラ派、ラーマンニヤ派などと呼ばれている。

註

（1）部派をニカーヤ（nikāya, sde-pa）と呼ぶことは、義浄の『南海寄帰内法伝』（大正五四、二〇五上）の音写に示され、さらにMahāvyutpattiおよびチベット訳『異部宗輪論』などによって知られる。ただしパーリ仏教ではニカーヤを部派の意味には使わないようである。

参考書

木村泰賢・干潟竜祥「結集分派史考」（『国訳大蔵経』論部第一三巻付録、大正一〇年）、寺本婉雅『ターラナータ印度仏教史』三六三頁以下、昭和三年。赤沼智善『印度仏教固有名詞辞典』昭和六年。寺本婉雅・平松友嗣共編『異部宗輪論』昭和一〇年。同『西蔵所伝調伏天造異部説集』昭和一〇年。宮本正尊『大乗と小乗』三三四、四九二、五〇〇頁以下、昭和一九年。金倉円照『印度中世精神史中』第一〇章、二一六頁以下、昭和三七年。塚本啓祥『初期仏教教団史の研究』四一三頁以下、昭和四一年。静谷正雄『インド仏教碑銘目録』Parts 1-3, 1962-5;

Rockhill: The life of the Buddha and the early history of his Order. London, 1907; A. Schiefner:

Tāranātha's Geschichte des Buddhismus in Indien. St. Petersburg, 1869; N. Dutt: Early History of the spread of Buddhism and Buddhist Schools. London, 1925; A. Bareau: Les sectes bouddhiques du petit véhicule. Saigon, 1955; É, Lamotte: Histoire du bouddhisme indien. Louvain, 1958, p. 571ff.

セイロン仏教　竜山章真『南方仏教の様態』昭和一七年。早島鏡正『初期仏教と社会生活』昭和三九年、一〇七頁以下。前田恵学『原始仏教聖典の成立史的研究』昭和三九年、七八九頁以下。

G.P. Malalasekara: The Pali Literature of Ceylon. Colombo, 1928; Walpola Rahula: History of Buddhism in Ceylon. Colombo, 1956; H. Bechert: Buddhismus, Stāt und Gesellschaft in den Ländern des Theravāda-Buddhismus. Frankfurt, 1965.

第二節　アビダルマ文献

論蔵の成立　部派仏教の文献をアビダルマ（Abhidharma, Abhidhamma 阿毘達磨《あびだつま》、あるいは阿毘曇《あびどん》と音訳し、略して毘曇《びどん》ともいう）という。アビダルマとは「法の研究」という意味であり、「対法」と訳す。「法」とは、直接には仏陀の説いた教理をいうが、同時にその教えによって示される真理、実在をも意味する。すなわち教法を研究して、実在、真理を発見することを、アビダルマと呼んだのである。従ってアビダルマは、既に仏陀在世時代から、弟子たちの間に行なわれていた研究である。しかし仏陀の教説をまとめた経蔵が固定しない間は、弟子のアビダルマ的解釈は、経蔵の中に取り込まれて伝持された。従って経蔵が確定したあとに、経蔵とは別に、アビダルマ文献がまとめられることになったのである。これをまとめたものを「アビダルマ蔵」（Abhidharma-piṭaka, Abhidhamma-p.）という。これは略して「論蔵」という。故に論蔵の原語も Abhidharmapiṭaka である。そして経蔵・律蔵とならんで、論蔵を加えて「三蔵」（Tripiṭaka, Ti-piṭaka）というようになった。すなわち仏教の聖典をこの「三蔵」に限定するようになったのである。パーリ上座部でも「聖典《パーリ》」（Pāli, Pāḷi）とは、この三蔵を指す[1]のであり、註釈書は「パーリ」とはいわない。説一切有部でも、アビダルマは仏説であると主張し、三蔵を広義の「仏説」となすのである。[2] しかし経律二蔵の原形は、原始仏教教団時代に成立したが、論蔵が確定したのは部派教団になってからである。そのために論蔵の内容は、各部派ごとに異なる。論蔵の製作は、紀元前二五〇年ごろ（根本分裂以後）からはじまり、紀元前後のころまでに完成したと見られている。

経蔵から論蔵へ　アビダルマ文献の量が増大してから「論蔵」が独立したのであるから、それ以前に過渡的な時期がある。そのために「雑蔵」が注目される。阿含経は「四阿含・雑蔵」といって、長・中・相応・増一の四阿含のほかに、雑蔵（Kṣudraka-piṭaka）[3] がある。これには四阿含に漏れた経典がおさめられていた。故にその中には非常に古い成立の経典もあるが、同時に新しい文献もこの中におさめることは容易であった。化地部・法蔵部・大衆部等が雑蔵を所有していたが、現存するのは、セイロン上座部の雑蔵のみである。しかし上座部ではこれを雑蔵と呼ばず、クッダカ・ニカーヤ（Khuddaka-nikāya）と呼んでおり、「小部」と訳されている。クッダカ（Khuddaka, Kṣudraka）には「小」の意味もあるが、「雑」の意味もあり、この方が適切である。ただし漢訳に『雑阿含』（Kṣudrakāgama, cf. Abhidharmakośabhāṣya, p. 466）があり、これはパーリのサンユッタ・ニカーヤ（Saṃyutta-nikāya 相応部）に相当するので、これと混同するのをさけるために「雑部」と訳さず「小部」と訳したのであろう。それ故「小部」といっても、クッダカ・ニカーヤは分量が少ないのではなく、五ニカーヤの中では最も分量が多い。

パーリ「小部」は十五種の経典群よりなるが、その中には『法句』『経集』『長老偈』『長老尼偈』など、ひじょうに古い経典もふくまれている。しかし同時に、アビダルマへの過渡的な典籍である『義釈《ニッデーサ》』(Niddesa)や『無碍解道《パティサンビダーマッガ》』(Paṭisambhidāmagga)などもふくまれている。『義釈』と『無碍解道』とは論述形式においても、内容においても、きわめてアビダルマ的であり、阿含経とアビダルマとの中間的文献である(4)。両書ともに紀元前二五〇年ごろの成立と見られており、年代的にも先駆的初期アビダルマである。『義釈』は『大義釈』(Mahāniddesa)と『小義釈』(Cullaniddesa)とに分かれ、前者は経集の第四「義品」の註釈、後者は同じく経集の第五「彼岸道品」および第一「蛇品」の第三『犀角経』の註釈である(義釈が経集の五品全部を、その順序に従って註釈しない点から、経集五品の編集が義釈の成立以後であることがわかる)。義釈における教理の定義の仕方や、用いられている術語などは、アビダルマと共通するものが多い。『無碍解道』はアビダルマで取り扱う諸問題を実践修行の立場から論述したものであるが、まず最初に取り扱う問題を五十五種挙げている。そしてそれを「論母」(mātikā 摩夷)と呼んでいる。論題をマーティカーと呼ぶことは、パーリのアビダルマの特徴である。しかし『無碍解道』の出す論母は、後世のパーリ論蔵の用いる論母のごとく簡潔でなく、洗練されていない。

以上の両書は、パーリ仏教にのみ存し、他部派には知られていない。なお有部には、経から論への過渡的な文献は見当たらない。

上座部の論蔵　上座部の「論蔵」は七種の論（七論）から成立する。しかしそれらは同時に成立したのではなく、紀元前二五〇年ごろから、前五〇年ごろまでに順次成立した。それらの中で最も古いものは『人施設論』（Puggalapaññatti）であり、ついで『法集論』（Dhammasaṅgaṇi）の最初に挙げる「論の論母」（Abhidhamma-mātikā）一二二種と「経の論母」（Sutta-mātikā）四十二種等である。さきに挙げた『人施設論』は独自の論母を有するが、他の論では、『法集論』の示す論母が中心になって、それによって法相分別が行なわれている。さらに『分別論』（Vibhaṅga）では、「経分別」（sutta-bhājaniya）が中核となっており、この部分も古い成立である。以上が初期のパーリの論蔵である。アビダルマの成立の前に、その核となる「論母」がまず探求されたのである。パーリ七論では『法集論』に示す一二二種の論の論母が法相分別の中心となっている。論母を暗記する人を「持論母師」（Mātikā-dhara）という。

つぎに中期の論書としては、さきの『法集論』と『分別論』との残りの部分がある。これらの論書では、諸法を種々なる方面から考察する「諸門分別」がなされている。さらに後期の論書としては、『界説論』（Dhātukathā）・『双対論』（Yamaka）・『発趣論』（Paṭṭhāna）の三種がある。さらに諸部派の異説を批判した『論事』（Kathāvatthu）もこの時期に属すると見られている。『界説論』等の三論では、諸門分別がさらに詳しくなっており、諸法の動的な関係交渉が分別されている。

パーリ七論は、成立順序から見ると以上のごとくであるが、しかしセイロン上座部では、以下の順序で伝持している。この順序はブッダゴーサの定めたものであるという。

1 Dhammasaṅgaṇi（法集論）
2 Vibhaṅga（分別論）
3 Kathāvatthu（論事）
4 Puggalapaññatti（人施設論）
5 Dhātukathā（界説論）
6 Yamaka（双対論）
7 Paṭṭhāna（発趣論）

以上の七論がパーリの「論蔵」（Abhidhamma-piṭaka）である。これ以外にもパーリには論書は多いが、それらは「蔵外」と呼ばれ、論蔵には加えない。

上座部では、経・律・論の三蔵が確定（紀元前一世紀）したあとには、これらの三蔵についての研究がなされ、多くの註釈書（Aṭṭhakathā）が作られた。しかしその間に論蔵から註釈書への中間に位置する文献がある。それは『ミリンダ王問経』（Milindapañha）・『導論』（Netti-pakaraṇa）・『蔵釈』（Peṭakopadesa）の三書である[5]（ただしビルマでは、これらの三書はクッダカ・ニカーヤの中におさめている）。このほかに『蔵論』（Peṭaka）という書もあったらしいが、今は伝わらない。これらの三書は七論よりも後に成立し、紀元後一世紀ごろまでに成立したと見られる。『ミリンダ王問経』はギリシャ人で北インドを統治したメナンドロス王（Menandros, Milinda 紀元前一五〇年前後在位）が仏教僧ナーガセーナ（Nāgasena 那先比丘・竜軍）と、仏教教理について討論したことを母胎として成立した書物である。パーリ本のほかに漢訳にも『那先比丘経』として伝わっており、パーリ上座部以外の部派にも知られていた文献である。『蔵論』も他の部派に知られていたようであり、『大智度論』巻二に引く「蜫勒」がこれに関係ありと見られている。

説一切有部の論蔵　有部の論蔵も七種の論から成り、これを「六足発智」という。紀元前二世紀（あるいは前一世紀、仏滅三百年）ごろ有部にカートヤーヤニープトラ（Kātyāyanīputra 迦多衍尼子《かたえんにし》）が現われ、『阿毘達磨《あびだつま》発智論《ほっちろん》』（異訳、阿毘曇《あびどん》八犍度《はっけんど》論《ろん》）を著わして、有部の教学を確立した。そのために有部ではこの論が最も重要視される。これを「身論」として、六種の「足論」を立てるのである。しかし『発智論』の成立が最も古いのではなく、六足論も同時の成立ではない。「足論」と呼ばれたのは後世のことである。最も古いのは、六足論のうちの『集異門足論』であり、さらに『法蘊足論』がこれにつぐ。この二つはパーリ論蔵の初期から中期のものと同時代と見られる。つぎに『識身足論』『界身足論』『施設論』『品類足論《ほんるいそくろん》』（異訳、衆事分阿毘曇論）『発智論』の四者は発達した教理を説いており、パーリ後期の論蔵と同時代と見られている（ただし品類足論の第一章「五事品」は古くから独立して伝えられていた。第四章「七事品」も独立していたらしい。ゆえに品類足論は、独立の論書を集めて作ったものらしい）。なお『品類足論』と『発智論』とには、パーリ論蔵よりも発達した教理が示されている。すなわち五位説、心所法の体系化、三世実有説、有為の四相（三相）、六因四縁説など、有部の特色ある説が述べられている。

以上の「六足・発智」のうち、『施設論』を除いて、他は漢訳に完備している。漢訳『施設論』七巻は、その部分訳（因施設のみ）であり、世間・因・業の三施設をふくむチベット訳（北京版西蔵大蔵経、Nos. 5587-9）が完訳と見られている。ただしチベット訳には残りの五足論と『発智論』は訳出されなかった。「六足・発智」とはつぎの七種の論をいう。

1. Jñānaprasthāna（発智論）　Kātyāyanīputra（迦多衍尼子造）
2. Prakaraṇapāda（品類足論）　Vasumitra（世友造）
3. Vijñānakāya（識身足論）　Devaśarman（提婆設摩造）
4. Dharmaskandha（法蘊足論）　Śāriputra（舎利子造）
5. Prajñaptiśāstra（施設論）　Maudgalyāyana（大目犍連造）
6. Dhātukāya（界身足論）　Pūrṇa（富楼那造）
7. Saṃgītiparyāya（集異門足論）　Mahākauṣṭhila（大倶絺羅造）

以上の「六足・発智」の著者名は、称友（Yaśomitra）の『倶舎釈』（Sphuṭārthā Abhidharmakośavyākhyā p. 11）によったが、漢訳では少しく異なる。なお『発智論』を身論、他の六論を足論とすることも、上記称友の『倶舎釈』（ibid. p. 9）に出る。

なお有部には、以上の「六足・発智」のほかにも、多くの論書がある。そして有部の「論蔵」

は以上の「六足・発智」に限定するという説はないようであるが、しかし上記『倶舎釈』にも、これらをまとめて示しているように、伝統的に重要視されているので、この「六足・発智」をもって、有部の「論蔵」(Abhidharma-piṭaka)と見做してよいであろう。

上述のごとく「六足発智」は漢訳に存在し、チベット訳には『施設論』を存するのみである。梵本には断片が発見されている。『集異門足論』(Saṅgītiparyāya)『品類足論』(Prakaraṇapāda)等の断片が中央アジアから発見され、ワルドシュミット等により出版されている。[6]『法蘊足論』の断片も発表されている(『印仏研』一三―一)。

他部派の論蔵　パーリと有部の論蔵は完全であるが、それ以外には『舎利弗阿毘曇論』が重視されるのみである。これは三十巻の大部の論書であり、法蔵部の論蔵と見られている。[7]これには有部の論蔵のごとく発達した教理は見られないが、パーリ上座部と有部以外の論蔵が知られる点で貴重である。紀元前二世紀あるいは一世紀ごろの成立であろう。これ以外に他部派の論書としては『三弥底部論』(Sāṃmitīya-śāstra ?)がある。これは正量部の論書であるが、「人我」を説いており、犢子部を承けた正量部の論にまちがいなかろう。その点で注目されるが、三巻の小論であり、不完全訳である。成立年代も定めがたい。

つぎに『成実論』十六巻は訶梨跋摩《かりばつま》(Harivarman)の著であり、二五〇―三五〇年ごろの作と見られている。従って論蔵に加えることは適切でない。しかしこれは経量部系の論書と推定されているので、便宜上ここに挙げることにした。鳩摩羅什によって翻訳され、中国でひろく研究されたので、南北朝までの中国仏教に大きな影響を与えた。

玄奘はインドに旅行して、多くの大乗の経論を将来したが、なおそのほかに、有部の三蔵六十七部、上座部十四部、大衆部十五部、正量部十五部、化地部二十二部、飲光部十七部、法蔵部四十二部等の三蔵を将来したことを『大唐西域記』巻十二に伝えている。故にこれらの部派も論蔵を所有していたのである。しかし玄奘は有部以外の部派の論書を訳出しなかった。そのために今は伝わらない。上座部・大衆部・説一切有部・正量部が、それぞれ三蔵三十万頌を持っていたことは、義浄の『南海寄帰内法伝』にも伝えている。

註釈書　論蔵に対する註釈書は、セイロン上座部と有部のみのものが残っている。セイロン上座部では、西紀一―二世紀ごろから、多くの論師が輩出し、盛んに論書が作られたようである。セイロンの大寺派と無畏山寺派にそれぞれ論師が現われ、三〇〇年ごろまでに多くの註釈が作られた。これらの古註釈書としては、『大義疏』(Mahāṭṭhakathā)・『アンダカ疏』(Andhakaṭṭhakathā)・『大パッチャリー』(Mahāpaccarī)・『クルンダ疏』(Kurundaṭṭhakathā)・『略義疏』(Saṅkhepaṭṭhakathā)・『北寺疏』(Uttaravihāraṭṭhakathā) 等があった。これらはセイロン語(シンハリーズ)で書かれていた。しかるに五世紀に仏音(Buddhaghosa)、仏授(Buddhadatta)、ダンマパーラ(Dhammapāla) その他の大註釈家が現われ、これらの古註を参照して註釈を著わした。その後これらの古註は失われた。

最後の『北寺疏』は無畏山寺派のものであるが、現在漢訳に存在する『解脱道論』（Vimuttimagga）は無畏山寺派に属する。原本は二世紀ごろの人ウパティッサ（Upatissa）によって作られた（本節末、参考書中のバパットの著作参照）。

パーリ上座部の註釈家として最も重要なのは仏音《ブッダゴーサ》（五世紀）である。彼は上座部の教学を、大寺派の立場でまとめて、名著『清浄道論』（Visuddhimagga）を著わした。さらにセイロン語の古註を取捨して、三蔵に対する註釈（aṭṭhakathā）をパーリ語で著わした。これは厖大な分量である。故にこれらの註釈は仏音の著作であるが、内容的には上座部内における三百年の註釈家の成果を承けている。それらの中で有名なものとしては、つぎのものがある。

サマンタパーサーディカー（Samantapāsādikā）律蔵の註（漢訳『善見律毘婆沙』）
スマンガラヴィラーシニー（Sumaṅgalavilāsinī）長部《ディーガニカーヤ》の註
パパンチャスーダニー（Papañcasūdanī）中部《マッジマニカーヤ》の註
サーラッタパカーシニー（Sāratthappakāsinī）相応部《サンユッタニカーヤ》の註
マノーラタプーラニー（Manorathapūraṇī）増支部《アングッタラニカーヤ》の註
アッタサーリニー（Atthasālinī）法集論《ダンマサンガニ》の註

彼はこのほかにも『経集註』（Paramatthajotikā 小誦経註をふくむ）、『法句経註』など、三蔵のほとんどすべてに註を残している。この中、『アッタサーリニー』は『清浄道論』と並んで、上座部の教理を知る上に重要である。『論事註』（Kathāvatthuppakaraṇaṭṭhakathā）は、論事に取りあげている教理の部派所属を示している点で重要である。しかもこれらの註釈書の中には、大乗の教理に共通的な思想が保存されているらしい。この点については、今後の研究が必要である。

註釈ではないが、その後にセイロンの史書が作られている。『島史』(Dīpavaṃsa)は仏陀の生誕から、中インドの歴史、仏教のセイロン島伝来、ついでセイロンの歴史を述べ、セイロン王マハーセーナ(Mahāsena 三二五—三五二在位)の治世で終わっている。仏音もこの書を知っていた。故に本書の著者は不明であるが、その成立は五世紀前半以前と見られている。これは、政治史に仏教史をからめて説明しているために、歴史の研究資料としても価値が高い。この『島史』の文体がスマートでなかったので、これを書きなおしたものが『大史』(Mahāvaṃsa)である。セイロン王ダーツセーナ(Dhātusena 四六〇—四七八在位)のとき、マハーナーマ(Mahānāma)によって作られたという。内容は『島史』と同じであるが、『島史』より詳しくなっている。この『大史』のあとを書き足したものが『小王統史』(Cūḷavaṃsa)である。これは大部の著作で、十八世紀までのセイロンの歴史を述べている。さらにビルマで作られたパンニャサーミン(Paññasāmin)の『サーサナヴァンサ』(Sāsanavaṃsa)も価値が高い。この書は第三結集までの中インドの仏教史を詳しく述べ、ついで伝導師の各地への派遣について述べる。特にビルマについては、この国をアパランタ国(Aparantaraṭṭha)としてとらえ、その第六章に詳説している。この書は一八六一年の成立であり、成立は新しいが、古い資料をよく利用している。

セイロンの仏教は、仏音以後は不振の状態に陥るが、十一世紀ごろよりふたたび大寺派の仏教は隆盛におもむき、多くの論師が輩出した。特にアヌルッダ（Anuruddha）の『摂アビダンマ義論』（Abhidhammatthasaṅgaha）は、上座部の仏教の綱要書として有名である。

有部は西北インドのカシュミールとガンダーラ地方を中心地として栄えたが、ガンダーラは進歩的であったが、カシュミールは保守的であり、教理にも若干の違いがあった。そのためにガンダーラには経量部が行なわれたが、カシュミールは有部の強固な中心地であった。『発智論』・『六足論』などが成立したあとに、有部内にこれらの論書への註釈的研究が起こった。彼らを「註釈家」（Vaibhāṣika 毘《び》婆《ば》沙《しゃ》師）という。そして二百年にわたるこれら註釈家のアビダルマ研究が集大成されて『大毘婆沙論』（大註釈）が完成した。これは『発智論』を註釈するという形で、有部の教学を新しく発展させたものである。しかもこの新しい教理を立場として、譬喩者、分別論者、大衆部等をはじめ、他部派の学説をきびしく批判している。有部宗内の学説でも、正統説に反するものはすべて斥けている。ただしこの『大毘婆沙論』は漢訳のみに存し、玄奘によって訳され、二百巻の大部のものである（異訳に『阿毘曇毘婆沙論』がある。この論は北涼（三九七―四三九）の時代に浮陀跋摩等によって訳出され、百巻となったが、戦乱により焼失し、前半六十巻を残す）。巻末の玄奘の「跋」によれば、仏滅四百年にカシュミールに、カニシカ王が五百人の阿羅漢を集めて三蔵を結集した。その時の「論蔵」がこれであるという（現代の学者は、これを「第四結集」と呼んでいる）。『西域記』巻二には、脇尊者 Pārśva がこの会議を主宰したという）。カニシカ王（Kaniṣka 迦膩色迦、約一三二―一五二在位）は二世紀の人であるが、『婆沙論』にカニシカ王のことが引用されているために、『婆沙論』の成立をもっと新しく見る学者もある。これは大部の論書であるから、数百年の研究が集大成されたものであろう。従って論としてまとめられたのは三世紀ごろかと思うが、骨子は竜樹以前、おそらく二世紀に既に成立していたであろう。この論には有部の多くの学者の説が引用され、批判されているが、特に「婆沙の四評家」が有名である。これは妙音《みょうおん》（Ghoṣaka）・法救《ほっぐ》（Dharmatrāta）・世友《しょうう》（Vasumitra）・覚天（Buddhadeva）の四人である（Abhidharmakośabhāṣya p. 296; Abhidharmadīpa p. 259）。彼らは有部の正統説を顕示した人びとであるが、同時に『婆沙論』中で彼らの説が批判されていることもある。なお妙音には『阿毘曇甘露味論』という綱要書があるが、彼が「婆沙の四評家」の妙音と別人か同人かはわからない。法救には、婆沙の四評家の法救と、ウダーナヴァルガ（Udāna-varga）の編集者としての法救、『五事毘婆沙論』の著者、『雑阿毘曇心論』の著者等の法救がある。『雑阿毘曇心論』の著者としての法救は四世紀の人といわれ、四評家の一人としての法救とは別人であろう。世友にも、『品類足論』の著者、婆沙の四評家の一人、『異部宗輪論』の著者、『尊婆須蜜菩薩所集論』の著者等が伝えられている。これらが、別人か同一人かは決定し難いが、少なくとも一人ではないであろう。つぎに覚天は譬喩者の系統の思想家である。マツラー出土の「獅子柱頭銘文」にブッダデーヴァ（覚天）の名が出る（Kharoṣṭhī Inscriptions, p. 48）。婆沙の覚天と、この覚天とを同一人と見る説もある。なおこのほかに脇尊者（Pārśva）も有力な毘婆沙師であった。

有部の註釈家の仕事は、『婆沙論』が編集されたことによって一段落した。しかし『婆沙論』は大部の著作であり、組織が不明瞭であったために、アビダルマの体系的理解には不便であった。そのために『婆沙論』の前後のころから、有部のアビダルマを体系的に組織する綱要書が作られるようになった。尸陀盤尼《しだばんに》の『鞞婆沙論』十四巻、法勝の『阿毘曇心論』四巻、優波扇多の『阿毘曇心論経』六巻、法救の『雑阿毘曇心論』十一巻、悟入の『入阿毘達磨論』二巻などは、かかる綱要書である。そのあとで世親（Vasubandhu）の『阿毘達磨倶舎論』（Abhidharmakośabhāṣya 玄奘訳三十巻、真諦訳二十二巻、チベット訳がある。梵本は偈文はV.V. Gokhaleによって一九五三年に出版Abhidharmakośakārikā, 偈と長行を加えた疏はP. Pradhanによって一九六七年に出版Abhidharmakośabhāṣya）が成立した。（世親は三二〇—四〇〇年ごろの人と見る説があるが、四五〇年ごろまで下げるのが望ましい。ただしフラウワルナーは無着の弟の世親（古世親）三二〇—三八〇年、『倶舎論』の著者の世親四〇〇—四八〇年とし、二人の世親を別人と見た。ただし両者を分ける必要はなく、同一人と見て、その生存年代を四〇〇—四八〇年ごろと見てよかろう。『三訳対照倶舎論索引』Introduction, II The Date of Vasubandhu —The Discussions on Two Vasubandhu, pp. II ~ X, Tokyo, 1973. 参照）。

世親の『倶舎論』は有部の説をたくみにまとめているが、しかし経量部の立場から批判的にあつかっている。そのために衆賢（Saṃghabhadra）がカシュミールの有部の立場から『阿毘達磨順正理論』八十巻を著わして、『倶舎論』を破斥し、有部の説を救釈した。しかしその救釈は『倶舎論』に影響されて、新説を打ち出した点もある。そのために衆賢の説を「新薩婆多」という。彼は『阿毘達磨顕宗論』四十巻をも著わしている。『倶舎論』は非常な名著であったため、これが著わされたあとには、『倶舎論』の研究がアビダルマ研究の主流となった。そして『倶舎論』に対する註釈が作られた。徳慧（Guṇamati, 四八〇―五四〇）、世友（Vasumitra）に註釈があったというが、いまは伝わらない。安慧（Sthiramati 五一〇―五七〇）に『倶舎論実義疏』（Tattvārtha）（漢訳は断片であるが、チベット訳 No. 5875 は完全）がある。そのあとに出た称友（Yaśomitra）に『倶舎釈』（Sphuṭārthā Abhidharmakośavyākhyā 梵本およびチベット訳 No. 5593）がある。さらにチベット訳には、シャマタデーヴァ（Śamathadeva）の『倶舎論註』がある。なお最近梵本の出版された『アビダルマディーパ』（Abhidharmadīpa）は漢・蔵を欠くが、『倶舎論』を踏襲するアビダルマ論書である。なお称友の『倶舎釈』には、チベット訳に満増（Pūrṇavardhana）その他の複註《ティーカー》がある。

有部のアビダルマは、漢訳に文献が完備している。『六足発智』、『婆沙論』、『倶舎論』その他多くの論書が翻訳されているが、チベット訳は『倶舎論』が中心であり、『倶舎論』ならびにその註釈類の翻訳が完備している。梵本は近年『倶舎論』、『倶舎釈』、『アビダルマディーパ』等が発見されて、内容が充実した。ドイツ探険隊が中央アジアから発見した写本の中にも、アビダルマ関係のものがあり、その二、三が発表されていることは既に指摘した。

他部派の論書　パーリ上座部、有部以外の論書は数が少ない。『舎利弗阿毘曇論』、『三弥底部論』、『成実論』については既に述べた。真諦訳『四諦論』四巻は、『阿毘達磨蔵論』・『蔵論』(Peṭaka ?)・経部師等の説を引用し、部派仏教の論書であるが、所属部派は不明である。『辟支仏因縁論』二巻は、スッタニパータの『犀角経』に関係のある註釈である。『分別功徳論』五巻は漢訳『増一阿含』の註釈である。これらも部派所属の論書と見てよい。『大毘婆沙論』や『論事』(Kathāvatthu) ならびに仏音の『論事註』には、部派の教理が豊富に引用されている。しかし部派の教理をまとめて示しているのは、世友の『異部宗輪論』(異訳、部執異論、十八部論、チベット訳 No. 5639) である。中国、日本では古くから、これに窺基の『異部宗輪論述記』(小山憲栄編『異部宗輪論述記発軔《ほつじん》』三巻がよい) をあわせて、部派教理の研究をした。吉蔵の『三論玄義』も部派教理の研究に役立つ。なお世親の『成業論』や『五蘊論』・『釈軌論』(8) 等も参考になろう。このほか大乗の論書に散見される小乗説批判が利用されよう。しかしそれらを総合しても、諸部派の教理を全体的に知ることは困難である。

註

(1) Visuddhimagga III 96, XIV 71 (HOS. 41, pp. 87, 381) Pāḷi と Aṭṭhakathā (註釈) とを併挙し、「パーリ」でもって三蔵を示している。「パーリ」には聖典の意味と、パーリ語 (Palibhāsā) の意味との二つがある。

(2) 『阿毘達磨大毘婆沙論』巻一の「序」において、アビダルマが仏説であることを力説している。大正二七、一上—下。

(3) 『雑蔵』については、É. Lamotte: Histoire du bouddhisme indien. p. 174-6. 前田恵学『原始仏教聖典の成立史研究』六八一頁以下参照。

（4） 水野弘元「巴利聖典成立史上に於ける無礙解道及び義釈の地位」（『仏教研究』第四巻第三・五・六号、昭和一五、一六年）。

（5） 『ミリンダ王問経』はトレンクナー（V. Trenkner）によって出版せられ、さらにシャム版も用いられる。英訳・日本訳がある。水野弘元「ミリンダ問経類について」（『駒沢大学研究紀要』第一七号、昭和三四年）。中村元『インド思想とギリシャ思想との交流』昭和三四年。Peṭakopadesa, Nettipakaraṇa は共にPTS. より出版。導論の英訳 Ñāṇamori, The Guide, PTS. 1962, 蔵釈の英訳 Bhikkhu Ñāṇamoli: The Piṭaka-disclosure. PTS. 1964. 水野弘元「Peṭakopadesa について」（『印仏研』第七巻二号）。『荻原雲来文集』二〇六頁以下。佐藤良純「ネッティ・パカラナについて」（『大正大学報』第一四巻三四頁以下）。

（6） ドイツ探険隊によるトルファン発見の梵文写本の出版は次の書に総括されている。E. Waldschmidt: Sanskrithandschriften aus den Turfanfunden. Wiesbaden, 1965; 最近、『集異門足論』と、『五事論』の梵文断片が公刊された。V.S. Rosen: Das Saṅgītisūtra und sein Kommentar Saṅgītiparyāya. Berlin, 1968; J. Imanishi: DasPañcavastukam und die Pañcavastukavibhāṣā. Göttingen, 1969.

（7） André Bareau: Les origines Çāriputrābhidharmaśāstra. Muséon, t. LXIII, 1-2, Louvain, 1950. 水野弘元「舎利弗阿毘曇論について」（『金倉博士古稀記念・印度学仏教学論集』昭和四一年）。

（8） 山口益『世親の成業論』昭和二六年。É. Lamotte: Le traité de l'acte de Vasubandhu, Karmasiddhiprakaraṇa（Mélanges chinois et bouddhiques,IV, 1936）; Shanti Bhikṣu Shastri: Pañcaskandhaprakaraṇa of Vasubandhu. Kelaniya, 1969. 山口益「世親の釈軌論について」（『日本仏教学会年報』第二五号、昭和三五年）。同「大乗非仏説に対する世親の論破—釈軌論第四章に対する一解題—」（『東方学会創立第十五周年記念東方学論集』昭和三七年）（上記二論文は『山口益仏教学文集下』昭和四八年に収録）。

参考書

木村泰賢『阿毘達磨論の研究』大正一一年。佐藤密雄・佐藤良智『論事附覚音註』昭和八年。赤沼智善『仏教経典史論』昭和一四年。宮本正尊『大乗と小乗』昭和一九年。渡辺楳雄『有部阿毘達磨論の研究』昭和二九年。舟橋一哉『業の研究』昭和二九年。山口益・舟橋一哉『倶舎論の原典解明』昭和三〇年。山田竜城『大乗仏教成立論序説』昭和三四年。水野弘元『パーリ仏教を中心とした仏教の心識論』昭和三九年。佐々木現順『阿毘達磨思想研究』昭和三三年。同『仏教心理学の研究』昭和三五年。福原亮厳『有部阿毘達磨論書の発達』昭和四〇年。桜部建『倶舎論の研究 界・根品』昭和四四年。福原亮厳『成実論の研究』昭和四四年。同『四諦論の研究』昭和四六年。

W. Geiger: Pāli Literatur und Sprache. Strassbrug, 1916 (Eng. trans. by B. Ghosh, Calcutta, 1956)；U. Wogihara: Sphuṭārthā Abhidharmakośabhāṣyavyākhyā by Yaśomitra, Tokyo, 1932-36; (荻原雲来・山口益訳述『和訳称友倶舎論疏』一—三、東京、昭和八—一四年)。P.V. Bapat: Vimuttimagga and Visuddhimagga. Poona, 1937; P.V. Bapat: Dhammasaṅgaṇi. Poona, 1940; P.V. Bapat: Aṭṭhasālinī. Poona, 1942; R. Dharmaśāstrī: Abhidhammatthasaṅgaha. Varanasi, 1965; E. Frauwallner: On the Date of the Buddhist Master of the Law Vasubandhu. Roma, 1951; André Bareau: Les sectes bouddhiques du petit véhicule. Saigon, 1955; P.V. Bapat: 2500years of Buddhism. Delhi, 1959; P. Jaini: Abhidharmadīpa with Vibhāshāprabhāvṛtti. Patna, 1959; P. Pradhan: Abhidharmakośabhāṣya. Patna, 1967; E. Frauwallner; Abhidharma-Studien. Wiener Zeitschrift für die Kunde Süd-und Ostasiens und Archiv für Indische Philosophie, Band VII, 1963, pp. 20-36. Abhidharma-Studien II, Bd. VIII, 1964 pp. 59-99, Abhidharma Studien III, Bd. XV, 1971, pp. 69-121.

第三節　アビダルマの法の体系

アビダルマと論母　「ダルマ」の語は、仏教以前から用いられているが、「アビダルマ」（Abhidharma, abhidhamma）の語は、仏教独自の用語であり、既に阿含経に現われている。阿含では、アビダンマは「法について」という意味に用いられていた。それから、「法に対して」「対法」（法の研究）の意味になってきた。「アビ」（abhi）には「向かって、対して」の意味があるとともに、「勝れて、過ぎて」という意味もあり、ここからアビダルマを「勝れた法」と解する説も起こっている。説一切有部では、アビダルマを「対法」と解する解釈が強いが、パーリ上座部では、アビダルマをもっぱら「勝れた法」と解釈している。(1)

ともかく仏陀の説いた「法」（この場合は教法）を研究することは、既に阿含経の中にも見られる。これを「アビダルマ論義」（Abhidhamma-kathā）と呼んでいる。すなわち仏語を種々に蒐集したり、分類したり、あるいはその意味を簡単な術語にまとめたり、あるいは逆にその意味を分析し、広く解釈する等のことが行なわれた。教法を分析的に解釈することを「分別」（vibhaṅga）というが、仏陀の悟りには本来そういう性格があった。たとえば「中道」には、二辺を一つにまとめる「総合」と、そこから中を選びとる「分析」とがある。そのために阿含経の中にも、法数や相応によって教法をまとめたものや、分別・広釈の経典が存在する。

阿含経が「経蔵」として固定したあとに、弟子たちのアビダルマ的研究が経蔵とは別に作られるようになった。かかる労作が集められて「アビダルマ蔵」(Abhidharma-piṭaka) となったのである。アビダルマすなわち「法の研究」において重要なことは、分別すなわち「法の簡択」(dharma-pravicaya) と、研究すべき題目を選び出すことである。この研究題目を「論母」[2] (mātṛkā, mātikā 本母、摩怛理迦) という。そしてこの論母を暗記し、受持していた人を「持論母師」(Mātikādhara) と称した。説一切有部の論書には、論母は明瞭には見られないが、パーリの論書では、マーティカーが中心になって、論書が成立している。七論の中の最古の論書である『人施設論』(Puggalapaññatti) には最初に「論母の説示」(mātikā-uddesa) と題して、蘊・処・界・諦・根・人の六種類の「施設」(paññatti) の題目を示している。この題目が論母に当たるわけである。特に最初の「人施設」には、一人から十人までに、多数の論母を示している。そしてこの「人施設」に関してのみ、一人から順次解説 (分別) がなされている。『舎利弗阿毘曇論』にも、巻一より入品 (十二処)・界品 (十八界)・陰品 (五蘊)・四聖諦品・根品の順序で、解説を行なっており、パーリの『人施設論』の六施設と同じ内容の論母を示している。しかし『舎利弗阿毘曇論』では、これらを「論母」とは呼んでいない。しかも巻五の「根品」(二十二根) から、つぎの巻八「人品」までの間に、別の多くの論題を挿入している。すなわち『舎利弗阿毘曇論』にも、論母に相当するものがあるが、しかしそれを論母とは呼ばなかったらしい。

パーリ論蔵の『法集論』(Dhammasaṅgaṇi)には、まず最初に「論の論母」(Abhidhamma-mātikā)を三法二十二種、二法百種を列挙し、つぎに「経の論母」(Suttantika-mātikā)を二法四十二種挙げている。そしてつぎにこれらの論母についての解説がなされて、『法集論』となっているのである。これらの論母が、パーリ上座部でいかなる経路をたどってまとめられたか明らかでないが、経の論母二法四十二種のうち、三十一種は長部第三十三、『等誦経』(Saṃgītisuttanta)の二法三十三種の法数のうち、三十一種と全同であり、順序もほぼ同じである。従って『等誦経』の法数が論母の母胎になったと考えてよかろう。パーリの『等誦経』は、漢訳の『大集法門経』や長阿含の『衆集経』に相当する。そしてこの経が母胎となって、有部の『集異門足論』ができているのである。

パーリ論蔵では『分別論』(vibhaṅga)や『発趣論』(Paṭṭhāna)にも論母が説かれている。このようにパーリ仏教では論母の語を多用するのであるが、上述のごとく『舎利弗阿毘曇論』は、論母を挙げながらも、それを論母とは呼んでいない。同様に有部の「六足発智」でも、論母の語は用いられていないようである。しかし『集異門足論』や『法蘊足論』などが論母を母胎として、それへの註釈という形で論が成立していることは言うまでもない。そのために『順正理論』巻一(大正二九、三三〇中)には、「摩怛理迦」(māṭṛkā)を説明して、四念処・四正勤等の三十七道品をはじめとする法数を例として出している。そして「集異門足論・法蘊足論・施設論などをはじめ、それと同種類のものはすべて摩怛理迦という」と述べ、これらの論を論母と見なしている。さらに『順正理論』（大正二九、五九五中）では、十二分教の「論議」（upadeśa）を説明して、論議とは摩怛理迦のことであるとし、さらにこれをアビダルマとも同一視している。『阿育王伝』巻四（大正五〇、一一三下）にも、論蔵の代わりとして「摩得勒伽蔵」を挙げている。内容は四念処・四正勤等の三十七道品をはじめとする法数であり、『順正理論』の説に合する。『阿育王経』巻六（大正五〇、一五二上）『根本有部律雑事』巻四十（大正二四、四〇八中）などでも同じものを出している。従って有部、根本有部でも論母を知っていたわけであり、三十七道品が論母の代表として重要視されているが、しかし「六足・発智」の系統では、アビダルマの語を採用して、論母の語を採用しなかったらしい。『婆沙論』や『倶舎論』に論母について説がないのはそのためであると思われる。

論母にはダルマの論母だけでなしに、律の論母（Vinaya-mātṛkā）も存在した。パーリ律では用いないが、有部には『薩婆多部毘尼摩得勒伽』十巻（Sarvāstivāda-Vinayamātṛkā）が存在し、これが律の論母を集めたものであることが経名にも示されている。さらに四分律系統の律の註釈に『毘尼母経』八巻（Vinaya-mātṛkā-sūtra）があるが、この「毘尼母」も律の論母の意味である。

このように論母はダルマとヴィナヤの両方について行なわれたのであるが、ダルマの論母は発展してアビダルマ蔵の中に解消したのである。そしてパーリ七論では、まだ論母の名を保存しているが、『舎利弗阿毘曇論』や有部の『六足発智』等では、論母の名は除き去られ、アビダルマの語に取って代わられたと考えられる。ともかく論母について、語義の解釈、註釈、内容の広説が行なわれ、つぎには法の理解に基づく自己の学説の樹立に発展していくのである。かかる方法の「法の研究」がアビダルマと呼ばれたのである。アビダルマの「アビ」(abhi) には「眼前に」の意味があり、法《ダルマ》に対向し、対観することがアビダルマであるとして、「対法」と訳される。しかし「アビ」には「勝れる」という意味があり、これよりアビダルマに「勝れた法」(勝法・無比法) の意味があるとする (Aṭṭhasālinī 1, 2 dharmātireka, dhammavisesaṭṭha,『大毘婆沙論』巻一「序」)。ここには、アビダルマがダルマを越えたものであることが主張されている。『摩訶僧祇律』巻三十にも「阿毘曇とは九部修多羅なり」といって、アビダルマを勝法の意味に解し、仏の教法をアビダルマと見ている。

アビダルマの法の研究の特徴は「分別」(vibhaṅga ヴィバンガ) ということである。問題を分析的に多方面から考察して、その問題を包括的に理解せんとする。仏音の『アッタサーリニー』一ノ三には、この分別を「経分別」(suttanta-bhājaniya)・「論分別」(abhidhamma-bhājaniya)・「問答分別」(pañhā-pucchakanaya) と呼んでいる。有部でも、有見無見、有対無対、善不善無記、界繫、有漏無漏、有尋有伺等、その他種々の側面から諸法を分析的に説明する。そしてこれを「諸門分別」と称している。

ダルマとアビダルマ　ダルマ[3]とは仏陀の説いた教法のことであるが、しかし仏陀の教法は現実の人間存在を取り上げているのである。そのために、ダルマはそのまま現実の人間存在を指すことになる。しかして現実の人間存在は、たえず変化してゆく「現象」として存在しているが、同時にそれは現象を成立せしめている「要素的実在」でもある。現象としての現実は、肉体と精神、外界等として現われているが、さらにそれらを細かな要素に分析することができる。たとえば肉体には、視覚・聴覚・味覚などが備わっているが、視覚と聴覚とは作用が異なるから、その存在性も異なるとしなければならない。かかる知覚能力をインドリヤ（indriya 根《こん》）という。そして肉体は、眼根・耳根・鼻根・舌根・身根の五根から成立していると分析的に理解する。身根とは触覚のことであり、筋肉よりなる肉体の全体をいう。同様に精神にも、判断・記憶・感情等が分析されるが、さらにこれを細かく分析して、多数の心理作用を区別することができる。たとえば煩悩についても、貪《むさぼ》り、瞋《いか》り、慢、疑、見《けん》などが区別される。そのほかにも種々の心理作用が取り出される。そしてそれらの心理作用の協同によって、心が成立すると理解する。何故なれば、愛と憎しみ、貪りと瞋り、善と悪等は相互に矛盾する作用であるから、これらが「心という一つの実体」の属性であると見ることには、不合理があるからである。そのために信ずる作用と疑う作用、貪りと瞋り、その他種々の心理作用をそれぞれ独立の実体と認め、それらの協同のうえに、心の活動、変化を理解せんとするのである。しかしてかかる自己存在の現実＝現象を構成している要素的存在者を「ダルマ」と呼ぶのである。アビダルマのダルマには、かかる実在（現象としての実在）を意味する場合がある。むしろこの場合のダルマの意味が、部派仏教では重要である。

勝義有と世俗有　ダルマの実在性について、『倶舎論』巻二十二（大正二九、一一六中。Abhidharmakośabhāṣya p. 334, *ll.* 1-2）には、存在を「勝義の存在」（Paramārtha-sat）と「世俗の存在」（Saṃvṛti-sat 仮有、施設有）との二つに分けて、勝義の存在がダルマであるとなしている。[4] たとえば瓶は割れればなくなってしまう。かかる存在を世俗の存在者という。布なども同様である。人間存在も、肉体的・精神的の種々の要素の複合体であるから、世俗的存在であるという。これに対して瓶の色が青色であった場合、その「青」は、瓶が割れてもなくならない。瓶を無限にくだけば、最後は「極微《ごくみ》」（paramāṇu）になるが、青はその場合も存在性を失わない。このように他に依存しないで、それ自体で存在するもの（svabhāva 自性）を「勝義の存在」となし、これを「ダルマ」と呼ぶのである。同様に「貪り」という心理作用は、これ以上分析できない要素的存在者である。そして心に貪りの気持を起こさせる力を持っている。このように、それ以上分析できない要素であるものが、勝義の存在者であり、これがダルマである。これを「自性を持つもの」（sa-svabhāva）といい、また「実体としてあるもの」（dravyataḥ sat, Abhidharmakośavyākhyā p. 524, *l.* 29）という。『中論』では、「自性」（svabhāva）とは、「自己存在者」（svo bhāvaḥ）のことであり、「作られないもの」（akṛtrima）「他に依存しないで存在するもの」（nirapekṣa）と説明している（Prasannapadā p. 262, *ll.* 11-12）。さらにまた「自相を持するが故にダルマである」（svalakṣaṇadhāraṇād dharmaḥ『倶舎論』巻一、大正二九、一中。Abhidharmakośabhāṣya p. 2, *l.* 9; atthano lakkhaṇaṃ dhārentīti dhammā. Visuddhimagga XV. 3, HOS. Vol. 41, p. 408, *l.* 17）とも定義されている。自相（svalakṣaṇa）とは、たとえば青という法の青色が自相である。これに対して、自性（svabhāva）とは、極微からできている青という存在者のことである。ともかく自性そのものが法であるから、「自性を持つものが法である」とは言うことができない。法（自性）を持つものは、世俗有になる。自性ではなしに、自相を持つものが法である。ただし自性と自相とは区別しないで用いられることもある。

有為法と無為法　以上のごとく、ダルマは要素としての実在である。しかし現象は絶えず変化しており、無常である。従って法は実在であるにしても、「永遠の実在」といえない場合がある。ここに、法に「有為法」（saṃskṛta-dharma）と「無為法」（asaṃskṛta-dharma）とが分けられる。常住なる法は無為法（作られない法）であり、無常なる法は有為法である。有為法・無為法の区別は、既に阿含経に見られるが、これを体系的に整備したのは、部派仏教の時代である。無為法の代表は「涅槃《ねはん》」（nirvāṇa, nibbāna）である。涅槃は時間を越えた実在であり、仏陀は悟りにおいて、この涅槃と合一したのである。有部では、涅槃を「択滅《ちゃくめつ》」（pratisaṃkhyā-nirodha）という。これは「択力《ちゃくりき》」（智慧の力）によって得られた「滅」という意味である。悟りの智慧の力によって、煩悩が断ぜられ、煩悩が永久に不生となった点をいう。有部はこのほかに「非択滅」（apratisaṃkhyā-nirodha）と「虚空」（ākāśa）とを挙げて、無為法を三種とする。非択滅とは、択力によらないで、生起の縁が欠けたために永久に不生となった法のことである。これは「縁欠不生」という。

ともかく「法」の最高なるものは涅槃である。『倶舎論』巻一には「勝義の法」（paramārthadharma）は涅槃のみであるが、「法相法」（dharmalakṣaṇaḥ）も法にふくまれる、といっている（Abhidharmakośa-bhāṣya p. 2, *l*. 5）。自相を持つものが法であり、涅槃もこの中に入るが、有為法も自性を持つ法である。しかし有為法は無常である。この無常ということを、上座部や有部は、有為法は自相を持するが、しかし一刹那（kṣaṇa）のみ現在に存在すると解釈した。『倶舎論』巻十三（大正二九、六七下）には「有為法は刹那滅なるが故に」（saṃskṛtaṃ kṣaṇikaṃ, Abhidharmakośa-bhāṣya p. 193, *l*. 1）と述べている。『清浄道論』には「自相を持するにより、また自己の順次の刹那を持するにより（khaṇānurūpadhāraṇena）法である」（Visuddhimagga XI, 104, HOS. 41, p. 308, *l*. 29）と説いている。有為法は実在であるが、しかし刹那滅である点で、法は把捉できないものである。この点を追求すれば、「法の空」の問題につきあたるであろう。しかし部派仏教では「法の有」の問題を強調したにとどまり、法の空の思想には至っていない。これは大乗仏教の課題となる。

「すべてが無常である」（sabbe saṃkhārā aniccā, Dhammapada 277）の聖句を文字通りに解すれば、有為法はすべて刹那滅であると主張されることになる。有部はこの立場である。心理作用が刹那滅であることは明らかであるが、しかし外界の山や大地や、身体などを構成する法は刹那滅でないという解釈もある。犢子部や正量部は、刹那滅の法を認めるが、しかし外界の法には「暫住」のものもあると主張したという。『異部宗輪論』によれば、有部のほかに化地部・飲光部等も刹那滅を主張したという。

勝義アビダルマと世俗アビダルマ　以上のごとく、法には涅槃を最高として種々なる法があるが、これらの法を研究することが「アビダルマ」である。従ってアビダルマとは、法を理解する智慧（prajñā）のことになる。特に涅槃を知る智慧は、涅槃と合体した智慧であり、これは悟りの智慧にほかならない。故に『倶舎論』巻一（大正二九、一中）には「浄慧と随行《ずいぎょう》とをアビダルマと名づく」と述べ、悟りの清浄なる智慧と、その智慧と共にはたらく心身の諸法をあわせて、アビダルマと呼んでいる。そしてこれを「勝義のアビダルマ」（Pāramārthiko 'bhidharmaḥ, Abhidharmakośabhāṣya p. 2, *l.* 5）と名づけている。しかしこのほかに、悟りの智慧、すなわち勝義のアビダルマを得せしめるものとしての「アビダルマ論書」と、それを研究する智慧（有漏の慧）もアビダルマと言いうるのであり、これを「世俗のアビダルマ」（Sāṃketiko 'bhidharmaḥ）と呼んでいる。以上のごとくアビダルマとは涅槃を悟る智慧であるので、アビダルマは「仏説」であると主張されるのである。従ってアビダルマ論書は、二次的意味でアビダルマとして認められているわけである。アビダルマを勝法・無比法の意味に解するのは、勝義のアビダルマの立場で言うわけである。

無為法と仏身　世界を構成する要素的な法は、どのように分類されるかというに、まず有為《うい》法と無為法に分かれることは既に述べた。有部では、『法蘊足論』巻十一（大正二六、五〇五上）以来、無為法に択滅・非択滅・虚空の三法（三無為）を立てるが、パーリ上座部では、涅槃のみを無為とする（Dhammasaṅgaṇi p. 244）。これは阿含経の説を承けているのである。犢子部もこれに同じであるという。『異部宗輪論』によると、大衆部・一説部・説出世部・雞胤部の四部は、「九無為」を立てたという。すなわち択滅・非択滅・虚空・空無辺処・識無辺処・無所有処・非想非非想処・縁起支性・聖道支性の九種である。(5)化地部も九無為を立てるが、その中には不動・善法真如・不善法真如・無記法真如・道支真如・縁起真如などをふくみ、大衆部系と少しく異なる。縁起を無為とするのは、縁起の「道理」が不変であると見るためである。これに対して有部は、縁起する有為法以外に、縁起という法則を立てないから、縁起は有為であるとする。つぎに道支・聖道（八聖道）を無為とするのは、仏陀の人格的実践に永遠なる真理性を認める意味である。これに対して有部は、涅槃は無為と見るが、これを悟る仏陀の智慧は有為（無常）であるとする。これは仏身を常住と見るか無常と見るかの問題と関係する。有部やパーリ上座部は、仏陀は八十歳でクシナガラで涅槃界に入ってしまったと見る。故に仏身、仏の智慧は無常であるとする。すなわち「生身」の仏陀のみを認める。これは有為である。これに対して『異部宗輪論』に、大衆部等は「如来はすべて出世である。如来の色身に辺際なし。諸仏は尽智と無生智とつねに随転して、乃《すなわ》ち般《はつ》涅槃に至る」等と述べ、仏陀を八十歳の生身以上の存在と見ている。これはまだ大乗仏教の報身《ほうじん》仏の思想までには至っていないが、人格的仏陀の永遠性を認めていたのであろう。そのために「聖道」を無為と見るのである。

これを四諦説の立場からみると、上座部や有部は滅諦＝涅槃のみを無為と見たのに対し、大衆部や化地部等は滅諦のほかに道諦（八聖道）をも無為と見たことになる。さらに縁起を無為と見る立場は、苦諦・集諦等の迷いの世界の中にも不変の真理がふくまれているとするものであり、ここには「迷悟一如」の思想に発展するものがふくまれていると見てよい。これは、心は煩悩に汚れていることを認めながらも、しかもその本性は「自性清浄心」であると見る立場に通ずる。『異部宗輪論』によれば、大衆部は「心性本浄」を主張しており、法蔵部の論書といわれる『舎利弗阿毘曇論』巻二十七にも、心性清浄なるも客塵煩悩のために染せられることが説かれている。「心性本浄」は心の本性を常住（無為）であると見る思想である。これは有為法の本性を無為と見る思想と考えてよい。縁起無為はこの立場に通ずる。『舎利弗阿毘曇論』巻一（大正二八、五二六下）には、非聖に七無為が説かれ、「法入」に九無為が説かれている。すなわち智縁尽（択滅）・非智縁尽・決定・法住・縁・空処智・識処智・不用処智・非想非非想処智の九無為である（この中、智縁尽・決定の二つを除いたものが、非聖の七無為である）。この九無為の中に「縁」が入っているが、これは縁起の無為を主張したものと解釈される。

『婆沙論』によれば、分別論者も縁起無為を主張したといわれる。このほかにも『婆沙論』や『論事』には、諸部派の無為説が紹介されており、無為に関する部派仏教の解釈は一様ではなかった。

有漏法・無漏法　有漏法（sāsrava-dharma）とは「漏《ろ》」（āsrava）すなわち煩悩（kleśa, kilesa）に汚されている法のことである。無漏法（anāsrava-dh.）とは煩悩に汚されない法のことである。仏陀や阿羅漢の悟りの智慧は煩悩を断尽しているから無漏である。無為法も煩悩に結合しないから無漏である。『倶舎論』巻一には、「道諦を除いて余の有為は有漏である」と定義している。すなわち迷いの世界の因（集諦）と果（苦諦）とが有漏である。

煩悩が他の法を汚すことを随増《ずいぞう》という。これに二種類がある。連合している同時の法を汚すのを相応随増（相応縛）という。たとえば貪りが智慧と同時にはたらけば、智慧は貪りに色づけられ、汚される。かかる関係が相応随増である。つぎに認識の対象に煩悩がはたらきかけるのを所縁随増という。たとえば美しい色を見て、欲望が盛んになる場合など、「対象の色」が欲望によって汚されるのである。これが所縁随増である。仏陀の肉体（色身《しき》）に対して、一バラモン女が愛欲を起こしたという伝説があるため、有部は仏陀の色身も煩悩の対象になると主張する。すなわち所縁随増を持つと主張する。有部は、随増する法はすべて有漏法であるとするから、仏身をもふくめて、色身はすべて有漏であるとなす。これに対して大衆部は「一切如来に有漏の法なし」と主張し、仏陀の美しい肉体を見れば、愛欲の火はしずめられるのであり、煩悩の対象にはならないとした。これは、色法はすべて有漏であるか、あるいは色法の中にも無漏のものがあるかの問題であり、部派仏教の論題の一つであった。

ダルマの種類　上記の有部の解釈を「前十五界唯有漏」という。十五界とは十八界のうちの意界・法界・意識界を除いた色・声・香・味・触の五界と、眼から身までの五界、眼識から身識までの五界の合した、前十五界である。前十五界は、仏陀の場合でも有漏であるとなすのである。
阿含経では、存在の分析について、五蘊（skandha 五つのグループ）・十二処（āyatana 十二種の領域）・十八界（dhātu 十八種の要素）の三種類の分析が行なわれていた。

五蘊（pañca-skandhāḥ）　色蘊・受蘊・想蘊・行蘊・識蘊。

十二処（dvādaśa-āyatanāni）　眼処・耳処・鼻処・舌処・身処・意処・色処・声処・香処・味処・触処・法処。

十八界（aṣṭādaśa-dhātavaḥ）　眼界・耳界・鼻界・舌界・身界・意界・色界・声界・香界・味界・触界・法界・眼識界・耳識界・鼻識界・舌識界・身識界・意識界。

物質観　仏教では物質を「色《しき》」（rūpa）というが、これに広狭二義がある。五蘊説で「色蘊《しきうん》」という場合の色は、広義の色であり、これは物質の意味である。そしてこの中に、十二処説の眼処・耳処……身処の五処と、色処・声処……触処の五処とがふくまれる。そして眼等の五処は五根《こん》（indriya 五種の認識器官）ともいい、色等の五処は五境《きょう》（viṣaya 五つの認識領域）ともいう。狭義の色とは、五境の一としての色処である。これは眼の対象としての色（いろとかたち、いろを顕色《けんじき》といい、かたちを形色《ぎょうじき》という）の世界のことである。このように色蘊は十二処説では十処に相当する。しかし有部はさらに「無表色」（avijñapti-rūpa）を認める。これも物質と見るから、これを加えて、物質は十一種となる。これは十八界説では、眼界等の五界、色界等の五界、あわせて十界に相当することになる。

である。無表色は法処《ほっしょ》・法界《ほっかい》にふくまれるから、色蘊は十処と法処の一分《いちぶん》、十界と法界の一分に相当することになる。

物質でないものは、十二処説でいえば、意処と法処の一分、十八界説では意界、法界の一分、眼識界……意識界の六識界、あわせて、七心界と法界の一分（無表色を除いた残り）となる。すなわち眼・耳・鼻・舌・身・色・声・香・味・触・無表色の十一法が物質である。有部は法の種類を示して、「七十五法」を立てるが、その中、無為法は三種、色法は十一種である。

しかし物質の十一法のそれぞれに、さらに細分がある。眼等の五根と無表色には細分はないが、五境の色等はさらに細かく分析されている。たとえば、眼の対象である色には、青・黄・赤・白の四種の顕色と、長・短・方・円等の八種の形色とが区別されている。さらに雲・煙等を別に立てて二十一種ともする。つぎに声に八種、香に四種（あるいは三種）、味は六種に細分されている。触処には、地・水・火・風の四大元素（四大種 mahābhūta）がふくまれ、さらに重・軽・冷等をあわせて十一種が区別されている。四大種を触処にふくめるのは、触覚（身根《しんこん》）によってのみ、これらは認識されるからである。たとえば眼で見る水や火は、青あるいは赤の色《いろ》にすぎない。火の本性は熱さであり、水の本性は湿性であるが、これらは眼では認識されず、身根（触覚）によってのみ認識される。すなわち地は堅性、水は湿性、火は煖性《なん》、風は動性であり、これらは身根によって認得されるのである。この四大元素以外の物質を、所造《しょぞう》の色（bhautika）という。五根、五境、無表色のうち、四大種を除く他はすべて所造の色である。所造の色は四大に支持されて存在する。そのために四大種を「能造の四大」という。十界（十処）の色はすべて極微《ごくみ》（paramāṇu 原子）からできている。ただし四大種の極微から所造の色が生まれるのではない。能造、所造、それぞれ別の極微からなる。そして所造の色・香・味・触はつねに同時に生ずる。しかもそれぞれに能造の四大が付随している。液体状の物質では水大が優勢であり、固体の物質では地大が優勢であり、湿度の高い物質では火大が優勢であると説明する。従って物質が生ずるのは、地水火風の四大の極微と、色香味触の所造の四種と、八種類の極微が「倶生」するのが、存在の最低の条件であるとする。これを「八事倶生、随一不減」という。そして声があれば、九事（dravya）になり、根があれば従って極微の種類もふえる。

しかし眼根等の五根は認識作用をなす微妙な器官であるから、他の肉体と異なり、精妙な肉体からできているとする。そしてこれを「浄色《じょうしき》」（rūpa-prasāda）と呼ぶ。なお無表色のみは、色であるが極微からできていないので、法処にふくめるのである。無表とは形に現われないという意味であり、すなわち「見えない物質」というのが無表色の意味である。この点については後述する。

法の相摂　以上がアビダルマの物質観の素描であるが、十二処・十八界の大部分は、物質にふくまれる。色を除けば、十二処の法処・意処、十八界の七心界と法界のみが残るのである。これらがさらに細かく分析されているが、それらは五蘊説でいえば、受・想・行・識の四蘊に相当する。五蘊の第二受蘊、第三想蘊は心理作用の一種である。受《じゅ》は感受、想は表象作用である。有部は心理作用をそれぞれ独立の実体（ダルマ）と見て、心所法（心に所有された法、心数とも訳すcaitasika-dharma, cetasika-dhamma）と呼ぶ。心所法《しんじょ》の用法は、パーリ上座部の論蔵にも見られる。(6)そして受・想以外の心所法は、五蘊説では第四の行蘊《ぎょう》にふくまれている。行蘊にはこのほかに「心不相応行法」（citta-viprayuktā saṃskārā dharmāḥ）がふくまれている（不相応行については後述する）。

五蘊の第五識蘊は認識主観である。心王・心所という場合の心王に相当する。これは、十二処説では意処に相当し、十八界説では、意界と眼識界・耳識界……意識界の六識界（七心界）とに相当する。三無為は五蘊にはふくまれない。五蘊は有為法のみである。無為法は十二処説では法処にふくまれ、十八界説では法界にふくまれる。

以上、相摂は複雑なごとくであるが、物質は色蘊、十処と法処の一分、十界と法界の一分にふくまれ、心王は識蘊、十二処の意処、十八界の七心界に相当する。従って法処・法界にふくまれる法が、阿含では未分化であったのに、アビダルマで詳しく考究されるようになったのである。その中で問題になるのは心所法と心不相応行法、無表色である。

煩悩　心所法のうち煩悩は、既に阿含経で種々に論ぜられている。たとえば三毒（貪・瞋・癡）、四暴流《ぼる》（欲暴流・有暴流・見暴流・無明暴流）、五蓋（欲貪蓋・瞋恚蓋・惛沈睡眠蓋・掉挙悪作蓋・疑蓋）、五下分結（有身見・疑・戒禁取・欲貪・瞋恚）、五上分結（色貪・無色貪・慢・掉挙・無明）、七結（愛・

瞋・見・疑・慢・有貪・無明)、無慚・無愧などが説かれている(長部三三『等誦経』など)。アビダルマにおいても、主なる煩悩はこれらにつきる。

有部では『界身足論』巻上(大正二六、六一四中)に十大煩悩地法、十小煩悩地法、五煩悩、五見等がまとめられているが、これらがしだいに整理されて『倶舎論』巻四(大正二九、一九下)では、六大煩悩地法(無明・放逸・懈怠《けだい》・不信・惛沈・掉挙)、十小煩悩地法(忿・覆・慳・嫉・悩・害・恨・諂・誑・憍)、二大不善地法(無慚・無愧)の十八法にまとめられたのである。しかしこのほかに不定法に悪作・睡眠・尋・伺・貪・瞋・慢・疑の八法が説かれているが、この中、尋・伺を除いた六法は煩悩であり、しかも貪・瞋・慢・疑などは、煩悩として重要なものである。従って『倶舎論』の煩悩の立てかたは十分でない。

このほか『倶舎論』の「随眠品」(大正二九、九八中以下)には、煩悩を随眠(anuśaya)と呼び、六随眠(貪・瞋・慢・無明・見・疑)を立てている。この中、「見」は五見(有身見・辺執見・邪見・見取見・戒禁取見)に開かれるから、合して「十随眠」になる。これを三界五地に開いて「九十八随眠」に分ける。煩悩の断尽を説く場合には、この九十八随眠による。「随眠品」にはこのほかにさらに「十纏《てん》」(無慚・無愧・嫉・慳・悪作・睡眠・掉挙・惛沈・忿・覆)を説き、前の九十八随眠と合して「百八煩悩」と称する。

以上のごとく『倶舎論』の煩悩論は統一が欠けているが、いわゆる「五位七十五法」の法の分類においては、六大煩悩・十小煩悩・二大不善・八不定の中の六法にまとめられている。

これに対してパーリ仏教では、七論中の『法集論』(Dhammasaṅgaṇi p. 76)に、心所法を種々に示している。すなわち心を善心・不善心・無記心に分け、不善心を成立させる心所法を三十種挙げている。その中に邪見・邪思惟・無慚・無愧・貪・癡・散乱等を挙げているが、まだまとまっていない。すなわちパーリの七論では、煩悩だけをまとめて示すことをしていない。パーリでは成立は新しいが、『摂アビダンマ義論』(Abhidhammatthasaṃgaha)に、不善心所として、癡(無明)・無慚・無愧・掉挙・貪・見・慢・瞋・嫉・慳・悪作・惛沈・睡眠・疑の十四種を挙げている。これらの心理作用が他の心理作用や心王と同時にはたらくとき、心は煩悩心、不善心になるという意味である。

心理の分析・心所法　煩悩については、阿含経に多くの種類が示されていた。これは、煩悩を断ずることが仏教の主目的であったからである。しかしそれ以外の心理作用については、阿含経には主なるものが語られているにすぎない。すなわち受(vedanā)・想(saṃjñā)・思(cetanā)・作意(manaskāra)・触(sparśa)・念(smṛti)・尋(vitarka)・伺(vicāra)・欲(chanda)などをはじめ、若干の心所法が散説されているにすぎない。アビダルマ時代になると、この阿含の心所法を受けて、さらに欠けているところを補って、詳しい心所論を発展させたのである。これは、煩悩を断ずるためには、煩悩と他の心理作用とがどのように協働するかを見きわめる必要があったからである。

有部では『界身足論』以来、心所法が種々にまとめられているが、もっともまとまった『倶舎論』巻四（大正二九、一九上）においては、六種類四十六の心所に分類されている。すなわち大地法（mahābhūmika）十法、大善地法（kuśalamahābhūmika）十法、大煩悩地法（kleśamahābhūmika）六法、大不善地法（akuśalamahābhūmika）二法、小煩悩地法（parīttakleśabhūmika）十法、不定法（aniyata）八法である（Abhidharmakośabhāṣya p. 55, *l*. 13）。

有部は心を「心地」（citta-bhūmi）として理解する。この用語は既に『界身足論』巻上（大正二六、六一四中）に現われるが、「地」（bhūmi）とは土台として、他のものがそこで活動する地盤である。同時にそれは、他のものを生産する力を持っている。それと同じ意味で、心は種々の心理作用の活動する心地と考えられる。しかし善心が不善を地として活動することはできないから、心的性質の異なる地として、五種の地が考えられた（心所は六種類であるが、不定法には心地は考えられない）。たとえば「煩悩地」は、そこから煩悩が生ずる地盤である。何となれば、貪りや怒り等の煩悩はつねに心に現われているのではない。機会を得て現われるものであるから、それらが潜在的なあり方で存在している場所が必要である。これが煩悩地（kleśabhūmi）である。善心等についても、同じことが考えられる。慚や愧、努力（精進）などの心理作用が生ずる地盤が善地（kuśalabhūmi）である。このような考え方から、有部は心所法を区別して、大地法・大善地法・大煩悩地法・大不善地法・小煩悩地法の五種の心地を考えた。そしてこれらのどれからも生じない心所を不定法となしたのである。

第一の大地法とは、善心・不善心・無記心、および欲・色・無色の三界のあらゆる心理作用にはたらく心所である。受（vedanā）・想（saṃjñā）・思（cetanā）・触《そく》（sparśa）・欲（chanda）・慧（prajñā）・念（smṛti）・作意《さい》（manaskāra）・勝解《しょうげ》（adhimukti）・定《じょう》（samādhi）の十法が大地法である。

第二の大善地法とは善心において、つねに現われる心所法である。すなわちこれらの心所法があるとき、その心が善心と呼ばれるのである。信（śraddhā）・不放逸（pramāda）・軽安《きょうあん》（praśrabdhi）・捨（upekṣā）・慚（hrī）・愧（apatrāpya）・不貪（alobha）・不瞋（adveṣa）・不害（avihiṃsā）・精進《しょうじん》（vīrya）の十法が大善地法である。

第三の大煩悩地法は煩悩心を形成する心所である。癡（moha 無明）・放逸（pramāda）・懈怠《けだい》（kausīdya）・不信（āśraddhya）・惛沈《こんじん》（styāna）・掉挙《じょうこ》（auddhatya）の六法が大煩悩地法である。

第四の大不善地法は、無慚（āhrīkya）・無愧（anapatrāpya）の二法である。

第五の小煩悩地法は、忿（krodha）・恨《こん》（upanāha）・嫉（īrṣyā）・誑《おう》（māyā）・悩（pradāsa）・覆（mrakṣa）・慳（mātsarya）・諂《てん》（śāṭhya）・憍（mada）・害（vihiṃsā）の十法である。

第六の不定の心所は、尋（vitarka）・伺（vicāra）・悪作《あくさ》（kaukṛtya）・睡眠（middha）・貪（rāga）・瞋（pratigha）・慢（māna）・疑（vicikitsā）の八法である。ただし『倶舎論』には、「尋・伺・悪作・睡眠等」とあって、八法を枚挙しているのではない。しかし上記の五種の心所法には、貪等が見えないために、普光はその『倶舎論記』巻四（大正四一、七八中）において、貪瞋慢疑を加えて、八法としたのである。称友の『倶舎釈』（p. 132, *ll.* 21-22）によれば、世友も普光と同じ不定の心所に八法を挙げている。故に不定法を八法とすることは、インド仏教で行なわれていたのである。ただし称友はこのほかに随煩悩四法をも不定法につけ加えている。

ともかく不定法を八法とすれば、心所法はすべてで四十六法となる。

心心所法の倶生　有部は以上のごとく、心所法を独立の実体と見た。たしかに貪り（愛）と瞋《いか》り（憎）とは、作用が全く正反対であるから、両者が異なった機能であることは否定できない。従って有部が四十六種の心所を独立と見たのには理由があるが、しかし心は種々の心理作用をうちにふくみながらも、一つのまとまった統一体である。このことも否定できない。心所をそれぞれ独立と見ると、この心の一体性・統一性を説明することができない。この難点を救うために、有部は「心心所の倶生」を説く。すなわち心王（識、判断）と心所とは同時に生じて、助け合ってはたらくとなすのである。たとえば欲界では、善心は、心王と十大地法、十大善地法、尋・伺の二十二法（心王ともに二十三法）が倶生する。不善心の場合は、心王と十大地法、六大煩悩地法、二大不善地法、尋・伺を合した二十法が倶生する。有覆無記心には、心王と十大地法、六大煩悩地法、尋、伺の十八法が倶生し、無覆無記心には、六大煩悩地法を欠くため十二法が倶生するという。ただし以上の心所のほかに、貪がある場合、瞋がある場合、悪作がある場合等により、倶生の心所の数が異なる。なお色界・無色界は禅定心であるから、無尋無伺定（第二禅）以上には尋伺はなくなる。さらに禅定心には瞋もない。その他にもない心所があり、倶生の心所の数も少なくなる。

有部は心心所の倶生によって、心の作用の統一的活動を説明するが、かかる意味の心心所の協働を「相応」という。倶生する心心所は、所依・所縁・行相・時・事の五義が等しいという（『倶舎論』巻四、大正二九、二二上）。パーリ上座部でも心心所の相応についての説明がある。しかし内容が少しく異なる（Visuddhimagga XVII, 94）。相応は「相応因」の意味である。たとえば欲界の善心は最少二十二心所が心王と倶生する。これらの二十二心所のうち一法も欠けることはない。一法が欠ければ、他の二十一の心所もすべて欠けることになる。全部がそろわねば生ずることができない。一法は残りの二十一心所の存在の条件となっているのである。このような意味での心心所の関係を「相応因」（samprayukta-hetu）という。色法の場合も、能造の四大と所造の色とは倶生するが、物質の倶生は相応因とはいわない。この場合は「倶《く》有《う》因」（sahabhū-hetu）という。地水火風の能造の四大は、つねに同時に生じ、一法も欠けることはない。三大だけで生ずることはない。その意味で四大は相互に他の生ずる因となっている。かかる相互の因果関係を倶有因・互為果と称する。相応因は心理現象だけに存在するが、性質は倶有因の特殊な在り方といってよい。

パーリ仏教の心所　パーリ仏教では、心を性質によって分類して「八十九心」とする。すなわち世間心を欲界心五十四心、色界心十五心、無色界心十二心、合して八十一心、出世間心八心、合計八十九心に分けている。出世間心を初禅、ないし第五禅に区分して四十となし、これに世間心八十一心を加えて百二十一心に分類する説もある。しかし主となるのは八十九心の分類である。この分類の萌芽は既に『無碍解道』に見られ、ついで『法集論』において成立し、註釈時代に確定したのである。心を善心・不善心、無記心等に分類することは、既に阿含経時代から見られる。これをさらに欲・色・無色の三界、ならびに出世間に配当して、十心、十二心等に分類することは、他部派にも見られる。しかし八十九心ほどに細かく分類することは、他部派にはなく、パーリ上座部の特色ある説である。

つぎに心所（cetasika）という言葉も、パーリ仏教では古くから用いる。たとえば『法集論』(Dhammasaṅgaṇi p. 9ff.) には、八十九心の一々について、それと相応する心心所をかかげている。すなわち欲界の第一善心についていえば、触をはじめとして五十六法の心所と相応することを挙げている。しかしそれらの中には重複するものが多く、それを整理すると二十九法になるという。つぎに『論事』にも心と相応する心所が挙げられているが、全部で十八法くらいである。従ってパーリの論蔵時代には、まだ心所法の数は確定していなかった。これが確定したのは仏音と同時代の仏授（Buddhadatta）の『入阿毘達磨論』においてであり、そこに五十二心所が枚挙されている。しかしその後内容に若干の異同があり、『摂アビダンマ義論』においては、つぎの五十二法となっている。

一　同他心所十三法（共一切心所七法、雑心所六法）。

二　不善心所十四法（共一切不善心所四法、残十法）。

三　善浄心所二十五法（共善浄心所十九法、離心所三法、無量心所二法、慧根一法）。

以上のごとくである。この中「共一切心所」は、一切心に存する心所であり、有部の「大地法」と同性質の心所である。なお上座部が五十二心所を説いて、有部の四十六心所より多いのは、有部が心所として認めないものをも心所に加えているからである。たとえば、命根・身軽安・身軽快性・身柔軟性・身適業性・身練達性・身端直性などである。なお正語・正業・正命を心所となすことも、有部にはない。そのほかにも有部の心所と異なるものがある。

他部派の心所説　なおこのほかに『舎利弗阿毘曇論』にも心所法が散説されている。それらを集めて整理すると三十三法になるという。これは、パーリとも有部とも異なる系統である。

さらに『成実論』にも心所法が散説されており、それらを集めると、三十六法になるといわれ、あるいは四十九法になるともいわれる。しかし『成実論』は心所法を説きながらも、その別体を認めなかったという。心所の独立を否定したのは、経量部が有名である。『順正理論』巻十（大正二九、三八四中）によれば、経量部は受・想・思の三種の心所のみを認めたと伝えられる。これと同系統の譬喩者（Dārṣṭāntika）も心所の独立を否定した。『論事』によれば、大衆部系の王山部・義成部も心所を否定したという。これらの部派では、心を一つの全体として見る見方が強かったのである。すなわち受があるときには、心の全体が受となっているのであり、想があるときには、心の全体が想になるというように理解していたらしい。すなわち種々の異なる心理現象を、心という一つのものの種々なる現われ（心の差別）と解釈したのである。

主体の統一と持続　有部は無我説を機械的に解釈したので、心所法をそれぞれ別体であるとなした。しかしそれでは心が有機的に統一して活動をする理由を示し難い。そのために心心所の相応ということを説いて、この難点を救わんとしたのである。さらに有部は心心所は刹那滅であると解釈したため、主体の持続性の説明が十分でない。有部が心地を考えたのはこれらの不備をおぎなう意味があったのであろう。大乗仏教の唯識説では、心理現象の生ずる場所として「阿頼耶《あらや》識《しき》」という無意識の領域を設定するが、有部はかかるものを認めない。そのために心理現象の生ずる場所として、五種類の「心地」を考えたのであろう。煩悩は「随眠」（anuśaya）とも呼ばれる。有部はこの随眠を「随増するもの」と解釈するが、経量部は「眠っているもの」と解釈する。貪りや瞋りはいま現に表面心に現われていなくとも、眠った状態で表面心の背後にかくされているると見るのである。そういう場所として「心地」が設定せられたとも考えられる。しかしこれだけでは刹那滅の心心所の連続性は十分に説明できない。有部が「命根」を説くのは、これによって人間の生命的な中心の持続性を示さんとしたものであろう。さらに有部は「心相続」を説き、心が相続して生じ、前後に関係のあることをいうが、しかし心作用の持続性を示す点では、有部の心所論は十分でない。そのために、刹那滅の立場で「記憶」がどうして成立するか等の問題が問われているのである。

他部派では「心地」を認めないが、しかしそれに代わるものを説いている。たとえばパーリ上座部では、潜在心としての「有分」(bhavaṅga)(有分識 bhavaṅga-viññāṇa, 有分心 bhavaṅga-citta)が説かれている。この有分は七論の一である『発趣論』(Paṭṭhāna Vol. I, p. 163etc.)に説かれ、『ミリンダ王問経』にも説かれている。有分心とは潜在心の状態の心をいうのである。表面心で心作用が行なわれていない時には、心は有分の状態、すなわち無意識の状態になるという。しかるに外界から刺戟があったり、あるいは心の中に動きが現われ、心が活動せんとする状態になると、心は有分から表面心に転化する。これを「引転」という。それから領受・推度・確定等の十二種のプロセスを通って認識が成立すると説明している。さらに上座部が心所を五十二種挙げる点も、有部とならんで詳しい心理分析である。しかも認識のプロセスを有分から領受・推度等と十二種に分析している点は、他部派に見られない説である。一般に仏教は心の観察、心理分析において、他の学派に見られない精緻な学説を展開しているが、パーリ上座部の学説はその中でも特に詳細である。なお上座部が有分識を説いたことは大乗の唯識派にも知られていた。

つぎに経量部は、心の持続を心的「種子」(bīja)によって説明した。過去の心的体験が潜在態で心中に保存されるのを種子と称する。そしてこの種子の相続(santati)・転変(pariṇāma)・差別《しゃべつ》(viśeṣa)によって、心理現象の持続と変化の面を説明したのである。さらに経量部は主体の持続性を説明するために、「勝義補特伽羅《ふとがら》」ありと主張し、さらに前世から後世に連続する「一味蘊」の存在を認めたという。そのために経量部に説転部の別名がつけられたという。一味蘊は「細意識」であり、それは持続的で間断がないと説明されている。細意識とは、認識作用が微細な意識のことであろう。すなわち無意識に近い状態の意識である。これが表面心の背後にあって、持続していると考えたのである。そしてこの細意識は死の時にも消滅せず、つぎの生命に移ると見たのである。

補特伽羅（pudgala 人我）については、犢子部や正量部が「非即非離蘊の我」としての補特伽羅を立てたことも有名である。「即蘊の我《が》」を立てると、五蘊無我説と矛盾するし、「離蘊の我」は認識不可能である。これは形而上学的実体になる。かかる我（ātman）は仏教の認めるところでない。しかし犢子部は、これらと異なる意味で、持続的主体があるとして、非即非離蘊の我を認めたのである。そしてこの我は言葉で表現できないとして、「不可説蔵」に入ると主張した。犢子部が、三世と無為、不可説の「五法蔵」を立てたことは有名である。この非即非離蘊の我は『倶舎論』の「破我品」において、きびしく破斥されている。なお『摂大乗論』巻上によれば、大衆部は「根本識」を説き、化地部は「窮生死蘊」を認めていたという。これらも持続的主体を示すものである。『婆沙論』巻一五二によれば、譬喩者と分別論者とは「細心」を認めたというが、これも潜在的な持続心をいうのである。これらの思想が素地となって、大乗の阿頼耶識の思想に発展してゆくのである。

なおこれに関連して、大衆部の主張や『舎利弗阿毘曇論』には「自性清浄心」が説かれているが、心の本性を「心性清浄」と見ることも、心の持続的性格を前提とするものであり、しかもそれを清浄と見るのである。

心不相応行　心不相応行（citta-viprayuktāḥ saṃskārāḥ）は単に「不相応行」ともいわれる。心と相応しない行《サンスカーラ》のことである。心所法は心王と相応する法であり、それは「心心所の倶生」によって示されている。この心所法は五蘊では「行蘊」に摂せられる。処界では法処・法界にふくまれる。しかし行蘊の中には、心と相応しないサンスカーラがふくまれている。それを有部は「心不相応行法」として立てるのである。これらは物質（色《ルーパ》）でもなく、精神（心所）でもない存在者のことである。生理的なものもふくまれているが、それにつきるのではない。

有部は心不相応行として十四種を示している。すなわち、得・非得・衆同分・無想果・無想定・滅尽定・命根・生・住・異・滅・名身・句身・文身である。この中、命根《みようこん》（jīvitendriya）とは、寿命を実体的に見たものである。無想定は、想の消滅した禅定である。この定では心の想の段階までが滅してしまう。滅尽定はそれよりさらに深い禅定であり、心の受の段階まで滅するのである。以上の三は生命的な在り方を実体視したものともに無意識であるので、心不相応と見るのである。無想果は無想定に入った人が、死後に生まれる世界である。これも「無想」であるから心と不相応である。衆同分とは、生物に差別を生ぜしめる原理であり、個々の生物に内在している。牛には「牛同分」があり、馬には「馬同分」があり、それの力によって牛であり、馬であるという意味である。つぎに得（prāpti）と非得（aprāpti）とは、煩悩の断尽に関係がある。凡夫は現実には煩悩を起こしていなくとも、煩悩を備えている。すなわち煩悩と切れていない。それをつなげているのが「得」であるという。この点を、自己の相続（刹那滅で連続してゆく自己）に煩悩を得《とく》していると表現する。自己の相続に煩悩そのものは現行《げんぎょう》していないが、しかし煩悩の得が相続に備わっていると解釈する。阿羅漢は煩悩を断じているから、たとい世俗心を起こしていても、煩悩の得が相続に備わっていない。この点で同じく日常心を起こしていても、凡夫と阿羅漢とでは相違があると説明するのである。なお煩悩を断ずれば、その煩悩については、非得を得することになる。

得・非得は以上のごとき観点から考え出されたものである。有部は人体を刹那滅の相続態と見るので、かかるものを必要とするようになったのである。なお得・非得も刹那滅で相似相続するものである。

つぎに名身は単語、句身は短文あるいは句、文身は単音をいう。これらは観念としての実在である。

不相応法で問題になるのは、生・住・異・滅の四相である。有部ではこれは刹那滅(7)をなりたたしめる力を指しているのである。世間は諸行無常であるが、そこには諸行を無常たらしめる力がある。この力を諸法（存在者）から別に取り出して、それを実体視して、四相としたのである。すなわち刹那滅の諸法（存在を構成している要素的実在）を、一刹那に生じ、住し、異し、滅せしめるものがなければならないとして、そういう実際的な力を有するものとして、四相を立てるのである。従ってこれは、無常力を実体化したものといってよい。この点については後述するが、ともかく以上のごとき意味において、非色非心の心不相応行法の存在を主張するのである。

この心不相応行については、『舎利弗阿毘曇論』巻三（大正二八、五四七中）にも説明がある。従ってこの系統でも、心不相応行を認めていた。さらに『成実論』巻七（大正三二、二八九上）にも「不相応行品」の一章があり、ほぼ有部と同じ種類の不相応法を示している。ただし『成実論』はこれらを実法（dravya）とは認めず、仮法として説いているのであるから、有部の場合と意味は異なる。なお『論事註』によれば、東山住部や正量部も不相応行を認めていたという。さらに『異部宗輪論』によれば、化地部は「随眠の自性は心不相応なり」として、潜在的な煩悩を心と不相応と見ていたという。さらに大衆部も「随眠は心に非ず、心所にも非ず」と説き、随眠（煩悩の眠っている位）と心とは相応せずと説いている。

このように部派仏教では多くの部派が心不相応行を認めているが、しかしパーリ上座部はこれを認めない。すなわちパーリの五十二心所法の中には、命根・身軽安・身柔軟性・身適業性など、生命的なものがふくまれており、生命的・身体的なものまでも「心相応」と見ているのである。そのために「心不相応」（citta-vipprayukta）という用語は、パーリ仏教では用いないのである。このようになったのは、生理的なものと心理的なものとの関係は微妙であり、はっきりした区別が立たないためであろう。たとえば心臓の鼓動などは生理的なものであるが、しかし心理作用によって強く影響される。そのために命根などは、見方によっては「心相応」とも見ることができるであろう。パーリ仏教はそういう立場に立っているのである。

五位七十五法　以上、アビダルマ仏教で問題にする「存在の法」について略述したが、有部はこれらの法を「五位」にまとめている。五位とは、色・心・心所・不相応行・無為の五である。この分類は『品類足論』巻一（大正二六、六九二中）に出るのが最初である。すなわち、存在の法の第一として、物質（色）を挙げ、第二にそれに対立する心を出し、第三に心と相応する心所法を出し、第四に心と相応しない心不相応行を出す。これらの四種は有為法である。それらと対立するものとして、第五に無為法を出すのである。これは存在の分類としては、それまでに無かったすぐれた組織である。『倶舎論』でもこれを踏襲し、それぞれグループの内容を確立し、つぎのごとき五位七十五法に組織したのである。

色法　十一

眼根・耳根・鼻根・舌根・身根・色境・声境・香境・味境・触境・無表色。

心王　一

心所法　四十六

大地法十（受・想・思・触・欲・慧・念・作意・勝解・三摩地）。

大善地法十（信・勤・捨・慚・愧・無貪・無瞋・不害・軽安・不放逸）。

大煩悩地法六（無明・放逸・懈怠・不信・惛沈・掉挙）。

大不善地法二（無慚・無愧）。

小煩悩地法十（忿・覆・慳・嫉・悩・害・恨・諂・誑・憍）。

不定法八（悪作・睡眠・尋・伺・貪・瞋・慢・疑）。

心不相応行法　十四

得・非得・衆同分・無想果・無想定・滅尽定・命根・生・住・異・滅・名身・句身・文身。

無為法　三

虚空無為・択滅無為・非択滅無為。

この「五位」という分類は、有部以外では用いなかったらしい。ただし中国に起こった成実宗では、「五位八十四法」（色法十四、心王一、心所法四十九、不相応法十七、無為法三）を立てたといわれる（『維摩経義疏菴羅記』）。しかしこれは有部の説にならって、中国で組織した教理である。『成実論』そのものにかかる説があるのではない。パーリ上座部にも、一切法を枚挙するこころみは見られない。『摂アビダンマ義論』には、心を八十九心・百二十一心に区別し、心所に五十二心所を出し、色法に十一種あるいは二十八種を枚挙しているが、しかしそれらをまとめて「一切法」を尽すというこころみは見られない。従って一切法を枚挙するのは、説一切有部の特色ある説と見てよい。原始仏教では、存在の法は五蘊・十二処・十八界の分類によって示されていた。ただし五蘊説には無為法がふくまれない。しかも受・想二蘊は行蘊の中にふくまれるべきものである。従って存在の法の分類としては、五蘊は適切でない。『阿含経』では、一切を示すのに六処（六内処・六外処）で示す場合が多い。これは十二処というも同じである。十二処や十八界には、有為・無為のすべてがふくまれるが、しかしそれらでは、心所法や不相応行・無為法等が、法処・法界の一つにふくめられており、これに反して色法は十処・十界に細分され、分析がアンバランスである。それ故、十二処・十八界説にもそれぞれ難点がある。その意味で有部の五位七十五法説は、ダルマの研究としてはすぐれた結論であるといってよい。

註

（1）桜部建『倶舎論の研究』二三頁以下参照。
（2）論母については、赤沼智善『仏教経典史論』一一三頁以下、宮本正尊『大乗と小乗』七二八頁以下。桜部建、前引書二三頁以下。
（3）ダルマについては、和辻哲郎「仏教における法の概念と空の弁証法」（『和辻哲郎全集』第九巻四六一頁以下）、金倉円照「仏教における法の語の原意と変遷」「仏教における法の意味」（同『インド哲学仏教学研究I仏教学篇』昭和四八年、八三頁以下）、拙論「原始仏教における法の意味」（『早稲田大学大学院文学研究科紀要』一四、一九六八年）参照。
（4）勝義有と世俗有については、拙論「説一切有部の認識論」（『北大文学部紀要』二、一九五三年）参照。
（5）諸部派の無為法については、水野弘元「無為法について」（『印仏研』一〇ノ一、昭和三七年）参照。
（6）心所については、勝又俊教『仏教における心識説の研究』昭和三六年、三一九頁以下、水野弘元『パーリ仏教を中心とした仏教の心識論』第三章心所法総論、昭和三九年参照。

（7）刹那滅については、拙論「有刹那と刹那滅」（『金倉博士古稀記念・印度学仏教学論集』昭和四一年）参照。

参考書

高木俊一『倶舎教義』大正八年。木村泰賢『小乗仏教思想論』昭和一二年。赤沼智善『仏教教理之研究』昭和一四年。舟橋水哉『倶舎の教義及び其歴史』昭和一五年。佐々木現順『阿毘達磨思想研究』昭和三三年。同『仏教心理学の研究』昭和三五年。勝又俊教『仏教における心識説の研究』昭和三六年。水野弘元『パーリ仏教を中心とした仏教の心識論』昭和三九年。和辻哲郎「仏教哲学の最初の展開」（『和辻哲郎全集』第五巻）。同「人格と人類性」（『和辻哲郎全集』第九巻）。同『仏教倫理思想史』（『和辻哲郎全集』第一九巻）昭和三七—三八年。

C.A. Rhys Davids: Buddhist Psychology. London, 1914; Magdalena und Wilhelm Geiger: Pāli Dhamma. München, 1920; O. Rosenberg: Die Probleme der buddhistischen Philosophie. Heidelberg, 1924; Th. Stcherbatsky: The Central Conception of Buddhism and the Meaning of the word Dharma. London, 1923:（日本訳、金岡秀友『シチェルバトスコイ、小乗仏教概論』昭和三八年）。

第四節　世界の成立と業感縁起

三界　仏教の世界論は、いわゆる須弥山《しゅみせん》説として、中国や日本にもひろまり、明治以前までの人びとに大きな影響をあたえていた。この須弥山説は仏教の独創説ではなかったし、それらは今となっては荒唐無稽な地理学・天文学であるが、しかしこの中に仏教の教理が読みこまれているために、この説をまちがっているとして簡単に捨て去ることはできない。故にここには『倶舎論』の「世間品」（巻八以下）によって簡単にこの説を示すことにする。

古代インドでは、この大地の下に地獄（Naraka, Niraya）があると考えていた。これはヴェーダ時代の死の神ヤマ（Yama 閻魔《えんま》）の住処が、はじめは天界にあったのが、中途から地下に移ったことに起因するようである。それが仏教に採用されて、理論づけられ、八寒八熱の「十六大地獄」の説になったのである。さらにこの地上の地理に関しては、中央に須弥山（Sumeru, Meru, Neru）があり、その四方に四つの国があると考えていた。すなわち南贍《せん》部洲（Jambudvīpa）・東勝身洲《とうしょうしんしゅう》（Pūrvavideha）・西牛貨洲《さいごけしゅう》（Avaragodānīya）・北倶盧洲《ほっくるしゅう》（Uttarakuru）の四洲である。この中、われわれ人間の住んでいるのは、南贍部洲であると理解されていた。この四洲の外は海であるが、その海水が漏れないために、その外側は山脈（小鉄囲山）でとりかこまれている。しかしその外にはさらに海水があり、さらに山脈があり、あわせて九山八海があるとした。最も外側には大鉄囲山があり、これが大地の外側である。この地理的な世界を「器世間」という。

インド人は、この地上の上方には天界があり、天人が住んでいると考えた。ここに欲界（Kāma-dhātu）の天界と色界（Rūpa-dhātu）の天界とがある。欲界の天は六種であり、須弥山の頂上は台地で、その四方に四天王衆天があり、須弥山の真中に三十三天（忉利天）がある。その上に空中に浮んで、下より上に夜摩天・覩史多天・楽変化天・他化自在天がある。以上を「六欲天」という。

色界天は四禅に分かれており、第四禅天は色界の最高処にある。初禅天に梵衆天・梵輔天・大梵天の三天があり、第二禅天に少光天・無量光天・極光浄天の三天がある。第三禅天には少浄天・無量浄天・遍浄天の三天がある。第四禅天に無雲天・福生天・広果天・無煩天・無熱天・善現天・善見天・色究竟天の八天がある。以上で色界天は十七天になるが、しかしカシュミールの有部は、梵輔天は大梵天の家来であると見て、両者を一つにする。そのために十六天説となる。十七天説は西方師の説であるという。さらに経量部は十八天説を唱えたといい、法蔵部系の長阿含『世記経』（大正一、一三六上）には色界には二十二種の天があるとして、その名を示している。『舎利弗阿毘曇論』（大正二八、六〇一下）も二十二天説である。これらの点は、部派によって学説の相違があったらしい。しかし色界天の最高は色究竟天であり、この点は一致している。そのためにこの天を「有頂」ともいう。

無色界（Ārūpya-dhātu）とは身体や場所のない世界で、精神のみの世界である。これには空無辺処・識無辺処・無所有処・非想非非想処の四処がある。

以上の欲界・色界・無色界を「三界」と称し、有情《うじょう》の輪廻する場所と見るのである。欲界は男女の性別のある世界であり、従って性欲その他の欲望のある世界である。そのために物の争奪によって貪りや怒りがあり、争いの起こる世界である。ヴェーダ以来の神々には、男女の別があり、嫉妬を持ち、戦いをしたこと等が語られているために、それらの神々は三十三天等として、六欲天の中にふくめられている。しかし梵天だけは初禅天にふくめられる。その理由は、四無量心を修するのを「四梵住」と呼び、この禅定によって梵天の世界に生まれることができるとされるからである。すなわち梵天は禅定に結合しているために、初禅にふくめられる。四禅天は禅定に基づいて考えられた世界である。禅定を修して、初禅ないし四禅に達した修行者が、悟りを得ないで死ねば、涅槃に入ることはできず、輪廻転生する。しかし悪趣に堕するはずはないから、それに相当する天界に生まれると考えたのである。禅定体験には「身体の楽」が経験されるため、その世界も色界として、身体を持つ世界として表象した。しかし深い禅定体験では、性欲も食欲も感ぜられないし、外界の認識が消失して、他人との対立もあり得ない。そのために色界天では男女の別がなく、食物を必要としない、瞋《いか》りも起こらないと規定されている。そういう生物として色界の有情を考えるのである。そして天界の寿命や身体の大きさは、上に行くほど長くなるのである。

大地の下には地獄があるが、この大地そのものは虚空に浮んでいると見る。そして、それを支えているものは、風輪（Vāyumaṇḍala）であると考えた。風輪は、巨大なる空気の渦である。この風輪の上に水輪があり、さらにその上に金輪《こん》がある。この金輪が大地の根底であり、大地を背負っている。そしてこの四大洲と日月、須弥山、六欲天、梵天とを合したものを、一つの世界となす。かかる世界が無数にある。それらの世界が千集まったものを小千世界という。そしてこの小千世界が千集まって中千世界となる。この中千世界が千集まって、三千大千世界となるのである。この三千大千世界が一人の仏陀の教化しうる範囲であるとなす。従ってこの範囲の中に、二人の仏陀が同時に現われることはないという。一世界一仏であるが、しかしその仏陀の寿命には限りがあり、説きのこした正法の行なわれる期間にも限りがある。そのために釈迦仏の前に過去仏が何人か、この世に現われ、さらに未来には弥勒仏が現われると考えたのである。

なお三千大千世界は一つだけではない。他の三千大千世界がいくつかありうる。従ってそこには別の仏陀が出世していることが考えられる。有部はそのような仏陀の同時出世を否定するが、大衆部系では十方世界多仏出世を認めていた。このことは『論事』に説かれており、さらに説出世部の仏伝『大事』（Mahāvastu）にも、同時に多仏の出世のあることを説いている。

以上の宇宙論は、『長阿含経』の『世記経』やそれと同種類の『大楼炭経』『起世因本経』、さらに『立世阿毘曇論』などにおいて発展した説であり、有部では『婆沙論』や『倶舎論』等に整理して説かれている。ただし部派間では学説に若干の違いがあったらしい。なおジャイナ教でも仏教とはかなり異なった形で、宇宙論を説いている。さらにバラモン系統ではプラーナ（Purāṇa）に、この種の説明が見られる。

世界の破壊と生成　一つの三千大千世界は同時に生じ、同時に滅するという。世界も無常であるから滅する時がある。まず地獄に生ずる衆生がなくなると、地獄は不用になる。有情に善心が生じて、長時間たつと、地獄の衆生は転生して上界に生まれるが、しかし後に続いて地獄に生ずる衆生は無くなるので、地獄は空無となる。そのために地獄から破壊が起こる。そして順次に畜生・人間等も上の天界に生まれかわってゆき、この世界は空無となる。そして風と火と水の「三災」が起こって、この世界は風に飛ばされ、水に流され、火に焼かれて破壊されるのである。そして梵天までは破壊されるという。要するにそこに住すべき有情があれば、彼らの業の力によって器世間が維持されるが、有情がなくなれば、その業力が失われ、物質の結合はなくなる。そして一切は極微の状態に還元してしまい、虚空に浮遊するにいたると考えた。世界の破壊が始まってから終わるまでを壊劫《えこう》といい、これに二十劫を要するという。つぎは空劫であり、これは物質が極微の状態で空中に浮遊している状態である。この期間も二十劫。ついで二禅天以上に生まれていた有情が、善業を失って、初禅（梵天）以下に生まれる業《ごう》が起こると、その業力によって、まず風が起こって風輪が成立し、順次にこの器世間が成立する。これを成劫《じょう》といい、同じく二十劫を要するという。ついでこの世界の存続する期間が住劫である。これも二十劫である。ついで再び壊劫になるのであり、宇宙はかくして永遠に「成住壊空」を繰り返すと見るのである。

輪廻　以上のごとき世界において、有情は生死を繰り返す。これを輪廻《りんね》（saṃsāra）という。生物の在り方は、地獄（naraka, niraya）・餓鬼（preta）・畜生（tiryañc）・人間（manuṣya）・天（deva）の五趣（gati）である。地獄がもっとも苦しい生存であり、天が最も楽な生存であることはいうまでもない。一般には以上の五趣説であるが、これに阿修羅（asura）を別立すると「六趣」となる。『婆沙論』巻一七二（大正二七、八六八中）には、有部は五趣をとるが、阿修羅（asura）を立てて六趣説をとる部派のあることを指摘し、この説は経に反するとして斥けている。『論事』八ノ一によれば、パーリ上座部も五趣をとる。仏音の『論事註』によれば、大衆部系の安達《アンダカ》派・北道派は六趣説であったという。『大智度論』巻十（大正二五、一三五下）には犢子部は六趣説であるといっている。そして『大智度論』はむしろ六趣説によっている。そのために中国・日本では六道（六趣）説が正系のごとく考えているが、部派仏教としては五趣説が優勢であったと見てよい。

有情の生まれるには、卵生・胎生・湿生・化生の「四生《しょう》」の別がある。鳥類などは卵生、動物は胎生、虫類などは湿生、天界は化生である。詳しくいえばなおいくつかの場合がある。そして生まれる刹那を生有《しょうう》といい、それより死までの中間を本有といい、死の一刹那を死有といい、死有より生有にいたる中間を「中有」（antarābhava）という。これは中陰《いん》とも訳される。これは微細な五蘊から成っており、霊魂のごときものである。そして自己の生まれる生処を求めてさまようという。これはガンダルヴァ（Gandharva 尋香）とも呼ばれる。有部はこのような「中有」の存在を認めているが、しかし中有を認めない部派が多い。パーリ上座部は中有を認めない。『論事』八ノ二で中有を否定している。これを認めるのは、『仏音註』によれば東山住部と正量部であるという。『異部宗輪論』によれば、大衆・一説・説出世・雞胤の四部は中有を認めなかったという。化地部も中有を否定したという。さらに『婆沙論』巻六九（大正二七、三五六下）によれば分別論者も中有を認めなかった。『舎利弗阿毘曇論』巻一二（大正二八、六〇八上）にも中有を否定する。『成実論』巻三（大正三二、二五六中—下）には、中有を認める説と、否定する説とを挙げている。このように中有は、部派仏教では重要な問題の一つであった。

なお中有が母胎に託した刹那を「結生の識」という。十二縁起説でいえば、これは第三の識支にあたる。それから母胎の中で、羯邏藍《からラん》（kalala）・頞部曇《あぶどん》（arbuda）・閉尸《ぺえしい》（peśin）・鍵南《けんなん》（ghana）・鉢羅奢佉《はらしゃきゃ》（praśākhā）の順序で成長し、出産にいたる。これを「胎内の五位」という。生まれてからは嬰孩《えいがい》・童子・少年・盛年・老年の「胎外の五位」を経過して死有にいたる。かくしてさらに中有より生有にいたり、無限に生死を繰り返すという。この輪廻の生存には、始めは存在しない。

業感縁起　この輪廻の生存を十二縁起で解釈したものを業感縁起という。まず無明と行《ぎょう》を「過去世の二因」という。無明は過去で行なう煩悩（宿惑）の位であり、行はその煩悩に基づく善悪の業（宿業）であると解釈する。この業によって今世の生まれが決定する。その結生の識が第三識支である。もちろんこの托胎の初刹那にも、識のみがあるのではなく、既に微細な五蘊が備わっている。しかしその五蘊の中では識蘊が優勢であるので、この位を識支となすのである。それぞれの「位」において五蘊の中で優勢なものを取り出して十二縁起を解釈するので、この解釈を「分位縁起」(āvasthika) という。

つぎに母胎の中で肉体と精神とが形成せられていく位が名色である。つぎに母胎の中で感官が備わる位が六処である。つぎに生まれてから二、三歳までを触の位となす。これは根境識が和合(触)しても、苦楽を弁別できない嬰孩の時代である。つぎに苦楽を感受するも婬欲の起こらない童子の位が受である。つぎに愛欲の生ずる時代が愛の位である。それより名誉や財産などを得ようと馳求する位が取である。これによって未来に果を引くべき業を積集《しやくじゆう》するのが有の位である。この現世の愛と取とは、過去世の無明に相当し、有は過去世の行と同じであると解釈する。以上の識より有までの八支が現在世である。識より受までの五支は「現在の五果」であり、愛・取・有の三支は未来の果を引く「現在の三因」である。

現在の三因によって未来の生が決定する。その未来世における生が、第十一の生支である。従ってこれは、現在世でいえば、「結生の識」すなわち第三識支に相当する。生の結果として未来世における生存、すなわち老い死ぬことがある。これが第十二支の老死である。これは現在世でいえば、名色から受までに相当するという。

以上のごとく十二支を三世に配当し、過去の二因、現在世の五果、現在世の三因、未来世の二果という風に、因果が二重になっているので、この解釈を「三世両重の因果」という。そして無明、および愛・取は「惑」すなわち煩悩であり、この惑より業が起こる点が、行と有である。この二つは「業」である。その結果としての識から受、あるいは生・老死は「事」である。すなわち業より事が起こる。しかもさらにこの事に依存してまた惑が生ずる。このようにして惑・業・事の順序で生存を繰り返すことを、十二縁起は示しているという。「事」はすなわち苦の生存であるから、これは「惑業苦《わくごうく》」とも呼ぶ。このように業が果を感ずるという立場から十二縁起を解釈しているので、この解釈を業感縁起という。以上の十二縁起の解釈は近代の学者によって、胎生学的解釈とも呼ばれている。この解釈は、十二縁起の原意にはずれていると考えられるが、輪廻の相状を縁起で解釈したものとして、それ以後有力な十二縁起の解釈となった。これは有部で力をつくした解釈である（『倶舎論』巻九、大正二九、四八上以下）が、パーリ上座部でも説いている。仏音の『清浄道論』には、縁起を種々に説いているが、その中にこの三世両重因果の解釈がふくまれる（Visuddhimagga XVII, 284, HOS. 41, p. 495）。

四種縁起　有部は業感縁起を重視したが、しかし十二縁起の他の解釈を忘れたのではない。すなわち刹那縁起（kṣaṇika）・遠続縁起（prākarṣika）・連縛縁起（sāṃbandhika）・分位縁起（āvasthika）の四種縁起を説き、縁起に種々の意味のあることを示している（『倶舎論』巻九、大正二九、四八下。Abhidharmakośabhāṣya p. 132, *l.* 24ff.）。このなかで刹那縁起は、一刹那の五蘊の中に、十二縁起が備わっていることを示すもので、縁起の論理的依存関係・同時の縁起を示したものである。遠続縁起は時をへだてた法の間に縁起の関係のあることを示したもの。連縛縁起は、十二の各支が連続的に利那生起の関係で成立していることを示したもの。第四の分位縁起が業感縁起のことである。

六因・四縁・五果　縁起（Pratītyasamutpāda）を分析的に解釈して、有部に六因・四縁・五果の解釈が生じた。この中、四縁説は仏説であるといわれ、『阿含経』に説かれていたというが、現在の『阿含経』には見当たらない。しかし『舎利弗阿毘曇論』巻二五（大正二八、六七九中）に「十縁」を説いているが、その中には四縁がふくまれている。さらにパーリ上座部では、『発趣論』（Paṭṭhāna Vol. I, p. 1ff.）以来「二十四縁」を説くが、その中にも四縁はふくまれている。従って有部の四縁説は、部派仏教における「縁」（pratyaya）の研究の中から現われたものと見てよい。四縁の名目は既に『識身足論』巻三（大正二六、五四七中）に現われ、その後の『婆沙論』『倶舎論』等に説明がある。これに対して六因説は『発智論』巻一（大正二六、九二〇下）に出るのが最初である。従ってこれは有部内における独創説と見てよい。いまは『倶舎論』巻六（大正二九、三〇上以下）によって、六因・四縁・五果の意味を簡単に示すことにしたい。

有部は存在の法を五位七十五法としたが、このなかで因果はもっぱら有為法について説かれる。縁起は有為であるというのが有部の立場である。有部は有為法七十二法について、その性格を検討し、それらに六因の性格があることを主張する。たとえばダムの水は、落下することによって電力を起こす力がある。しかし落下したあとの水にはその力は失われている。すなわち存在者は、その位置によって帯びる力が異なるのである。それと同様に、法もその位置によって、所有する力が異なる。それを、法の持つ因としての力（この力は、法の自性とは異なる）であるとして六種類に分けた。すなわち有部では「因」とは、法と法との関係ではなくして、法の有する力である。

六因とは、能作因《のうさ》（kāraṇahetu）・倶有因《くう》（sahabhūhetu）・同類因（sabhāgahetu）・相応因（saṃprayuktakahetu）・遍行因《へんぎょう》（sarvatragahetu）・異熟因（vipākahetu）である。第一の能作因とは「自を除いて余は能作なり」と説かれ、自己を除いた一切法は能作因の力を持っている。自己（法）が生ずるために、他の一切法がその助けになっているという意味である。積極的に生起を助けない場合でも、生起をさまたげないことも助けたことになると解釈する。これを無力能作因という。無為法も、有為法の生起のさまたげとはならないので、その点では無為法も能作因の性格を持つと解釈する。これに対して、積極的に力を与える法は有力《うりき》能作因である。

第二の倶有因とは、因果同時の場合で、たがいに因となり果となる場合である。地水火風の四大種は、必ずこの四種が同時に生ずる。一が欠けても残りの三は生ずることができない。たがいに他の生起の助縁となっている。かかる関係を「倶有因・互為果」という。このほかに「倶有因・同一果」という関係もある。これは倶有因となる法が力をあわせて、他の法を生ずる場合である。

第三の同類因とは、善因善果・悪因悪果の場合である。同性質の法が、同性質の法の生起の因となることである。これを「同類因・等流果」という。第四の相応因とは、心心所法の相応の関係をいう。物質には相応因はいわない。相応には、所依・所縁・行相・時・事の「五義平等」が条件となっている。相応因は心心所の同時の相互関係であるから、倶有因の特殊な場合である。第五の遍行因とは同類因の中の特殊な関係である。特定の強力な煩悩が、自他の五部に遍じて、心心所を染することをいう。この煩悩に十一種あり、これを遍行の惑という。遍行因は異時因果の関係であって、同類因の一部分である。

第六は異熟因であり、これは善因楽果・悪因苦果の関係をいう。善を行なえば喜びがあり、悪を行なえば不快・不安の感情が起こる。この点からも善因楽果・悪因苦果のあることが知られる。同類因の場合は因と果とが同性質であるが、異熟因の場合は因と果との性質が異なる。異熟とは、果が因と異なって熟するという意味である。因は善悪であるが、果としての楽・苦は無記である。楽や苦は善とも悪ともいえない。従ってこれを異熟因・異熟果という。同類因と異熟因は道徳的な因果律である。道徳的要請を因果の法則で示したものである。しかし有部はこれを法則と見るから、善法は必ず果として善法を生ずる力があり（同類因）、さらに楽法をも生ずる力（異熟因）があると見るのである。

以上の六因に対して「五果」とは、異熟果（vipāka-phala）・増上果（adhipati-phala）・等流果（niṣyanda-phala）・士用《じゆう》果（puruṣakāra-phala）・離繋果（visaṃyoga-phala）である。異熟果は異熟因に対応

するもの。増上果とは、すぐれた果という意味で、能作因の果である。同類因と遍行因は等流果をとる。これは因果同性質の場合である。倶有因と相応因の果を士用果という。士用(puruṣakāra)とは人間のはたらきという意味であるが、ここでは因の法(体)がそのまま果の体であるという意味である。すなわち互為果《ごいか》の意味である。しかし士用果を字義通りにとれば、何らかのはたらきによって得られた果はすべて士用果であると言ってよい。その意味では増上果も等流果も士用果の一種と言ってよい。

六因は以上の四果におさめられる。第五の離繫果とは悟りのことをいう。悟り、すなわち択滅《ちやくめつ》は涅槃であるが、これは修行の力(道力)によって証せられたものである。択滅は無為法であるから、これが有為によって生ずるということは不合理である。しかし修行によって涅槃を実現するのであるから、択滅は「果」である。しかし因を持たないという。修行を能作因として立ててよいのであるが、しかし有部は、有為法を因として無為法の果があることを認めない。そのために離繫果は因を欠くのである。

なお以上と別に五因が説かれる。有部では四大種は所造の色に対して、生因・依因・立因・持因・養因という五因の性質を持っているという。この五因は六因説では能作因にふくまれると見る。なお有部にはさきの「五果」に加えて、安立果・加行果・和合果・修習果を加えて九果を説く説もある。

つぎに四縁とは因縁(hetupratyaya)・等無間縁(samanantarapratyaya)・所縁縁(ālambanapratyaya)・

増上縁（adhipatipratyaya）である。この中「因縁とは五因の性なり」といわれ、六因のうち能作因を除いた五因をまとめたものが因縁であるという。等無間縁とは物質にはなく、心心所法のみにあるもので、心心所が連続して生起する場合、前の心心所が滅することが、次の心心所の生ずることの条件となっている。場所を空《あ》けるから、次の心心所が生じうる。その意味で前刹那の心心所を等無間縁という。第三の所縁縁とは認識の対象の意味である。眼識とその相応の心所は一切の色をもって所縁縁とする。耳識とその相応の心所は一切の声をもって所縁縁とするというごときである。第四の増上縁は六因説の能作因と同じであるという。六因・四縁・五果の関係を示すと次のごとくである。

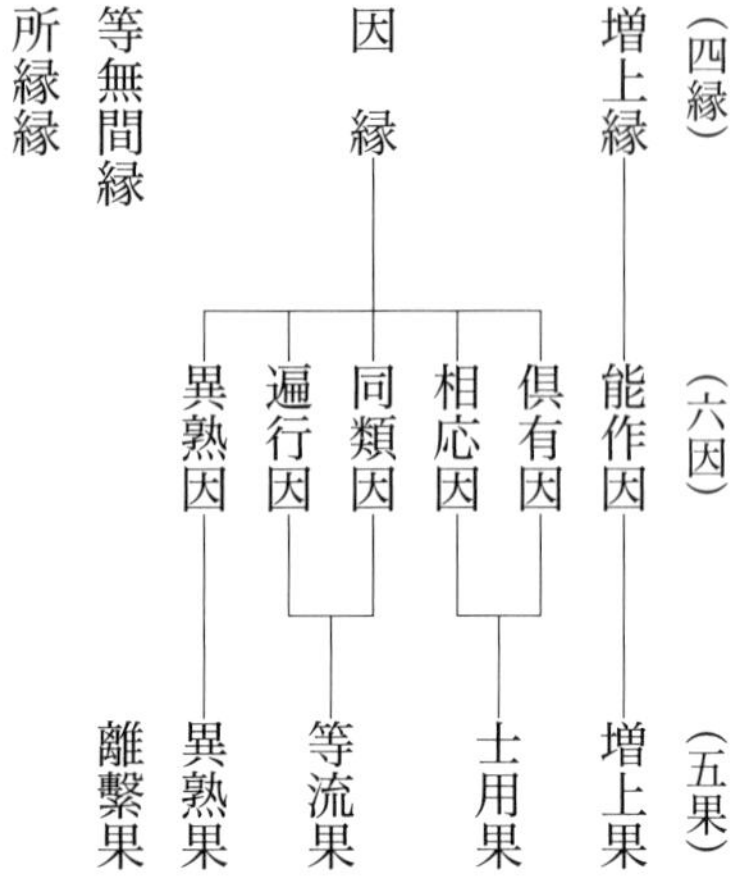

四縁のうち因縁と増上縁とで六因を摂することになるから、六因より四縁の方が広いことになる。なお『舎利弗阿毘曇論』巻二五（大正二八、六七九中）には、因縁・無間縁・境界縁・依縁・業縁・報縁・起縁・異縁・相続縁・増上縁の十縁を説いている。さらにパーリ論蔵の『発趣論』(Paṭṭhāna p. 1ff.）には、因縁・所縁縁・増上縁・無間縁・等無間縁・倶生縁・相互縁・依止縁・親依止縁・前生縁・後生縁・修習縁・業縁・異熟縁・食縁・根縁・静慮縁・道縁・相応縁・不相応縁・有縁・無有縁・去縁・不去縁、以上二十四縁を説いている。

以上の六因・四縁・十縁・二十四縁等には共通的なものが見られる。ともかく部派仏教では、十二縁起は輪廻の相状を現わすものと解釈して、十二縁起を三世両重因果で解釈し、さらに「縁起」については、以上のごとき種々の縁に分析して、その在り方を理解するようになった。そのために原始経典に示されていた縁起の全体的な意味は、かえって見失われることになったのである。

参考書

世界論、輪廻、十二縁起の問題は、『倶舎論』では巻八―一二「世間品」に説かれている。なお六因・四縁・五果は、『倶舎論』では巻六―七「根品」の末尾に説かれている。本節はその要点を示すにとどめた。近代学者の参考文献については、前節に同じ。特に「十二縁起」については、和辻哲郎『原始仏教の実践哲学』第二章、縁起説。赤沼智善「十二縁起の伝統的解釈に就いて」（『原始仏教之研究』四七五頁以下）。木村泰賢「原始仏教に於ける縁起説の展開」（『原始仏教思想論』四六七頁以下）参照。

第五節　業と無表色

法と業　アビダルマ仏教で大成された教理に「業《ごう》」の教理がある。この世界の成立について、創造神を認めない仏教では、それに代わるものとして業の思想は重要である。ただし業の思想は仏教に本来的なものではない。仏陀は法を悟ったが故に仏陀になった。この世界は法の世界であり、われわれも法そのものである。法としての自己以外に別の自己があるのではない。その意味で自己は無我である。法を悟れば、他から切り離された固定的自我の観念は消えてしまう。法の世界は縁起の世界であり、どこまでもつながった世界である。自己は、相依り相俟つ関係において成立する流動的存在（仮我）である。

この世界は法の世界であるから、たとい神が存在するとしても、それは法に基づいて存在しうるのであり、法として存在するのである。従って法を越える創造神の存在する余地はない。このように、世界は法の世界であるが、しかし現実には、凡夫には自我への執着があり、自己の所有（我所）の観念がある。ここに他から切り離された自己の観念が成立し、凡夫はこれに基づいて行動をする。固定的自己の観念に立ち、自我に愛着するから、自己と相手との対立が起こり、争いが生ずる。自己に対する慢心や、他に対する嫉妬、自己の所有物に対する貪りなどが起こる。これらの煩悩の根底にあるものは、法・縁起を知らない無知（癡 moha）・無明である。

このように自己は本来、無我であるが、しかし現実には自我の執着があり、凡夫はこれを中心にして行動する。自我は虚妄であるが、自我の執着という「心理」は実際にある。従ってそれに基づいて、他人を殺したり、物を盗んだりすることが起こる。人を殺せば、報復を恐れる心理が起こり、また罪責の心理が起こる。このような恐れや罪責の「心理」も実在である。かかる自我への執着の「心理」や、自己の所有物への貪りの「心理」、恐れや罪責の「心理」は、それぞれそれに相応する果報をまねくことになる。ここに、本来は無我でありながらも、自我を中心とする業報の関係が成立し、法の世界が業の世界に転換する契機がある。しかし第一義の立場から見れば、自我は虚妄の存在者である。従ってそれを基点として成立している業の因果も虚構である。すなわち悟れば、業の因果の世界は消失する。そのためにアビダルマ仏教の譬喩者は「無間業可転」を主張したという。これは、殺父・殺母等の無間《むげん》地獄におちるような重大な悪業でも、転換することができるという意味であり、業の本性は空《くう》であるという認識に立っている。しかし凡夫においては、自我の執着を否定しても否定できないのと同様に、業の因果も否定しきれるものではない。敢えてこれを否定すれば虚無論に陥ることになろう。業の法則は、以上のごとき意味において、仏教において採用されていると理解される。

行為の三種　業とはカルマ（karman）の訳語であるが、カルマとは本来は「行為」の意味である。『大毘婆沙論』巻一一三（大正二七、五八七中）には、カルマに三種の意味を区別している。第一は「作用」という意味で、カルマの最も広い意味。第二は「法式を持する」という意味で、行為の中では特に「儀式」としての行為を重んずるから、特にこれを取り出したのである。これは漢訳では「羯磨」と音訳し、カツマ・コンマ等と読んでいるが、原語はカルマンである。法式とは儀式であるが、その中に議事決定をふくんでいる。議事は一定の手続きによって行なわれる。手続きをまちがえたり、中間を脱したりすれば、議事決定は無効になる。故に羯磨においては儀式の順序を誤らないことが重要視される。

第三は「果を分別する」といわれる場合の業である。善悪の行為が、それぞれの果報を持つ。その果報を業という場合である。すなわち善悪の行為が、あとに見えない力をのこす。その力を業というのである。一般に行為はなされる傍から消えさるものである。どんな重大な約束でも、言葉は一瞬にして消えさる。人を殺したとしても、殺すという行為は即座に消えさる。もちろんあとに種々の証拠はのこるであろうが、しかし証拠と行為そのものとは異なる。しかも証拠もついには無となる。このように行為は消失するものであるが、しかし後に見えない力をのこす。たとえば一度口から出してしまった約束は、あくまでその実行が要求される。人を殺せば、その行為に対して、五年後でも十年後でもその責任が追求される。このように行為は必ずほろびるが、しかしあとに見えない力をのこす。あとに力をのこす点では、経済的行為や法律的行為でも同様であるが、ここでは特に善悪の行為があとにのこす力を「業」と呼んだのである。

以上、カルマには三種類が区別されるが、ここでは特に第三のあとにのこる見えない力としての業を問題にするのである。

業説の起源　善悪の業によって未来の運命が規定せられるという考えは、既にウパニシャッドに見られる。『ブリハドアーラニヤカ・ウパニシャッド』(Bṛhadāraṇyaka Up. III, 2, 13) に「人は善業によって善人となり悪業によって悪人となる」という考えがあり、さらに『チャーンドーグヤ・ウパニシャッド』(Chāndogya Up. V, 10, 7) には「良い行為 (caraṇa) によって良い母胎にやどり、悪い行為によって悪い母胎にやどる」と述べている。これも業の果報を認める説である。しかしウパニシャッド時代には、まだ業説は完成したのではなく、仏教に受け継がれたのである。

『阿含経』には業に関する教説が多い。そして仏陀は積極的に業説を認めたというように記されている。「仏陀は業論者 (kammavādin) であり、業果論者 (kiriyavādin)・精進論者 (viriyavādin) である」(AN. I, p. 187) と説かれている。業を認めることが努力精進と関係づけられている。努力精進は意志の自由を認めることに関係がある。行為の結果をその人が受けねばならないということは、意志の自由を認めて、はじめて可能である。神意によって人間の運命がきまると見る説や、偶然論・宿命論等はすべて人間の意志の自由を認めない。従って行為の責任をその人に帰せしめることはできない。しかし業説も、極端に機械的に解釈すると宿命論に近づくであろうが、縁起説との関連において業説を理解するところに、意志の自由や努力の結果を認める業説が成立する。自我を固定的なものと見ると、自我は変化しないものとなり、業の果報を受けることが不可能になる。しかし自我に前後のつながりを認めないと、同様に業果の関係は成立しないであろう。ここに断絶と連続の中道に立つ縁起説が業の解釈に入ってくるのである。

仏陀当時の六師外道の中には業の因果を否定した人が多い。その中でジャイナ教のマハーヴィーラは業を認めていたが、しかし彼は身口意の三罰（daṇḍa）を立てて、結果を重んじたのに対し、仏教は身語意の三業を立て、その中では特に意業を重んじ、業における動機を重視したという。『阿含経』には業に関する教説は多いが、特に『法句経』には、「悪業よりまぬがれ得べき処はない」等と、業報が不滅であることを説く教説が多い。スッタニパータには、業に関する教説は少ないが、しかし「縁起を見る賢者は業と異熟とを正しく知る」（No. 653）と述べ、「異熟《ヴィパーカ》」（vipāka）を説いている。ヴィパーカとは単に「熟する」という意味でもよいが、接頭字のヴィ（vi）に「異なる」という意味があるために、「異熟」と訳され、意味も「異なって熟する」と解されるようになった。すなわち業（因）は善、あるいは悪であるが、その果報は楽、あるいは苦であると考えられる場合、苦楽は善でも悪でもないもの（無記）であるので、業の果報は「因と異なって熟する」と解釈されるようになった。すなわち因は善悪で、果は無記という場合の業果の関係が、アビダルマ時代には「異熟因・異熟果」の関係として法則化されている。このヴィパーカという用語は、『阿含経』には広く用いられている。

ともかく善の業が善の果を、悪の業が悪の果をまねく（これは「同類因・等流果」の関係として、アビダルマで法則化されている）こととならんで、善の業が福を、悪業が禍をまねくことも、古くから考えられていた。この禍福は心理的に言えば苦楽になるのである。福徳、福業は『阿含経』にも広く説かれており、黒業・白業の用例もある。

業の本質　パーリ上座部の業説は、仏音の『アッタサーリニー』（Aṭṭhasālinī III, 92-136）にまとめて述べられ、有部の業説は『倶舎論』の業品に詳しい。

仏教では行為を、身体による行為（身業）・言葉による行為（語業）・心による行為（意業）の三業とする。この中、第三の意業は心理的要素からのみなるが、身業と語業とは、動機や決意等の心理的要素と、声を出したり、身体を動かす等の肉体的要素との両方から成立している。かく心身の二要素があるために、業の本質は何であるかが問題になる。上座部は三業の本質は「思《し》」(cetanā) であるとする。思とは「心を造りあげる力」（造作の義）と説明され、意志のことである。意志を行為の本質と見るのは、行為の精神面を重んじるのである。経量部も業の本質を思となし、行為を思によって分析し、審慮思《しんりよし》・決定思《けつじようし》・動発勝思《どうほつしようし》に分ける。最後の動発勝思は活動せんとする意志で、これが身体に現われて動身思（身業）となり、言葉に現われて発語思（語業）となると見る。

上座部では、身体の動きを「身表《しんぴよう》」(kāyaviññatti) と称し、これを身業の門となし、この門において己を表わす「思」が身業であるとなす。同様に音声の屈曲変化が語表であり、この語業の門において成就する思（言葉を用いて悪口や綺語を示す心内の思）が、語業であるとなす。行為の本質を思とするのは、口から発する音声や身体の動きには、善悪の性質はないと見られるから、心中の意思によって行為の善悪を決定しようとするのである。

これに対して説一切有部は身業・語業の本質を思と見ない。身業は身体的動作なしには成立しないし、語業は言葉による表現なしには成立しない。そのために身業の本質は、身業の完成する最後の刹那の身体の形（形色《ぎょうしき》）となし、語業の本性は妄語や悪口が完成する最後の音声にあるとなす。『阿含経』に業を二つに分けて思業と思已業となし、身語の二業を思已業としているが、有部はこれを、身語二業が思業でないことを示すと解釈する。

表業と無表業　行為には、目に見える部分と見えない部分とがあることは既に指摘したが、有部はこれを表業と無表業と呼んでいる。意業は外部に現われないから、表・無表の区別はないが、身業と語業には表業と無表業とを区別する。身業の体を形色となし、語業の体を音声とするのは、その表業について言うのである。しかし表業は刹那滅であってただちに滅するから、果報を生ぜしめる業の力は、見えない形で存続してゆくと考える。これが無表業（avijñapti-karman）である。しかし表業が形色や音声という物質的存在であるから、それから生じた無表業も物質的存在であるとして、これを「無表色」（avijñaptirūpa）と呼んでいる。無表業とは、消滅した表業が形をかえてその力を持続してゆくものであり、機会がくるとその力が「果」として現われる。故に無表業は因と果との媒介者である。ただこれを無表色として物質的存在と見る点に、有部の特色がある。しかしこれは目に見えない存在であるから、極微から成立しているとはしない。そして十二処説では、色処に入れないで法処に入れる。

経量部は三業の本質をすべて思と見るから、表業・無表業の別を認めない。ただし思の心所は刹那滅で消滅するから、同様に業と果を結合する媒介者を必要とする。経量部は、これを思の種《しゅう》子《じ》とする。種子の相続・転変・差別によって、種子が刹那相続で連続し、その間にしだいに熟して、果報を生ずるとなす。このような業と果をつなぐものを、大衆部では「増長」(upacaya) と呼び、正量部では「不失壊」(avipranāśa) と称したという。無表は無作とも無教とも訳されるが、『成実論』や『舎利弗阿毘曇論』にも説かれており、名称は異なるが、一般に部派仏教では、業と果をつなぐ目に見えない存在を承認していたと見てよい。

戒体としての無表色　有部が無表色の存在を強く主張するのは、戒体として無表色を考えるからである。これはさきの、業と果とをつなぐ見えない力としての無表業の意味とは少し異なる。これは有部の教理の発達によって、意味が変わってきたのであろうと思われる。

戒体とは、戒を受ける時に身に備わる「防非止悪の力」をいう。たとえば五戒を受け、不殺生戒を守ると誓えば、この誓いの事実によってその後の生活が律せられ、殺生の悪行からのがれることができる。これは禁酒を誓った人が、その誓いの故に、飲みたい酒も飲み得ないのと同様である。この抑制力（防非止悪の力）は、戒を受けたときに生ずるとしなければならない。そしてその後は、忘れている時も、眠っている時も、あるいは悪事を考えている時も、たえず身に備わって、相似相続していると考えねばならない。しかもこの戒体は、受戒の時の礼拝等の身体の動作や受戒を誓う時の言葉をぬきにしては成就しない。このように身体的動作、すなわち物質から生じたものであり、目に見えない力であるので「無表色」(avijñaptirūpa) と称する。

仏教徒を区別する根拠はこの戒体にある。五戒の戒体を備える点で非仏教徒と区別しうる。さらに比丘の戒体を備えているから、在家信者と違うことを主張しうる。袈裟を着ているとか、禁欲生活をしているから比丘であるのではない。たとい破戒をしても比丘の戒体を備えておれば比丘である。このような意味で、戒体は重要視されたため、その意味については部派仏教の間に解釈の相違が起こった。有部はこれを無表色と呼んで物質的なものと見ているが、経量部はこれを「種子」と見ている。さらに上座部は戒の本質を「思」の心所と見ている。この解釈は仏音の『清浄道論』に示されている。

『倶舎論』には、戒体という用語はまだ使われず、「律儀の無表」と呼ばれている。これは、受戒のとき「命終わるまで」と言って受けるので、戒体は死ぬまで続くと見ている。戒体には信者の五戒（優婆塞・優婆夷）の戒体、沙弥・沙弥尼の十戒の戒体、正学女の六法戒の戒体、比丘・比丘尼の具足戒の戒体、さらに在家信者の布薩（八斎戒）の戒体がある。故に八種となるが、しかし実体は四種であるという。すなわち五戒・十戒（六法戒をふくむ）・具足戒・八斎戒である。この中、八斎戒は一昼夜と限って受けるので、夜明けと共に戒体を失うという。なおいずれの戒体の場合でも、戒を守る意志をやめ、戒を捨てることを宣言すれば、捨戒が成立し、戒体を失う。

三種律儀　なお無表色には、律儀（saṃvara）の無表のほかに、不律儀と非二（律儀でも不律儀でもないもの）との三種がある。不律儀とは悪戒のことで、生涯、屠殺を職業とする等と誓う場合である。非二とは善戒・悪戒の中間のもので、処中の無表とも言われる。善あるいは悪の誓いを立てる場合でなく、一時的に善あるいは悪の心を起こし、あるいはその行動をする場合である。かかる場合にも、善あるいは悪の無表を得するという。

なお律儀は善の場合であるが、これに別解脱律儀・定生律儀・道生律儀の三種がある。別解脱律儀は波羅提木叉律儀ともいわれ、さきの戒律を受けることによって得られる防非止悪の力のことである。第二に、禅定に入った場合にも、その禅定力によって防非止悪の力が身に備わる。これを静慮律儀・定倶戒等という。この律儀は定を出れば失われる。第三に悟りを得ると、その悟りの力によって防非止悪の力が得られる。これが無漏律儀・道倶戒と言われるものである。これは道を退するときには失われる。定倶戒と道倶戒は随心転の戒と言われる。

業の種類と善悪の規準　業はその行なわれる場所によって、身語意の三業に分けられる。しかしそのほかにも種々の分類がある。第一は善悪の区別である。すなわちその点から善業・悪業・無記業に分けられる。『倶舎論』によれば、善業とは安隠の業のことで、可愛の異熟を引く業と涅槃を得る業とのこと。何が善であるかは、望ましい結果が得られるか否かで判断される。可愛の異熟果とは楽のことであるから、楽を得る業が善であるということになる。別解脱律儀等は涅槃の実現に役立つので善であるといわれる。楽を引く業は輪廻の中における善であるから、有漏善といわれる。これは具体的には「十善業道」によって示される。すなわち不殺生・不偸盗・不邪婬・不妄語・不悪口・不両舌・不綺語・無貪・無瞋・正見である。これに反する殺・盗・邪婬・妄語・悪口・両舌・綺語・貪・瞋・邪見が十悪業道である。十善・十悪は既に阿含経時代から、善悪の規準として示されているものである。なお悪業は苦の異熟果を引くものであり、無記業は苦楽の果を引かない業である。なお涅槃は無漏善であるが、これは業ではない。業を越えたものである。これに対して道すなわち悟りの智慧は無漏善であり、同時に無漏業である。これは異熟果を引くことがない勝義善である。ただしパーリ仏教では有学の無漏業は、有学果または無学果という異熟果を引くとなす。そして無学の無漏業は果を引かない唯作であるとなす。なお善には、勝義善・自性善・相応善・等起善等の区別もある。これは心所の十大善地法等に関係がある。

なお業には福業・非福業・不動業の区別があり、上二界の善を特に不動業という。さらに順楽受業・順苦受業・順不苦不楽受業・黒業・黒白業・白業・非黒非白業の別がある。非黒非白とは無漏業のことである。さらに果報を受ける時間について、現在に果を受ける順現法受業、次生に受ける順次生受業、後生に受ける順後次受業等がある。以上は定業である。このほかに果報を受ける時の定まらない不定受業がある。

三世実有と過未無体　有部は無表色を戒体の意味に用いたので、業因と業果をつなぐ意味は失われた。これは有部が有為法を三世に実有であると見たこととも関係がある。現在世の諸法が実有であるとすると、それらの諸法は未来世から生じたことになる。これを生ぜしめる力が四相のうちの生相である。諸法のいちいちに生住異滅の四相が附随し、その力により法は未来世より生じ、一刹那現在世に住し、過去世に落謝する。この刹那滅の諸法の継起の上に、現在が成立する。過去世に落謝した法は過去世に実在する。業力も過去世に実在し、時がくると果を感ずる。有為法の作用は現在世のみであるが、法の体は三世に実有であるとなすのを「三世実有・法体恒有」の説という。これにたいして業力は種子の形にかわり、現在世に保存され、過去は無になると見る考えは「現在有体・過去無体」の説であり、大衆部や経量部の唱えた説である。

参考書

戒体論については、拙著『原始仏教の研究』第二章第三節「戒体と戒の得捨」参照。業の研究については、木村泰賢『小乗仏教思想論』昭和四三年再刊。赤沼智善「業の研究」(『仏教教理之研究』所収)、昭和一四年。水野弘元「業説について」(『印仏研』二ノ二)、昭和二九年。舟橋一哉『業の研究』昭和二九年。拙著「小乗仏教の倫理思想」(『世界倫理思想史叢書・印度篇』所収)、昭和三四年。

第六節　煩悩の断尽と修行の進展

煩悩の意味　煩悩とはクレーシャ（kleśa, kilesa）の訳語であるが、有部に属する『入阿毘達磨論』巻上（大正二八、九八四上）には、「心身を煩乱逼悩して相続するが故に煩悩と名づく。これ即ち随眠なり」と述べ、心身を騒乱して寂静をさまたげるものの意味に解釈している。パーリの『清浄道論』（HOS. Vol. 41, p. 586）では「自ら染汚せられたものであり（saṅkiliṭṭha）また相応法を染汚する（saṅkilesika）が故に煩悩という」と説明している。これは煩悩、すなわちキレーサ（kilesa）という語を、「染める・汚す」（saṅkilissati）という語と同じ語源から派生した語と見るためである。梵語のクレーシャはkliś（悩ます）から出た言葉のごとくであり、『入阿毘達磨論』の解釈はこれによる。しかし梵語にも「染汚意」（kliṣṭamanas）という語があり、これは「染める」という意味から来たと解釈されている。ともかく「煩悩」の語は『阿含経』にはあまり用いられない用語である。アビダルマ時代になってから、盛んに用いられるようになった。パーリの『分別論』（17, 9, 185）には、貪・瞋・癡・慢・見・猶予・惛沈・掉挙の「八煩悩事」（aṭṭha kilesa-vatthūni）を挙げ、『法聚論』（No. 1229）には、これに無慚・無愧を加えた「十煩悩事」（dasa kilesavatthūni）を挙げている。上座部では煩悩としては、後世までこの十煩悩事でまとめている。ただし『摂阿毘達磨義論』(p. 32) には、煩悩に関係するものとしては、四漏 (āsava)・四暴流《ぼる》 (ogha)・四軛 (yoga)・四繋 (kāyagantha)・四取 (upādāna)・六蓋 (nīvaraṇa)・七随眠 (anusaya)・十結 (saṃyojana)・十煩悩を挙げる。これらは、阿含以来の煩悩のまとめ方を網羅して示したものである。これらの中では、「漏《ろ》」(āsava) が最も古くから用いられている。『スッタニパータ』や『法句経』などに、「諸漏を尽す」(āsavā khīṇā) ということが、悟った人の資格を示す言葉としてしばしば説かれている (漏は、仏教では「漏泄《せつ》」の意味にとり、心中の汚れが外に漏れると解釈するが、ジャイナ教では「漏入」の意味にとり、汚れが外部から体内に流入し、アートマンに付着すると考えた。ともかく「漏」は仏教・ジャイナ教で共に用い、その起源が古いと見てよい)。漏は四種の漏として示される。それらは、欲漏 (kāma-āsava)・有漏 (bhava-ā.)・見漏 (diṭṭhi-ā.)・無明漏 (avijjā-ā.) である。つぎの暴流や軛も漏と同じく用例が古い。四暴流・四軛は四漏と内容が同じである。

つぎにここには六蓋が挙げられるが、『阿含経』では五蓋を挙げるのが普通である。つぎの七随眠も『阿含経』の各処に見られる。つぎの結は、五上分結・五下分結と二つに分けるのが、『阿含経』の一般の用例である。五上分結は、有情を色界・無色界の生存に束縛する煩悩であり、五下分結は、有情を欲界の生存に束縛する煩悩である。故にこれらの煩悩を断ずれば輪廻の生存から脱しうると考えた。つぎの十結は両者を合したものである。ただし『摂阿毘達磨義論』には、「経中にある十結」とならんで「論中にある十結」として、嫉や慳を加えた十結をも挙げている。

これは『法集論』(Dhammasaṅgaṇi No. 1113) などに見られるものである。この後者の十結と十煩悩とは、パーリ系ではアビダルマ時代になってから組織されたものである。煩悩に多くの名があるのは、煩悩は心を染めるものと見るか、覆うものと見るかの相異と関係があろう。自性清浄心を認める立場では、煩悩は心を覆うにすぎず、心の本性は煩悩に汚されないと見るからである。

煩悩には以上のごとく種々のまとめ方があるが、しかし相互に重複しているから、種類としては十結・十煩悩でつくされるのである。しかも重要なものは、十煩悩中の貪・瞋・癡・慢・見・疑・惛沈・掉挙等である。この中、貪は欲貪・有貪に分けられ、有貪はさらに色貪・無色貪に分けられる。さらに見も五見に分けられる。

有部系統ではさきの『入阿毘達磨論』に「煩悩とは随眠なり」と言っているが、『入阿毘達磨論』でも随眠としてはパーリと同じ七随眠を挙げている。これは、欲貪・瞋・有貪・慢・無明・見・疑であり、阿含経以来説かれるものである。この中で、欲貪と有貪とは共に貪であるから、これを一つにまとめると六随眠になる。アビダルマで随眠という場合は、もっぱらこの六随眠をいうのであり、『倶舎論』で「根本煩悩」とするのもこれである。この六随眠の中で「見」を身見・辺見・邪見・見取見・戒禁取見《かいごんじゅ》の五見に開けば、十随眠になる。『倶舎論』の「随眠品」では、この十随眠によって煩悩の在り方が考察され、これらを三界五地、見惑・修惑に開いて九十八随眠として説くのである。

有部では随眠と煩悩とを同一視しているが、大衆部や経量部では両者を区別している。経量部は「煩悩の睡る位を随眠と名づけ、覚《さめ》る位において纏（paryavasthāna）と名づける」（Abhidharma-kośa p. 278, *l*. 19）と理解する。これは随眠（anuśaya）は「睡る」（śī）という語根からできたと見ることと関係がある。凡夫には貪りや瞋り等の煩悩が断ぜられていないが、しかし常時これらの煩悩が現起しているのではない。常には煩悩は眠っているが、機会を得て現起する。その意味で煩悩は、平常は種子の状態で無意識の領域に保存されておると解釈することになる。記憶などと同じく煩悩の在り方からも、その保存の場所としてアラヤ識が要求されることになる。しかし有部は、一切法の利那滅の立場をとり、煩悩は未来世という時間的場所に保存されており、これが得《とく》の糸によって自己（相続）につながれていると説明する。この得の糸でつながれている点で、凡夫は煩悩を現に起こしていない時でも、煩悩が断ぜられていないのであると説明する。

九十八随眠　煩悩は、苦諦の智が生ずれば断ぜられるもの、集諦の智によって断ぜられるもの、滅諦の智によって断ぜられるもの、道諦の智によって断ぜられるものの別がある。これを「四部」という。以上は「見惑」すなわち見道（darśana-mārga）によって断ぜられる煩悩である。これは迷理の惑ともいわれる。四諦の道理がわかれば断ぜられる煩悩だからである。しかし四諦の智が生じてもなお断ぜられないでのこる煩悩がある。これが「修惑《しゅ》」である。すなわち修道（bhāvanā-mārga）所断の煩悩である。習慣となっている煩悩は、道理がわかるだけでは断ぜられない。絶えざる修行によって、心の習慣性をかえていくことによって断ぜねばならない。これは貪・瞋・癡

・慢の四である。五見と疑は理論的な煩悩であるから、四諦の智（縁起の智をふくむ）によって残りなく断ぜられる。貪・瞋・癡・慢でも、四諦の智によって断ぜられるものもある。すなわちこの四には見惑と修惑との両種類があり、五見と疑は見惑のみということになる。見惑の「四部」に修惑を加えて「五部」という。

さらに煩悩には所属について、欲界・色界・無色界の三界の別がある。たとえば欲界は苦の多い世界であるから欲界の貪（欲貪）は容易に断ぜられても、色界・無色界は微妙な安楽な世界であるから、これらの世界に対する貪（色貪・無色貪）は断じ難い。故に欲界の煩悩を断じたあとに、さらに色界・無色界（この二は合して断ずる）の煩悩を断じなければならない。以上の三界五部の煩悩を合して九十八種とする。

まず欲界の煩悩は三十六種ある。苦諦下の煩悩は十随眠全部（見苦所断の煩悩）、集諦・滅諦下はそれぞれ七。集諦と滅諦に対しては、身見・辺見・戒禁取見は起こらない。故に貪・瞋・癡・慢・疑・邪見・見取見の七となる。道諦下の煩悩は八。道諦に対しては戒禁取見を起こすから、以上の七にこれを加えて八となる。以上、欲界の見惑（見道所断の煩悩）は三十二種、これに修惑が四種あり、合して三十六種となる。

つぎに色・無色界には瞋煩悩がないという。両界には食欲・性欲がないから、瞋を起こすべき対象が存在しないのである。従って四部においてそれぞれ瞋を減ずるから、色界の惑は苦諦下煩悩九、集諦下六、滅諦下六、道諦下七、以上見惑二十八種、修惑三種、合して三十一種となる。

無色界の惑も同様に三十一種、これに欲界の惑三十六種を合して、三界五部の煩悩は九十八種となる。

以上の九十八随眠のうち、見苦所断の煩悩のうち五見と疑と、それらと相応の無明と不共無明、および見集所断の二見（邪見と見取見）と疑、相応無明・不共無明、以上の七見、二疑、二無明の十一は、自の界・地の五部にその力が行きわたるので、これを十一遍行の惑という。さきの六因のうちの「遍行因」とは、これらの煩悩のはたらきをいう。さらにこれらの十一遍行のうち、苦諦下の身見・辺見、集諦下の辺見を除いた九種の煩悩は、上界をも縁ずる（束縛する）ので「九上縁の惑」と称する。

上記の十一遍行の惑の中に、相応無明と不共無明との二種の無明がある。相応無明は、他の煩悩と相応してはたらく無明である。しかし無明はこれにつきるものではなく、迷いの根本である点で、あらゆる心作用の根底に無明があるとしなければならない。すなわち煩悩心、不善心だけでなく、無記心や善心の根底にも無明がはたらいていると考えねばならない。不共無明はこの意味の無明であり、起動力として独立にはたらく無明のことである。あらゆる心作用の根底にある迷いの原理としての無明である。十二縁起の無明は、かかる意味の無明であると考えてよい。この不共無明の考えを深めることによって、染汚意や唯識説の末那識が発見せられたのである。『大乗起信論』の根本無明の考えも、この不共無明の思想の発展したものであろう。その意味で、有部が無明に相応無明と不共無明とを区分したことには、大きな意義がある。

百八煩悩　有部では以上の九十八随眠に対して、さらに十纏（無慚・無愧・嫉・慳・悪作・睡眠・掉挙・惛沈・忿・覆）を加えたものを「百八煩悩」という。この十纏（paryavasthāna）は随煩悩（upakleśa）ともいう。

随眠は以上の六随眠・十随眠が基本であるが、これは分け方によって、九結（saṃyojana）、五上分結、五下分結、三縛（bandhana）などにも分けられる。ともかく随眠と随煩悩とによって、一切の惑がつくされると見るのが、『倶舎論』の「随眠品」における有部の説である。しかし『倶舎論』の「根品」における「五位七十五法」の分類は、さきにその内容を示したが、「随眠品」の説と異なる。すなわち七十五法中の四十六心所では、大煩悩地法六として、癡（無明）・放逸・懈怠・不信・惛沈・掉挙を挙げ、大不善地法二として、無慚・無愧を挙げ、小煩悩地法十として、忿・覆・慳・嫉・悩・害・恨・諂・誑・憍の十を挙げている。すなわち「随眠品」で重要視する貪・瞋・慢・疑等は、以上の表の中には現われない。「根品」の心所法ではこのほかに「不定の心所」として、「悪作・睡眠・尋・伺等」を挙げているが、この「等」の中に貪・瞋・慢・疑を加えて、不定の心所を八種となし、四十六の心所を決定する。煩悩論としては重要な貪等が、五位七十五法では明確な位置を与えられていないのは、問題の立て方が異なるためであろうが、同時にこのことは、「界品」や「根品」と「随眠品」とは、系統が異なる学説を、世親がまとめたことを示すかとも思われる。

修行の進展　弟子の修行の進歩には、『阿含経』に四向四果の階位が説かれている。すなわち預流（sotāpatti, srotāpatti）、一来（sakadāgāmin, sakṛdāgāmin）、不還（anāgāmin）、阿羅漢（arahant, arhat）の四であり、これにそれぞれ「向」と「果」とがあるため、四向四果、四双八輩となる。第一の預流とは「仏教の流れに入る」意味であり、仏教に対して不壊の浄信を得た者をいうのが本来の意味であったと考えるが、『阿含経』で型となった説明（『十誦律』巻一八、大正二三、一二九上。*SN.* V, pp. 356-7）では、三結（見結・戒禁取結・疑結）を断じた者のことで、これは悪趣に堕しない者、必ず悟りに向かう者といわれ、「極七返生」ともいわれる。少なくともこの世に七遍生まれかわる間に悟りに至るのである。第二の一来とは、三結がつき、三毒（貪・瞋・癡）が薄くなった者のことである。この世に一遍だけ生まれかわるので一来という。第三の不還はこの世に還らない者、すなわち死して天界に生まれ、そこで生死を繰り返すあいだに涅槃に入る者のことで、五下分結を断じた者のことである。自己を欲界に結合している煩悩が五下分結である。第四の阿羅漢とは煩悩が尽き、無漏の心解脱、慧解脱を得た人である[1]。

修行の階位としては、以上の四向四果が重要であるが、しかし『阿含経』には、さらに詳しい弟子声聞の階位も説かれており、中阿含『福田経』（大正一、六一六上）には「十八有学、九無学」が説かれている。これらは、さきの四向四果をさらに詳しくしたものである。アビダルマの修行者の段階は、これらの『阿含経』の説に基づいている。

パーリ上座部の修行道の階位　パーリ上座部では実践道の段階を戒清浄・心清浄・見清浄・度疑清浄・道非道智見清浄・行道智見清浄・智見清浄の七清浄で示している。この七清浄は『阿含経』に既に説かれているものであり、『成実論』や『瑜伽論』などにも引用されている。七清浄は、仏音の『清浄道論』に説かれるが、第一の戒清浄とは戒律を清浄に実行することである。第二の心清浄とは清浄なる禅定を備えることで「八等至」であるという。しかしてこの二は慧を実現するための「根」であるという (Visuddhimagga p. 375)。そしてつぎの見清浄以下の五清浄が「慧の体」であるという。『清浄道論』では知解 (jānana) を分析して想 (saññā)・識 (viññāṇa)・慧 (paññāṇa) の三があるとする。想とは感覚的認識をいう。識はそれに基づく分析的理解である。慧はそれよりさらに深い全体的理解洞察である (ibid. p. 369)。しかして慧の在り方に、見 (diṭṭhi)、智 (ñāṇa)、見 (dassana) 等を分ける。特に智見 (ñāṇa-dassana) が合して慧になる。以上の見清浄以下の五清浄のことは、『清浄道論』の第十八章から第二十二章までに説かれ、特に第二十二章「智見清浄」において悟りの段階が説かれる。というのは見清浄以下のうちはじめの四は、まだ悟りに至らない世俗の慧であり、最後の智見清浄のみが悟りの慧、すなわち無漏慧である。

修行には第一に戒の実践 (増上戒学) があり、つぎに禅定の実習 (増上心学) すなわち、戒清浄・心清浄があり、これらが完成したところで、見清浄以下の慧の実習 (増上慧学) に入るのである。すなわち五蘊の無常苦無我・十二処・十八界・二十二根・四諦・十二縁起等を観察し、慧を深めるのである。その段階が見清浄以下の五である。

第一の見清浄（diṭṭhi-visuddhi）とは、名《ナーマ》と色《ルーパ》との諸法を如実に知ることで、そのために四界・十八界・十二処・五蘊などの観法をなす。第二の度疑清浄（kaṅkhāvitaraṇa-v.）とは、名色の生滅変化を観じて、無因・邪因・常見・断見等の三世に関する疑惑を越えることである。それによって法住智・如実智・正見を得る。第三の道非道智見清浄（maggāmaggañāṇadassana-v.）とは、解脱への正しい道と、誤った解脱論や修道説との区別を正しく知ることである。第四の行道智見清浄（paṭipadāñāṇadassana-v.）とは、解脱への正道を知り、それを修行することによって、生滅・壊・怖畏・過患・厭離等の随観智、および脱欲智・省察随観智・行捨智・諦随順智の九智を得ることによって、正しい行道を観察知見することである。

以上の四種の清浄はまだ凡夫の段階である。智見が清浄になっても、まだ真実の智見は生じていない。しかし第四の段階で九智を実修するうち、最後の諦随順智（saccānulomikaṃ ñāṇaṃ）は四諦の智慧に随順する智の意味であり、これから種姓智（gotrabhūñāṇa）が生じ、さらにそれから第五の智見清浄（ñāṇadassana-v.）が導かれるのである。この智見清浄が聖者の智であり、預流道・一来道・不還道・阿羅漢道の四道智に分かれる。種姓智は第四行道智見清浄と第五智見清浄との中間にあるが、そのどちらにも属しないという。これは凡夫の種姓（凡夫性）をはなれて、聖者（ここでは声聞乗）の種姓（聖者性）を得る智のことである。説一切有部の教理でいえば、四善根の第三忍法がこれに当たる。従って有部の階位では、凡夫に三賢・四善根（煖・頂・忍・世第一法）の階位を区別するから、見清浄以下の四清浄は三賢と煖・頂・忍に相当するわけである。しかし両者の説明には合致点はない[2]。

諦随順智から種姓智に入り、種姓智から智見清浄に入る。この智見清浄が聖道であり、有部の教理では見道・修道・無学道に相当するわけである。『清浄道論』では、聖道に入るには信と定と慧との三つの入口があるという。第一に信を持って預流道に入る者は「随信行」(saddhānusārin) と呼ばれ、慧を持って預流道に入る者は「随法行」(dhammānusārin) である。随信行の人は預流果から阿羅漢果に至るまでは「信解脱[3]」(saddhāvimutta) と呼ばれる。随法行の人は預流果に入って「見到」(diṭṭhippatta) と呼ばれ、阿羅漢向まではこの名を得る。そして阿羅漢果になったとき「慧解脱」(paññāvimutta) である。つぎに定根を持って預流道に入った人は「身証」(kāyasakkhin) と呼ばれる。彼が無色定を得て解脱した時には「倶解脱」(ubhatobhāgavimutta) と呼ばれるという (Visuddhimagga p. 565)。

以上のパーリ仏教の説では、聖道に入るには、信と慧と定の三門があることになり、預流道においてそれぞれ随信行・随法行・身証の三名がある。つぎに預流果以降においては、信解脱・見到・身証となり、つぎに阿羅漢の位においては、信解脱(これは変わらない)・慧解脱・倶解脱の三名となる。以上の随信行・随法行・身証・信解脱・見到・慧解脱・倶解脱を「七聖」という。この分け方は、随信行と随法行との二門のみを説く有部の教理と異なる。

信門	慧門	定門	四向四果

（見　道）	随信行	随法行	身証	預流向
				預流果
				一来向
				一来果
（修　道）	信解脱	見到	身証	不還向
				不還果
				阿羅漢向
（無学道）	信解脱	慧解脱	倶解脱	阿羅漢果

預流向から阿羅漢果までに、いかなる煩悩を断ずるかについては、『清浄道論』では『阿含経』の説によっている。しかしさらにこれを詳しく示して、ここで断ぜらるべき煩悩として、十結・十煩悩・十邪性・八世間法・五慳・三顚倒・四繫・四不応行・四漏・四暴流・四軛・五蓋・執取・四取・七随眠・三垢・十不善業道・十二不善心を挙げている。これらには相互に重複のあることは、既に示したごとくである。これらが預流道から阿羅漢道までの四道の四道智のどれによって、どの段階で断ぜられるかを説明している。しかし基本的には『阿含経』の説と同じである。

なお種姓智は、第四行道智見清浄から第五の智見清浄に入るときのみ生ずるのではない。預流道から一来道、さらに不還道・阿羅漢道のそれぞれの段階に進むときにも生ずるという。すなわち預流と一来とは種姓が異なると考えるのである。同様に一来と不還、不還と阿羅漢とも種姓が異なると見るのである。

以上がパーリ上座部の修行の階位である。

三賢・四善根　有部の修道論は『発智論』や『大毘婆沙論』等に詳しいが、『倶舎論』の「賢聖《げんじょう》品《ぼん》」にまとめられている。それは凡夫の段階に、三賢・四善根の「七賢」の段階があり、つぎに聖者の位に入って、見道・修道・無学道の三が区別されている。見道（satyadarśana-mārga 見諦道）と修道（bhāvanāmārga）とは「有学《うがく》」（śaikṣa）であり、聖者ではあるが、まだ学ぶべきものがある段階、「無学」（aśaikṣa）とは学ぶべきものが無くなった段階で、阿羅漢果のことである。

有部の修道論によれば、三賢の位に入る前に、「身器清浄」の段階がある。これはパーリの戒清浄・心清浄の二に相当すると見てよい。ただし心清浄はつぎの三賢位にもつながる。身器清浄は、身心遠離・喜足少欲・四聖種よりなる。戒律をまもって行為を正しくし、静かな場所に生活し、心をしずめるのが身心遠離、つぎに少欲知足に安住するのが第二の喜足少欲、第三の四聖種とは衣服・食物・住所について得られるもので満足し、楽断修を実行することである。楽断修とは、煩悩を断じ聖道を修せんとの願いを持つことである。以上の身器清浄で身体の健康と心の平安、静かな修行の場所が得られ、修行への意欲が備わるので、進んで禅定の実習を行なう。これが三賢の位である。三賢とは、五停《じょう》心・別相念住・総相念住である。五停心とは心を停《と》める修行のことで、瑜伽行の実践である。止と観とに分けると、止（śamatha）にあたる。これに、不浄観・慈悲観・因縁観・界差別観・数息観の五があるが、特に不浄観と数息観とが重要視される。止が確立すると、観（vipaśyanā）に入る。これが別相念住と総相念住とである。念住とは四念処観のことである。身の自相は不浄、受の自相は苦、心の自相は無常、法の自相は無我と観ずる。すなわち身・受・心・法の自相を、各別に念ずるのが別相念住。これによって浄・楽・常・我の四顚倒を退治する。つぎに総相念住とは、法観念処に住して、身・受・心・法の四を合して観じ、それらの共相である無常・苦・空・無我を修するのである。

以上の三賢を外凡《げぼん》の位となし、また順解脱分ともいう。これが成就すると、つぎに四善根の位に進む。これは内凡の位であり、また順決択分ともいう。そして三賢・四善根を合して、見道のための加行道《けぎょう》（準備的修行）となし、凡夫位とするのである。四善根とは煖《なん》（uṣmagata）・頂（mūrdhan）・忍（kṣānti）・世第一法（laukikāgratā）の四位であり、もっぱら四諦観を修する。苦諦を観ずるとき無常・苦・空・無我の四行相、集諦を観ずるとき因・集・生・縁の四行相、滅諦を観ずるとき滅・静・妙・離の四行相、道諦を観ずるとき道・如・行・出の四行相、合して十六行相をもって四諦を観ずるのである。これを四諦十六行相観という。

以上のごとく有部の修行は、戒律の実践、少欲知足・不浄観・数息観・四念処観・四諦観よりなるが、特に四諦観が中心となっている。四諦観は、聖者の位である見道・修道に進んでからも引き続いて実習される。四諦に対する知を深めることによって、その智慧の力によって煩悩を断ずる。四善根の煖・頂・忍・世第一法はすべて四諦の修行であるから、これらは理解の深浅の差によって区別される。煖《なん》とは「あたたかい」という意味で、聖道の火の起こる前相である。つぎの頂とは最高という意味である。修行が進むと最高の境地に達したとの理解に達するが、しかしさらに修行をすれば、それよりさらに高い境地のあることがわかってくる。山の頂に達すれば、さらに高い山のあることがわかるようなものである。それを越えてゆくことによって第三の忍に達する。忍とは、四諦の理において忍可することである。これは世俗智における一種の悟りであり、忍には退堕がないという。この忍において種姓（gotra）がきまる。四善根には三種類がある。声聞種姓（Śrāvaka-gotra, Śiṣya-gotra, Abhidharmakośa p. 348）と独覚種姓と仏種姓との三種の人が四善根の修行に入るが、煖・頂の二法においては、声聞種姓は他の二種姓に転ずることが可能であるという。ただし声聞の忍を得た者は、他の種姓に変わることはない。因みに仏と独覚とは一坐に成仏するので、他の種姓に変わることはないという。その意味で、種姓（gotra）のきまるのは忍の段階であることになる（『倶舎論』巻二三、大正二九、一二〇下）。

忍の修行期間は長いが、それを越えたところに世第一法がある。世第一法とは世間において最もすぐれた法の意味である。すなわち四諦を十六行相においてしばしば観じていると、世俗智における最高の悟りが生ずる。これは最高であるから、同じものは二つない。従ってこの智は一刹那である。この世第一法の一刹那の智の直後に、聖智が現前し、見道に入る。

見道・修道・無学道　見道（darśana-mārga）は悟りの智であり無漏智である。これに対して三賢・四善根の加行道は世俗智であり、有漏智である。有漏智の修行がみのって無漏智が生ずることは、因果の理法には合わないが、有部はこれを認める。無漏智によって得られるものは択滅であり、これは無為であるが、これを離繋果という。これには生因がないという。このような考えに対し、別の見方では本来人間に悟りうる素質が備わっていると考える見方がある。これは大衆部や分別論者などの説いた「自性清浄心」の見方である。このような見方が発展して、大乗仏教の如来蔵思想になると考えてよい。これは人間に最初から無漏・無為法が備わっているという見方である。

見道とは詳しくは見諦道で、聖智によって、四諦の真理を悟ることである。この悟りに忍（kṣānti）と智（jñāna）との二がある。忍は忍可決定の意味で、忍によって煩悩を断じ、智によって択滅を得するのである。欲界の苦諦（生存は苦であるという真理）を悟るのは、苦法智忍と苦法智とである。上二界の苦諦を悟るのは苦類智忍と苦類智とである。この苦法智忍を得た時からが聖者である。つぎに集諦については集法智忍・集法智、集類智忍・集類智がある。滅諦涅槃については滅法智忍・滅法智、滅類智忍・滅類智がある。道諦については道法智忍・道法智、道類智忍・道類智がある。以上四諦について八忍八智十六心がある。ただし上二界の道諦は道類智忍によって見られているから、そのつぎの道類智は全く未経験とは言えない。諦の理を見るという点からは、道類智は繰り返しになっているから、これを除いた十五心を見道とする。悟りの智慧によって四諦の理を正しく見、四諦が真理であることが明らかになる。これは、諦を見るから見道といい、また正性離生に入るともいう。この見道によって迷理の惑八十八種が断ぜられる。

見道に入るには随信行（śraddhānusārin）と随法行（dharmānusārin）との別がある。鈍根は信によって見道に入るので随信行といい、利根は法を観じて見道に入るので随法行という。この見道を、四向四果にあてれば預流向である。つぎに第十六心の道類智からが修道（bhāvanā-mārga）である。修道とは、繰り返し修習して、習慣性となる修行である。第十六心は第十五心の道類智忍の経験の繰り返しであるから、ここからが修道になる。この第十六心は預流果である。これらの十六心は続いて起こるから、見道に入れば必ず預流果まで達する。修道に入れば、随信行は信解（śraddhādhimukta）と呼ばれ、随法行は見至（dṛṣṭiprāpta）と呼ばれる。修道には預流果・一来果・不還向・不還果・阿羅漢向の六種類の人がふくまれる。なお不還果の聖者で滅尽定を得た人を身証（kāyasākṣin）と呼ぶ。阿羅漢果に達すれば、煩悩をすべて断ずるから無学（aśaikṣa）と呼ばれる。信解から阿羅漢に入るものは時解脱であり、見至から阿羅漢に入るものは不時解脱である。さらにこれには慧のみによって解脱する慧解脱（prajñāvimukta）と、さらに定を得した倶解脱（ubhayatobhāgavimukta）とがある。

以上の随信行・随法行・信解・見至（見到）・身証・慧解脱・倶解脱を「七聖」という。パーリと同じく七聖であるが、内容は異なる。なお一来向の中に家家を別立し、不還果の中に中般涅槃等の五種あるいは七種の不還を分け、阿羅漢には退法・不退法等の六種、九種等の区別を立てる。

これらを合して、十八有学、九無学、あわせて二十七賢聖という。

声聞の階位

- 七賢
  - 外凡　三賢
    - 五停心
    - 別相念住
    - 総相念住
  - 内凡　四善根
    - 煖
    - 頂
    - 忍
    - 世第一法
- 七聖
  - 有学道
    - 見道
      - 随信行
      - 随法行
        - 預流向
    - 修道
      - 信解
      - 見至
        - 預流果
        - 一来向　家家
        - 一来果
        - 不還向
      - 身証
        - 不還果（五種不還、七種不還）
        - 阿羅漢向

無学道　時解脱　不時解脱　阿羅漢果（六種羅漢、九無学）
　　慧解脱　倶解脱

十智　悟りを得るのは無漏智によってであるが、智にはなお種々なるものがある。有部は智的作用の最も広いものを慧（prajñā）という。慧とは理解する作用のことであり、この理解を「簡択」（pravicaya, investigation）という。この慧を分析して、忍（kṣānti）・智（jñāna）・見（dṛṣṭi）の三に分ける。忍は忍可の作用で疑惑を切り開く作用、智は決断の作用で、理解を決着させるはたらきである。見は推度の作用で、推理し尋求する作用である。しかしてさきの八忍八智の忍には見の性質、すなわち求める作用があるという。忍では、断ずべき疑がまだ完全に断ぜられていないから、そこにまだ尋求の性質があると見る。しかし仏教一般では、見とは世俗の邪見等の五見と、八聖道にふくまれる正見とをさす。

慧は、得られる方法によって、聞慧・思慧・修慧の三慧に分かれる。聞慧とは聞いて得る慧で、教えを聞いて得る慧や、読書等による慧はこの中に入る。これは生まれつき備わる慧である。思慧は思索によって得る慧で、特に正しい道理を思索して得る慧である。第三の修慧《しゅえ》とは、禅定において聞慧や思慧の内容を実習し、自己の血肉となった慧のことである。すなわち慧が自己自身となった状態である。一般にアビダルマで論ずる慧は、修慧となった慧のことである（『倶舎論』巻二二、大正二九、一一六下）。

慧は大別して有漏慧と無漏慧とに分かれる。しかし慧の中では智が中心であるため、この二つは智の分類でもある。有漏智と無漏智とは詳しく分けると十智となる。すなわち世俗智・法智・類智・苦智・集智・滅智・道智・他心智・尽智・無生智である。この中、法智から道智までの六智と、尽智・無生智とは無漏智である。無漏とは漏のない、煩悩の束縛から解脱した智であり、真理すなわち涅槃を悟る智である。この中、尽智と無生智には見の性質は全くない。尽智とは煩悩をすべて断じてなすべきことは完了したと知る智であり、無生智とはもはや再生はないと知る智である。ともに完了を性質としているから智の性である。求めることがないのである。他の法智等の六智には、疑を断じ推度の性があるから、智と見との両性質があるとする。

他心智には、有漏智のものと、無漏智のものとの両者がある。これは、外道にも五種の神通力を得た仙人があると見るからである。仏教の聖者になれば、自然に他心智が備わる。これは無漏である。以上の九種の智以外の聞・思・修の三慧は、すべて世俗智に入れる。

禅定　前述のごとく修慧は禅定の基礎の上に成立する。従って智の獲得には定《じょう》が先行する。定とはサマーディ（samādhi, 三昧《さんまい》、等持と訳す）のことで、心に動揺のないことである。従って心が動いていても、動揺がなければ定が成立しているのである。これに対してヨーガ（yoga, 瑜伽《ゆが》）とは、結びつけるという語から派生した言葉であり、心を対象に集中し、結合することである。従ってヨーガは静止的な心集中である。原始仏教では「定」がもっぱら用いられ、定を実現するための禅（dhyāna，静慮）が説かれる。しかしヨーガという語も用例は少ないが、『阿含経』やアビダルマ論書でも用いられている。アビダルマでは、定は「心一境性」と定義され、心を一つの対象に集中する性質と説明されている。故に内容的にはヨーガと区別はない。

禅には初禅・二禅・三禅・四禅の別があり、これは『阿含経』から既に説かれている。禅は止と観とが均衡し、定の中では最も勝れているという。禅は初禅から二禅・三禅と深まるにつれ、心集中が強まる。そして初禅は「有尋（savitarka）有伺（savicāra）」（外界に対する思惟）があるが、二禅以上は「無尋無伺」であり、外界の認識を絶した境地である。しかし初禅から三禅までは「楽」が感受されているから、禅は身体の安楽の境地である。しかし四禅になるとその楽も消え、捨念清浄となる。なお初禅から四禅までの禅の本性は、心一境性である定である。この定と慧とが共同するところに、慧のはたらきが一段と強まるのである。

欲界にも定があるが、しかしこれは不完全である。故に欲界は定地でなく、散地という。この欲界から初禅に入る中間に未至定がある。この未至定と初禅とは有尋有伺である。つぎに二禅以上は無尋無伺であるが、二禅と初禅の中間に「無尋唯伺」の定がある。これを中間定《ちゅうげん》という。尋も伺も思惟・伺察の作用であるが、尋は伺よりも粗であるため、先に滅するのである。

なお第四禅の中に、無想定がある。無想定とは想が全く滅してしまう定である。これは外道が好んで入る定であり、彼らはこれを涅槃と思いあやまる。この無想定に入った衆生が死ぬと、第四禅天中の無想天に生まれるという。無想定に似たものに滅尽定がある。これは受までの心心所が滅する定であり、仏教の聖者のみが入るという。この定に入って死んだ人は、非想非非想処に生まれるという。

四禅は身体を離れない定であるが、その上に身体の感覚を全く離れた意識のみの定の境地がある。これが「四無色定」である。色とはここでは肉体をさす。四無色定とは、空無辺処・識無辺処・無所有処・非想非非想処である。四禅は色（肉体）と共なる定であるため、この定にあって死したる衆生は、場所としての色界天に生まれる。初禅に入って死したる衆生は初禅天に生まれ、二禅に入った衆生は二禅天に生まれる等である。しかして四無色定に入った衆生が死した場合には、場所としての無色界に生まれる。しかし無色界は物質がない世界であるから、空間的場所とは言えない。しかし輪廻の中の世界であるから、そこにも生死があり、従って時間は存在する。

三界と涅槃　このように禅定に基づいて、それに対応する場所として、欲界・色界・無色界の三界が立てられる。これが衆生の輪廻する場所であり、有為の世界である。しかして涅槃はこの有為の世界の外に立てられる。これがアビダルマ仏教の涅槃の見方である。従って涅槃は、時間も空間もない世界であり、常住ではあるが、全く無内容な虚無の世界になってしまう。すなわち阿羅漢が、煩悩を全く断じ、業を滅し、肉体も精神も捨てて、涅槃に入るときには、悟りの智慧も有為の存在であるから捨てねばならない。従って涅槃に入るときには何物も残らないのである。かかる涅槃観を、大乗仏教から批判して灰身滅智の涅槃と称する。大乗仏教が起こったのは、かかる涅槃観に満足しないことも理由の一つであった。そして大乗仏教は、無為・涅槃を有為の中に見る立場を打ち出したのである。

註

（1）四果の証語については、拙著『初期大乗仏教の研究』四〇八頁以下参照。

（2）七清浄については、水野弘元『パーリ仏教を中心とした仏教の心識論』九二九頁以下参照。

（3）信解脱はパーリ仏教独特のもので、拙論「信解脱より心解脱への展開」（『日本仏教学会年報』第三一号、昭和四〇年）参照。

第三章　初期の大乗仏教

第一節　アショーカ王以後の教団の発展

アショーカ王没後のインド　アショーカ王（ほぼ前二六八―二三二年在位）の没後、マウリヤ王朝の勢威は急速に衰え、前一八〇年ごろに、将軍プシャミトラによって滅ぼされたという。プシャミトラ（Pusyamitra）はシュンガ（Śuṅga）王朝を興こしたが、しかしその勢力は弱体で、ガンジス河流域を支配したにとどまった。そのころ西北インドにはギリシャ人の諸王が相次いで侵入し、いくつかの王朝を成立させた。さらに南インドのデッカン地方には、アショーカ王の没後以来、しだいにアンドラ王朝が勢力を得、この王朝が西紀前二〇〇年ごろから西紀三世紀ごろまで、デッカンを支配した。これがシャータヴァーハナ王朝（Śātavāhana）である。この王朝が四〇〇年以上栄えたために、南インドは政治的に安定し、文化が興隆した。つぎに、東海岸のカリンガ地方には、マウリヤ王朝の勢威が衰えた時、チェーティ王朝（Ceti）が独立したというが、三代目のカーラヴェーラ王（Khāravela）が有名である。この王の功績をたたえた碑文が発見されている。彼は西紀前一世紀ごろの人であったらしい。しかしその後のこの王朝の動向は不明である。

シュンガ王朝　プシャミトラによって建国されたシュンガ王朝は、約一一二年続いたという。初代のプシャミトラはバラモン教を信奉し、仏教を迫害したという。しかしこの王家には仏教に帰依した王もあった。この王統に属するダナブーティ・ヴァーチプタ王（Dhanabhūti-Vāchiputa）はバールハットの仏塔に、塔門（toraṇa）と石造建築（silākammaṃta）とを寄進したことが、碑文に現われる。同じくその子ヴァーダパーラ王子（Vādhapāla）はバールハットの仏塔に欄楯《らんじゅん》（vedikā）を寄進している。ある王の王妃ナーガラッキターも欄楯を寄進している。さらにマツラー（Mathurā）から出土した碑文によれば、ヴァーダパーラ王はマツラーの仏塔にも欄楯を寄進したらしい。

バールハットとサーンチー　バールハット（Bharhut）は中インドとしては西南に位置し、古代には西海岸からマガダ国に通ずる公道に沿っていた。そのために異教徒がインドに侵入したとき、この仏塔は完全に破壊されてしまったのである。それが一八七三年にカニンガムによって発見され、破損の少ない欄楯と東門とがカルカッタ博物館にはこばれ、復原され、展示されて、往時の壮観をしのばせている。この東門の柱にダナブーティ王の碑文があった。この塔は西紀前二世紀の中葉のものとされ、シュンガ王朝時代に造営されたのである。

シュンガ王朝ではパータリプトラとヴィディシャー（Vidiśā）とが政治の二大中心であったが、ヴィディシャーはアショーカ王の子マヒンダの郷里であり、古くから仏教の一中心であった。このヴィディシャー付近には多数の仏塔が造営され、いわゆる「ビールサの諸塔」（Bhīlsa Topes）を形成していた。そして現在までに、六十基以上の古塔が発見されている。それらはおおむね崩壊しているが、サーンチー（Sāñcī）の仏塔のみは完全な姿で残っている。サーンチーのスツーパは大小合して二十数基あり、有名な大塔は最も完全に保存し、高さは一六・四六メートル、基部の直径三七メートルあり、巨大な仏塔である。研究の結果、これは、アショーカ王時代の小甎《せん》塔を中核として、これをシュンガ王朝時代に石で覆って増広し、ほぼ現形のごとくになったという。その後この塔身を取り巻いて欄楯が造営され、四方にそれぞれ塔門が作られた。四門のうち南門が最も古く、これはアンドラ王朝初期の造立であることが銘刻されている。それ故これらの仏塔が、マゥリヤ王朝からシュンガ王朝、さらにアンドラ王朝時代にかけて、しだいに増広整備されたことがわかる。四つの塔門は全面ことごとく精巧なる浮彫りに覆われており、古代美術の精華を示す優秀な美術品として名高い。

以上のごとく、プシャミトラは仏教を迫害したというが、シュンガ王朝全体としてはそうではなく、この王朝のもとでも仏教は順調に発展したと見てよい。バールハットの仏塔の欄楯の表裏には多数の浮彫りが施されているが、それらが仏伝図やジャータカであることが、銘文によって知られる。それらの中で、仏伝図は約十五景、ジャータカは三十二種であるという。それらの仏伝図では、仏陀の姿はえがかれていない。菩提樹と、その前に仏座である金剛宝座を彫刻し、そこに仏陀が存在していることを示し、その前に礼拝している人間や動物などをえがいている。仏陀の姿をえがかなかったのは、涅槃に入った仏陀の人格は、人間の姿では現わし得ないと考えたためであろう。さらにこの時代には、既に釈迦仏のみでなく、過去七仏（釈迦仏が第七）が信奉されており、それがバールハットの彫刻に現われている。過去七仏が、それぞれの菩提樹で示されている。

バールハットの彫刻からは、二〇九種の銘文が採集されているが、それらの中には、欄楯などに寄進者の名が銘刻されており、仏塔礼拝の信者層を示している。それらの中には、比丘や比丘尼の名も見られる。さらに「蔵を持する人」（petakin）という称号を持つ人や、「五ニカーヤに達した人」（pacanekāyika）の語もあり、この時代に、経蔵・律蔵の二蔵（あるいはこれらに論蔵を加えた三蔵）が、既に成立していたことが知られる。つぎにここにいう「五ニカーヤ」とは、パーリ仏教で、経蔵を五つのニカーヤに分けるのと同じものを示したものと見てよい。従って当時既に「五ニカーヤ」の分類も成立していたであろう。つぎに「経師」（suttantika）と呼ばれる人も見られる。つぎにこれらの寄進者の中に「諷誦者」（bhāṇaka）の称号を持つ人が六例見られる。バーナカとは経文の諷誦者で、五ニカーヤについていわれる例がパーリ仏教にある。すなわち「長部諷誦者」（Dīgha-bhāṇaka）、「中部諷誦者」（Majjhima-bhāṇaka）等と用いられる（これらの用例は『清浄道論』その他に見られる）。なお「誦法師」（dharma-bhāṇaka）は、大乗仏教に関係が深いと見られているが、バールハットの碑文では、単に「バーナカ」とのみ呼ばれており、それがいかなるバーナカか不明である。バールハットにはバーナカが六人現われるが、その中「聖者《アールャ》」の称号を持つ人が一人、「大徳《バダンタ》」が三人あり、これらは出家者であるが、他の二人は出家者の称号を持っていない。さきの

「蔵を持する人」は「聖者ジャータ」(aya jāta)とあって、彼が出家者であることは明らかであるが、「五ニカーヤに達せる人」は「ブッダラッキタ」(Budharakhita)とのみある。経師《スッタンティカ》は「聖者チュラ」(aya cula)とあり、これは出家者である。

つぎにサーンチーはバールハットよりもさらに西南に位置し、中インドと西インドとの境いに近い。サーンチーの銘文はバールハットよりもさらに多く、約九〇四種が採録されている。これらの中には、サーンチーの第二塔から発見された骨壺(五個)の蓋や底面上に銘刻された銘文がある。それらの中に「雪山地方の師である聖者カーシュヤパ姓(Kāsapagota)の遺骨」、および「聖者マッジマ(Majhima)の遺骨」が見られる。アショーカ王の時代に、彼らが雪山地方を開教したことは、『善見律毘婆沙』その他に記せられている。またモーガリプタ(Mogaliputa)の遺骨もある。これはアショーカ王の師であったモッガリプッタ・ティッサと関係があるかも知れない。さらにサーンチーの第三塔から発見された遺骨壺(四個)の中には、サーリプタ(Sāriputa 舎利弗)の遺骨、大目犍連(Mahā-mogalāna)の遺骨が発見されている。これらは仏弟子の舎利弗・目連に関係があるかもしれない。ただしこれらの舎利容器は西紀前二世紀ごろのものと見られる。

なおサーンチーの四つの塔門や欄楯は西紀前一世紀ごろからの制作と見られているが、塔門は精巧な浮彫りでうめられ、法をまもる善神などが彫刻されている。その間に多数の仏伝図やジャータカが彫刻されている。仏伝図は二十八景あるといわれ、ジャータカは六種である。さらに塔門や欄楯には寄進者の名が銘刻されており、その数は非常に多い。それらは、比丘・比丘尼、在俗信者であるが、比丘よりも比丘尼がはるかに多い。しかしこれらの出家者がサーンチー仏塔の住人でなかったことは、「ヴァーリーヴァハナ（Vaḷivahana）の住人ヤッキー（Yakhī）比丘尼の寄進」等と、彼らの居住地が記されていることより明らかである。比丘や比丘尼では、ヴィディシャーの出家者が多い（住所の記されていない場合もある）。在家信者の場合は、まれに「優婆塞」「優婆夷」の称号を附している場合もあるが、多くは単に名を記すのみである。それらの中には「家長」（gahapati）（五例）や「ギルドの長」（seṭṭhi）（一七例）の称号を持つ者も多い。特にセッティが多いことは、商人階級の信者が多かったことを示す。さらに「村」として寄進している場合も二、三見られる。さらに「仏教徒団」（Bodha-goṭhī, Bauddha-goṣṭhī）としての寄進があることも注目される。ギリシャ人の寄進も一例ある。「五ニカーヤに通ずる」比丘の例が一例、「経典に通ずる」（sūtātikinī）マダラチカタの住民アヴィシナー女の寄進」とて、在家の女性で「経に通ずる」称号を持つ例が一例（同文が二例）、同じく男性のスートランティカの例が一例、バーナカの例が二例（一例は比丘、一例は俗人）ある。俗人の寄進銘が多数ある中に、優婆塞・優婆夷の称号を有するものが少ないのは、何を意味するであろうか。なおバールハットやサーンチーには、部派仏教の教団名は一例も現われない。当時は既に部派教団は存在したのであるから、これらの仏塔に部派教団の名が現われないことは注目してよい。

サーンチーの近く、「ビールサの諸塔」にふくまれるものに「アンデール塔」（Andher-stūpa）やボージプル塔（Bhojpur）がある。アンデール塔はビールサの西南に位置する小村であるが、ここに小塔が三個存在し、碑文が発見されている。舎利壺も発見されており、それらの碑銘にモーガリプタ（Mogaliputa）、ハーリティープタ（Hārītīputa）等の名が見られる。

なお中インドではバールハットとサーンチーの外に、仏陀の成道の地ブッダガヤー（Bodh-gayā）にも、古くからチャイティヤ（caitya）が建立されていたが、シュンガ王朝時代には、菩提道場を囲んで、壮麗な欄楯が作られていた。その遺物が現存する。菩提道場とは、菩提樹の根もとの悟りの座である金剛宝座を中心とする聖域をいう。つぎのグプタ王朝時代に、いわゆるブッダガヤーの大塔（現在のは、それを復原した後代の再築）が建立された。現存する最古の建築物は欄楯の一部分であり、これは古くはアショーカ王時代のものともいわれていたが、その後の研究でバールハットよりも新しいと見られるに至った。この欄楯にも種々の彫刻があり、仏伝図に比定しうるものが五図、ジャータカが二図ある。

なおこのほかに、中インドのパータリプトラからも古い欄楯の断片が出土しており、アショーカ王の経営した阿育園（Asokārāma）には壮麗な寺院があったことを推知させる。そのほかにも中インドに多くの仏塔や寺院が存在したであろうが、現在は見るべきものが残っていない。ただし初転法輪の地サールナート（Sārnāth, 鹿野苑）からは、アショーカ王の石柱や、西紀前二世紀ごろのブラーフミー文字で刻された碑文等が発見されている。これは欄楯の笠石に刻されたもので、サンヴァヒカー比丘尼の寄進であることが刻されている。故にここにも仏塔が存在したであろう。さらにビハールのラウリヤ・ナンダンガルフ（Lauriya Nandangarh）からも、シュンガ時代の仏跡が発見されている。これは巨大な仏塔であったらしいが、碑文の見るべきものがない。

カーヌヴァ王朝　前述のシュンガ王朝は、第九代のデーヴァブーティが十年統治したとき、大臣のヴァスデーヴァ（Vasudeva）によって滅ぼされたという。これは西紀前七〇年ごろであったらしい。このヴァスデーヴァの王朝をカーヌヴァ王朝（Kāṇva）といい、四代四十五年続いたという。この王朝もガンジス河の流域を支配したにとどまり、勢力が弱かった。そして四代目のとき、南方のアンドラ王朝によって滅ぼされたのである。これによってその後長く、マガダ地方はアンドラ王朝によって支配せられることになった。

西北インドとギリシャ人の諸王　マウリヤ王朝の勢力が衰えた西紀前一八〇年ごろから、西北インドには異民族が侵入するようになり、その後長くこの地方は異民族の支配下にあった。異民族侵入の第一はギリシャ人である。インドでは、ギリシャ人のことを、サンスクリット語では「ヤヴァナ」（yavana）といい、パーリ語では「ヨーナ」（yona）という。これは「イオニア」から転化したものといわれている。

インドは古くアレキサンダー大王のインド侵略（西紀前三二七年）によって、一時ギリシャ人に支配せられたが、これはマウリヤ王朝の創立者チャンドラグプタによって撃退せられた。アレキサンダーの死後、インドの西方の地域はシリヤのセレウコス王朝の支配下にあった。セレウコス一世はメガステネスを大使として、中インドのパータリプトラに駐在せしめたが、メガステネスがインドの見聞記を著わしたことは有名である。彼は西紀前三〇三年ごろから二九二年ごろまで、チャンドラグプタの宮廷に滞在したという。このセレウコス王朝の支配地の中で、バクトリヤ（Bactria）地方とパルティヤ（Parthia）地方とが、西紀前三世紀の半ばごろ相次いで独立した。これはほぼアショーカ王のころである。バクトリヤは今日のバルク（Balkh）で、オクサス河（Oxus）とインダス河との中間の北アフガニスタンの地方である。この時代にシリヤ王アンティオコス三世やバクトリヤの第四代デメトリオスなどがインドに侵入し、北インドを占拠し、中インドにまで進撃したという。これは西紀前三世紀から二世紀前半のころのことである。それから西紀前一世紀にサカ族（Saka, 塞種）のマウエス王がインドに侵入するまで、ギリシャ人の西北インド支配が続いたのである。その間、支配者として多くのギリシャ人の王の名が知られているが、重要なものはメナンドロス（Menandros, インド名ミリンダ Milinda, 西紀前一六〇―一四〇年頃統治）である。彼はインドに侵入して、西北インドのシャーカラ（Śākala）に都し、アフガニスタンから中インドまでを支配したという。

メナンドロスは仏教に帰依し、仏教僧ナーガセーナ（Nāgasena, 竜軍）と対論したという。その内容が集められて『ミリンダ王の問い』（Milindapañha, 那先比丘経）として残されている。パーリ文の『ミリンダ王の問い』は後世の付加をもふくむが、漢訳『那先比丘経』とパーリ本との合致する部分は古い。これによって、西紀前二―一世紀ごろの仏教の一面を知ることができる。しかし

『ミリンダ王の問い』には、大乗仏教の思想は現われていない。『阿含経』からアビダルマ仏教への過渡期の教理が示されている。

なお一九三七年にインダス河の上流スワート渓谷のシンコート（Shinkot）から、舎利容器が発見されたが、これにはミリンダ王（minadra）の治世にこの舎利が奉安せられたことを記している。これもミリンダ王時代に北インドに仏教が行なわれていたことを示している。

西北インドへは、アショーカ王の時代にマッジャンティカ（Majjhantika, 摩闡提《まぜんだい》）が、教団から派遣せられ、教団を開拓した。そしてカシュミール・ガンダーラ地方に、しだいに説一切有部の教団が勢力を得てくるが、その詳しい経過は明らかでない。しかし西北インドから、古い仏塔の遺跡が多数発掘されており、この地方に紀元前二世紀ごろに、仏教が盛んであったことが知られる。なかでもタキシラ（Taxila）から発掘されたダルマラージカー塔（Dharmarājikā-stūpa）は、その成立が古く、最古の部分はアショーカ王の時代にまでさかのぼりうるという。これは巨大な仏塔を中心にして、住居が付置されている広大な仏塔址であるが、長く北インドの仏教の一中心地であったであろう。この仏塔の付属の一房屋から一九一四年に、銀の薄板の巻物が発見された。これに碑文があり、それによると、バクトリヤ人のウラサカ（Urasaka）という人が、自己の菩薩堂に仏舎利を奉安したことを述べている。しかしこの碑文の年代はおそく、紀元一世紀中葉時代のものと見られている。タキシラではシルカップ（Sirkap）からも広大な仏教遺跡が発掘されている。その古層は西紀前二世紀にさかのぼるという。

紀元前一世紀のころのギリシャ人の中に、仏教信奉者のあったことを示す碑文も発見されている。すなわち西紀前一世紀ごろのカローシュティー碑文が、インダス河上流のスワート渓谷から発見された。これは舎利容器に刻され、ギリシャ人の地方長官《メリダルク》(Meridarkh) テオドロス (Theodoros) が、世尊釈迦牟尼の舎利を安置したことを記している。同じくタキシラの故塔から発掘された銅板の碑文にも、メリダルクが彼の妻と共に、仏塔を建設したことを記している。このメリダルクとは、ギリシャ人の王国における行政組織の一つである。地方長官と言っても、それほど広い地方の知事ではなかったらしい。ともかくそういう官吏の中にも、仏教に帰依し、仏塔を建立するほどの人がいたのである。

ギリシャ人の仏教帰依は古い。アショーカ王の時代に仏教教団から各地に伝道師を派遣したが、その中にはギリシャ人の比丘がふくまれていた。すなわちアパランタに伝道したダンマラッキタ (Dhammarakkhita) はギリシャ人であったという。さらにサーンチーの碑文の中にも、ギリシャ人の寄進銘のあることは、既に示した。このようにインドに入ったギリシャ人が、比較的早く仏教に帰依するようになったのは、当時ギリシャ人が持っていた宗教よりも、仏教がすぐれていたからであろう。

しかも仏教は理性的・倫理的宗教であり、外国人にも容易に受け入れられる性格を持っていた。そして仏塔礼拝、仏陀への信仰もギリシャ人の心をつかむものがあったのであろう。これに対してインドで古くから力を持っていたのはバラモン教であり、そのあとにヒンドゥ教が続くが、これらの民族宗教の根底にはカースト制度があり、外国人をムレーッチャ（mleccha, 野蛮人）と卑しむ思想がある。これは『マヌ法典』などに明確に示されているが、それ以前古くから確立していた社会観であるために、外国人がバラモン教を受容することは困難であったのである。これに対して仏教は教理的にも理性的であり、さらに四姓平等を唱えて、外国人に対して偏見を持っていなかった。これらの点が、仏教が異民族の世界に、比較的容易にひろまった理由である。すなわちギリシャ人のみでなく、その後にインドに侵入したサカ人、パルティヤ人、クシャーナ族等も、もっぱら仏教を受容し、信奉したのである。

サカ族の侵入　サカ族（Saka）はサンスクリット語ではシャカ（Śaka）と呼ばれ、中国の『漢書』に現われる「塞《そく》種」であると見られている。この種族は古くは中央アジアのイリ河流域に住していたが、月支族に追われて西紀前一八〇年ごろより、西方に移動し、ギリシャ人のバクトリヤ王国を滅ぼして、この地を占拠した。バクトリヤ（大夏）はオクサス河とインダス河との中間の北アフガニスタンの地方である。しかし匈奴がさらに大月氏を西に追ったので、大月氏はさらに西に移動し、サカ族を追ってバクトリヤ地方を征服した。そのためにサカ族はさらに南に移動し、ついにインドに侵入することになったという。これは西紀前一〇〇年前後のことであったといい、初代のサカ族の王はマウエス（Maues）である。彼は北インドを征服したあと、さらにマツラーを征服せんとして、その遠征の途中で没したという。マウエスは「諸王の王」と称したが、その後サカ族は分裂し、各地にクシャトラパ（Kṣatrapa, 太守）、マハークシャトラパ（Mahākṣatrapa）等が割拠して、半ば独立してそれぞれの土地を統治していたという。特に北インドのクシャトラパのクスルカ（Kusuluka）、およびその子パティカ（Patika）、あるいはマッラーを治めたマハークシャトラパのラジュラ（Rajula）などが有名である。彼らはいずれも仏教に帰依していた。タクシラの故塔から発見された銅板の碑文によれば、パティカはまだ仏塔のないところに仏塔を作り、釈迦牟尼仏陀の舎利を奉安し、僧伽藍を作ったという。この碑文は西紀前一世紀のものという。さらにマッラー（Mathurā）からは有名な「獅子柱頭銘文」が発見されており、これによるとマハークシャトラパのラジュラの妃アヤシア（Ayasia Kamuïa）が、親族や王宮の女人らと共に、仏塔を作り、釈迦牟尼仏陀の舎利を奉安し、さらに僧伽藍を作って、説一切有部の四方僧伽に布施したことを言っている。さらにこの碑文には、ラジュラの子でクシャトラパのシュダサ（Śudasa）が土地を石窟寺院へ寄進するために、説一切有部の比丘であるブッダデーヴァ（Buddhadeva, 覚天）とナガラのブディラ（Budhila）に布施したことを記している。この獅子柱頭銘文の年代は、紀元一〇年前後のころであるという。部派教団の名の現われる碑文としては、これが最も古い。

パルティヤ　パルティヤ（Parthia）とは、もとは裏海の東南にある一地方のことであるが、西紀前三世紀にアルサケス（Arsakes）がシリア王にそむいて独立し、パルティヤ王国を立てた。中国では古くからパルティヤを「安息」と呼んでいた。これはアルサケスを音写したものという。

この王朝がギリシャ人を征服して版図をひろげ、勢力を得て、ついにインドに侵入するにいたった。これはアゼス王(Azes)の時であり、そのあとを継いだのはゴンドファルネス(Gondopharnes)であったという。彼は紀元前後のころに西北インドを統治していたという。ともかく西紀一世紀の後半にはパルティヤ人がサカ人に代わって、西北インドを支配したらしい。しかしその後まもなくクシャーナ族(Kuṣāṇa, 月氏)が西北インドを支配することになる。

パルティヤ人も仏教に帰依した。そのことは中国に法を伝えた僧に、安息出身者が多いことからも知られる。たとえば安世高は安息の王子であったが、出家して、アビダルマを学び、禅教を諷持して、後漢の桓帝(一四六―一六七在位)の時代に中国に到り、『阿含経』やアビダルマ関係の経論を多く訳出している。さらにその後、後漢の霊帝(一六八―一八九在位)の時代に、安玄が安息より来ている。さらに魏の正元年間(二五四―二五六)に来支した曇諦も安息の人であったという。

クシャーナ王朝　クシャーナ(Kuṣāṇa, 貴霜)は中国には大月氏として知られる。月氏はもと中央アジアの敦煌と祁連《きれん》の間にいたが、匈奴に敗られて西に移動した。これは西紀前二世紀のことである。そして嬀《き》水(Oxus 河)の北に住居を求めた。しかしさらに移動して大夏を滅ぼし、西紀前一二九年ごろにはバクトリヤの故地に移った。この時代に大月氏に五人の部族長(五翕侯《ごきゅうこう》)があったが、その中ではクシャーナ(貴霜)が最も強く、他の四つの部族を統一して、急速に勢力を拡大した。そしてクジューラ・カドフィセース(Kujūla Kadphises, 丘就卻)の時にパルティヤをも征服し、さらにインドに侵入した。これは西紀一世紀の後半であった。そのあとを継いだのがウエーマ・カドフィセース（Wema Kadphises, 閻膏珍）である。そのあとに有名なカニシカ王（Kaniṣka, 迦膩色迦）が現われるが、しかしカニシカ王はカドフィセースとは王系が異なっていたらしい。カニシカ王は西紀二世紀の前半にクシャーナ王国の王権を掌握し、中央アジアからアフガニスタン、さらに西北インド、北インドにまたがる大帝国を出現せしめた。

これは、アショーカ王以後に出現した最大の王国である。しかも多くの異民族の国土にまたがった大帝国であったため、その版図内にはインド人、ギリシャ人、サカ人、パルティヤ人、その他多くの異民族が雑居しており、しかも中国とローマ、インドとの交通の要衝に位置していた。既にクシャーナ帝国出現以前から、北インドにはギリシャ人をはじめ、多くの異民族が居住していたのであるが、これらの異民族の文化に加えて、東西両文化をも融合して、北インドにおいてしだいに新しい文化が成熟しつつあった。仏教の中でも新興の大乗仏教は、クシャーナ王朝のもとで大きく発展したと見られている。さらに仏教はギリシャ文化やグレコ・ローマ文化の影響を強く受けて、建築や彫刻などに新しい様式が出現した。いわゆるガンダーラ芸術がそれである。仏寺建築におけるコリント式柱頭や、建築の各所にほどこされた装飾文様などに、ギリシャ文化の影響が顕著に見られる。この影響が西域や中国を介して、日本の法隆寺の建築などにも伝わっていることはよく人の知るところである。

さらにこの時代に仏像の彫刻が出現したことも注目すべきである。これがギリシャ彫刻の影響を強く受けていることは、仏像に見られるギリシャ風の容貌や服装、特に衣褶などによって明らかである。仏教建築や人物像などへのギリシャ・ローマの美術の影響は、既にパルティヤ時代にも見られるという。しかしその時代には、まだ仏陀像は現われていない。ガンダーラに仏像彫刻が現われたのは西紀一世紀の後半ごろであるという（ただし仏像の彫刻は、ガンダーラと中インドのマツラーとで、ほぼ同時に作られたという）。これはクシャーナ王朝の前期の時代である。それから第二世紀にわたって盛んに彫刻されるようになった。仏陀像がはじめて現われたのは、仏伝図においてであるという。仏塔などの仏教建築物を荘厳するために、仏伝図やジャータカなどが浮彫りにされていることは、中インドのバールハットやサーンチーなどにも見られた。しかしそこでは、仏陀は姿なきものとして、像としてはえがかれていなかったのである。それがガンダーラにおいて、仏陀が人間の形をもってえがかれるようになった。しかし、はじめは主役としての釈尊を特に大きく表わすことはなかった。しかし、しだいに仏陀の形だけを大きく表わすようになり、ついで仏伝図から脱化して、単独の仏陀像の制作に進んだと見られている。

　単独の仏陀像は礼拝の対象になるものであるから、仏伝図中に表わされた仏陀とは意味が異なる。しかし仏塔礼拝の信仰が、仏伝図中の仏陀像に結合すれば、礼拝像としての仏陀像が作られることにもなろう。ともかく仏像の出現は、仏伝文学や仏塔信仰と関係があったと見てよかろう。ただし仏伝図中に仏陀がえがかれたのが、ギリシャ等から来た彫刻家の思いつきに由来するのか、あるいは仏教の教理から必然的に現われたものか、その点は不明である。もし仏教の教理から現われたものとすれば、仏陀の救済を願う在家者の信仰、仏塔信仰に由来するものと考えてよかろう。部派仏教の教理によると、仏陀は死において、肉身を捨てて、無余依涅槃界に入ってしまったと信ぜられており、その仏陀は不可見であり、形としてとらえることができないと理解されていたからである。かかる立場では、仏陀を人間像で現わすことは不可能である。

クジューラ・カドフィセースやウェーマ・カドフィセースがいかなる信仰を持っていたか不明であるが、この時代にも仏教は北インドで盛んであったらしい。北インドには、タキシラのダルマラージーカー塔や、クナーラ塔（Kunāra）、カラワーン遺跡（Kalawān）をはじめ、大小の仏教遺跡が存在し、クシャーナ時代の遺物が多数に発見されている。特にカラワーン遺跡は、北インド最大の伽藍址といわれるが、ここの制多堂の一つから、「アゼスの一三四年」の年号を持つ碑文が発見された。これは西暦七七年に相当するというが、制多堂に舎利を奉安して、説一切有部に寄進したことを記している。北インドで、部派教団の名が出るものとしては、この碑文が最も古い。そのほか二世紀以後の碑文としては、カニシカ王がペシャワールの附近に有名なカニシカ大塔を建立したが、その大塔址が、シャーフジーキーデーリー（Shāh-jī-kī Dherī）から発掘され、ここからカニシカ寺（Kaniṣka-vihāra）に奉安された舎利瓶が発見された。そしてこのカニシカ寺が説一切有部に所属していたことが、その碑文から明らかになった。さらにペシャワールのクッラム（Kurram）から発見された小銅塔に碑文があり、仏舎利を奉安し、塔を説一切有部に寄進したことを記している。この碑文は、西紀一四八年ごろのものという。

このほか北インドで部派名の知られる碑文は、給水所を作って有部に奉納したもの、井戸を掘って有部に奉納したもの、銅の柄杓を飲光部（Kāśyapīya）に布施したもの、陶製の甕《かめ》を多聞部（Bahuśrutīya）と飲光部に布施したものなどがある。これらはほぼ二世紀のものと見られている。一般に北インドでは説一切有部の勢力が強かったのである。しかしこのほかにも仏塔建立を示す碑文は多数に発見されている。たとえば上記のギリシャ人の二人のメリダルクの仏舎利奉安の碑文をはじめ、サカ族のクシャトラパ、パティカ（Patika）がタキシラのクシェーマ（Kshema）にはじめて仏舎利を奉安し、仏塔を建立したことを示す碑文がある。これは西紀前一世紀のものと見られるが、この仏塔はいずれの部派にも寄進されていない。こういう仏塔の碑文が北インドには多数発見されている。その数は、部派教団への寄進銘よりもはるかに多い(1)。

なお仏教遺跡は北インドのみならず、アフガニスタンにも多数に発見されている。アフガニスタンからは、ランパーカ（Lampāka）とカンダハール（Kandahār）とから、アショーカ王の碑文が発見されており、既にアショーカ王の時代から仏教の伝道が行なわれていたことが知られる。その後の開教の詳しい事情は不明であるが、西紀前後を通じてしだいに仏教が盛んになったと考えられる。最近までに多くの仏教遺跡が発掘されている。たとえば、ベグラーム（Begrām）の都城址、ビーマラーン（Bīmarān）の諸塔址、ハッダ（Haḍḍa）の遺跡、ショートラク（Shotorak）の遺跡、さらに西方にはバーミヤーン（Bāmiyān）の石窟などがある。バーミヤーンには二大石仏をふくむ多くの石窟があり、一部には壁画も存する。ベグラームは古代の迦畢試（Kāpiśī）に比定せられるが、ここから仏伝図、その他の遺品が発掘されている。ビーマラーンの故塔からは舎利容器が発見されており、その銘文には、シヴァラクシタという人が仏舎利を奉安し、塔を建立したことを示している。これはサカ時代のものという。ハッダの遺跡からも遺品が多く発見されているが、出土した水瓶の銘文には、仏舎利を奉安し、塔を建てたことを言っている。これはクシャーナ期のものという。カーブルの西方ワルダック（Wardak）から青銅の舎利容器が発見されたが、これには、ヴァグラマレーガ寺（Vagramarega）内の塔に仏舎利を奉安し、大衆部に寄進したことが記されている。この碑文には五一年の年号があり、フヴィシカ王の幸福を願っている。クシャーナ期、西紀一七九年ごろのものと見られている。

北インドにもアフガニスタンにも、なお多くの碑文が発見されているが、部派教団の名を記すものは以上のごとく数点にすぎない。

カニシカ王が説一切有部の教団を支持していたことは、前述のカニシカ大塔から発見された碑文によって明らかであるが、このことは、種々の伝説にも示されている。たとえば『馬鳴菩薩伝』によれば、カニシカ王は中インドを討って、その代償として、仏鉢とアシュヴァゴーシャ（Aśvaghosa, 馬鳴《めみょう》）とを要求したという。この王の求めに応じて馬鳴は西北インドに移って仏教をひろめたという。さらに王は有部の脇尊者に帰依し、彼の勧めによって、カシュミールに五〇〇人の阿羅漢を集めて「結集」を行なったという。その成果が『大毘婆沙論』二百巻であったという。一般にはこれを「第四結集」と呼んでいる。

カニシカ王の死後、ヴァーシシカ、フヴィシカ、ヴァースデーヴァ等が相次いで王位を継いだが、王朝はしだいに勢力を失い、三世紀の終りには北インドの一地方の小王になったらしい。しかし仏教はその間も順調に繁栄をとげた。特にマッラー（Mathurā）には、さきにクシャトラパのシュダサ（Śuḍasa）の立てたグハ寺（Guha-vihāra）があったが、その後、クシャーナ王朝のフヴィシカ王によって、フヴィシカ寺（Huviṣka-vihāra）が造営された。これはカニシカ紀元四七年の造営といわれ、マッラー郊外のジャマールプル（Jamālpur）に建立されていた。美麗なる彫刻によってかざられていたが、異教徒によって破壊され、今は廃墟と化している。そして多数の欄楯や石柱、仏像などの破片が発見されている。マッラーにはなおこの外にも多くの寺があった。そして出土する碑文によって、大衆部の寺（碑銘六種）・説一切有部の寺（碑銘二種）・正量部の寺（碑銘一種）・法蔵部の寺（碑銘一種）等があったことが知られる。しかしこのほかにも、部派名に関係しない碑文が多数発見されており、当時マッラーが仏教教団の一大中心地であったことが知られる。そのことは法顕や玄奘の旅行記からも確かめられる。

なおマッラーはガンダーラと並んで仏像の発祥地として名高い。マッラーの仏像の製作は、ほぼガンダーラと同時代と見られている。しかしガンダーラの模倣ではなく、仏像の様式もガンダーラ仏とは異なり、独自に起こったものと見られている。(2) マッラーには古くから造形美術が進歩していたので、ガンダーラに仏像が出現したのに刺戟されて、マッラー独自の仏像が作られるようになったと見られている。ただしマッラーには仏伝図の遺品は少なく、仏供養図に関心が多かったという。供養の対象は菩提樹や仏塔で現わされていたが、それらに仏像がとって代わったと見られる。それから仏像・菩薩像等が作られるようになった。ただしマツラーでは、奉献銘などによるに、仏像の奉献をなしながらも、単に「像」(pratimā) とのみ言って、「仏像」と言わない例や、全く同型の仏像に、一方では「菩薩坐像」と名づけ、他方では「仏坐像」と名づける例などが見られる。すなわち仏像を彫刻しながらも、それを仏像と呼ぶ例、単に像と呼ぶ例、菩薩像と呼ぶ例などがあり、取り扱いが異なっていた。しかしその教理的背景は明らかでない。

アンドラ王朝　アンドラ王朝 (Andhra) は二期に分かれる。前期はシャータヴァーハナ王家 (Sātavāhana) がデッカン半島に君臨した時代であり、後期はシャータヴァーハナ王家が衰えて、諸王割拠の時代である。シャータヴァーハナ王家はマウリヤ王朝の勢威が衰えた西紀前二〇〇年ごろから勢力を得、のち西紀三世紀ごろまで存続した。その出身地はデッカンの西部であったらしい。往昔の「南路」(Dakkhiṇāpatha) の起点であったパイタン (Paithan, Pratiṣṭhāna) を中心として、北方のナーシク (Nāsik)、アコーラー (Akolā) をふくむ地方が、その発祥地であったらしい。そして西紀後二世紀には、この王朝は全盛期に達し、中インドと境を接するヴィンドヤ山脈の南を流れるナルマダー河以南の広大な地域を支配し、一時はその支配はナルマダー河の北にも及んだという。この王朝の首都は、東海岸クリシュナ河沿岸のダーニヤカタカ (Dhānyakaṭaka) であったという。

シャータヴァーハナ王家は三十人の王、四六〇年間続いたと伝えられるが、しかしこの中には分家の王が幾人か加わっていると見て、おそらく十七ないし十九人の王と三〇〇年の統治期間とがあったであろうと見られている。シャータヴァーハナ王家は西紀三世紀には勢力を失い、デッカンは諸族割拠の時代になる。その間では東部のゴーダーヴァリー河の下流に拠ったイクシュヴァーク王家（Ikṣvāku）が仏教に関係が深い。そして四世紀にはグプタ王朝がインドを統一することになる。

窟院　デッカン仏教の特徴は窟院（leṇa）が多いことである。特にデッカンの西海岸の西ガーツ山系中には、多数の窟院が開鑿《さく》された。インドにはかかる窟院が約千二百あるというが、それらの七十五パーセントは仏教に属する。古いものは西紀前二世紀あるいは一世紀から開鑿され、その後数百年間が窟院の最盛期であった。デッカン地方は、岩山が多く、しかも岩山には木が生えない。大木が少ないために、木造建築ができないことと相まって、窟院の開鑿が盛んになったのである。窟院は、岩山を開鑿して、大きな洞窟とし、平地にある仏塔や伽藍と同じものを、洞窟内に作ったものである。全体が岩でできているために、恒久的な建築であり、現在も往時のままに残っているものが多い。有名なものにアジャンター（Ajantā）、バージャー（Bhājā）、ナーシク（Nāsik）、カールリー（Kārlī）、エローラ（Ellora）などがある。これらの窟院には、仏塔を祀って礼拝堂となっているものと、僧の住処となっているものとの二種がある。

窟院内では仏塔も巨大なものは望めないから、形は小さくなり、塔そのものも石造である。これを「チャイティヤ堂」(cetiyaghara, 制多堂、塔院)と呼ぶ。これに対して僧の住処となるものは「僧院」(vihāra)である。僧院は、入口から入ると真中は方形の広場となっており、その三方に一人ないし二人が住みうる僧房(layana)が数房ずつ開鑿されている。エローラにある最大の僧院窟は三階建であり、一階の三面にはそれぞれ十余の僧房が作られており、全部で百余の僧房を持つ巨大な窟院である。真中の方形広場は、布薩等の集会に利用していたのであろう。制多堂は入口や柱等に精巧な彫刻のあるものが多く、美麗である。僧院は一般に簡素であるが、エローラやアジャンターでは彫刻が見られ、特にアジャンターには壁画があることで名高い。

ナーシク(Nāsik)はサーンチーからボンベイに南下する中間にある。窟院はその郊外の山地の中腹にあり、全部で二十三窟ある。最も古いものは西紀前二世紀より開鑿されたという。第十四窟(僧院)には、カンハ(Kaṇha)王の治世にナーシクに住む大官がこの窟(leṇa)を作ったことを記す。このカンハはアンドラ王朝のクリシュナ(Kṛṣṇa)と見られ、シムカの弟でシャータヴァーハナ王朝の第二代の王に比定されている。もしそうであれば、西紀前二世紀の前半にこの窟が開鑿されたことになる。第十三窟は制多窟(cetiyaghara)であり、ここに銘刻される碑文の書体も前二世紀のものとされる。ナーシクのダンビカ村(Dhaṃbhika)の寄進であることを言っている。しかし一般にはアンドラ王朝はバラモン教に帰依していたのである。これには、バラモン教には馬祀など、王権の権威を示す儀式があることなどにも関係があろう。ナーシク地方はその後、サカ族のクシャハラータ王家（Kṣaharāta）が占領した。これは西紀一世紀末から二世紀のころであるという。クシャハラータ家のクシャトラパ、ウシャヴァダータ（Uṣavadāta）がナーシクに窟院や田地、金銭を布施したことを示す碑文が、第八窟に二つある。このウシャヴァダータの布施の碑文はカールリー窟院にも見られる。ナーシクに対するサカ族の布施はなお他に、第八窟、第十七窟の碑文にも出ている。

しかしサカ族の支配権はその後、シャータヴァーハナ王家に奪回された。そのことは同じくナーシク第三窟の碑文に、ゴータミープトラ・シュリー・シャータカルニ王（Gotamīputra Śrī Śātakarṇi）がクシャハラータ族を完全に破り、サカ族、ギリシャ人、パフラヴァ族などを滅ぼし、広大な地方に支配権を確立したことを記している。これは西紀二世紀のはじめであるという。このゴータミープトラがナーシクに窟院や土地を寄進したことを示す碑文が第三窟に二種ある。さらに同じくシャータヴァーハナ王家のシュリー・プルマーイ王（Śrī Pulmāyi）が窟院を布施した碑文が、第三窟にある。前述のゴータミープトラの母后が賢冑部（Bhadāvaniya）の比丘僧伽に窟院を布施した碑文が、同じく第三窟にある。シュリー・プルマーイ王はゴータミープトラの直接の後継者であったという。第三窟には、シュリー・プルマーイ王が、賢冑部の比丘たちのために、土地を寄進したことを示す碑文がある。ナーシクには窟院が二十三あるが、そのうち第三窟は、二世紀のはじめ、シュリー・プルマーイ王の時代に賢冑部の所有になったわけである。そのほか第六窟、第一〇窟、第一五窟などは「四方僧伽」に布施されている。他の窟院の受納者は不明である。第一七窟には後世の大乗の彫刻が附加されているという。

賢冑部のことは、ボンベイ附近のカンヘーリー（Kaṇheri）の窟院にも見られる。ここには大小百九の窟院があるが、その中心をなす大制多窟に、このチャイトヤを賢冑部の諸師の所有として布施したことが述べられている。これはシャータヴァーハナ王朝末期の英主ヤジュナシュリー王（Yajñaśrī）の治世であったとなしている。これは、二世紀末である。カーンヘーリの窟院は二世紀末から八世紀にわたって開鑿されたという。なおカーンヘーリの第七〇窟も賢冑部に布施されている。さらに第一二・四八・七七・八一窟等は四方僧伽に布施されている。

ボンベイからプーナに南下する途中の山の中腹にあるカールリー（Kālrī）の窟院もナーシク窟院と並んで古い。その中心をなす制多窟は間口一三・八七メートル、奥行三七・八七メートルあり、塔院としてはインドで最も大きく、またすぐれた建築である。これは西紀前あるいは後一世紀ごろの作と見られ、碑文によりギルトの統領（seṭhi）の寄進であることが知られる。しかし制多窟内の十一の柱には、それぞれ寄進者の名が銘刻されており、その中に法上部（Dhammuttariya）の諷誦者（bhāṇaka）であるスワーティミトラ（Sātimita）が舎利を蔵する柱を寄進したことが示され、あるいはギリシャ人が寄進した柱が九本ある。従って多数の寄附によってできたのであろう。なおこの制多窟には、前出のサカ族クシャハラータ家のクシャトラパ、ウサバダータ（Usabhadāta）がこの地の窟院に止住する「出家者の四方僧伽」（pavajitānam cātudisasa sagha）の維持のためにカラジャカ村を寄進した碑文がある。従って、この制多窟は特定の部派に所属したものではなかった。

この地方はのちには、シャータヴァーハナ王朝の所有に帰した。そのために同じ制多窟に碑文があり、改めてこの地の窟院に住する「大衆部の出家比丘」(pavajitāna bhikhuna nikāyasa Mahāsaghiyāna) のために、同じカラジャカ村が寄進されたことが述べられている。従ってこの窟院はのちには大衆部の所有になったのである。制多窟の北にある僧院窟には、九個の房を持つ会堂 (maṭapo) を大衆部に寄進した碑文がある。それはシュリー・プルマーイ王の二四年であったという。

なおカールリーの近くにバージャー窟 (Bhājā) がある。同じく中心に制多窟があり、左右に僧院窟がある。それらの中では、第一七窟の僧院が最も古いという。全体としての規模はカールリーよりも小さい。中心の制多堂も大きくない。しかしその開鑿はカールリーよりも古く、西紀前一世紀あるいはそれ以前であるという。ここには八種ほどの碑文があるが、そのうち四種は寄進者の名を記したもの。残りの四種は窟院のはしに数基の小塔があり、それらの上に銘刻されたものである。これらの小塔は長老の遺骨をおさめたもので、それらの長老の名が書いてある。バージャー窟院の居住者は、特定の部派教団ではなかったようである。

ジュンナール (Junnār) はプーナの北方七七キロにある町で、附近に五個処の窟院群がある。窟院の数は大小合わせて百五十余におよぶ。これは西紀前一世紀からおよそ三〇〇年間に開鑿されたものであるという。碑文は三十個ほど採集されている。それらは、制多窟 (cetiyaghara)、窟院 (leṇa)、水槽、マンゴー樹、土地などの寄進を述べている。布施者の大部分は地方の住民である。これらのうち、シヴァネーリー山の第五一窟は、制多窟であるが、これは長者の首領の商人が寄進している。このほか寄進者には、ギリシャ人が三名、サカ人が一名ある。そのほかに同じくサカ族の王マハークシャトラパ、ナハパーナ（Nahapāna, ウシャバダータの舅）の大臣が会堂を寄進している。従って二世紀はじめにサカ族のクシャハラータ家はかなり広い土地を領有していたことがわかる。なおこのジュンナール碑文には、法上部（Dhammuttariya）の比丘尼の僧院に窟と水槽とを寄進したことを示すものがある。比丘尼僧院の例はここのみにある。ただし比丘尼たちは町の中に住していたらしい。

アジャンター（Ajantā）には二十八窟あるが、その中では第九・一〇の二塔院と、それに近接する第一二・一三の僧院窟が古いという。これらは西紀前後のころの開鑿という。その第一〇窟の塔院と、第一二窟の僧院とに、それぞれ寄進者の碑文がある。前者はプルマーイ王の親族、後者は商人の寄進である。これに続いて、第一一・一四・一五の三僧院が開かれ、残りはグプタ王朝以後のものという。後期のものは、豊富な浮彫りや華麗な壁画を有し、有名である。特に第一、二窟の壁画がすぐれている。アジャンターの近くにエローラ（Ellora）があり、ここにも三十四の窟院がある。そのうち第一―一二窟が仏教に属し、最も古い。第一三窟より二十九窟まではヒンドゥ教、最後の五窟はジャイナ教に属す。ヒンドゥ教の窟には豊富な彫刻でかざられた有名なカイラーサナータ寺がある。仏教の十二窟のうち第一〇窟は塔院、他は僧院である。いずれもグプタ期の開鑿で、豊富な彫刻を有し、仏像も大乗的な仏像になっている。そのことはアジャンターの後期の窟でも同様である。

デッカンの東部地方には、アマラーヴァティー（Amarāvatī）、ナーガールジュナコーンダ（Nāgārjunakoṇḍa）などに、大塔の遺跡が残されている。アマラーヴァティーは、キストナ（クリシュナー）河の南岸、河口より約一〇〇キロさかのぼったところにある。そして古市ダラニコット（Dharanikoṭ, ダーニヤカタカ Dhānyakaṭaka）の東に接する。一七九七年、この大塔が発見された当時には、まだこの大塔は大体の形を保存していた。しかしその前年からこの町に新都をさだめた土地の小王が、新住居や新市の建設用の石材を求めて、この大塔を破壊したので、精妙な浮彫りをほどこした大理石の欄楯や石板などの莫大な量が取り去られ、塔址は池と化した。しかし大理石の浮彫りは一部分救い出され、ロンドンの大英博物館や、マドラス、カルカッタの博物館等に分蔵され、往時の美観をしのびうる。この大塔は塔基の直径が五〇メートル、四方各正面に長方形の突出部を有し、それをめぐって繞道があり、その外側に欄楯をめぐらし、大塔（Mahācetiya, 大制多）の名にふさわしい立派なものであった。この大塔は紀元前の創建であったが、紀元後二世紀中葉に上述のごとき華麗な仏塔に修治されたという。碑文も十一種は古いものであるが、多くは二、三世紀のもので、全部で百六十種ほど発見されている。

碑文の中に、シャータヴァーハナ王家のプルマーイ王（Pulumāyi）の治世に、プリ長者の子らが兄弟姉妹らと共に、世尊の大塔において、制多山部の所領として法輪を造立寄進したことを言っている。従って二世紀ごろ、この大塔が制多山部に属していたことが知られる。その外にも制多山部（Cetiya, Cetiyavadaka）の名が出る碑文がある。

寄進者には在家者では家主（gahapati）が多い。出家者には比丘・比丘尼の例もあるが、そのほかに出家者（pavajita）・沙門（samaṇa）・沙門尼（samaṇikā）等が見られる。しかも「比丘尼が娘達と共に」「出家女が娘である出家女と共に」等の文章も見られる。これらは、出家以前にできた娘のことと解すればよかろうが、そうでないと、出家者でしかも娘を持つことになろう。これらは北部の碑文には見られないものである。

キストナ河下流地方には、なお多くの仏塔の遺跡がある。特にバッティプロール（Bhaṭṭiprolu）やガンタシャーラ（Ghaṇṭaśāla）等は、基部の直径がそれぞれ四五メートル、および三七メートルもある大塔で、特に前者は古く、アショーカ王時の創建であると見られている。バッティプロールからは舎利をおさめた小箱が発掘されたが、それらに銘刻された碑文の書体は西紀前三世紀のものと見られている。十一種の碑文が報告されているが、多くは寄進者の氏名が記されている。ガンタシャーラからも五種の碑文が発見されている。それらは紀元後三世紀ごろのものと見られ、寄進者の氏名を録す。それらの中に「西山住部」（Aparaseliya）らしき名が見られる。

シャータヴァーハナ王家の首都であったというダーニヤカタカ（Dhānyakaṭaka, ダラニコット Dharanikoṭ）から碑銘を持つ石柱が発見された。これはある大臣が、大寺（Mahāvihāra）の東門において、法輪を持つ柱を東山住部（Pubbaseliya）の出家比丘僧伽に寄進したことを記している。従ってその大寺が、ある時代に東山住部に所属していたことがわかる。

さらにキストナ河中流南岸の台地に、イクシュヴァーク王家（Ikṣvāku）の首都であったナーガールジュナコーンダ（Nāgārjunakoṇḍa, ナーガールジュニコーンダ Nāgārjunikoṇḍa ともいう）がある。これは大乗仏教の有名な論師ナーガールジュナ（Nāgārjuna, 竜樹　およそ一五〇―二五〇生存）と関係のあるらしい名称であるが、しかしここから出た碑文には、竜樹のことは言われていない。イクシュヴァーク王家は、キストナ河流域において、二世紀末から三世紀にかけて栄えたという。ナーガールジュナコーンダには崩壊した大塔や、僧院・祠堂・小塔などの廃址が存在し、五十六個の碑文が発見されている。長文のものが多く、まずイクシュヴァーク王家の王妃マハータラヴァリ・チャーティシリ（Mahātalavari Cātisiri）が大塔（Mahācetiya）において柱を寄進したことを録したものがある。これはシリ・ヴィラプリサダタ王（Siri Virapurisadata）の六年であったという。なおこの碑文には、大王ヴァートシティプタ・シリ・チャータムーラ（Vātsiṭhiputa Siri Cātamūla）の名も見られる。上記の王妃の寄進銘が全部で十個ある。その中の一つには、この大塔がアパラマハーヴィナセーリヤ（Aparamahāvinaseliya, 西山住部?）の所領となったことを記している。なお他の諸妃たちの寄進銘が六個発見されている。さらに付属の制多堂（cetiyaghara）には、上記のチャーティシリ妃が、この制多堂を西山住部（?）に寄進したことを述べている。他の碑文にも、この部派への寄進銘がある。

　さらにナーガールジュナコーンダには、吉祥山（Śrīparvata）があった。吉祥山は竜樹が住したところと伝説されているが、碑文によるとこの山に「小法山」（Cula-dhammagiri）があり、ここに小法山僧院があった。この小法山僧院の制多堂（cetiyaghara）から碑文が発見され、この制多堂がセイロン（Tambapaṇṇaka）の長老たちに奉献されたことを記している。昔はナーガールジュナコーンダは、キストナ河中流の港であった。そのためにセイロンとも交通があり、セイロン僧が往来したのである。そのためにここには「セイロン寺」（Sīhaḷavihāra）のあったことも、碑文にある。さらにこの碑文には、東山住部（Pūrvaśaila）に一個の水槽を寄進したことも記している。

さらにナーガールジュナコーンダの大塔から四〇〇メートルほど離れた所から、僧院を多聞部（Bahuśrutīya）に寄進したことを示す碑文が発見されている。さらに別の場所からは、化地部（Mahīśāsaka）の所領として、四方僧伽のために柱と僧院を建立したことを示す碑文が発見されている。さらに分別説者（Vibhajyavāda）である大寺派（Mahāvihāravāsin セイロンの教団である）の僧院に仏足石を奉安したことを示す碑文もある。このように、ナーガールジュナコーンダには、部派教団の名が多く出てくる。これは時代が下るにつれて、寺院がいずれかの部派教団に専属する傾向が出てきたことを示すものであろう。

ナーガールジュナコーンダには、他にも種々の寄進銘があり、寄進者はイクシュヴァーク王家の人に限らないが、しかし主たる檀越はこの王家の王妃たちであった。彼女たちの力でこの大塔が造立されたのであろう。このナーガールジュナコーンダの遺跡は、一九二六年に発見されたが、その後ここから多くの碑文や彫刻の断片が発見された。しかし近年、キストナ河をナーガールジュナコーンダの下流でせき止めて、電力を得るためにナーガールジュナ人造湖を作ることになった。そしてナーガールジュナコーンダの仏教遺跡はこの湖水中に没することになった。なおナーガールジュナコーンダの近くのナンドゥーラ（Naṇḍūra）から竜樹の弟子の提婆（Āryadeva）の遺骨をおさめた舎利壺が発見されたことが報告されている。しかしその碑文の解読にはなお疑問があるという。

仏塔・僧院の遺跡と大乗教団　以上、マウリヤ王朝崩壊後の仏教教団の発展を、仏教遺跡に即して概観した。ここで第一に問題になるのは、これらの遺跡には大乗仏教（Mahāyāna）の碑文が現われていないことである。部派教団に寄進されたことを示す碑文はかなりの数を見出すことができる。このように大乗の碑文が現われないために、当時大乗教団は存在しなかったと考える学者がある。あるいは、大乗教徒は異端者であり、優勢な部派教団の支配的な環境において、いわば地下潜行的に新思想の鼓吹につとめたのであると考える学者もある。

しかし「大乗」が碑文に現われないから、大乗仏教が当時存在しなかったと見ることはできない。クシャーナ王朝治下に、北インドに大乗経典が存在したことは、中国への経典の翻訳状況から見ても明らかなことである。当時いかなる経典が存在したかは次節に明らかにする。「大乗」という用語は、西紀二、三世紀ごろまでの長い年月にわたって、碑文に現われないのであるから、その点を考慮して問題を考えねばならない。

まず法顕（三九九年に長安出発）の『仏国記』を見るに、当時のインドには小乗寺・大乗寺・大小兼学寺の三種類の寺があったという。さらに玄奘（六二九年出発）の『大唐西域記』には、さらに詳しくインド仏教の実情を記述している。(3) この法顕と玄奘の記述を比較してみて、当時インドに大乗寺、大小兼学寺が存在していたことは明らかである。割合からいえば、小乗寺六割、大乗寺二割四分、大小兼学寺一割五分であるから、大乗は優勢とはいえない。しかしともかく大小兼学をも合わせれば四割の寺が大乗にふくまれる。法顕(四〇〇年ごろ)・玄奘(六五〇年ごろ)の記述はほぼ合するのであるから、これより逆推して、それより一〇〇年あるいは二〇〇年前のインドに、大乗寺が全く無かったとは考えられないであろう。従って碑文に「大乗」の語が現われないということだけで、二・三世紀ごろに、大乗の寺院が無かったと断定することは妥当でないと考える。

従って大乗教団の在り方については、別の角度から考察しなければならない。まず部派教団の存在も、古い碑文には見当たらないことを注意すべきである。バールハットの碑文や、サーンチーの碑文など、西紀前一、二世紀の碑文には、部派教団の名は現われない。さらにナーシク、カールリー、パージャー、その他、西紀前から開鑿された窟院においても、古い碑文には部派教団の名は出ていないのである。部派教団の名が出ている最古の碑文は、マツラーから発見された「獅子柱頭銘文」である。これには塔と僧伽藍とを説一切有部の四方僧伽に布施したことを説いている。さらに「大衆部」の名も引用されている。この碑文の成立は、大クシャトラパ、ラジュラの時代で、ほぼ西紀一〇年前後のころと見られている。マツラーは中インドについで開教された土地であり、古くから説一切有部が行なわれていた。特にマツラーはウパグプタの出生地であり、彼はアショーカ王の師であったという。従ってマツラーから説一切有部の碑文が出るのは理由がある。しかし年代は古いとはいえない。部派の分裂史でいえば、仏陀の入滅を西紀前四八四年と見る説では、既にアショーカ王の時代に枝末分裂が行なわれていた筈である。従って有部は西紀前三世紀以来存在したとしなければならない。もし宇井博士の仏滅年代論によるならば、これより約一〇〇年おくれるのであるが、それでも有部の成立は西紀前二世紀になる。いずれにしても西紀後に碑文に現われるのは、少しおそすぎるのである。

つぎに北インドの碑文で、シンコートから発見されたミリンダ王時代の碑文では、単に舎利が奉安されたことを説くのみである。ダルマラージカー塔の碑文でも同様であり、西紀前一世紀のメリダルクの仏塔建立銘でも同様である。北インドで仏塔の奉献銘に部派教団の名が現われるのは、最古のもので、西紀七七年である。これはカラワーン出土銅版銘文で、屋塔が有部に奉献されたことを示す。部派名の出る他の碑文は西紀二世紀である。有名なカニシカ大塔から発見された舎利容器の銘文、クッラム（Kurram）出土銅製塔形舎利容器銘文などは、有部への奉献銘であるが二世紀のものである。さらにワルダク（Wardak）出土舎利容器銘文には、寺が大衆部に奉献されたことを記するが、これも二世紀である。そのほかマツラーでも、あるいはナーシク、カールリー、アマラーヴァティー、ナーガールジュナコーンダ、その他から、部派教団に対する奉献銘が多数出ていることは、既に見たごとくである。[4] しかしそれらはいずれも西紀二・三世紀に属するものであった。しかしながらナーシクでも、カールリー・バッティプロールでも西紀前二世紀ごろから仏塔は存在していたのである。しかも部派教団に奉献されないで、仏塔建立のみを示す碑文は、非常に多い。それらは、数においては、部派所属の仏塔に数倍するのである。

以上のごとく見るならば、本来は仏塔は部派教団に所属していなかったと考えられる。西紀一世紀ごろから部派所属の仏塔も現われたが、しかしその数は、部派に所属しない仏塔にくらべて、はるかに少なかったのである。従って大乗教徒が存在したとすれば、このような部派に所属しない仏塔を根拠地として、伝道活動をしていたと考えることができる。この点についての教理的理由は、後節で明らかにする。

註

（1） この点については、拙著『初期大乗仏教の研究』六六一頁以下参照。

（2） ガンダーラ、およびマッラーの仏像の出現については、高田修『仏像の起源』二〇九頁以下によった。

（3） 拙著、前引書六九九頁以下に、インドにおける大小乗の分布を示した。

（4） 本書には碑文に現われる部派名を網羅したのではない。碑銘に現われる部派名については、塚本啓祥『初期仏教教団史の研究』昭和四一年、四五〇頁以下。É. Lamotte: Histoire du bouddhisme indien. Louvain, 1958, p. 578ff. 碑文の資料については、静谷正雄『インド仏教碑銘目録』三分冊、昭和三七―四一年によった。

参考書

政治史については、金倉円照『印度中世精神史中』昭和三七年、中村元『インド古代史下』昭和四一年、高田修『仏像の起源』第四章「西北地方の史的背景」昭和四二年等によった。高田修『印度南海の仏教美術』昭和一八年。拙著『初期大乗仏教の研究』昭和四三年。金倉円照・塚本啓祥訳註『G・ウッドコック 古代インドとギリシャ文化』昭和四七年。André Bareau: Les sectes bouddhiques du petit véhicule. Saigon, 1955; Sukumar Dutt: Buddhist Monks and Monasteries of India. London, 1962.

第二節　クシャーナ時代の大乗経典

前節に見たごとく碑銘の検討からは、大乗教団を見出すことはできなかった。しかし碑銘から見ると、部派教団に所属しない仏塔が多数あったことが明らかである。かかる仏塔にいかなる宗教者が住んでいたかは、次節で検討したい。ここではまず西紀前後のころに、北インドに大乗経典が存在したことを明らかにしておきたい。それによって当時の北インドの大乗仏教の大体を察知することができる。しかし大乗経典自身は、仏説であると主張しているために、経典自身から大乗経典の出現を明らかにすることはできない。そのためにこの問題は、中国に翻訳された経典から逆推して、当時のインドにおける経典の在り方を知る以外に方法はない。

支婁迦讖の訳出経典　中国に仏教が伝来した伝説として有名なのは、後漢の明帝（五七―七五在位）が夢に金人を見て、使いを大月氏国につかわし、その結果、永平一〇年（六七）に迦葉摩騰と竺法蘭とが洛陽に来て『四十二章経』を訳したという伝説である。しかしこの『四十二章経』は、後世に訳出された経典からの抜粋らしいために、この伝説は承認されていない。しかし種々の点から考えて、仏教が中国に伝わったのは、ほぼ西紀前後のころと見てまちがいない。しかして確実に経典が中国に翻訳されるようになったのは、それより約一〇〇年おそく、後漢の桓帝（一四六―一六七在位）・霊帝（一六七―一八九在位）の時代である。すなわち安息（Parthia）の僧の安世高は桓帝の時代に中国に来て、『安般守意経』等の小乗経典三十四部四十巻を訳出したという。これより少しおくれて桓帝・霊帝の時代に月支（Kuṣāna）の沙門支婁迦讖《しるかせん》が中国に来て、『道行般若経』等十四部二十七巻を訳出したという。その内容について、二、三の問題はあるが、十四部のうち十二部までは彼の訳出であることはまちがいない。このことは、現代の学界でも承認されている。[1] 支婁迦讖は、光和（一七八―一八三）・中平（一八四―一八九）の時代に、主として経を訳しているが、中国に来たのはそれより早い。従って彼の訳出した経典の原本は、西紀一五〇年以前にそのままの形で、既にクシャーナ王国に存在していたと見てよい。問題は、一五〇年よりどれだけ古くさかのぼりうるかという点である。

この支婁迦讖の訳出経の中には、『道行般若経』十巻、『般舟三昧経』一巻、『首楞厳三昧経』二巻、『伅真陀羅経』二巻、『阿闍世王経』二巻、『阿閦仏国経』一巻などがふくまれている。これらのうち、『道行般若経』は『小品般若経』の系統であり、内容は羅什訳『小品般若経』とほとんど同じである。すなわち『小品』としては支婁迦讖訳で既に完成した段階に達していた。しかも三十章十巻という大部の経である。これが三十章十巻にまとまるまでには、『道行般若経』の成立に長い歴史があったことを考えてよい。『道行般若経』三十章のうち、終りの三章（常啼菩薩品等）

は後世の付加である。ここには仏像を作ることが説かれている。従ってこの部分は仏像製作がはじまった西紀一世紀後半以後に増加されたものであろう。前半二十七品が古いが、しかしその二十七品も一時に成立したものではない。その中に新古の層を区別しうる。すなわち第二五「累教品」(嘱累品)までで一応完結し、そのあとの「見阿閦仏」等を説いた二章は、後の付加と見てよい。しかし前二十五章の中にも、新古の層を区別しうる。最も古いのは第一「道行品」と見られている。『道行般若経』にこれだけの新古を区別するならば、般若経の原形が出現したのは、西紀一世紀の前半、あるいは西紀前一世紀にさかのぼることも可能であろう。

しかも『道行般若経』の第一六「怛竭優婆夷品」には、弥勒菩薩の仏法を説き、さらに阿閦仏《あしゅく》刹(阿閦仏の浄土)のことを説いている。さらに第二四「強弱品」にも、阿閦仏が先世に菩薩の修行をしたことを説いている。それらの内容は『阿閦仏国経』の内容に応ずるものである。従って支婁迦讖の訳した『阿閦仏国経』の中核部分は、『道行般若経』の第一六・二四品等より以前に既に成立していたことがわかる。従って『阿閦仏国経』の原形も紀元一世紀の前半以前の成立と見てよかろう。

つぎに支婁迦讖の訳した『首楞厳三昧経』は、失われて現存していない。羅什訳『首楞厳三昧経』によって、その内容を推知するのみであるが、この経は菩薩の修行の根底にある烈しい禅定の力を示した経典である。この禅定力(三昧力)によって、六波羅蜜の修行も推進される。その点でこの経は、六波羅蜜を説く『般若経』と関係が深い。さらにこの修行力によって、菩薩行の修行が進展するのであるから、この経は菩薩行の修行の階位を説いた『十地経』とも関係が深い。羅什訳『首楞厳三昧経』には「十地」の名称も出ている。さらに首楞厳三昧という三昧力の根源は、修行を実践しようと決意する人間の主体的意志、あるいはその自覚である。これを人格的に示したものが文殊菩薩である。この経には、その意味で文殊菩薩の往古の修行が説かれている。このような意味において、『首楞厳三昧経』は、大乗菩薩の修行の自覚が、小乗仏教と異なることを示すものであり、大乗仏教の基礎的経典の一つである。これも、支婁迦讖の訳出がある点で、西紀一世紀に北インドに存在したことは疑いないであろう。

華厳経関係の経典には、支婁迦讖に『兜沙経』一巻の訳出があり、『首楞厳三昧経』には『十地経』が引用されているから、華厳関係の経典の原形も、既に西紀一世紀以前にあったと見てよい。つぎに支婁迦讖には『般舟三昧経』一巻の訳出があった。これは観仏三昧を説いた経典であり、阿弥陀仏信仰と関係が深い。しかし『阿弥陀経』は支婁迦讖によっては訳出されなかった。しかし『般舟三昧経』があることは、当時既に阿弥陀仏の信仰が存在していたことを示すものである。従って阿弥陀仏を説く経典の原形も、西紀一世紀以前にさかのぼると見てよいであろう。ただし現存の『無量寿経』や『阿弥陀経』の成立は、それより新しいであろう。なお『般舟三昧経』も、経中に、仏陀を観想するのに仏像を用いることを説いているから、支婁迦讖訳『般舟三昧経』の成立は、西紀一世紀の後半以後になろう。しかし「観仏」には仏像が不可欠のものではない。むしろ仏を観想する行法が起こって、その観想した仏陀を形像にうつすことが行なわれるようになったということも考えられる。ともかく阿弥陀仏の観想を説く『般舟三昧経』の原形は、仏像出現以前にまでさかのぼりうるであろう。

支婁迦讖訳出経に『伅真陀羅経』がある。これは六波羅蜜を三十二事をもって詳説した経である。すなわちこの経には、六波羅蜜の修行によって、無生法忍を得、不退転にいたり、十地の階位をのぼって悟りに近づくことを説いている。この経には「方便」をも説いているが、ともかく『般若経』や『十地経』、『首楞厳三昧経』などと関係が深い経典である。つぎに支婁迦讖の訳出経に『阿闍世王経』がある。これは殺父の罪におののく阿闍世王に対して、仏陀が一切は心から起こるが、しかし心は不可得であり、空である。しかし心の本性は清浄であり、煩悩によって汚されないことを説いている。従ってこの経は「心性本浄」を説く経である。この心性本浄説は発展して如来蔵思想となるものであり、大乗仏教としては重要な思想系統の一つである。なお『阿闍世王経』には、心性本浄に関連して、文殊菩薩の永遠の昔からの修行を説いている。文殊は永遠の昔に既に成仏の行を完成しているのであり、あらゆる仏・菩薩が文殊の導きによって成仏したのであると説いている。そして釈尊もかつて菩薩であったとき、文殊のもとで修行したことを示し、「文殊は仏道中の父母である」と説いている。文殊は悟りの智慧を人格化したものであるが、この智慧は「心性本浄」から現われると見ているのである。『放鉢経』が、文殊は仏の本師であることを説く点で有名であるが、これは『阿闍世王経』の一部分の異訳である。文殊菩薩は弥勒菩薩と並んで、大乗仏教で最も古い菩薩である。この菩薩の起源を知る上からも『阿闍世王経』は重要である。

つぎに支婁迦讖の訳経に『遺日摩尼宝経』がある。この経は、菩薩の実践を「四法」にまとめて、多数の四法を挙げ、ついで菩薩の備えるべき「三十二事」を挙げている。これらによって菩薩の実践を示している。これらは初期の菩薩の戒律と言ってよいものである。この経は『大宝積経』(Mahāratnakūṭa) にふくまれる諸経の中で、最古のものの一つであるが、『宝積経』の素朴なものも、西紀一世紀には既に存在していたことが知られる。

以上、支婁迦讖の訳出経によって見るに、西紀一世紀末には、北インドに般若経系統、阿閦仏の思想、華厳系統の思想、阿弥陀仏、観仏思想、心性本浄説、文殊の教理、般舟三昧、首楞厳三昧、宝積経系統の思想などが存在したことが知られる。法華経関係の経典は、支婁迦讖には見当たらないが、それ以外の重要な大乗仏教の思想は、既に一世紀末に北インドに出揃っていたと考えてよいものである。

なお支婁迦讖と同時代、霊帝の時、厳仏調と安玄が『法鏡経』を訳している。これは『郁伽長者経』の異訳であり、『大宝積経』の一部分をなすものである。さらに同時代に、支曜、康孟詳、維祇難等の訳経があり、それについで支謙が『維摩経』等「三十六部四十八巻」を、黄武の初(二二二)から建興(二五二―二五三)中に訳出している。この支謙訳の経典がすべて、支婁迦讖から支謙までの間に、インドで創作されたわけではなかろう。それらの中の若干の経典は、支婁迦讖以前から既にインドに存在したと見てよかろう。このように見るならば、西紀一世期末のインドの大乗思想は多彩であったと言ってよい。しかも『般若経』の原形や阿閦仏の教理などは、紀元以前にさかのぼると見ることもできるのである。

最古の大乗経典　現存の大乗経典は、支婁迦讖訳をもって最古とするのであるが、しかし彼によって訳出された経典よりもさらに古い経があった。それは、上記の『遺日摩尼宝経』に引用されている経典である。『遺日摩尼宝経』には、菩薩の学ぶべき経典として、『六波羅蜜経』(Ṣaṭpāramitā)、『菩薩蔵経』(Bodhisattvapiṭaka) を挙げている。これで見ると、『遺日摩尼宝経』が成立する以前に、既に『六波羅蜜経』と『菩薩蔵経』とが存在していたことがわかる。さらに上述の厳仏調・安玄訳の『法鏡経』には、昼夜六時に『三品経』(Triskandhaka) を読誦すべきことを説いている。従ってこの『三品経』は、『法鏡経』が成立する以前から、既に存在したものと見なければならない[2]。

『遺日摩尼宝経』や『法鏡経』が一世紀末に成立していたとすれば、それらに引用されている『六波羅蜜経』『菩薩蔵経』『三品経』等が、さらに成立の古いこと、おそらく紀元前の成立であることは、疑いないであろう。

さらに前記の支謙の訳した経の中に『大阿弥陀経』があるが、この経には『道智大経』と『六波羅蜜経』とを引用している。この『六波羅蜜経』は『遺日摩尼宝経』に引用されるものと同じものであろう。しかし『道智大経』が何を指すか不明である。ともかくこれらによって、支婁迦識や支謙によって訳出された経典が、大乗経典の最初の経ではなく、それ以前から既に別種の大乗経典が述作されていたことを知るのである。従って大乗経典の初出が、西紀前一世紀にさかのぼることは、ほぼまちがいのないことであろう。

般若経南方起源説　さきの『道行般若経』には、『般若経』が南インドに起こったことを説いている。すなわち「如来滅後に、般若波羅蜜は南インドに流布し、南方より西方に流布し、西方より北方に流布す」と述べている。この記述は『小品般若経』『大品般若経』等に同じく出ているもので、般若経が南方に起こったことを示すものと解釈されている。

この記述だけで、『般若経』が南インドに起こったことを決定することはできないが、しかし南インドと大乗仏教の関係が深いことは考えられる。年代は下るが竜樹は南インドに住していたといわれる。彼はシャータヴァーハナ王家の帰依を受けて、吉祥山（Śrīparvata）に住していたといわれ、あるいは黒蜂山（Bhrāmaragiri）に住していたという。ナーガールジュナコーンダに、吉祥山があることは碑文にも現われる。さらにパーリ上座部の『論事』に説かれる若干の論争は、仏音によって「大空宗」（Mahāsuññatavādin）と名づける方広部（Vetulyaka）のものであると言われているが、これは般若教徒を指したものかとも考えられる。『論事』は南方の仏教に詳しいが、しかし北方の仏教、たとえば有部の教理などは、詳しく紹介していない。その点からも、この大空宗も南インドに存在したかと考えられる。セイロンの伝承によれば、三世紀ごろゴーターバヤ王によって、方広比丘はセイロンから大陸に追放されたという。

さらに『華厳経』の「入法界品」によると、文殊菩薩が舎衛城の仏陀のもとを辞して、南方に向かって旅行したことを説いている。そして彼は、覚城（Dhanyākara）の東の荘厳幢娑羅林中の大塔廟処（Caitya）に止住したという。そして文殊はここで多くの信者を得たが、その中に善財童子がいたのである。ここでいう覚城はダーニヤカタカ（Dhānyakaṭaka）であったかもしれない。なお入法界品によれば、善財童子が聞法のために訪ねた観音菩薩も、南インドの「光明山」(Potalaka 補怛洛迦？）に住していたという。入法界品が南インドに関係が深いことは否定できない。それと共に、文殊が南インドで活動していたということも、注目してよいことである。

以上のごとく、大乗経典の興起には南インドも関係が深い。既に碑文の検討で明らかにしたように、南インドには大衆部系の部派教団が盛んであった。碑文に部派名が現われるのは二世紀以後であるが、しかしそれ以前から既に存在していたと見てよい。そのために大乗仏教が大衆部から発達したと見る説がある。たしかに両者には関係があったらしく思われるが、しかし大衆部系の諸部派、たとえば大衆部、東山住部、西山住部、制多山部等の部派の教理が明らかでないために、具体的に大乗と大衆部の親近性をたしかめることは不可能である。

後五百歳の意味　大乗経典には「後の五百歳の正法の滅びる時に」という言葉が、しばしば出る。この「後五百歳」とは、前の五百年に対する後の五百年の意味である。釈迦の正法は一千年続く筈であったが、女性の出家を許したために、正法は五百年に滅じたということが、『律蔵』の「比丘尼犍《けん》度」に述べられている。そのために前の五百年には正法が栄えるが、後の五百年には正法が滅びると考えたのであろう。そのために大乗経典には、この正法滅尽の時にこそ、法を守らねばならないと考えて、後五百歳における正法の護持が説かれているのである。しかしこの語が大乗経典にあるのは、大乗経典の出現が、仏滅五百年以後であるように理解される。

しかし仏滅五百年以後といえば、かなりおそい時期である。仏滅を西紀前四八四年と見る説では、後五百歳は一世紀となるが、仏滅を西紀前三八六年と見る説では、五百歳は二世紀に入ってしまう。これでは上述のごとく、大乗経典の出現を「前一世紀」と見る説と矛盾する。「後五百歳」という言葉は、大乗経典にしばしば出るが、しかしそれは新しい経典においてであることを注意したい。たとえば『般若経』でも、『小品般若経』には現われるが、『道行般若経』には現われない。『大品般若経』では玄奘訳の『大般若経』には現われるが、『放光般若経』や『大品般若経』には現われない。従って「後五百歳」の語は、大乗経典に最初からあったのではなく、途中から書きこまれたものであろうと考える。従ってこの語は、大乗経典の出現を示す基準とはなりえないものである(3)。

以上、中国への訳経史から考えて、紀元一世紀にクシャーナ王朝下に、多彩な大乗経典が存在したことを知りうる。経典があれば、その述作者や信奉者があったことは当然であろう。しかも単なる信奉者ではなく、六波羅蜜の修行者や、首楞厳三昧の実践者があったわけである。従ってそのための修行の道場もあったであろう。教法は師から弟子へ伝えられて、伝承されるから、そこには必然的に教団が形成されることになろう。このような在り方の大乗仏教を、一世紀に想定することができる。

註

（1） 拙著『初期大乗仏教の研究』七二頁以下参照。
（2） 最古の大乗経典については、前引書九八頁以下参照。
（3） 後五百歳については、前引書六五頁以下参照。

参考書

本節は、主として拙著『初期大乗仏教の研究』第一章「大乗経典の成立年代」によった。なお参考書としては、椎尾弁匡『仏教経典概説』昭和八年。赤沼智善『仏教経典史論』昭和一四年。宮本正尊『大乗と小乗』第五「大乗教と小乗教」第六章、昭和一九年。梶芳光運『原始般若経の研究』昭和一九年。宇井伯寿『仏教経典史』昭和三二年。

R. Hikata: Suvikrāntavikrāmiparipṛcchā Prajñāpāramitāsūtra, An Introductory Essay on Prajñāpāramitā-Literature, 1958.

第三節　大乗仏教の源流

大乗と小乗　「大乗」とはマハーヤーナ（Mahāyāna, 摩訶衍《まかえん》）の訳語で、大きな乗物（車）という意味、「小乗」はヒーナヤーナ（Hīnayāna）の訳語で、小さな乗物の意味であるが、ヒーナは「捨てられた」というのが原意であり、「卑しい」「劣った」という意味もある。従ってヒーナヤーナとは、卑しめた呼称であり、大乗教徒が部派仏教を卑しめて、このように呼んだのである。すなわち自ら小乗と名乗っていた教団があったのではない。

大乗教徒が「小乗」と呼んだ相手が、部派仏教の全体であったか、あるいはその一部分であったかは明らかでない。『大智度論』などによってみると、そこで破折されているのは、もっぱら毘婆沙師、すなわち説一切有部であったようである。すなわち有部が小乗の代表と目されていたことは確かなようである。そのことは広く大乗経典からも確かめうる。しかし大衆部や上座部までも「小乗」の中にふくまれていたか否かは、明らかでない。ただし法顕の『仏国記』では、インド仏教を、大乗・小乗・大小兼学の三者に分けており、これを玄奘の『大唐西域記』に比較してみると、法顕は部派仏教全般を小乗仏教と理解していたようである。玄奘の『西域記』でも理解は法顕と同じである。彼は有部を呼ぶのに「小乗教説一切有部」、正量部を呼ぶのに「小乗正量部法」、大衆部系の説出世部を「小乗説出世部」などと「小乗」を冠して呼んでいる。その他にも部派名を冠しないで、「小乗法教」「習学小乗」などと呼んでいる場合も多い。ただし大衆部を挙げる三ケ所と、上座部を挙げる二ケ所には、単に大衆部法、上座部法などと訳し、小乗の語を冠していない。[1] しかしこれが特殊な意味を持つのではなかろう。つぎにセイロンの上座部と、その系統の上座部を示す五ケ所では「大乗上座部」[2] の語を用いている。このことは注目してよい。セイロンには当時無畏山寺派が盛んであったが、ここには大乗の教えがかなり入っていたらしい。現在のセイロン仏教は大寺派であり、無畏山寺派は斥けられたが、しかし大寺派系の註釈文献(Aṭṭhakathā)には、詳しく見ると大乗教理と共通のものが少なからずある。従って玄奘が、セイロン系の上座部の仏教を「大乗上座部」と呼んだのには、それだけの理由があったのであろう。

従って玄奘は、部派仏教のすべてを小乗と見ていたのではなかろう。ただし大衆部系の説出世部に「小乗」を冠していることは、大衆部系をも小乗の範疇にふくめていたことを示す。しかし説出世部の仏伝『マハーヴァスツ』には、大乗的な思想が多いのである。

つぎに義浄の『南海寄帰内法伝』では大乗と小乗とにはさしたる区別がないという。まず日常の衣食住の生活形式では、大乗小乗ともに出家者は、律蔵の戒律を受けて三衣一鉢の生活をしているから、大小の区別はないと見ている。そして大小共に同じく四諦を修している。しかしその中で特に「菩薩を礼拝し、大乗経を読む者」が大乗であり、それをしない者が小乗であると言っている。そして大乗と言っても、中観（Mādhyamika）と瑜伽（Yogācāra, 瑜伽行派）の二派のみであると言っている。[3] 義浄（六三五―七一三）はもっぱら中インドのナーランダー寺に居たから、七世紀のナーランダー寺の仏教は、大小の区別がはっきりしていなかったのであろう。

玄奘や義浄の時代は、大乗仏教としては既に中期に入っていたから、彼らの言うところを、そのまま大乗興起の初期時代に当てはめることは危険である。しかし大体としては、有部を中心とする部派仏教が「小乗」と呼ばれていたと考えてよかろう。大乗と小乗という用語よりも「菩薩乗（bodhisattvayāna）と声聞乗（Śrāvakayāna）」という用語の方が古い。この菩薩乗が大乗となり、声聞乗が小乗と呼称が変ったのであるが、この声聞乗も部派仏教を指すと見てよかろう。

大小乗の意味　大乗・小乗の「乗」（yāna）とは、教理のことである。教えを実践することによって、迷いの岸から悟りの彼岸に渡ることができるので、教義を乗物にたとえたのである。大乗仏教と部派仏教との教理的相違は少なくないが、これが大・小と対立的に呼ばれる根本的理由は、自利と利他の違いであろう。大乗仏教は「他を救うことによって自らも救われる」という、自利利他円満の教えである。大乗で説く六波羅蜜の修行は、利他なしに自利が成立しないことを示している。これが相依ることによって成り立っている縁起の世界の道理である。これに対して有部や上座部の教理では、煩悩を断じて自己の解脱を得ることが修行の目的とされている。しかも解脱を得れば「なすべきことは終わった」として、涅槃に入ることだけが考えられている。他を救済することは、修行の完成の必要条件とはなっていない。自己が解脱を得たあとにも、他を救済することは出てこない。これは声聞乗が「弟子仏教」であり、他から学ぶことに徹していたからである。学ぶ立場から教える立場への転換がない。声聞《しょうもん》とは「学ぶ人」の意味である。同時に、部派仏教の縁起の解釈では、相依る法を、固定的、孤立的（有自性）に理解することに関係する。

実際には声聞乗でも、師から弟子への教法の伝授は行なわれており、教えることや法を説くこともなされていた。しかし教理には、利他が必然的条件となっていない。この点が小乗と呼ばれた根本的理由であろう。小乗が弟子仏教であったのに対し、大乗は自ら教師となることを理想とする仏教である。声聞の師である仏陀そのものを理想とする「成仏」の教えである。ここに自ら学びつつも、他を教える立場の仏教が成立する。これが大乗である。成仏の教えの根底には、仏陀になりうる素質が、自己に備わっていることを信ずることが前提されている。「仏陀となりうる素質」が自己に備わることを自覚する人を「菩薩」（bodhisattva）と呼んだ。これは、仏伝文学で釈迦仏の前身を菩薩と呼んでいたのをモデルにしたのである。その意味で大乗は菩薩の教え（菩薩乗）である。しかも自己のみでなく、すべての人に成仏の素質があると信ずるとき、他の人にもこの自覚を呼びさましたいという願いが起こる。ここに大乗の教理に「利他」が必然的な契機として入ってくる。ここから「一切衆生に悉く仏性あり」という教理が発展する。小乗仏教が隠遁的な僧院仏教となったのに対し、大乗仏教が世間に密着した在家仏教であったことも、かかる点から理解することができる。

以上の違いから、大乗と小乗には教理上の種々の違いが起こる。小乗が涅槃を灰身滅智と解し、最後のゴールと見たのに対し、大乗では「永久に涅槃に入らない不住涅槃」が主張される。文殊や普賢、観音などは、既に仏陀以上の力を備えておりながら、しかも成仏しないで衆生の救済を続けてゆく。あるいは阿弥陀仏や久遠の釈迦仏のごときは、永遠に滅度しないで衆生を救済するのであり、涅槃に入ることを示すのは、衆生を救済するための方便にすぎないのであり、実際には涅槃に入らないと説かれる。

このような教理を可能にするために、大乗では空の思想が深められ、中道や縁起の思想にも、部派仏教と異なる解釈が現われている。仏陀観においても、法身・報身・応身の区別が説かれ、小乗と異なる仏身論が説かれるようになった。修行の段階についても、成仏のための修行を考えるから、声聞乗の弟子の修行を組織した四向四果の階位とは全く異なる十地、四十二位等の階位が説かれるようになった。同時に仏陀による救済の教理として、悪人や弱力の人をも救う他力易行の教理が現われてくる。この救済仏の観念も、小乗仏教には見られない大乗の特色である。

大乗小乗の区別については、詳しく言えばなお多くを指摘しうるが、その根本は自利利他円満と、自利一辺倒との違いにあると見てよい。

大乗仏教の三つの源流　大乗仏教がどこから起こってきたかは、現在としては明らかでない。しかし大局的見地から見て、そこに三つの源流を考えて大過なかろう。一つは部派仏教からの発展である。これまでは大衆部が発展して大乗仏教になったと見るのが一般の考えであった。しかし大乗仏教が出現したあとにも、大衆部は存続していたから、大衆部が発展的に解消して、大乗になったとは見難い。しかし大衆部の教理には大乗仏教と共通的なものがあるから、大乗の興起に大衆部が影響を与えたことが考えられる。しかし同時に有部や化地部、法蔵部等、上座部系の教理も、大乗仏教に取り入れられていることを見落してはならない。特に有部の教理が最も多く大乗経典に採用されている。さらに経量部の教理も、大乗仏教に大きな影響を与えている。それ故、部派仏教と大乗仏教との教理的関係は単純ではない。

第二には仏伝文学、いわゆる「讃仏乗」の流れである。仏伝文学は部派仏教の中から起ったかもしれないが、しかし、しだいに部派仏教を越えた思想に発展したと考えられる。この仏伝文学の思想が大乗の興起を鼓吹したと考えられる。第三は仏塔信仰である。仏滅後に仏骨を分けて、中インドに立てられた八基の仏塔は、しだいに信者の信仰を集め、仏塔信仰が盛んになった。その後アショーカ王も各地に仏塔を立てたという。その後も仏塔信仰は盛んになっている。この仏塔信仰から大乗仏教が発展したと考えてよい理由がある。大乗仏教の生ずる以前のことは、大乗経典自身は何も語っていない。従って大乗の起源の問題は、推定の域を脱し得ないが、以上の三つの観点から簡単に見ることにしたい。

部派仏教と大乗　上述のごとく部派仏教は「小乗」と呼ばれ、大乗からは否定の対象となっているが、しかし種々の点で大乗仏教に影響を与えている。まず有部の教理が大乗仏教に大きな影響を与えていることは、唯識の教理が有部の教理と共通点の多いことを見れば明らかである。それより古く『大智度論』にも有部の教理は多く引用されている。さらに『大品般若経』にも有部の教理が採用されている。このほか「十二部経」では、有部および化地部や法蔵部の教理が大乗経典に採用されており、さらに犢子部の「五法蔵説」も『般若経』などに引用されている。これらのことは、大乗経典の作者が部派の教理を学んでいたことを示すものである(4)。

ただし教理の類似のあることが、直ちにその部派の出身者が大乗経典を述作したことを意味するものではなかろう。特に思想的立場が大乗と最も遠い有部の教理が、大乗経典に多く取り入れられていることが、それを証明しているといえよう。ただ思想的には大衆部の教理が大乗仏教に近いことは無視できない。大衆部の教理は『異部宗輪論(5)』に説かれるものが、最もまとまっている。これは有部の論師世友（Vasumitra）の作であるが、偏見は少なく他部派の説もよくまとめられている。これには大衆・一説・説出世・雞胤四部の大衆部系の、本宗同義の中に、仏陀論・菩薩論がある。これには「諸仏世尊は皆これ出世なり。一切如来に有漏法なし」と説くが、これは有部の仏陀観と異なり、きわめて大乗仏教に近い見方である。さらに「仏は一音を以って一切法を説く」というが、この説は、『婆沙論』では分別論者の説とするが、『維摩経』に引用されていることで有名である。さらに「如来の色身は辺際なし。如来の威力も辺際なし。諸仏の寿量も辺際なし。仏は有情を教化して、浄信を生ぜしめて、厭足心なし」等と説く点も、大乗の報身仏の思想に近い説であり、大乗と関係が深いと見てよい。

さらに大衆部系の菩薩論に、「一切菩薩は欲想・恚想・害想を起こさず」と述べ、さらに「菩薩は有情を饒益せんと欲するがために、願って悪趣に生ず」と説いている。これはいわゆる「願生説」であり、有部の「業生説」と異なり、大乗仏教に近い。

さらに大衆部に「心性本浄、客塵煩悩」の説があるが、心性本浄説も大乗仏教としては重要な教理である。ただし心性本浄説は大衆部が唱えただけでなく、『舎利弗阿毘曇論』にもあり、分別論者も主張し、さらにパーリの『阿含経』にも見られる。従ってこれは大衆部のみの特殊な説とは言えない。しかし仏陀観においては、大衆部説は確かに大乗に近いと言ってよい。すなわち思想的には両者に親近性が認められる。しかし教団史的に、大衆部の教団と大乗教徒との間に、どのような関係があったかは明らかでない。有部の教理も大乗に多く取り入れられているのであるから、思想的よりもむしろ教団史的に大衆部教団と大乗教徒との間にいかなるつながりがあったかが問題であるが、この点は確かめ難い。

仏伝文学　大衆部系の説出世部（Lokottaravādin）の伝持した仏伝である『マハーヴァスツ』（Mahāvastu, 大事）[6]に「十地」の説があり、これが『十地経』などに説く菩薩の十地の階位説に関係のあることは一般に承認されている。このことも大衆部と大乗とにつながりのあることの一証とされている。しかしマハーヴァスツは他の仏伝類と共に、超部派的のものと見た方がよいようである。法蔵部の伝持した『仏本行集経』の終りに、この経を大衆部は『大事』と名づけ、有部は『大荘厳』と名づけ、飲光部は『仏生因縁』と名づけ、法蔵部は『釈迦牟尼仏本行』と名づけ、化地部は『毘尼蔵根本』と名づけたと言っている（大正三、九三二上）。このことは、諸部派に共通の仏伝のあったことを示すものと考える。

しかし現在形で言えば、大衆部の『マハーヴァスツ』と法蔵部の『仏本行集経』、有部より出たと見られる『ラリタヴィスタラ』(Lalitavistara,[7] 方広大荘厳経) 等、全同とは言えない。特に『マハーヴァスツ』は離れているが、ともかく初期においては仏伝文学者は部派を越えて結集していたのではないかと考える。「文学」という在り方が、部派を越えたものを持っているように思われる。たとえば『ブッダチャリタ』(Buddhacarita,『仏所行讃』) を著わした馬鳴《めみょう》 (Aśvaghoṣa)[8] は、有部に関係が深いが、しかし他方では多聞部・雞胤部・経量部・瑜伽行派との関係も指摘されており、馬鳴を特定の部派に所属させることは困難である。そしてマートリチェータ等と共に讃仏乗の一流と考えるのが妥当であると見られている。マートリチェータ (Mātṛceṭa, 摩咥里制吒) は二世紀から三世紀ごろ生存したと推定され、馬鳴につぐ仏教詩人である。彼の著作である『一百五十讃』(Śatapañcāśatka-stotra)・『四百讃』(Varṇārhavarṇa-stotra) はすぐれた詩で、インドで広く愛吟されたという。[9] 彼はこれらの詩の中で仏陀を讃嘆しているが、その仏陀は肉身仏陀に近い点では有部説に合するが、同時に仏陀の徳は無量で、智は一切に通暁し、その心は無辺際である等と説く点は、大乗の仏身論に近い。さらに大乗を讃嘆する言葉も見られ、六波羅蜜や空観を説く点等は大乗の教理とも一致する。そのためにマートリチェータは最近では、大乗仏教の中観派に属すると見られている。

仏陀をひたすら讃嘆し、仏陀への帰依の誠信を強調するところに、教理を越えた文学的表現が用いられることになる。ここに、仏伝文学を発達せしめた詩人たちが、部派仏教の教理を説く論師たちと異なる立場を持っていたことが考えられる。「讃仏乗」の語は『法華経』(大正九、九下。ただし梵本にはこれに相当する語はない)にも見られるが、むしろ『大毘婆沙論』巻七九に、分別論者の説く「一音説法」の偈を批評して、「讃仏頌は言多くして実に過ぐ」(大正二七、四一〇上中)と斥けているこの讃仏頌を作っていた詩人たちの系統を指すものと考えてよい。

仏伝文学と讃仏乗とは同じ系統のものと考えてよいと思うが、ここでは馬鳴以前の初期の仏伝文学について、大乗とのつながりを簡単に見ておきたい。仏伝文学は本来律蔵から発展したらしい。第一に『マハーヴァスツ』はその冒頭に、このマハーヴァスツが説出世部の律蔵に収録されていたものであることを述べている。しかもこの『マハーヴァスツ』(Mahā-vastu)という名称は、パーリ律の大品(Mahā-vagga)の第一章マハーカンダカ(Mahā-khandhaka)に相当するものである。ヴァスツ(vastu)もヴァッガ(vagga)、カンダカ(khandhaka)もすべて、章や節の意味に用いられる。故にマハーヴァスツとは「大なる章」の意味である。パーリのマハーカンダカには、はじめに仏伝が述べられており、『マハーヴァスツ』と文章の合致する部分が見られることは、ヴィンデッシュがつとに証明したところである。この仏伝の部分が増広され、律蔵を離れたものが、仏伝としての『マハーヴァスツ』である。これに相当するものが、化地部では『毘尼蔵根本』と呼ばれていたということも、これらの仏伝が本来律蔵に由来することを示している。

律蔵には制戒の因縁談としてのニダーナ（nidāna, 因縁）や、破戒をいましめるための教訓譬喩（avadāna, アヴァダーナ）が発達したが、律蔵にふくまれた「仏伝」が増広され、律蔵から離れて独立したのは、ニダーナやアヴァダーナとは異なった意図によったものと思う。仏伝が取り上げられたのは、仏陀の成仏の因縁を追求し、成仏を可能にした修行（本行）を明らかにせんとしたものであろう。ここに、仏陀がいかなる経路をたどって成仏に達したか、その間にいかなる修行をなしたか等の問題が考察され、仏陀讃嘆の文学に発展したと思われる。その点では仏伝文学は、ジャータカ（jātaka, 本生）と同じ系統に属する。従って仏伝文学は律蔵と必然的につながるものではない。たまたま律蔵にあった仏伝が、成仏の因縁を考察する人びとによって取り上げられ、利用され、仏伝文学の核になったのであろうと考えられる。

現存の仏伝類としては、『マハーヴァスツ』は大衆部系の説出世部所属、『ラリタヴィスタラ』（Lalitavistara,『普曜経』『方広大荘厳経』）は有部系統（ただし現形の『ラリタヴィスタラ』『方広大荘厳経』はまったく大乗の経典である。「如来蔵・清浄法界」等の語もあり後世の改変が多い）、『仏本行集経』は法蔵部所属というごとく、部派に分かれている。しかしそれらは内容的には部派を越えた共通性が強い。このほか『過去現在因果経』『太子瑞応本起経』『修行本起経』『中本起経』『異出菩薩本起経』『仏本行経』『仏所行讃』（Buddhacarita）などがある。これらは所属部派は明らかではないが、『太子瑞応本起経』は化地部の系統かとも思われる。ともかくこれらの仏伝類では、その名称からも明らかなように、成仏の「本起」、成仏のための「本行・所行」が問題となっている。仏陀が成仏するまでに何をなしたかが問われているのである。従って成仏以後の伝記は簡略になっており、また不完全でもある。

これらの仏伝に共通して言われていることの第一は、釈迦菩薩が燃燈仏（Dīpaṃkara, 定光如来）から、当来作仏の授記を与えられたことである。その時の菩薩はバラモンの青年であったが、その名は善慧（Sumati）・スメーダ（Sumeda）・雲（Megha）等と、異本によって異なるが、ともかく成仏の授記（vyākaraṇa）を受けたことが、彼の仏道修行の出発点となったのである。従って成仏の「本起」を問う場合には、必ずここまで考察がさかのぼらねばならないのである。この物語りには、五茎の花を一女から買って燃燈仏にささげたこと、泥土を覆うために自己の頭髪をほどいてその上に布き、燃燈仏を渡したこと、このとき当来作仏の誓願を起こしたこと等が語られる。おそらくこの「燃燈授記」は、仏伝文学者の間で語られるようになったのであろう。

この授記の思想が、大乗仏教で重要なことは言うまでもない。釈迦菩薩が燃燈仏から授記を与えられたことは、大乗経典にもしばしば語られている。しかし燃燈仏から授記を得る前の釈迦菩薩はどうであったかということが、それ以後に問題になるのは自然のことである。そしてそれよりさかのぼって、三阿曽祇劫の昔からの修行が説かれるようになる。

仏典には、授記を得てからあと、菩薩が六波羅蜜の修行をすることが説かれる。仏陀には成仏のために、声聞や独覚と異なる修行があったに相違ないということは、当然、成仏の本起を問題にする人びとの間で考えられたであろう。声聞や独覚と異なる成仏のための修行として、六波羅蜜が立てられているのであるから、この六波羅蜜も、仏伝作者たちによって、はじめて説き出されたものであろう。パーリのジャータカ因縁談では十波羅蜜になっているが、これは後世の増広であろう。さらに『大毘婆沙論』巻一七八（大正二七、八九二中下）には、有部宗内に四波羅蜜説と六波羅蜜説とがあり、有部としては四波羅蜜説が正統説であるとしている。しかし仏伝類では例外なしに六波羅蜜が説かれている。この六波羅蜜説が大乗経典に取り入れられたことは多言を要しない。ともかく成仏のためには、弟子の修行と異なる仏独自の修行形式があったはずであり、それが六波羅蜜であるということは、仏伝作者たちによって考え出されたことであろう。

つぎは、菩薩が成仏までにどのような修行の段階を通ったかという点であるが、この点について、仏伝には「位は十地に登りて、一生補《ふ》処に在り。一切種智に近づく」（大正三、六二三上、その他）という定型句が見られる。菩薩が修行の段階として「十地」を経過し、その修行が完成して、いまや「一生補処」の位に在るということは、仏伝作者によく知られていたのである。この十地を細説するのは『マハーヴァスツ』だけであり、他の仏伝類では「十地に登る」というだけである。すなわち他の仏伝類では、十地を細説していないが、しかしその内容は仏伝作者たちには十分知られていたことであろう。この十地の思想が大乗経典に受け継がれていることはいうまでもない。なお「一生補処」（次生に仏位を補う位）の考えは、将来仏としての弥勒についても語られる。これは釈迦菩薩について語られたのが早いか、あるいは弥勒についていわれたのが早いか、にわかに決定できない。

仏伝文学については、詳しくいえばなお論ずべき点があるが、以上の諸点は、仏伝文学に特殊な性格であり、しかも大乗経典に濃厚に受け継がれている思想である。釈迦菩薩は兜率天を降りて、白象の形をとって摩耶夫人の母胎に托すること等を説く、いわゆる「八相成道」(降兜率・入胎・降誕・出家・降魔・成道・転法輪・入滅)の説なども、仏伝作者の間で成立したのではないかと考えられる。

仏伝と大乗経典とは、以上のごとく密接なつながりがあるが、しかし本質的な違いがあることを見落してはならない。すなわち仏伝文学で問題にしている菩薩は、既に授記を受け、成仏の決定している菩薩である。現実の仏陀を認め、その原因としての菩薩の在り方を考察しているのである。『マハーヴァスツ』などでは「同時多仏出世」を認めるから、従って菩薩も多数である。しかしそれらの菩薩はすべて当来成仏の決定している菩薩である。これに対して大乗仏教で説く菩薩は、単に菩提心を起こしただけの菩薩である。成仏の決定していないことは言うまでもなく、授記も受けておらず、退堕することもある、凡夫の菩薩である。もちろん大乗経典にも普賢・文殊・観音・弥勒などの大菩薩が説かれているが、同時に他方では、名もなき一介の修行者としての菩薩が説かれている。このような無名の修行者が、自ら菩薩の自覚を起こすことは、仏伝文学の菩薩行の讃嘆からは導き出されない。ここには別の原理が必要である。その意味で、仏伝文学と大乗経典とには濃厚なつながりがあるが、同時に本質的な断絶があると考えるのである。

ジャータカとアヴァダーナ 仏伝文学に関連して、ジャータカ（jātaka, 本生経）とアヴァダーナ（avadāna,apadana 教訓譬喩）とについて一言しておきたい。『マハーヴァスツ』も、詳しくは『マハーヴァスツ・アヴァダーナ』（Mahāvastu-avadāna）と呼ばれており、ジャータカとアヴァダーナ、仏伝文学等の間には、はっきりした区別がつけ難い。これは、アヴァダーナが非常に長い年月にわたって述作せられており、時代によってアヴァダーナの意味が変化しているためである。ジャータカとアヴァダーナとは、十二分教に加えられており、その最初の成立は古い。既に『阿含経』の中にも『マハーパダーナ経』（Mahāpadānasuttanta, 大本経）のごとく、アパダーナが存在する。十二分教の一支としてのアパダーナ＝アヴァダーナは「譬喩」と訳される場合が多く、「教訓譬喩」と考えてよい[10]。阿含経が固定したあとには、アヴァダーナは独立に述作されるようになった。パーリ「小部」に属する『アパダーナ』（Apadāna）はその段階である。その後、種々のアヴァダーナが作られたが、どのような経路をたどってアヴァダーナ文学が盛大になったかは明らかでない。

ともかく現在、多くのアヴァダーナ文学作品が残っており、西紀前後の作品と見られるものも多い。上記の『マハーヴァスツ』のほかに、『アヴァダーナシャタカ』（Avadānaśataka,『撰集百縁経』）・『ディヴヤーヴァダーナ』（Divyāvadāna）・『スマーガダーヴァダーナ』（Sumāgadhāvadāna,『須摩提女経』）、その他の梵本が出版されている。しかし公刊されないアヴァダーナの量は非常に多いのであり[11]、その製作年代も長い期間にわたっている。これらは、アヴァダーナの原意をはなれて、「説話文学」の一環として発展したらしい。

つぎにジャータカも九分・十二分教の一支にふくまれるから、その成立の古いことが知られる。バールハット欄楯にジャータカの図が彫刻されており、ジャータカの銘を持つものが二十種あるという[12]。故に西紀前二世紀にかなりのジャータカが成立していた。その後も多くのジャータカが作られた。ジャータカは仏陀の前生譚であるが、しかしその題材を在来のインドの寓話等から取ったものが多いため、内容的にはアヴァダーナと合致するものも多い。すなわちジャータカと銘打ったものとしては、パーリの『ジャータカ』が完備している。これには五四七のジャータカをおさめている。漢訳には『生経』五巻がある。そのほか内容的に合致するものとしては、『大荘厳論経』や『アヴァダーナシャタカ』・『ディヴヤーヴァダーナ』・『五百弟子自説本起経』・『菩薩本行経』・『僧伽羅刹所集経』など多くがある。なお『六度集経』や『菩薩本縁経』などは、ジャータカを大乗的に改作したものである。『大智度論』に引用されているジャータカも、大乗的色彩の強いものである。従ってこれらのジャータカによって、ジャータカから大乗思想が発展したと見ることもできよう。ただし『六度集経』には、『般若経』よりも成立の新しい経典がふくまれている。従って、大乗的なジャータカと初期大乗経典の前後は、慎重に考慮されねばならない。

仏伝文学、ジャータカ、アヴァダーナ等の間に明確な区別はつけ難いが、これらの説話文学の作者たちが、大乗思想の興起に何らかの役割を果たしたことを推定してよいであろう。問題は彼らが、いかなるしかたで生活の資を得ていたか、いかなる場所に住んで、いかなる人びとと接触していたかということである。この問題がわかれば、大乗の起源を解明する上に、寄与する点が大きいと思うが、残念ながらジャータカや仏伝文学等の中からは、この点を解明する手掛りは得られないようである。

なお「譬喩」には、このほかに「ウパマー」(upamā) としての譬喩がある。『百喩経』や『賢愚経』などはこれに当たる。「たとえ」を用いることは、仏教では原始仏教以来盛んであった。譬喩者 (Dārṣṭāntika) の譬喩もこの系統に属するかと思われる。譬喩者の教理は『大毘婆沙論』に多く引用、紹介されている。しかし譬喩者はのちに経量部になったともいわれるので、譬喩者の実体は明らかでない[13]。この系統に有名な童受 (Kumāralāta, 鳩摩羅邏多) が出て、『喩鬘論』等を著わしたという。彼は竜樹と同時代の人ともいうが、しかし『大毘婆沙論』に引用されていないから、『婆沙論』の成立から『成実論』までの人であろう。『成実論』には彼の詩が引用されている[14]。中央アジアから発見された梵文断片に『カルパナーマンディティカー』(Kalpanāmaṇḍitikā) があったが、これは童受の作となっていた。しかるにこれは、漢訳の『大荘厳論経』と内容が一致するが、漢訳ではこれは馬鳴の作となっているため、学者の論議を呼んだ[15]。

仏塔信仰と大乗　大乗の興起を考える場合、仏塔信仰を無視することはできない。『法華経』や『阿弥陀経』をはじめ、多くの大乗経典で仏塔信仰が重要視されているからである[16]。大乗仏教で重要な「救済仏」の信仰は、仏塔信仰に由来したと考えられる。部派仏教で考える仏陀は「法の導師」としての仏陀である。部派仏教では、仏陀の説いた「法」が重要である。この法を実践することによって解脱に至る。これ以外に救われる道は説かれていない。それ故部派仏教では、いかに仏陀を超人的に見ても、それは衆生を救済する仏陀ではない。それは、なし難いことをなしとげた仏陀への讃嘆である。部派仏教は出家中心の仏教であり、戒律重視の仏教であるから、法中心の仏教となるのである。

これに対して大乗仏教は、本来在家中心の仏教であった。古い大乗経典では在家菩薩中心の教理が説かれている。もちろん大乗も、のちには出家中心の仏教になるが、これは在家仏教がしだいに出家仏教に変ったのである。在家者は戒律をきびしく守ることができず、禅定の実践も十分にはできない。仏陀の教えのごとく法を実践することはできない。しかしそれでなおかつ救済を望むとすれば、仏陀の大慈悲にすがるよりほかに方法はない。すなわち出家仏教が「法中心」の仏教であるのに対し、在家仏教は「仏中心」の仏教にならざるを得ない。このような在家者の宗教的要求に応じて、仏陀の救済を説く教えが現われたものと思う。すなわち阿閦仏や阿弥陀の信仰、ならびに「三界は安きことなく、なおし火宅のごとし。衆苦充満す。いまこの三界は皆これ我が有なり、その中の衆生はことごとく吾が子なり」（大正九、一四下）と説く『法華経』の釈迦仏のごとき救済仏が説かれるようになった。

しかし在家仏教といっても、何らの根拠地もなしには、教法の発達は不可能である。さらにその教法を後世に伝えることも、師弟交流の場所なしには望めない。もし在家教団が部派教団に従属していたのであれば、当然、彼らは部派教団の指導を受けていたことになろう。しかし部派教団の指導を受けていながら、しかも在家者が独自に別の教理を発展させることは、きわめて困難である。別の言葉で言えば、在家者が独自に仏中心の教理を発展せしめたのであれば、彼らは敢えて出家教団に従属して、その教えや指導を受ける必要はなかったわけである。従って仏中心の教理を発展せしめた在家教団があったとすれば、彼らは出家教団から独立して、彼らと無関係に教法を研究し、修行をなし、教理を発展させ、しかもそれをつぎの世代に伝えたと考えてよかろう。このような教法発生の宗教的場所として仏塔を考えることができる。

まず第一に、仏塔は本質的に在家信者のものであった。阿含の『大般《はつ》涅槃経』によると、まさに滅度せんとする仏陀は阿難に向かって、出家弟子たちが仏陀の遺骸（舎利）の葬式をすることをとどめている。「汝らは最高善（sadattha）のために努力せよ」と遺言した。そして仏陀の遺骸については、「信心のあついバラモンや居士の賢者たちが、如来の舎利供養（sarīra-pūjā）をするであろう」と述べている。(17) 仏陀の滅後、その遺骸を受け取り葬式をしたのは、クシナガラのマッラー人たちであり、それを分骨して中インドに八つの舎利塔を立てたのも在家信者たちであった。仏舎利や仏塔は最初から在家信者たちによって護持され、礼拝せられていたのである。同じく『大般涅槃経』には、仏の誕生地ルンビニーと、成道地ブッダガヤー、初転法輪の地鹿野苑、入滅の地クシナガラが、仏滅後には仏陀の聖地として崇められ、これらの聖地に霊廟（cetiya）が立てられ、これらの聖地を巡礼する人が現われていることを述べている。

このように仏塔信仰は在家信者によって始められたものであり、その後も伝統として在家信者によって護持されたと考えてよい（現在でも、ビルマの仏塔（パゴダ）は信者が委員会を作って管理運営している。比丘達は仏塔経営には参加しない）。アショーカ王も多くの仏塔を建立したという。現存の仏塔の遺構などで、その最古の部分がアショーカ王時代までさかのぼりうるものが少なくないという。中インドのバールハット（Bharhut）やサーンチー（Sāñcī）や、さらにタキシラのダルマラージカー（Dharmarājikā）の仏塔などは、いずれも起源が古く、その最古層は西紀前二、三世紀にさかのぼるという。

さらにその後、西紀前後のころになれば、仏塔の建立は非常に多かったのであり、近世に至って発掘される古い碑文は、ほとんどすべて仏塔に関係のあるものである。このように仏塔は本来在家信者によって建立され、護持されてきたが、しかし信者のみが礼拝し、信奉したのではない。出家者である比丘・比丘尼等も礼拝し、信奉していた。バールハットやサーンチーの仏塔には、石柱や欄楯・笠石などに寄進者の名が刻まれているが、それらの名には、もちろん在俗の信男・信女の名が多いが、しかし比丘や比丘尼の名もかなり多く見られる。財物を持たない比丘や比丘尼が、欄楯や笠石などを寄進することは容易でないから、これは出家者が仏塔供養に熱心であったことを示すものである。既に西紀前後の時代から、部派教団の寺院の中に仏塔が立てられており、比丘の精舎と仏塔とが並存して、仏塔供養がなされていた。しかしこれは、僧団の外部で仏塔供養が盛んになったので、僧伽仏教がこれを導入したものと考えるべきである。そのことは種々の証拠によって明らかである。たとえばセイロン上座部では古くから仏塔が寺院の中に立てられているが、しかしこの派の伝持した『パーリ律』には仏塔については、何も説明がない。これは、本来パーリ上座部では仏塔供養をしていなかったことを示すものである。パーリ律が固定したあとに、パーリ上座部に仏塔崇拝が導入されたのである。つぎに有部の『十誦律』や大衆部の『摩訶僧祇律』は、仏像についても言及しており、現在形の固定がパーリ律よりも新しい。仏塔供養が僧団に導入せられたあとに律蔵が固定したので、仏塔の取り扱いについて律蔵に記述がある。しかしこの二部派の律蔵では、塔地と僧地とは区別しなければならないといい、塔物と僧物とも区別し、その互用を禁じている。塔物を僧用に供した比丘は波羅夷罪になるという。仏塔は広義の僧園の中にふくまれていたが、しかし仏塔は僧伽から独立していたのである。

つぎに法蔵部の『四分律』や化地部の『五分律』では、「僧中有仏」の立場を取り、僧地の中に仏塔を立てているが、しかしそれでも仏物と僧物とを区別している。仏塔に布施された物を、僧伽が消費してはならないと規定している。このように教団法である律蔵において、仏塔は僧伽から独立した形も持っていた。しかも『異部宗輪論』などを見るに、法蔵部は「仏塔に供養すれば広大果を得」といっているが、しかし大衆部系の制多山部・西山住部・北山住部・化地部などは、「仏塔において供養をなしても、得るところの果は少ない」といっている。この制多山部(Caitika)の碑文は南インドのアマラーヴァティー(Amarāvatī)から四種以上も発見されており、西紀三〜四世紀に栄えたアマラーヴァティーの大塔（Mahācetiya）と無関係とは考えられない。しかしその制多山部が、仏塔供養に果報が少ないといっているのである。施仏の果よりも施僧の果の方が大きいことは、『婆沙論』にもいい、『倶舎論』にもチャイティヤ（caitya）に布施をしても果は少ないといっている。このように部派仏教でも仏塔供養は行なわれていたが、しかし僧伽と仏塔とが融合しておらず、信者の仏塔供養を歓迎しない言葉が見られる。これは僧団仏教が確立したあとに、仏塔信仰が僧伽に入ってきたことを示すものであり、部派教団が仏塔信仰の盛大になることを望んでいなかったことを示すものである。従って部派教団に包摂せられた仏塔が存在したほかに、部派に所属しないで、信者団が独立に経営していた仏塔が存在していたと見てよい。そのことは、近代以来発掘された多数の碑文のうち、部派名を記す仏塔の碑文よりも、部派名を記さない仏塔の碑文の方がはるかに多いことからも推知される(18)。

さらに仏塔供養には、花・香・幢・幡・音楽・舞踊などが用いられた。仏陀の葬儀の場合にも、クシナガラのマッラー人は、舞踊、音楽、花、香などで、仏の遺骸を尊び、敬い、崇《あが》め、供養してから火葬にしたという。このことは『大般涅槃経』（*DN.*, Vol. II, p. 159）に詳しい。このような法要に音楽や舞踊を用いることは、出家仏教では禁止されている。比丘の二百五十戒や沙弥の十戒の中に、娯楽物の享受を明瞭に禁止している。従って部派教団の中で音楽や舞踊、演劇、あるいは美術・建築などの芸術が発達したとは考え難い。これらのものは、現世肯定的なものであり、現世からの脱出をねがう部派の出家仏教の思想とは矛盾する。この仏塔供養に関連して発達した音楽や舞踊、芸術などが、大乗仏教に取り入れられ、発達している。音楽と舞踊とを併用する伎楽などは、大乗仏教と共に中国や日本に伝えられたのである。かかる点からも、仏塔供養が部派教団から生じたものでないことが知られる。

仏塔信仰は信仰だけに終わらず、教団としての仏塔教団に発展する契機をふくんでいる[19]。仏滅直後スタートした仏塔信仰は、信者に護持せられて、しだいに盛大になり、各地に仏塔が立てられ、信者や巡礼者たちでにぎわったと考えられる。しかし仏塔を立てるには、何ぴとかによって土地が寄進されねばならない。この土地は聖なるものへの寄進として、個人の所有を離れたであろう。この土地には、仏塔の塔身だけでなく、巡礼者たちの宿舎や、井戸、水浴のための池なども作られたのである。すなわち仏塔にはこれらの財物が所属していた。しかも仏塔には遶道や欄楯があり、信者は遶道をめぐって仏塔を礼拝するが、この塔門や欄楯などには、仏陀の過去世の捨身の善行や仏伝図などが種々に彫刻されている。しかして仏塔には参拝者に対して、これらの仏伝図やジャータカ等を解説する人が止住していたであろう。さらに巡礼者たちの宿舎の差配をする人なども必要であったであろう。

このように仏塔には、財物が所属しており、しかも仏塔経営のための管理人が必然的に要求せられたのである。しかも仏塔には金銀・華香・食物などが、信者や巡礼者たちによって布施せられたことが当然考えられる。これらの施物は、仏陀に布施されたものであるが、しかし実際には仏塔を護持していた人びとによって受納され、消費せられたであろう。部派に所属する仏塔の場合でも、その施物は僧団で消費することは禁じられていたのである。仏物は仏宝に属し、僧物は僧宝に属し、両者は別なのである。このように仏塔に財産があり、それを護持し、管理する人が存在する場合、彼らは全くの平信徒とは異なり、しかし僧伽には属さない「非僧非俗」の専門家とならざるを得ない。特に礼拝者のために、ジャータカや仏伝図の説明をなし、それにつれて仏陀の前生での菩薩行を讃嘆したり、仏陀の偉大性、慈悲の深さ等を強調し、絶えずかかる説明を繰り返しておれば、自然にここに仏陀の救済に関する教理が成立したであろう。仏陀の慈悲の偉大性を強調することは、仏塔に信者を引きつけるためにも必要であったであろう。

しかも仏塔礼拝ということは、観仏三昧に導く点がある。仏塔の前で五体投地の礼拝を何百回となく繰り返すことは、現在でもブッダガヤーでのチベット人の巡礼者などに見られるところであるが、ひたすらに仏を念じつつ、かかる苦行的な礼拝を幾度か繰り返すところに、心が三昧に入り、その三昧の中に仏陀が現われることは、十分ありうることである。これがいわゆる観仏三昧である。大乗経典に説かれる般舟三昧（pratyutpanna-samādhi, 仏現前三昧）はこれである。般舟三昧の起源は、おそらく仏塔における仏陀礼拝の宗教体験に由来すると推定される。この「仏陀を観じうる」という宗教体験が、自ら菩薩であるという自覚を起こすのに有力な契機となったと考えられる。

ともかく仏塔が財産を所有しており、それに依拠して宗教者の集団の生活と活動とが可能であったから、この仏塔を中心にして、仏陀の救済を説く教理が発展し、仏塔教団が成立したと考えられる。多くの大乗経典が仏塔信仰と密接に結びついていることから考えて、この仏塔教団が大乗仏教の興起に大きな役割を果たしたと考えるのである。大乗経典には、菩薩の集団が「菩薩ガナ」(Bodhisattvagaṇa)[20]として、部派教団の「声聞僧伽」(Śrāvakasaṃgha)から別に存在していたことを示している。この菩薩ガナの起源を、この仏塔教団に想定することは、あながち無理ではないと考える。ただし『般若経』の支持者の起源は仏塔とは別の方向に求むべきである。

註

（1）法顕・玄奘等の小乗の用例については、拙著『初期大乗仏教の研究』七〇〇頁以下参照。

（2）同上、拙著七一三頁。

（3）同上、拙著七一八頁以下。

（4）同上、拙著七四六、七六七頁以下参照。

（5）『異部宗輪論』については、木村泰賢、干潟竜祥『結集史分派史考』(『国訳大蔵経』論部第一三巻）参照。なお寺本婉雅『西蔵語文法』にチベット訳の日本訳がある。

（6）Mahāvastu は E. Senart により、一八八二—九七年に出版され、さらに J.J. Jones により一九四九—五六年に、その英訳も発表されている。一九六三年以来、R. Basak によりテキストが三巻として出版されている。R. Basak: Mahāvastu Avadāna, (Calcutta Sanskrit College Research Series) 1963-68. 出版、翻訳、研究等については、山田竜城『梵語仏典の諸文献』一九五九年、六六頁参照。

（7）Lalitavistara の出版等については、山田竜城、前引書六七頁参照。その後の出版、P.L. Vaidya: Lalitavistara, (Buddhist Sanskrit Texts No. 1) Darbhanga, 1958.

（8）馬鳴については、金倉円照『馬鳴の研究』一九六六年。山田竜城、前引書六九頁。辻直四郎『サンスクリット文学史』一九七三年、一一—一七頁参照。馬鳴には、Buddhacarita のほかに、Saundaranada, Śāriputraprakaraṇa 等の梵本が出版されている。リューダースの発見した Kalpanāmaṇḍitikā は童受（Kumāralāta）の『喩鬘論』との関係において注目される。

（9）マートリチェータについては、D.R.S. Bailey の『一百五十讃』の出版についての辻直四郎博士の書評（『東洋学報』、三三—三・四号、昭和二六年十月）、および奈良康明氏の論文（『印仏研』二ノ一、一三五頁）、金倉円照博士、前引書九二頁以下、辻直四郎博士、前引書一七—二〇頁等参照。

（10）アパダーナについては、拙著『律蔵の研究』三二九頁以下参照。

（11）荻原博士は、譬喩・本生あわせて七九種の梵本を挙げているが、その大部分はアヴァダーナである。『荻原雲来文集』四五一頁以下。スマーガダーヴァダーナについては、岩本裕『仏教説話研究序説』昭和四二年、および『スマーガダー＝アヴァダーナ』昭和四三年、に研究ならびにテキストがある。アヴァダーナの出版については、上記参考書ならびに山田竜城『梵語仏典の諸文献』六一頁以下参照。それ以後のものとしては、The Mithila Institute から P.L. Vaidya によって、Avadānaśataka, Divyāvadāna, Jātakamālā of Āryaśūra, Avadānakalpalatā of Kṣemendra 2 Vols. 1958, 1959. などが出版されている。

（12）干潟竜祥『本生経類の思想史的研究』二二頁。

（13）宮本正尊「譬喩者・大徳法救・童受・喩鬘論の研究」（『日本仏教学協会年報』第一年、一一七—一九二頁）昭和三年。

（14）宮本正尊『大乗と小乗』一六四頁。

（15）山田竜城、前引書七二頁。

（16）大乗仏教と仏塔の関係については、拙著『初期大乗仏教の研究』五四九頁以下、中村元「極楽浄土の観念のインド学的解明とチベット的変容」（『印度学仏教学研究』十一ノ二、昭和三八年、一三二

頁以下）、藤田宏達『原始浄土思想の研究』昭和四五年、二五〇頁参照。

(17) 拙著、前引書六一八頁参照。

(18) 仏塔と部派仏教の関係については、前引書六〇三頁以下参照。

(19) 仏塔教団については、前引書七八八頁以下参照。

(20) 菩薩ガナについては、前引書七九七頁以下参照。

参考書

本節は拙著『初期大乗仏教の研究』昭和四三年に基づいて書いた。他に参考書としては、前田慧雲『大乗仏教史論』明治三六年。常盤大定『仏伝集成』大正一三年。友松円諦『仏教経済思想研究』昭和七年、同『仏教に於ける分配の理論と実際』上・中、昭和四〇、四五年。木村泰賢『大乗仏教思想論』昭和一一年。宮本正尊『大乗と小乗』昭和一九年。干潟竜祥『本生経類の思想史的研究』昭和二九年。山田竜城『大乗仏教成立論序説』昭和三四年。岩本裕『仏教説話研究序説』昭和四二年。

N. Dutt: Aspects of Mahāyāna Buddhism and its relation to Hīnayāna. London, 1930; Har Dayal: The Bodhisattva Doctrine in Buddhist Sanskrit Literature. London, 1932.

第四節　初期の大乗経典の思想

第二節に、クシャーナ時代の大乗経典を、中国への訳経史を手がかりとして推定したが、ここにそれらをまとめて示しておきたい。

最古の大乗経典　現在知りうる大乗経典の最古のものは、『六波羅蜜経』・『菩薩蔵経』・『三品経』・『道智大経』[1]等である。これらは、古い大乗経典に引用されているので、その古いことが知られる。『六波羅蜜経』(Ṣaṭ-pāramitā) は、支婁迦讖訳の『遺日摩尼宝経』、支謙訳の『大阿弥陀経』『月燈三昧経』などに引用され、菩薩の読誦すべき経典の一つと見られている。つぎに『菩薩蔵経』(Bodhisattva-piṭaka) は、『遺日摩尼宝経』、竺法護訳の『離垢施女経』・『月燈三昧経』などに引用されている。『三品経』(Triskandhaka-dharmaparyāya) は、安玄・厳仏調訳の『法鏡経』、竺法護訳の『離垢施女経』、支謙訳『私呵昧経』ならびに Śikṣāsamuccaya などに引用されている。『道智大経』は支謙訳の『大阿弥陀経』に引用されている。支婁迦讖や安玄・厳仏調の翻訳は、ともに霊帝の時代（一六八—一八九）であるから、『遺日摩尼宝経』や『法鏡経』の成立の古いことが知られる。従ってそれらの中に引用せられている『六波羅蜜経』や『菩薩蔵経』・『三品経』等の成立が、それらより古いことは明らかである。

しかし『六波羅蜜経』等は現存しないため、その成立年代は決定できない。いまかりに『遺日摩尼宝経』等を西紀一世紀ごろの成立と見れば、その中に引用されている『六波羅蜜経』等の成立は、西紀前一世紀にさかのぼりうるであろう。『六波羅蜜経』は『大智度論』（巻三三・四六、大正二五、三〇八上・三九四中）に、大乗経典を代表する諸経典の一つとして挙げられている。故に有力な経典であったであろう。おそらくこれは、六波羅蜜の実践を説く経典であろう。そのあとに『般若波羅蜜経』が出現したのであろう。六波羅蜜の六つを平等に説くうちに、その中で特に般若波羅蜜が重要であることが自覚され、『般若波羅蜜経』の出現となったのであろう。

つぎに『菩薩蔵経』についても、上記の諸経に引用されている『菩薩蔵経』は不明である。しかし羅什の訳した『大宝積経中の富楼那会』三巻は、本来は『菩薩蔵経』と呼ばれていた。しかし、この『富楼那会』の中に、『菩薩蔵経』や『応六波羅蜜経』が引用されている。さらに『菩薩蔵経』の名を持つものに、僧伽婆羅訳『菩薩蔵経』一巻や玄奘訳『大菩薩蔵経』二十巻などがある。玄奘訳『菩薩蔵経』では、中間の十三巻が六波羅蜜の説明にあてられている。これらはいずれも訳出年代がおそいから、そのまま最古の『菩薩蔵経』の内容に比定することはできない。しかし原始菩薩蔵経と何らかのつながりがあるのではなかろうかと考える。

つぎに『三品経』については、『法鏡経』等に若干の説明があり、その内容が推知される。これは悔過を修する経典である。すなわち『郁伽長者経』によると、仏塔を礼拝して、仏陀の前に過去の悪を懺悔し、随喜廻向し、仏を道場に勧請することを説いた経典で、昼夜六時に仏を礼拝する作法を示した経典であったらしい。[2] 竺法護に『三品悔過経』一巻の訳出があったという。そして現存する『舎利弗悔過経』や『大乗三聚懺悔経』などが、この古い『三品経』の伝統を伝えているもののごとくである。ともかくこれらの経典については、今後さらに研究が必要である。

般若経関係の経典　『般若経』としてもっともまとまったものは、玄奘の訳した『大般若波羅蜜多経』六百巻である。これは十六会《え》（十六部分）に分かれている。しかし『般若経』は、最初からこのように厖大であったのではなく、小経がいくつか存在していたのが、後に集められて『大般若経』六百巻になったのである。最も古いのは、支婁迦讖の訳した『道行般若経』十巻である。これは、訳出年代から考えても、紀元一世紀には既に存在していた。これは羅什の訳した『小品般若経』や梵本『八千頌般若』（Aṣṭasāhasrikāprajñāpāramitā）と同じ系統であり、玄奘訳『大般若経』の第四会（または第五会）に相当する。さらに竺法護の訳した『光讃般若経』は、無叉羅訳の『放光般若経』、羅什訳『大品般若経』、梵本『二万五千頌般若経』（Pañcaviṃśatisāhasrikā-p.）に相当し、『大般若経』の第二会に相当する。このほか般若経としては、初会『十万頌般若』（Śatasāhasrikāprajñāpāramitā）、『善勇猛問般若』（Suvikrāntavikrāmiparipṛcchā）、『金剛般若経』（Vajracchedikā）、『理趣般若経』（Adyardhaśatikā, 理趣分）などが有名である。このほか般若経の思想を小経にまとめた『般若心経』(Prajñāpāramitāhṛdayasūtra) も有名である。いずれも梵本が発見されている。[3] チベット訳の『般若経』も完備しているが、漢訳と組織が異なる点がある。

般若波羅蜜（prajñāpāramitā）とは、「智慧の完成」の意味である。パーラミターは「完全」の意味であるが、智度論には「到彼岸」の意に解釈され、彼岸すなわち悟りの岸に度《わた》る、度《わた》すの意味に理解された。そして「智度」とも訳された。『大智度論』の「智度」はプラジュニャー・パーラミターの訳語である。波羅蜜としての智慧は「空の智慧」であり、とらわれのない立場である。従って「完成」といっても、完成を目的としない完成であり、理想に向かって永遠に進んでゆく実践的な智慧である。この般若波羅蜜を実践するはげしい修行の力は三昧《さんまい》（samādhi）において得られる。大乗仏教には種々の三昧が説かれるが、般若経に関係して最も重要な三昧は首楞厳《しゆりようごん》三昧（śūraṅgama-samādhi, 勇健三昧、煩悩を打ちくだく勇猛堅固な三昧）である。『大品般若経』の「大乗品」（大正八、二五一上）に「百八三昧」を挙げるが、首楞厳三昧はその最初に挙げられる。これは、大乗仏教の修行を推進する実践力をやしなう三昧である。この三昧を説いた経典が『首楞厳三昧経』である。支婁迦讖の訳した『首楞厳三昧経』は失われたが、羅什訳が存する。それによると、この三昧は菩薩の十地（法雲地）においてはじめて得られるといい、『十地経』と関係のあることを示している。この経には、さらに般若波羅蜜を説き、発菩提心や不退転の位を説いている。故にこの経は、『華厳経』とも関係があるが、『般若経』と関係の深い、成立の古い経典である。

さらに『般若経』と関係のあるのは、『阿閦《あしゆく》仏国経』である。阿閦仏（Akṣobhya, 不動如来）は、

「一切智を求め、正覚を得るまで一切の生物に対して瞋恚の心を起こさない」等の誓願を立て、怒りに心が動かされないので、不動如来（Akṣobhya）と呼ばれたという。この阿閦仏のことは、『道行般若経』に説かれており、その内容は支婁迦讖訳の『阿閦仏国経』とほぼ合する。故に『阿閦仏国経』の原形は、『道行般若経』よりも古いと見てよい。『般若経』の信者たちは、阿閦仏の住する妙喜国（Abhirati）に往生せんと願ったのである。『般若経』には阿弥陀仏の信仰は説かれていない。阿弥陀仏の信仰は、般若経とは異なる方面で起こったものである。

なお阿閦仏のことは、『維摩経』（Vimalakīrtinirdeśa-sūtra）の「見阿閦仏品」にも説かれている。維摩は本来、阿閦仏の妙喜国の人であったという。『維摩経』は空を説く経典として有名であり、また「入不二法門」を説き、これを「維摩の一黙」によって示している。支婁迦讖には『維摩経』の翻訳はなかったが、支謙になって訳出された。その成立は『般若経』や『阿閦仏国経』より少しくおくれるであろう。なお本経には梵本は存在しないが、その断片が、『シクシャーサムッチャヤ』（Śikṣāsamuccaya）、『プラサンナパダー』（Prasannapadā）、『バーヴァナークラマ』（Bhāvanākrama）などに引用されている。(4)

華厳経　華厳《けごん》経とは、詳しくは『大方広仏華厳経』という、方広（vaipulya）とは方等と同じで、大乗経典の別名である。九分教・十二分教の中に、方等（vedalla, vaipulya）があるが、これは深義を説く経のことであるといわれており、のちに起こった大乗経典は、九分・十二分教では、この「方等」に所属すると主張していたのである。従って『華厳経』の中心は「仏華厳」にある。この原語はブッダ・アヴァタンサカ（Buddhāvataṃsaka）であるといわれる。アヴァタンサカは、花環・華鬘のことである。仏陀が成道において、あらゆる功徳を備えたことを、華鬘によって美しく飾られたのにたとえ、「仏華厳」と表現したのであると解釈される。厳《ごん》とは「飾る」という意味である。『華厳経』の経名には、なおこのほかに、ガンダヴューハ（Gaṇḍavyūha）があるが、これは「仏華厳」の原語ではない。ヴューハには「荘厳」の意味がある。ガンダの意味は明らかでないが「茎」の意味がある。さらに「雑華」の意味もあるという。これによればガンダヴューハは「雑華荘厳」となるが決定的ではない。一般にはこれは『入法界品』の原名と見られている。

『華厳経』は仏駄跋陀羅（覚賢）が四二一年に漢訳して、三十四品・六十巻となした。これは支法領が于《う》闐《でん》（Khotan）で得た梵本を訳したものである。従ってこの梵本は四〇〇年以前、おそらく西紀三五〇年ごろには、既に成立していたであろう。『華厳経』はその後、実叉難陀が六九九年に翻訳して、三十九品・八十巻となした。その後、チベット訳もなされ、四十五品になっているという。漢訳『華厳経』は西域の于闐で得られたため、『華厳経』は西域で増広加筆されたと見る学者がある。しかしチベット訳は西域ではなく、インドからチベットにもたらされたものであろう。従って西域成立説にはなお吟味が必要である。

『華厳経』は最初からこのように大部の経としてまとまっていたのではない。『大智度論』には、『十地経』（Daśabhūmika）と『不可思議解脱経』（入法界品）とが引用されている。故にこの二経は、古くから独立に行なわれていたわけである。さらにそれ以前のものとしては、支婁迦讖の訳した『兜沙経』がある。これは、『華厳経』の「名号品」「光明覚品」等の原型である。さらに支謙の訳した『菩薩本業経』は、『華厳経』の「浄行品」を中心とする数品に関係している。『十地経』も古くから存在したことは、「十地」が『首楞厳経』等に関説され、『十地経』そのものは、竺法護によって『漸備一切智徳経』として翻訳されている。従ってこれらの単経がまず存在し、それらがまとめられて、大本の『華厳経』になったのであろう。『十地経』や『菩薩本業経』『兜沙経』等の成立はかなり早いと見てよい。

『華厳経』は、仏陀の悟りの内容をそのまま示した経典であるという。これを海印三昧一時炳現の法門という。そのため舎利弗・目連等の声聞は、その内容が全く理解できず、如聾如唖であったという。仏の悟りの世界は毘《び》盧《る》舎那《しゃな》仏（Vairocana, 光明遍照と訳す。密教の大日如来はMahā-vairocana）の世界として示されている。この仏は、無量の功徳を完成し、一切の仏を供養し、無辺の衆生を教化して、正覚を成じ、全身の毛孔より化身の雲を出して、衆生を開化するという雄大な仏である。この仏の智慧の大海は光明があまねく照らしており、限りがないという。

仏陀の正覚の世界は完全であるから、それをそのまま言葉で説くことはできない。これを「果分不可説」という。そのために、仏の果海を示すために、因行としての菩薩時代の修行を説くことになる。因の修行に報いられたものとして、成仏の果があるからである。これが「因分可説」の法門である。そのために『華厳経』は、悟りを目ざして菩薩が修行をなし、悟りの段階を順次のぼってゆく経過を説くことになる。すなわち、十住・十行・十廻向・十地のそれぞれの菩薩の修行の段階と、そこで得られる智慧とを説くことになる。特に十地は、菩薩の独自の修行の段階であり、『十地経』に詳説されている。ここでは六波羅蜜の最後の般若（慧）波羅蜜をひらいて、方便・願・力・智とし、これに六波羅蜜をくわえて、十波羅蜜となし、十地を順次に修し、正覚を成ずることが説かれる。なお『十地経』を註釈した竜樹の『十住毘婆沙論』には、特に「易行道」を開説して、阿弥陀仏を信ずることによって成仏に至る道が説かれている。

この十地の第六現前地は、般若波羅蜜を修し、十二縁起を観察して、真実の智慧が現前するので、現前地という。ここに「三界虚妄にして、ただ是れ一心の作なり。十二因縁分は是れみな心に依る」という有名な言葉がある。これは、われわれの経験はすべて認識において成り立っていることを言うのであり、認識・経験は一心に帰することを示している。この「一心」は、諸経典に「自性清浄心」「心性本浄」と説かれているものと同じであると考えられ、如来蔵にほかならないとも解釈されている。そのために『華厳経』には「心・仏・衆生、この三は無差別なり」とも説かれている。「心性本浄」は、『般若経』にも説かれており、『維摩経』や『大集経』、『阿闍世王経』、『文殊師利浄律経』、その他多くの経典に見られ、大乗仏教の重要な思想の流れの一つである。既に凡夫にも自性清浄心があるとすれば、成仏の可能性があることになる。それが、菩提心を起こすことによって触発されると考えられ、『華厳経』では、「初発心時、便成正覚」とも説かれ、「信満成仏」が主張せられている。

さらに『菩薩本業経』は華厳の浄行品に前後を附したものが独立に存在していたものであるが、この経には、大乗の在家菩薩と出家菩薩の日常の修行生活が具体的に説かれている。なおこの経には、「自ら仏に帰依せば、当さに願うべし、衆生は大道を体解して無上の意を起こさんと」ではじまる「三帰依文」があることで有名である。つぎに入法界品は、はじめに仏陀の悟りの境界である「不可思議解脱境界」を示し、ついでその悟りの境界に入るための普賢の行願を示したものである。これは五十三の善知識を訪ねた善財童子の求法の物語りで示されている。善財は文殊菩薩の教えを聞いて、菩提心を起こし、普賢の行を実践するために、求法の旅に出るのである。そして最後には普賢菩薩の教えを受けて、大悟し、法界に証入する。

『華厳経』のうち、『十地経』(Daśabhūmika, Daśabhūmīśvara) は梵本が出版され、日本訳もある。入法界品 (Gaṇḍavyūha) も梵本が出版されている。この入法界品の最後は『普賢行願讃』で結ばれているが、この梵本はバドラチャーリープラニダーナラージャ (Bhadracarī-praṇidhāna-rāja, 普賢行願王偈) として別行し、梵文が出版されている。なお『シクシャーサムッチャヤ』に、『華厳経』の賢首菩薩品と金剛幢菩薩十廻向品の一部分が引用されており、梵文が得られる。特に後者は『金剛幢経』(Vajradhvajasūtra) の名でも引用されており、この品がかつて独立の経典であったことを示している。(5)

法華経　『法華経』は詳しくは『妙法蓮華経』(Saddharmapuṇḍarīka-sūtra) という。この経は竺法護によって、二八六年に『正法華経』十巻として訳出された。支謙に『仏以三車喚経』（譬喩品）一巻があったという説もあるが、たしかでない。『薩曇分陀利経』一巻（失訳）が、竺法護と同じころに訳されているが、これは宝塔品と提婆達多品との異訳である。竺法護の『正法華経』は二十七品よりなり、完全である。しかし古くは各品が別々に流行していた時代もあったらしいのであるから、『法華経』の最古の部分（方便品）が成立したのは、西紀二世紀以前であったであろう。ただし方便品の偈文の中に、仏像に関する記述があるので、西紀一世紀後半よりさかのぼることは困難であろう。なお、漢訳としては、羅什訳の『妙法蓮華経』が標準視されている。しかし妙法華には、普門品の偈と、薬草喩品の半分と提婆達多品、およびその他が欠けていた。提婆達多品は、その後、法献が高昌にて梵本を入手し、京師に帰って、法意とともに訳したといわれ、それは四九〇年ごろであったらしい。しかし法雲の『法華経義記』や聖徳太子の『法華義疏』には、提婆達多品の註釈はない。それ故それ以後に提婆達多品は『妙法華』に加えられたのであろう。智顗の『法華文句』（大正三四、一一四下）には、提婆達多品の註釈がある。しかし『法華文句』には、妙法華にこの品が欠けていたことを説明している。そののち、六〇一年に闍那崛多等により『妙法華』の欠けている部分が補訳され、『添品妙法蓮華経』が成立した。現在の羅什訳『妙法蓮華経』には、提婆達多品もあり、さらに添品で補訳された部分（全部ではない）がふくまれており、羅什の原初訳そのままではない。

『法華経』はアジアの広い地域で信奉せられたため、チベット訳には完本があり、梵本もアジアの各地から発見されている。特にネパール、北インドのギルギット、中央アジアのカシュガル、カダリック等で発見された梵本が重要である。ネパール本はケルン・南条文雄によって出版され、その後、いくつかの出版がなされ、日本語訳も行なわれている。[6]『法華経』や『般若経』に写本が多く残っているのは、これらの経典には、経典の読誦・受持・解説・書写・供養に功徳が多いことを強調し、その書写を勧めているからである。

『法華経』のサッダルマ（Saddharma）を、羅什は「妙法」と訳したが、直接には「正法」の意味である。それを、泥中から出て、その汚れに染まない「白蓮華」（puṇḍarīka）にたとえたのが、正法蓮華の意味である。すなわち「白蓮のごとき正法」というのが、経題の意味である。この汚れに染まない正法（心の本性）の意味を明らかにするのが、『法華経』の目的である。『法華経』には序品ならびに譬喩品第三以下に、「この妙法蓮華経を説く」ことが、しばしばいわれている。従って、そこで『妙法蓮華経』として指示されているものは「方便品第二」をさすわけであり、これが最古の『法華経』である。方便品で説かれている思想は「一仏乗」である。これは、声聞や独覚（縁覚）にまでも、仏の知見を開かしめる教えである。しかし声聞や独覚でも、自己が成仏できるとの確信を起こしうるのは、自己に仏性があることを発見するからである。『法華経』にはまだ「仏性」という表現はないが、それと同じものが「諸法の本性（prakṛti）は常に清浄（prabhāsvara）である」（方便品、梵本一〇二偈）と表現されている。「諸法本性清浄」は、『般若経』その他にあり、「心性本浄」と同じ意味である。この心性本浄説が発展して、悉有仏性や如来蔵説に発展するのである。

従って、『法華経』のいう『正法』とは、教説としては、開三顕一の一仏乗の教えであるが、理としては「諸法実相」としての諸法の本性浄であり、主体的には菩薩行を行ずる菩薩の「自己に仏性あり」との自覚である。この清浄なる法（自性清浄心）は、凡夫では煩悩におおわれていながらも、しかし本性清浄であるので、白蓮華にたとえられたのである。声聞にもこの正法が備わっていることを証明するために、譬喩品以下において、舎利弗以下の声聞たちに、未来成仏の「受記」が与えられるのである。声聞・独覚・菩薩の三乗の修行者が、それぞれの修行をなしつつ、しかも等《ひと》しく成仏への道に進んでいることを明かすのが、方便品の趣意であり、これを「唯有一乗法・無二亦無三」と表現している。『維摩経』では、声聞乗は敗種として貶められ、成仏の期のないものとされる。しかし声聞や独覚を救うことのできない大乗では、仏の大悲に漏れるものがあることになり、完全な大乗とはいえない。声聞乗や独覚乗をも救いうる大乗でなければならないとの反省が生じて、『法華経』の一仏乗の教えが説かれるようになったのであろう。すなわち大小対立の大乗が説かれたあとで、両者を総合する『法華経』の広い立場が現われたのであろう。この誘引が仏塔信仰を基盤にしてなされたことは、見宝塔品の記述より明らかである。

『法華経』には、方便品を中心とする迹門と、寿量品を中心とする本門とがあるといわれる。寿量品は開迹顕本の教えであり、釈迦仏が久遠実成の仏陀であることを示すことによって、方便品で示した仏性常住を実証しているのである。八十歳で入滅した伽耶近成の釈迦仏は、衆生を仏道に誘引するための方便にすぎないことを示し、常住なる久遠の本仏を開顕しているのである。

『法華経』は二十八品を備えているが、その中、如来神力品までの前の二十品が古い成立であるといわれる。しかしその二十品の中にも、さらに新古の区別がなされ、成立は複雑である。二十八品のうち終りの六品を除いては、散文の教説を詩で繰り返す「重説偈」の形式になっており、その偈文は仏教梵語といわれるプラークリット（Prākṛt, 俗語）で書かれ、成立が古い。後六品の中には、観音菩薩普門品がふくまれている。これは、あらゆる仕方で観音（Avarokiteśvara）が衆生救済をすることを説く経典であり、これを観音の「普門示現」という。

法華系統の経典には、まず『無量義経』がある。これは『法華経』の開経といわれるもので、この中に「四十余年、未顕真実」の語があることで有名である。さらに『法華経』の結経とされるものに、『観普賢菩薩行法経』がある。これは『法華経』の最後の普賢菩薩勧発品に関係があるとされるが、経中に懺悔の作法を説いている点が重要である。さらに『法華経』の三乗開会の思想を受けたものに、『大法鼓経』がある。この経には、一切衆生悉有仏性を説き、一乗を説き、如来蔵を説いており、『法華経』でまだ顕説されなかった仏性・如来蔵が明説されている。

浄土経典　浄土教には「浄土三部経」がいわれるが、これは『無量寿経』二巻と、『観無量寿経』一巻、『阿弥陀経』一巻である。この中、『観無量寿経』については、中央アジア撰述説や中国撰述説が主張せられ、インド成立を疑う学者が多い（しかしその思想はインド的である点は注意さるべきである）。『無量寿経』は支謙（—二二三—二五三年—）が訳出した『大阿弥陀経』二巻が最も古い。その後もこの経はしばしば訳出せられ、「五存七欠」といわれるほどである。チベット訳も存し、サンスクリット原典『スカーヴァティー・ヴューハ』(Sukhāvatīvyūha, 楽有荘厳)も出版されている。(7)『無量寿経』では、阿弥陀仏(法蔵菩薩)の本願は四十八であるが、しかし『大阿弥陀経』や『無量清浄平等覚経』等では、本願は二十四である。そしてチベット訳、梵本、『無量寿荘厳経』等において、願の数や内容に変動がある。それらを比較することによって、古い経典から、願が順次に発展してきたことがわかる。従って『阿弥陀経』の起源は、支謙訳『大阿弥陀経』の成立より、あまり古くさかのぼることはできないであろう。しかし支婁迦讖の訳した経典の中に『般舟三昧経』があるが、この経には、阿弥陀仏を観想する「観仏三昧」を説いている。従って『般舟三昧経』の成立以前から既に阿弥陀仏の信仰が成立していたことがわかる。さらに支謙の訳した経典の中には、『慧印三昧経』『私呵昧経』『菩薩生地経』『無量門微密持経』『老女人経』など、阿弥陀仏の信仰を説く経典が多い。それ故、阿弥陀仏の信仰は『無量寿経』の成立とは別個に考える必要があろう。そのことは、阿弥陀仏の前生の菩薩の違いから知られる。

阿弥陀仏の本生譚としては法蔵菩薩が最も重要であるが、しかし阿弥陀仏と法蔵菩薩とが最初から結合していたのではなかったらしい。阿弥陀仏の修行時代の菩薩名としては、法蔵菩薩のほかに無念徳首・慧上・浄福報衆音・浄命等、その他多くの菩薩名が伝えられている。すなわち、阿弥陀仏は成仏以前に、無念徳太子であった、あるいは慧上王であった等と説かれている。

藤田宏達博士の調査によれば十五種の菩薩があるという(8)(藤田博士によれば、これらの本生譚は相互の関係がないという)。しかも支謙や竺法護訳の諸経典に、これらの菩薩名が出ることは、法蔵菩薩と並んで、他の菩薩の本生譚の成立も古いことが知られる。それ故、本来、阿弥陀仏と法蔵菩薩とは結合していなかったのである。すなわち阿弥陀仏の成立は法蔵菩薩の本生譚よりも古いと見るべきである。もともと阿弥陀仏の名である「無量の寿命」「無量の光明」というだけでは、特に仏教的な思想は顕著でない。この仏が法蔵菩薩の本願で基礎づけられて、阿弥陀仏の信仰が大乗仏教の慈悲の精神に色づけられたのである。それ故、法蔵菩薩(Dharmākara)の「蔵《アーカラ》」(ākara)が如来蔵思想と共通的な用語であることは、阿弥陀仏信仰を大乗仏教の流れの中に位置づける上から注目すべきである[9]。

これに対して『般舟三昧経』は、仏教の修行である「観仏三昧」の中に、阿弥陀仏を採り入れたものである。従って『般舟三昧経』の阿弥陀仏は、法蔵菩薩の願行とは直接のつながりはないと見るべきであろう。ここでは、観仏三昧の対象として、無量の寿命(あるいは無量の光明)の仏陀が、仏教的な意味を持っているのである。この観仏三昧の阿弥陀仏と『無量寿経』の慈悲の阿弥陀仏とを、観仏三昧の立場から結合したのが、『観無量寿経』であると見てよい。この経は中国撰述、あるいは中央アジア撰述[10]と見る説が有力であるが、しかし阿闍世王と母后の話は古い『未生冤経』にも見られるし、『観無量寿経』に説かれる「清浄業処」の観法そのものは、原始仏教の伝統を継いでいると見てよい[11]。なお小本の『阿弥陀経』は、西方極楽の荘厳と、六方の諸仏が阿弥陀仏を讃嘆することを説くのみであるから、形としては観仏三昧や法蔵菩薩の本願思想よりも古いわけであるが、「成仏已来十劫」を説く点で『無量寿経』とつながりがある。しかしこの場合に、小本の『阿弥陀経』の「十劫」説を、大本の『無量寿経』が採用したとも考えうるので、この点が両経前後のきめ手とはならない。ともかく小本の原本の成立は、大本の『無量寿経』より古いように思われる。

以上は、阿弥陀仏の教えを説く主なる経典を見たのであるが、このほかにも阿弥陀仏に関説する大乗経典は非常に多い。そして支婁迦讖訳『般舟三昧経』に阿弥陀仏が説かれている点で、阿弥陀仏の信仰は西紀一世紀には北インドに既に成立していたと見てよい。しかし最古の『無量寿経』である『大阿弥陀経』の成立を、ここまでさかのぼらせることができるか否かは決定できない。ただし『大阿弥陀経』や『無量清浄平等覚経』では、阿弥陀仏（Amitābha, 無量光仏）の光明についての説明が詳しい（大正一二、二八一下―二八一中。三〇二中―三〇三中）。しかも『大阿弥陀経』では、阿弥陀仏（Amitāyus, 無量寿仏）の寿命には限量があり、ついには涅槃に入り、そのあとを観音菩薩（蓋楼亘菩薩）が継ぐと説き、寿命無量ということは、それ程強調されていない（大正一二、三〇九上。ただし『無量清浄平等覚経』では、阿弥陀仏に入涅槃はないとする。大正同、二九〇中）。『無量寿経』等の四十八願経では、光明のことはあまり強調されていないで、かえって寿命無量の点が重要視されている。『大阿弥陀経』は願が二十四願である点ともあわせ考え、種々な点から見てまだ整っておらず、成立まもない形を示すものであろう。

『無量寿経』（Sukhāvatīvyūha）によれば、阿弥陀仏は因位の法蔵菩薩のときに、四十八の本願

(pūrva-praṇidhāna, 過去の願、菩薩のときに起こした願)を起こし、五劫の思惟、永劫の修行の結果、これらの願を満足し、自ら阿弥陀仏となり、西方極楽世界を建立し、往生を願う衆生を迎えとって救済するというのである。この浄土往生には、きびしい修行は要求されず、ただ如来の本願を信じ(śraddhā)、仏の名号(nāmadheya)を唱えることが要求されるのみである。従って戒律を守ったり、禅定を修したりする力のない弱力怯劣《これつ》の菩薩でも、阿弥陀仏の本願を頼めば、すみやかに不退転の位に入りうるという。この点が、阿弥陀仏の信仰が「易行道《いぎょう》」といわれる理由である。

この易行道が可能になるのは、「信解脱」[12](saddhā-vimutta)によるのである。「信」(śraddhā)は、疑に対するものであるが、信が深まれば、疑おうと思っても疑うことができないようになる。すなわちわれわれの心の中で、最初に解脱(自由自在)を得るのは、「信ずる」という心理作用である。信解脱には、はげしい修行や、むずかしい理解を必要としない。そのために愚かな人も、すなおな心(柔軟心)があれば、信の道によって解脱にいたりうる。もちろん信解脱は、それで完全なのではない。さらに進んで、慧解脱・倶解脱・心解脱に進んでゆくべきものである。『阿含経』ではそういう意味で信解脱が用いられている。この信解脱の語は、パーリ仏教では、仏音の『清浄道論』などに用いられ、ながく行なわれていたが、有部系統では信解脱の語は用いられず、信勝解等の語にかえられている。大乗仏教でも、信解脱の語は用いられていないようである。大乗では、解脱といわないで、信によって不退(avivartika, avaivartika)にいたると表現しているのである。『十住毘婆沙論』にはこの点を「或いは勤行精進あり、或いは信方便の易行をもって疾《すみ》やかに阿惟越致（不退）に至る者あり」（大正二六、四一中）と述べている。「信」が重要であることは、大乗経典にも所々に注意されている。たとえば『華厳経』には「信は道元、功徳の母となす。一切もろもろの善法を増長す」（大正九、四三三上）と説いており、『大智度論』には「仏法の大海は、信をもって能入となし、智をもって能度となす」（大正二五、六三上）と述べている。

阿弥陀仏の信仰も、このような仏教の流れの中で理解しうるものであるが、しかし阿弥陀仏の信は、バガヴァッド・ギーター（Bhagavad-gītā）などに説かれる「バクティ」（bhakti, 誠信、絶対帰依）に影響されて、成立したと見る説がある。たしかに内容的には、阿弥陀仏に対する「信」（śraddhā）には、バクティと共通性が見られるであろう。しかし『無量寿経』にはバクティの用例が存在しないことは注意すべきである。

阿弥陀仏の経典は、『般若経』等と異なる別の系統の流れに起こったものであろう。しかし阿弥陀仏の信仰は、ひろく大乗教徒に受け入れられたらしく、多数の大乗経典に、阿弥陀仏ならびに極楽浄土に関する記述があり、浄土往生が勧説されている。藤田宏達博士によると、阿弥陀仏に関説する経論はおよそ二百七十余部あり、大乗経典の三分の一強にあたるという。これによって阿弥陀仏の信仰が、大乗仏教にひろく流布されていたことがわかる。なお『悲華経』（Karuṇā-puṇḍarīka-sūtra）には、阿弥陀仏の本願が多く引用されており、この経は『無量寿経』と関係の深い経典である。梵本が出版されている。(13)

浄土思想としてはこのほかに阿閦仏の浄土、妙喜国の思想がある。これが『般若経』に関係のあることは既に指摘した。しかし阿閦仏の信仰は、阿弥陀仏の信仰ほどに盛大にならなかった。

つぎに弥勒の浄土、兜率《とそつ》天の信仰がある。将来仏としての弥勒菩薩(Maitreya)のことは、既に『阿含経』にも説かれている。そして釈迦仏のあとをおそう仏陀として、弥勒菩薩は「一生補処」(Ekajātipratibaddha, 一生所繫)の菩薩と考えられるようになり、現に成仏の修行が円満して、兜率天に住して、時がくるとこの土に下生して、竜華樹のもとで成仏し、三回の説法において衆生を救うという信仰が成立した。これを「竜華三会」という。さらにそれより一転して、『観弥勒菩薩上昇兜率天経』においては、兜率浄土の荘厳が述べられ、この天に往生すべきことが説かれている。この兜率往生の思想は、中国・日本に大きな影響を与えている。梵文に『弥勒受記』(Maitreyavyākaraṇa)[14]がある。

文殊菩薩の経典　文殊菩薩(Mañjuśrī Kumārabhūta, 文殊師利法王子)は、弥勒とならんで、大乗仏教で最も古くから尊敬せられており、重要な菩薩である。文殊は弥勒とともに、支婁迦讖訳の『道行般若経』に現われている。故に西紀一世紀には既に、文殊菩薩は知られていたことがわかる。一般には文殊は悟りの智慧を現わすものと考えられ、般若波羅蜜と関係が深いと見られている。しかし『大品般若経』や『金剛般若経』には文殊は現われない(のちに『文殊般若経』が現われた)。古い時代には文殊と『般若経』との関係はそれほど密接でなく、文殊は『般若経』とは別の方面で発達した菩薩のごとくである。さらに『阿閦仏国経』『般舟三昧経』『大阿弥陀経』などにも、文殊は現われない。『般舟三昧経』では、賢護（Bhadrapāla 颰陀波羅）等の在家の八大菩薩が、中心となっている。

文殊と密接な関係のある経典は、第一に『首楞厳三昧経』である。この経によると、文殊は過去永遠の昔から、無数の仏陀のもとで修行をなし、既に成仏の行を完成し、かつては竜種上仏という仏陀であったという。文殊が永遠の過去からの大菩薩であることは、『法華経』の「序品」や、支婁迦讖訳の『阿闍世王経』に説かれている。故に文殊の成立は古い。『阿闍世王経』の部分訳が失訳の『放鉢経』であるが、これらの経では、文殊は過去永遠の昔から修行していた菩薩であり、釈尊が過去世に小児であったとき、文殊の導きによって仏に会い、ついに正覚を得たと説いている。すなわち釈尊が成仏できたのは、文殊菩薩の恩である。ただに釈尊のみでなく、あらゆる仏陀がそうであり、「文殊は仏道中の父母である」（大正一五、四五一上）と説いている。

文殊が過去永遠の昔から既に大菩薩であったということと、文殊は「智慧」を人格化した菩薩である点とから考えると、これは人間の本性を智慧の面からとらえ、これを開発してゆく「行」を人格化したものと考えられる。それ故文殊菩薩は、心性本浄、自性清浄心の思想と関係が深い。『阿闍世王経』は自性清浄心の教理を詳しく説いている。文殊が「童真」（Kumārabhūta, 青年の状態にある者、法王子）といわれているのは、文殊が仏を指導しうるほどの力を備えながらも、しかも成仏しないで、永久に修行を進めてゆく未完成の菩薩であることを示しているのであろう。これは自性清浄心が、煩悩におおわれつつ、自己を開発してゆく状態を現わしたものと理解される。

『阿闍世王経』には、文殊菩薩が二十五人の菩薩たちと、山に住して修行していたことを言っているが、『華厳経』の入法界品にも、文殊が舎衛城の仏陀のもとを辞し、南方に遊行し、ダニヤーカラの荘厳幢娑羅林中の大塔廟処に止住し、多くの信者を得たことを説いている。かかる記述は、文殊を信奉する出家菩薩の教団があったことを思わしめるものである。なお『大智度論』には弥勒と文殊が、阿難をひきいて、大鉄囲山において大乗経典を結集したことを説いているが、ここにも、菩薩のなかでは弥勒と文殊とが重要視されていたことが示されている。竺法護の訳した『文殊師利仏土厳浄経』には、文殊の十大願を説いている。文殊はこの十大願でもって、仏土を厳浄するのである。ここでは、文殊は願を表にしているが、その裏には普賢（Samantabhadra）の行がかくされている。入法界品では、文殊の勧めによって求法の旅に出た善財童子は、普賢の行によって法界に証入するのであり、文殊の智は普賢の行に裏づけられて、輝きを放つのである。

『阿闍世王経』は竺法護訳では、『文殊師利普超三昧経』と名づけられ、文殊を表面に出している。このほか支婁迦讖訳の『文殊師利問菩薩署経』、竺法護訳の『文殊悔過経』『文殊師利浄律経』『文殊師利仏土厳浄経』『文殊師利現宝蔵経』、あるいは羅什訳『文殊師利問菩提経』、聶道真訳『文殊師利般涅槃経』等をはじめ、文殊を主題とする経典は非常に多い。しかも文殊を経の主題としなくとも、文殊が中心となっている経典も多いのであり、たとえば『維摩経』でも文殊が他の菩薩や声聞をひきいて、維摩の病床を見舞っており、『維摩経』では文殊が弥勒よりすぐれた菩薩であり、菩薩の上首であることが明瞭に示されている。すなわちインドの大乗仏教では、

『般若経』や阿弥陀仏の信仰も重要であったであろうが、一方では文殊を中心とする仏教があったのである。この点を見きわめることが、インドの大乗仏教の起源を知る上に重要である。

その他の大乗経典　竜樹以前に成立した大乗経典は非常に多い。以上のほかに、宝積部や大集部に属する経典で、古い成立の経典がいくつか存在する。『大宝積経』(Ratnakūṭa『宝頂経』)は漢訳では、四十九会百二十巻であり、チベット訳もほぼ同じ組織を持っている。しかしチベット訳は、インド直伝ではなく、漢訳を参照して、補って成立したもののごとくである。『大宝積経』所属の経典は、古くはそれぞれ独立に流行していた。しかしある時期に『大宝積経』としてまとめられたらしい。それはインドであったか中央アジアであったか決定できないが、ともかく『大宝積経』の梵本が存在したごとくであり、玄奘がこれを将来したことが記録されている。しかし彼は『大般若経』を訳して気力衰え、この大部の経からは、わずかに『大菩薩蔵経』二十巻を訳しただけで没したという。その梵本を菩提流志が七〇六―七一三年にわたって訳出したのが、現在の『大宝積経』である。しかし菩提流志は、前代の訳本で梵本と同じものはこれを採用し、足りないところを補訳して、四十九会百二十巻にまとめた(『開元釈教録』巻九、大正五五、五七〇中)。しかしこの四十九会の内容は雑多であり、いかなる規準でまとめたのか明らかでない。たとえば第四六文殊説般若会は、『大般若経』の文殊般若と同じであり、第四七宝髻菩薩会は、同本が『大集経』にふくまれている。梵本に『ラトナクータ』(Ratnakūṭa『宝頂経』)が存在したことは、『プラサンナパダー』や『シクシャーサムッチャヤ』(Śikṣāsamuccaya) 等にこの経が引用されていることからわかる。しかしこの経が、漢訳の『宝積経』と同じ規模のものであったかどうかは明らかでない。なお大宝積経関係の梵本は、迦葉菩薩品 (Kāśyapa-parivarta) をはじめ、多くの梵本が発見され、出版(15)されている。

つぎに『大方等大集経《だいじっきょう》』(Mahāsaṃnipāta-sūtra) は、漢訳では十七品六十巻となっており、曇無讖等の訳である。彼のほかに那連提黎耶舎等の訳本を、隋代に僧就が編集して、現在の形になったという(『開元釈教録』巻十一、大正五五、五八八中)。古くは『大集経』は、三十巻内外の大きさであったらしい。チベット訳にも「大集」(Ḥdus-pa-chen-po) を冠する経があるが、漢訳『大集経』と一致するものは少ない。『大集経』は、法数・法相を説く経が多く、心性本浄説も説かれ、さらに陀羅尼 (dhāraṇī) や密呪、星宿に関する説、密教思想などが多くふくまれており、その点では注目すべきである。『大集経』関係の梵本は、若干の断片が存在するのみであったが、ギルギット出土の写本の中に、「宝幢分」の梵本 Mahāsaṃnipāta-ratnaketu-dhāraṇī-sūtra (『大集経宝幢陀羅尼経』) がふくまれていた。これは、ナリナクシャ・ダットにより出版されている。(16)

初期大乗の経典には、以上に指摘した以外にも、なお多くの経典が存する。縁起を説いた『稲竿経』(Śālistambasūtra) や『月燈三昧経』(Samādhirāja-sūtra)、『薬師経』(Bhaiṣajyaguru-sūtra)、『金光明経』(Suvarṇaprabhāsottama-sūtra) などの梵本が残されている。(17)

サンスクリット原典　仏教がインドで滅びたために、大乗経典のサンスクリット原典は、完全には残っていない。各地で少しずつ発見されたものが出版されている。最も多く発見されたのは、ネパールである。ネパールの大乗経典としては「九法宝」（Lalitavistara 大荘厳・Aṣṭasāhasrikā-prajñāpāramitā 八千頌般若・Daśabhūmika 十地・Gaṇḍavyūha 入法界品・Laṅkāvatāra 入楞伽・Suvarṇaprabhāsa 金光明・Samādhirāja 月燈三昧・Saddharmapuṇḍarīka 妙法華・Tathāgataguhyaka 秘密集会）が有名である。なおそのほか密教関係の梵本が多い。ネパール写本は、英国、フランス、カルカッタ、ならびに日本にも多く将来されている。つぎに前世紀の終りごろ、中央アジアの探険が行なわれ、その砂漠の中から多数の梵文写本が発掘された。スタイン、ペリオ、ルコック、日本の大谷探険隊等により、ヨーロッパならびに日本に、多くの梵文写本が将来された。特にドイツ探険隊によって、ベルリンに持ち去られたものが非常に多い。これらの写本は今世紀に入って研究され、逐次出版されている。それらの出版状況については山田竜城博士の『梵語仏典の諸文献』に詳しい。

さらにその後、一九三一年にカシュミールのギルギットの故塔から、多数の仏教経典の写本が発見された。この中には『根本有部律』の原典がほとんど完全な形で存在したが、大乗経典もかなり多くふくまれていた。これは、ナリナクシャ・ダット（N. Dutt）によって、**Gilgit Manuscripts** として出版されている。なおギルギット仏教写本は、ラグヴィーラ（Raghu Vira）ならびにその後継者のローケーシュ・チャンドラ（Lokesh Candra）によって『百蔵』（Śata-piṭaka）の一部として出版されている。一九三〇年代にラーフラ・サーンクリトヤーヤナ（Rāhula Sāṃkṛtyāyana）が、チベットを探険し、チベットの僧院で多くの梵文写本を発見した。その写真版はパトナのジャヤスワール研究所（Jayaswal Research Institute）に珍蔵されており、Tibetan Sanskrit Works Series として逐次出版されている。それらの写本の内容は、まだ十分には研究されていないものが多いが、大乗経典では、密教関係のものが多くふくまれているようである。そのほかアビダルマ論書や、大乗の論書、仏教論理学の論書などがふくまれている。大乗関係の梵文テキストとしては、ミティラー研究所から出版されている「仏教梵語テキスト」（Buddhist Sanskrit Texts）が最も規模が大きい。これは以上のネパール、チベット、ギルギット等で発見された梵本をすべて採り入れ、梵文原典のある大乗経典のほとんどすべてがこの中にふくまれている。なおイタリヤのツッチの出版する "Serie Orientale Rome" にも、梵文仏典の貴重なものがふくまれている。

註

（1）拙著『初期大乗仏教の研究』九八頁以下。

（2）静谷正雄「金光明経『業障滅品』の成立に就て」（竜谷学報三二八号、昭和一五年七月）。釈舎幸紀「チベット訳『菩薩蔵経』の訳註」（『竜谷大学論集』第三九七号、一二二頁以下）。

（3）『般若経』の梵本出版については、山田竜城『梵語仏典の諸文献』八三頁以下参照。その後の出版としては、Mithila Institute から八千頌般若（Buddhist Sanskrit Texts No. 4）, Suvikrāntavikrāmipariprcchā, Vajracchedikā, Adhyardhaśatikā, Svalpākṣarā, Kauśika-p. Prajñāpāramitāhṛdaya, Saptaśatikā (Buddhist Sanskrit Texts No. 17) が出版。E. Conze: Aṣṭasāhasrikā, Chapters 55-70; Rome, 1962. など

がある。

（4） 望月良晃「大乗集菩薩学論に引用された維摩経梵文断片について」（『維摩経義疏論集』昭和三七年、一一二頁以下）。湯山明「Kamalaśīla の Bhāvanākrama に引用せられた維摩経」（『東方学』第三八輯、昭和四四年八月）。

（5） 華厳経の梵本ならびに翻訳については、山田竜城、前引書九〇頁以下。Mithila Institute の Buddhist Sanskrit Texts にも、十地経、入法界品が出版されている。

（6） 法華経梵本の出版については、山田竜城、前引書九二頁以下。前記のミティラー・インスティチュートからも出版されている。Buddhist Sanskrit Texts No. 6.

（7） 梵本の出版については、山田竜城、前引書九六頁以下。A. Ashikaga: Sukhāvatīvyūha, Kyoto, 1965. ミティラー・インスティチュート Buddhist Sanskrit Texts No. 17, Darbhanga 1961.

（8） 藤田宏達『原始浄土思想の研究』昭和四五年、三三九頁以下。矢吹慶輝『阿弥陀仏の研究』明治四四年、八二頁以下。

（9） 拙論「如来蔵としての法蔵菩薩」（『恵谷先生古稀記念・浄土教の思想と文化』昭和四七年、一二八七頁以下）。同「阿弥陀仏と法蔵菩薩」（『中村元博士還暦記念論集』昭和四八年）参照。

（10） 月輪賢隆『仏典の批判的研究』昭和四六年、一四四頁以下。中村元『浄土三部経解説』（岩波文庫『浄土三部経』下、昭和三九年、二〇七頁）、藤田宏達、前引書一二一頁以下、その他。

（11） 拙論「大乗経典の発達と阿闍世王説話」（印仏研二〇ノ一、昭和四六年、七頁以下）。早島鏡正「浄土教の清浄業処観について」（『干潟博士古稀記念論文集』昭和三九年、二三一頁以下）。

（12） 信解脱については、拙論「信解脱より心解脱への展開」（『日本仏教学会年報』第三一号、五一頁以下）参照。

（13） Isshi Yamada: Karuṇāpuṇḍarīkasūtra, 2vols, London, 1968.

(14) Maitreyavyākaraṇa, ed. by S. Lévi, 1932; ed. by P.C. Majumdar, Gilgit Manuscripts vol. IV, pp. 187-214, Calcutta, 1959. 石上善応「弥勒受記和訳」（『鈴木学術財団研究年報』4、一九六七年）。

(15) 宝積部の梵本の出版については、山田竜城、前引書九六頁以下参照。

(16) 大集経の梵文断片については、山田竜城、前引書一〇〇頁参照。なお「宝幢分」の梵本については、N. Dutt: Mahāsannipāta-ratnaketu-dhāraṇī-sūtra, Gilgit Manuscripts Vol. IV, p. 1-141, Calcutta, 1959.

(17) Buddhist Sanskrit Texts, No. 17, §8 Śālistambasūtra, §9 Madhyamakaśālistambasūtra §13 Bhaiṣajyaguruvaiḍūryaprabharājasūtra, なお『月燈三昧経』梵本は、同叢書のNo. 2に所収。薬師経はダットのGilgit Manuscripts Vol. I, No. 1, pp. 1-32, Srinagar 1939に出版。それまでの梵本については、山田竜城、前引書一〇一頁以下参照。

参考書

椎尾辨匡『仏教経典概説』昭和八年。赤沼智善『仏教経典史論』昭和一四年。望月信亨『仏教経典成立史論』昭和二一年。宇井伯寿『仏教経典史』昭和三二年。渡辺海旭『欧米の仏教』（『壺月全集』上巻、昭和八年）。矢吹慶輝『阿弥陀仏の研究』昭和一一年。坂本幸男『華厳教学の研究』昭和三一年。藤田宏達『原始浄土思想の研究』昭和四五年。

第五節　初期大乗仏教の思想と実践

菩薩の自覚と自性清浄心　菩薩《ぼさつ》とは、くわしくは「ボーディサットワ・マハーサットワ」(Bodhisattva Mahāsattva) という。ボーディサットワとは、覚《さと》り (bodhi) を求める人 (sattva) の意味、マハーサットワとは、偉大な人 (大士・摩訶薩) の意味であり、仏陀に成ろうとの大きな誓いを立て、はげしい修行をしている人のことである。従って菩薩には、自己が仏陀になりうる素質 (仏性) を備えているとの信念がなければならない。この点が、讃仏乗とも小乗とも異なる大乗独自の立場である。

まず小乗と異なる点は、小乗すなわち部派仏教は、阿羅漢《あらかん》 (arhat) になることを目標として、教理を組織している。弟子が、仏陀と同じ悟りをうるということは、小乗仏教では考えない。当然のごとく、そこには自己に仏陀たりうる素質が備わっているという認識もない。成仏できるのは、釈尊のごとく偉大な人のみであると考えていた。この自己認識の相違が、大乗仏教と部派仏教との根本的な違いである。

つぎに讃仏乗の立場は、仏伝文学において、成仏の因由を探求し、菩薩の偉大なる修行を讃仰している。それ故、讃仏乗も「菩薩の教え」を説くから、その点では大乗仏教に近い。しかし讃仏乗で説いている菩薩は、既に成仏のきまった菩薩である。成仏の記別（vyākaraṇa）を受けた菩薩である。これに対して大乗でいう菩薩は、自己自身のことである。成仏の記別などとは無縁な凡夫の菩薩である。讃仏乗で説く菩薩は、もっぱら釈迦菩薩であるが、彼は燃燈仏から当来作仏の受記を得た。この受記によって、彼に菩薩としての自信が生じたのである。しかし一般凡夫の大乗の修行者には、このような受記はないのであるから、菩薩としての自覚は、別の方面から得られねばならない。それは、自己に仏性ありとの信念でなければならない。この点が、同じく菩薩を説きながらも、讃仏乗と大乗仏教との本質的な違いである。讃仏乗の菩薩は選ばれた人であるが、大乗の菩薩は一般人である。すなわち、菩薩を一般人に解放したのが、大乗の立場である。この菩薩の用例は、最古の『道行般若経』で、当然のごとくに用いられている。従ってかかる菩薩の用例が起こってから『道行般若経』の成立までには、かなりの期間があったと見てよい。すなわち讃仏乗の菩薩の六波羅蜜の立場を受けついで、般若波羅蜜の立場で菩薩思想を一般化したのが『般若経』であったと見てよい。

そのために大乗は、はじめは「菩薩乗」（Bodhisattva-yāna）と呼ばれていた（大正八、二四七中）。これがのちに、声聞乗（Śrāvaka-yāna）・独覚乗（Pratyekabuddha-yāna 縁覚乗）・菩薩乗（あるいは仏乗 Buddha-yāna）という三乗の形に発展したのである。

しかし初期の大乗経典にはまだ「仏性」（Buddha-dhātu）は説かれていない。「一切衆生にことごとく仏性あり」の主張は、大乗の『涅槃経』になってはじめて現われる。初期の大乗経典では、この問題は「心性本浄」の思想で示されている。[1]『道行般若経』には『心の本性は清浄である』(prakṛtiś cittasya prabhāsvarā, Aṣṭasāhasrikā-prajñāpāramitā p. 5)と説いている。心性本浄説は、『阿闍世王経』をはじめ、多くの大乗経典に説かれている。心の本性が純浄であれば、この本性が顕現するとき仏陀となるのであるから、この心性本浄の自覚に基づいて、成仏の願いを起こしうるであろう。この成仏の願いを起こすことが、「発菩提心」である。この菩提心(bodhicitta)を起こした人を、菩薩と呼ぶのである。大乗経典には、心性本浄説とならんで、「諸法の本性は清浄である」(Sarvadharmāḥ prakṛtipariśuddhāḥ, Conze: Aṣṭādaśasāhasrikāprajñāpāramitā, p. 42)が説かれている。この「一切法本性浄」も、『般若経』をはじめ、『大集経』や『法華経』(「方便品」梵本第一〇二偈)などに説かれている。一切法と心とは、別のものではないのである。

大乗経典には、以上のような無名の菩薩のほかに、文殊菩薩や弥勒菩薩、普賢菩薩、観音菩薩などの「大菩薩」が説かれている。これらの大菩薩は、さきの無名の菩薩とは、起原も意味も異なる。この中、弥勒菩薩は将来仏としての弥勒から発達したもので、一生補処の菩薩(次生に成仏する菩薩)である。一生補処の観念は、釈迦菩薩や弥勒菩薩に関係が深い。釈迦菩薩は讃仏乗で発展した菩薩である。これに対して文殊菩薩(Mañjuśrī)は、さきの心性本浄説に関係が深く、大乗仏教独自の菩薩である。普賢菩薩(Samantabhadra)も大乗独自の菩薩と見てよい。しかし観音菩薩(Avarokiteśvara, 観自在菩薩)は、他から仏教に導入された菩薩のごとくである。ともかく、同時に多仏が出世することを認めれば、一生補処の菩薩も多数にあることになる。そのために大乗では、多数の大力菩薩を認めることになる。さらに衆生済度を願うあまり、成仏の行が完成しても、わざと成仏しない菩薩も考えられるようになる。文殊や観音等は、そのような菩薩である。その力は仏を越えているといってよい。このように、大乗の教理が発達すると、種々の菩薩が説かれるようになるが、しかし大乗の特色ある菩薩は、凡夫の菩薩である。

波羅蜜の修行と弘誓の大鎧　菩薩の自覚から、自利利他の修行が起こる。阿羅漢はもっぱら自己の完成のために修行する。しかし仏陀は衆生を救済する人である。大慈大悲（mahākaruṇā, mahāmaitrī）の所有者である。その仏陀たらんと願う菩薩の修行は、必然的に他を利することを先とする修行になる。すなわち、他を利することに打ちこむことによって、自己の修行（自利）が完成するという方式になる。これが、六波羅蜜の修行である。六波羅蜜は、仏伝文学において、釈迦菩薩の修行形式として、既に説かれていたものであるが、これが大乗経典に広く受けつがれている。(2)『六度集経』は、この六波羅蜜の物語を集めたものであり、波羅蜜の修行はジャータカ物語とも関係がある。しかし最初から六種の波羅蜜に確定していたのではない。カシュミールの有部は、布施（dāna）・戒（śīla）・精進（vīrya）・般若（prajñā）の四波羅蜜を説いていたという。そして忍辱（kṣānti）は戒にふくまれ、禅定（dhyāna）は般若（慧）にふくまれると見ていた（『大毘婆沙論』巻一七八、大正二七、八九二上中）。しかし仏伝文学は六波羅蜜をとっていたらしく、有部系でも『普曜経』などでは、六波羅蜜あるいはこれに方便を加えて、七波羅蜜を示している（大正三、四八三上・四八四上・五四〇上。Refmann: Lalitavistara. p. 8）。しかしパーリ上座部は、布施・持戒・智慧・精進・忍辱の五波羅蜜に、出離（nekkamma）・真実（sacca）・決定（adhiṭṭhāna）・慈（mettā）・捨（upekhā）の五を加えて、十波羅蜜を説いている（Fausböll: Jātaka. Vol. I, pp. 45~47）。この十波羅蜜は、『十地経』の十波羅蜜とは内容が異なる。大乗仏教は讃仏乗の六波羅蜜（布施・戒・忍辱・精進・禅・智慧）の系統を受け継いでいる。しかし『十地経』では、十地に波羅蜜を配当するため、六波羅蜜に方便（upāyakauśalya）、願（praṇidhāna）、力（bala）、智（jñāna）の四を加えて、十波羅蜜を説いている（大正一〇、五一七下。J. Rahder: Daśabhūmika. p. 57）。

波羅蜜《はらみつ》（波羅蜜多）とは、パーラミター（pāramitā）の音訳である。パーラミターはパラマ（parama 最高）からできた言葉であり、パーリのジャータカにはこのパラマの派生語のパーラミー（pāramī）が、パーラミターと同じ意味に用いられている。パーラミターは現代の学者には、「完成」と訳され、プラジュニャーパーラミターは「智慧の完成」（Perfection of Wisdom）などと訳されている。しかし羅什はパーラミターを「彼岸にわたった」（pāram-ita）と解釈し、「到彼岸」「度《わたる》」と訳している。『大智度論』の「智度」とは、プラジュニャーパーラミターの訳語である。

たしかにパーラミターは「完成」という意味であるが、しかし完成は、静止・死を意味する。完成してしまえば、つけ加えるものがないからである。『般若経』には、般若波羅蜜を実践しながらも、しかも般若波羅蜜を認めず、菩薩をも認めない人が、正しい意味の般若波羅蜜の実践者であるといっている。布施を実行しながらも、しかも、その布施という善行に誇らず、その善に執著せず、施者も空、受者も空、施物も空である「三輪清浄の布施」が、布施波羅蜜であるという。このように布施を行ないながら、その布施にとらわれず、従って自己の布施を完成させようとの「とらわれ」を持たない布施、空（śūnya）に住する布施が、布施波羅蜜である。従って波羅蜜とは、完成のない完成であるといってよいであろう。それは空の立場、永遠を知る立場である。

般若波羅蜜の般若（prajñā）は「慧」と訳されるが、それは空の智慧、とらわれのない智慧であり、全体を直観する智慧である。これに対して、現象の差別相を見分ける智慧が「方便」（upāyakauśalya）である。『維摩経』には、「智度は菩薩の母なり、方便もて父となす」と説かれ、般若と方便とを備えることが、菩薩の修行で重要視される。

このように波羅蜜の修行は、自利を求めないで、もっぱら利他につくす立場であり、成仏をも図らない、終りなき修行であるから、この修行に出発するには、容易ならぬ決意が必要である。菩薩のこの決意を、鎧をきて戦場におもむく戦士にたとえ、「弘誓の大鎧《がい》を着る」（mahāsaṃnāha-saṃnaddha）と表現している。菩薩は、無量無数の衆生を涅槃に導きつつも、しかも涅槃に導かれた人は存在しないと見、導く人も存在しないと見る。このような努力精進を、弘誓の大鎧（大誓荘厳・摩訶僧那僧涅）と呼んでいるのである。大乗菩薩の修行は、以上のような立場で行なわれる。

陀羅尼と三昧

大乗経典には、菩薩が陀羅尼およびもろもろの三昧を得ていたことを述べている。陀羅尼（dhāraṇī）は「総持」と訳され、大乗仏教になってから重要視されるが、[3]『阿含経』や部派仏教では用いられない。ダラニは後世には、大乗仏教でも呪文の意味に用いられるようになるが、本来はそうではなかった。ダラニとは『大智度論』によれば、「種々の善法を集め、能く持《たも》ちて、散失せしめない」ことであるという。すなわちダラニは、善をたもち悪を遮する力であるが、特に教法を記憶して、忘失しないことである。これを「聞持ダラニ」といっている。このほかダラニには、分別知ダラニ・入音声ダラニ等が説かれ、ダラニには教法の理解や弁舌をさわやかにする力があるという。教法の伝持を、もっぱら記憶にたよっていた時代には、ダラニの力が重要視されたのである。のちには「呪ダラニ」が重要視されるようになり、ダラニとはもっぱら呪文の意味になったが、本来は教法の記憶に関係があった。さらにダラニは三昧に関係があり、三昧において実現するものといわれている。

三昧《さんまい》はサマーディ（samādhi）の音訳であり、等持と訳される。これは、心を平静にたもつことであり、さらに「心一境性」ともいわれ、心を一つの対象に集中する精神力のことである。空（śūnyatā）三昧・無相（animitta）三昧・無願（appaṇihita）三昧の「三三昧」は、既に『阿含経』の時代から説かれている。この三三昧は『般若経』などでも重要視されているが、大乗仏教ではさらに独自の三昧が説かれるようになった。三昧すなわち精神の統一には、止（śamatha, 心の集中）と観（vipaśyanā, 観察）とがある。心が寂静になり、止に住するとき、正しい観察が実現する。大乗には小乗仏教と異なる修行がなされたから、それに応じて新しい三昧が説かれるようになったのである。『大品般若経』の「大乗品」には百八三昧が説かれるが、その最初は首楞厳三昧である。この三昧については既に言及したが、これは般若波羅蜜を実現し、推進するはげしい修行力を起こす三昧である（ただし次の「般舟三昧」は『般若経』の百八三昧にはふくまれていない）。

さらに観仏三昧としては、『般舟三昧経』に説く「般舟三昧」(pratyutpanna-samādhi, 仏立三昧)が有名である。これは仏を念じて三昧に入ると、三昧において仏陀が行者の前に現前する三昧である。これは仏塔礼拝に関連して生じたものと思われる。仏の礼拝には、「悔過」が付随したらしい。『三品経』には、仏前において、懺悔・随喜・勧請を修することを説いているが、『三品経』は大乗の最古の経の一つであり、当時は仏像が存在しなかったのであり、従ってこれらの行法が、仏塔の面前においてなされたことは疑いないであろう。このほか『華厳経』には「海印三昧」が説かれ、『法華経』には「無量義処三昧」に入ったことが説かれている。深い三昧に入ることによって、現象の本質を洞察するのであるが、その洞察のしかたが、三昧の名称に現われているのである。

菩薩の修行　大乗の菩薩には、在家の菩薩と出家の菩薩とがあった。『道行般若経』では菩薩といえば、在家の菩薩であり、出家の菩薩のことはまだ明確に説かれていない。つぎの『大品般若経』になって、在家と出家の二種の菩薩が説かれている。しかしまだ出家菩薩に独自の戒律は説かれていない。出家菩薩は「童真」(kumārabhūta) となって、貞潔を守ることが説かれている程度である。六波羅蜜の修行でいえば、第一の布施波羅蜜には、「法施」もふくまれるが、しかし主とするところは財施である。第二の戒波羅蜜の内容としては、「十善」が説かれている。これは、不殺生・不盗・不邪婬の身三、不妄語・不悪口・不両舌・不綺語の口四、無貪・無瞋・正見の意三の善の行為を実行することである。『般若経』のみならず、他の経典でも、戒波羅蜜の説明には、つねに十善が説かれている。十善の第三は不邪婬であり、これは在家者の戒である。出家になると、上述のごとく「童真」となって禁欲を実行し、色欲をはなれるのである。なお初期の大乗経典には、このほかに戒としては「五戒」や「八斎戒」も説かれているが、これらはすべて在家菩薩の戒である(4)。

さらに『十地経』には「十地」が説かれ、その第二「離垢地」に戒が示されている。この離垢地の戒も十善戒である。このように初期大乗仏教の戒は、十善でもって代表されており、これは初期大乗仏教が在家者の宗教運動であったことを示すものである。しかし大乗仏教でも後代には、部派仏教の戒律を取り入れ、出家菩薩は比丘となり、具足戒を受けて、波羅提木叉を守るようになった。

大乗仏教の修行としては、『般若経』などに説く六波羅蜜の修行が代表であるが、そのほか『華厳経』の「浄行品」や『郁伽長者経』などに見られる仏塔礼拝、さらに『般舟三昧経』などに説かれる観仏三昧などがある。同時に浄土経典には「信」に基づく仏教が説かれている。これも大乗仏教の特色の一つである。信を中心とする仏教は『法華経』にも説かれている。『法華経』の方便品には仏塔礼拝が勧められているが、同時に『法華経』全体としては、「経典書写」が勧められている。ただし『法華経』でも、古層には受持・読誦・解説の三法行が説かれるが、のちにはこれらに書写と供養を加えて五法行になっている。梵文について見れば、なお多くのことが説かれている。ともかく法門（dharmaparyāya）については受持・読誦・解説が説かれるが、経巻（pustaka）については、受持等に加えて、書写と供養とが説かれるのである。供養（pūjā）とは経巻を法宝として安置し、花や香、傘蓋・幢幡等をささげ、音楽等によって供養することである。この供養の仕方は、元来は仏塔供養においてなされていたものである。それを経巻供養に採用したのである。このような経巻供養は、『般若経』などにも、繰り返し説かれている。

この仏塔供養や経巻供養は、本来は在家菩薩のあいだから生じてきたものと見てよいであろう。花香や傘蓋・幢幡等は本来、在家者のものであったであろうし、出家比丘の戒律では音楽、ダンス、演劇を見ることは禁止されている。いわんや自らなすことはできない。従ってこのような供養の仕方は、在家信者の間から起こったと見ざるを得ないし、そこに信仰と共にレクリエーションの余地のあったことを認めてよいと思う。

菩薩の階位　以上のごとき菩薩の修行において、悟りの段階はどのように考えられていたかというに、古い大乗経典では、声聞の階位がそのまま利用されている。たとえば『道行般若経』には、『般若経』の教えを聞いて、預流・一来・不還・阿羅漢等の悟りを得たことが説かれている。

しかし『大品般若経』や『十地経』などになると、大乗独自の悟りの階位が説かれるようになる。なお『道行般若経』にも、大乗独自の悟りについての説明はある。すなわち、発菩提心ということと、不退の位、無生法忍（anutpattika-dharma-kṣānti）、童真、灌頂（abhiṣeka, 阿惟顔）、一生補処など、部派仏教には見られない「悟りの階位」が説かれている。ただし『小品般若』では、これらは、体系化されていない。灌頂や一生補処は、仏伝類で考え出された階位が、大乗に採用されたのであろう。これらは、成仏の間近い大菩薩に関係のある階位である。

つぎに不退の位と無生法忍は、大乗経典に広く用いられており、重要な修行の階位である。無生法忍とは、法の不生を決断する悟りであり、空を悟ることによって得られる「忍」である。この無生法忍を得ることによって、不退の位に入りうるとも説かれている。これらは大乗に特色ある悟りの階位であるが、これらが大乗仏教になってはじめて考えられたものか、あるいは讃仏乗で既に考え出されていた思想であるかは、さらに研究を必要とする。つぎに「童真」は童真地（kumāra-bhūmi）ともいわれており、『大品般若経』にしばしば現われる。これは後述の「十住」の階位にもふくまれるものであるが、『大品般若経』では、童真地とは、禁欲生活に入った菩薩のことをいうのである。[5] これを童真（青年）というのは菩薩の修行がすすんで、無生法忍や不退を得て、修行の段階が青年の状態にあり、間もなく法王子として、仏の位を継ぐ人であるという意味である。文殊師利も、マンジュシュリー・クマーラブータ（Mañjuśrī-kumārabhūta, 文殊師利法王子）といわれ、この童真地の階位にあると見られている（しかしこの童真には、まだ結婚をしない禁欲者の意味があったようである)。

以上は初期大乗経典に、散発的に見られる階位であるが、組織的な階位としては、四地・五地・十住・十地等の階位が説かれている。仏伝では菩薩の階位として、『大事』や『仏本行集経』等に、自性行・願性行・順性行・不転性行の四行が説かれている。[6] さらに仏伝には十地が説かれている。すなわち仏伝には型となって、「諸仏に承事し、徳を積むこと無限、劫をかさねて勤苦し、十地の行を通じて、一生補処に在り」等と説かれている(大正三、四六三上)。しかしこの十地を枚挙しているのは、現存の仏伝では、『大事』のみである。[7] 大乗経典では、菩薩の階位としては、最も簡単なのは『小品般若経』等に現われる「四種菩薩」の階位である。[8] これは、初発心菩薩、新学菩薩(行六波羅蜜菩薩)、不退転菩薩、一生補処菩薩である。これは簡単ではあるが、声聞の階位をふくまない大乗独自の階位である。この四種菩薩の階位は、『小品般若』にはじまって、『大品般若』に受け継がれ、さらに多くの経典に現われている。

つぎに声聞等を加えた階位としては、凡夫地・声聞地・辟支仏地・如来地の四地、あるいは如来地の前に菩薩地を加える五地説がある。[9] これも『小品般若』に簡単な形で現われ、『大品般若』に受け継がれている。この系統の階位をさらに詳しくしたものは、『大品般若経』に見られる「共の十地」説である。これは、凡夫地に乾慧地と性地を開き、声聞地に八人地・見地・薄地・離欲地・已作地の五地を開き、その上に辟支仏地・菩薩地・仏地を加上したものである。この十地説は、前七、あるいは八地が、声聞乗や辟支仏乗と共通であるので「共《ぐう》の十地」と言う。この中、第一の乾慧地（śuklavidarśanā-bhūmi, 浄観地）とは、智慧が禅定の水を得ていないので、悟りを得ない状態。第二の性地（gotra-bh.）とは、声聞の修行に向かうか、あるいは独覚の修行に向かうか、菩薩の道に向かうかの方向、行者の性（gotra）が決定する段階。第三の八人地（aṣṭamaka-bh.）は、声聞道では「見道」すなわち預流向の段階。これより聖者の位に入る。菩薩の見道は、諸法実相を観じて無生法忍を悟る。第四の見地（darśana-bh.）は預流果。菩薩道では無生法忍を得たあとの不退転地。第五の薄地（tanu-bh.）とは三毒が薄くなり、一来果の段階。菩薩では、不退転地をすぎてまだ成仏しない段階。第六の離欲地（vītarāga-bh.）とは不還果。菩薩では五神通を得る段階という。第七の已作地（kṛtāvī-bh.）とは、作すべきことがなされたという意味で、阿羅漢のこと。声聞の修行はここで完成する。それ以上を求める心がないからである。菩薩においては仏地を成就する段階、すなわち成仏が決定する段階である。第八の辟支仏地（pratyekabuddha-bh.）とは、独覚の悟りの段階。独覚をめざす人の修行は、ここで終る。第九の菩薩地（bodhisattva-bh.）とは、菩薩の修行が行なわれる段階。これは、主として六波羅蜜の修行になる。この修行を詳しく開くと、後述の「不共の十地」になるわけであるが、ここではまだそこまでは考えていない。第十の仏地（buddha-bh.）は成仏の段階。(10)

以上の十地説には、三乗の修行の階位が同時にふくまれているので、これを「共の十地」というのである。これに対して、菩薩の修行のみを、段階を追って示したものが、「不共の十地」説である。不共の十地説は仏伝文学で考えられたものである。成仏すべき菩薩が、どのような悟りの段階をたどって進むかを、釈迦菩薩の修行に即して考察したのである。仏伝文学はすべて十地を知っているが、これが枚挙されているのは『マハーヴァスツ』のみである。この思想は、大乗経典では主として華厳系統の人びとによって考察され、発展した。『菩薩本業経』の「十住説」(daśavihāra?)を経て、『十地経』の十地(daśabhūmayaḥ)説で完成した。しかしこれは、大乗独自の立場で考えれば、さきの『小品般若』に示された「四種菩薩」(初発心・新学・不退転・一生補処)の段階が詳しくなったものと見ることもできる。『十地経』の十地は、歓喜地(pramuditā-bh.)・離垢地(vimalā-bh.)・明地(prabhākarī-bh.)・焔地(arciṣmatī-bh.)・難勝地(sudurjayā-bh.)・現前地(abhimukhī-bh.)・遠行地(dūraṃgamā-bh.)・不動地(acalā-bh.)・善慧地(sādhumatī-bh.)・法雲地(dharma-meghā-bh.)の十である。

この中、第一の歓喜地とは、大乗の修行の正しい智慧を得て歓喜する段階。離垢地とは戒を守って心の垢をはなれる段階。この戒は十善戒である。それより進んで、陀羅尼を得、智慧が明らかになったのが、第三明地。智慧の火によって煩悩を焼くのが焔地。しかし微細な煩悩は伏し難いが故に、第五を難勝地という。さらに修行が進んで縁起の智慧が現前するのが、第六現前地。さらにそれより進んで、三界の煩悩を断じ、三界を遠くはなれるのが第七遠行地。ここでは空観を修し、あまりに深く空に達するので、空の否定より脱することが困難になり、諸仏摩頂の勧誡を得て、辛うじて脱するという。この段階で、声聞・縁覚を越える。第八地からは、無功用《むくゆう》の行という。努力を用いなくとも、自然に修行が進むからである。第八地は、無分別智が自由にはたらき、煩悩に乱されることがないので不動地という。第九は、説法教化が自由自在で、善く法を説くので善慧地。第十は、法身を完成し、身は虚空のごとく際限がなく、智慧は大雲のごとくであるので、法雲地という。

ここでいう地（bhūmi）とは、段階の意味である。修行の進歩は連続的であるが、ときには行きづまりがあり、しかも突然それをやぶって飛躍がある。この飛躍の場となるのが地である。同時に、地とは大地のごとく、他を成長せしめる力を持つものである。地の力によって修行が進み、上の地への飛躍が準備されるのである。つぎに十地の対照表を示す。

	十地経、十地	本業経、十住	マハーヴァスツ	般若経、十地
1	歓喜 Pramuditā	発意	Durārohā 難登	乾慧地
2	離垢 Vimalā	治地	Baddhamālā 結鬘	性地
3	明 Prabhākarī	応行	Puṣpamaṇḍitā 華荘厳	八人地
4	焔 Arciṣmatī	生貴	Rucirā 明輝	見地
5	難勝 Sudurjayā	修成	Cittavistarā 広心	薄地
6	現前 Abhimukhī	行登	Rūpavatī 妙相具足	離欲地
7	遠行 Dūraṃgamā	不退	Durjayā 難勝	已作地
8	不動 Acalā	童真	Janmanideśa 生誕因縁	辟支仏地
9	善慧 Sādhumatī	了生	Yauvarājya 王子位	菩薩地

10法雲 Dharmameghā　補処　Abhiṣekatā 灌頂　仏地

菩薩の教団　大乗の菩薩には、在家と出家の別があったことは既に述べた。出家は童真となり、婬欲を遠離して修行したが、それ以外に出家菩薩独自の戒は存在しなかったようである。古い大乗経典には、出家菩薩独自の戒を説いていない。初期の大乗菩薩の戒は、十善戒が主であり、あわせて五戒や八斎戒も行なわれていた。これらはすべて在家戒である。なお大乗経典には、善男子・善女人の語が多いが、これも在家者に対する呼称である。そして女性の菩薩は、修行することによって、根を転じて男子となることが、しばしば説かれている。このことは、大乗仏教では女性の信者が有力であったことを示すと見てよい。

なお大乗の説法者は「法師」(dharmabhāṇaka)と呼ばれたらしいが、法師は在家菩薩でもなり得たし、女性のダルマバーナカも存在していた。

出家菩薩の修行の場所としては、塔寺(stūpa)阿蘭若処(āraṇyāyatana)とがあった。このことは、『郁伽長者経』に具体的に説かれている。塔寺には、仏塔がまつられ、仏塔礼拝を中心とした修行が行なわれていた。この点は、『華厳経』の浄行品に詳しく説かれている。[11] つぎに阿蘭若処は人里の喧騒をはなれた林中にあり、もっぱら禅定の修行を行なう。これに対して、塔寺は村里にあった。在家菩薩は塔寺に往詣し、仏塔を礼拝し、布施をなし、出家菩薩の指導を受けたのである。出家菩薩のあいだでは、和尚と弟子の関係があり、弟子は和尚に随って、その指導を受けて修行をした。この点は、部派教団の場合と同じであったらしい。しかし『郁伽長者経』や『十住毘婆沙論』等によってみると、出家菩薩の日常生活はかなり苦行的であった。

大乗仏教では、在家菩薩が有力であったらしい。『維摩経』では維摩居士が法を説いており、『郁伽長者経』には、郁伽長者・法施長者・名称長者等の十人の大長者を挙げている。さらに『般舟三昧経』には、颰陀和（Bhadrapāla, 賢護）・宝得離車子・善商主長者・伽訶岌多居士等の五百の長者を挙げている。これらの長者がそのまま歴史的実在であったのではなかろうが、しかし長者が経典の中で大きな役割を果たしていることは、在家菩薩で深い悟りに達した人びとが実際に存在したためであろう。

なお菩薩は、菩薩だけで教団を作っていたらしい。大乗の菩薩は小乗の比丘や優婆塞たちと、共同して教団を作っていたのではなかったらしい。このことは、大乗の教理から言いうることである。菩薩は、声聞乗の心を起こしてはならないことは、大乗経典にしばしばいわれている。『十住毘婆沙論』には、「若し声聞地、および辟支仏地に堕さば、これを菩薩の死と名づく。一切の失と名づく」（大正二六、九三上）と述べ、はげしく声聞乗を排している。大乗は、部派仏教を「小乗」と批判して興った宗教であるから、教理上からも、両者が共同生活をして修行していたとは考え難い。大乗は、在家菩薩が主体となっていたから、生活のために部派教団に従属しなければならない理由はなかったのである。大乗経典では、経の冒頭に仏陀の説法の会坐に集まってきた聴衆を示しているが、その場合にも、まず比丘の列衆を示し、つぎに比丘尼たちを挙げ、第三には、優婆塞や優婆夷の名を挙げていることもある。ともかく最後に菩薩の聴衆の名を示している。たとい出家の菩薩であっても、比丘と一緒にして名を示すことはしない。菩薩の集団と比丘の集団とは、それぞれ別の集団として取り扱っている。この仕方は、大乗経典では例外のないことである。この点からも、菩薩が生活集団として、比丘僧伽と別個の教団を作っていたことが考えられる。大乗経典に菩薩ガナ（Bodhisattva-gaṇa）が比丘僧伽（Bhikṣu-saṃgha）と並挙されている例が見られるが、これは当時、菩薩の集団が菩薩ガナ（菩薩僧伽と呼んでいる場合もある）と呼ばれていたことを示すものと考える。[12] ガナ（gaṇa）はサンガ（saṃgha, 僧伽）と同じ意味に用いられ、団体を意味する言葉である。

大乗仏教に菩薩ガナがあったとしても、それは推定しうるにすぎない。大乗経典や大乗の論書には、菩薩教団の組織について具体的な説明はない。ただ『十住毘婆沙論』に、この点についての若干の説明があるにすぎない。ともかく初期の大乗仏教には、教団規則が不完全であったのである。そのために後には部派仏教の僧伽の規則が、大乗仏教にも導入されるようになったのであると考えられる。

註

（1）心性本浄説については、拙著『初期大乗仏教の研究』一九六頁以下参照。

（2）拙論「六波羅蜜の展開」（『印仏研』第二一ノ二、昭和四八年、二三頁以下）参照。

（3）陀羅尼については、拙著、前引書二一八頁以下参照。

(4) 十善については、拙著、前引書四二六頁以下参照。拙論「初期大乗仏教の戒学としての十善道」（芳村修基編『仏教教団の研究』一六七頁以下）参照。

(5) 「童真」については、『初期大乗仏教の研究』三三四頁以下参照。

(6) 同上、一八五頁参照。

(7) 『大事』の十地については、前引書一八七頁以下参照。なお『大事』の第二地は、テキストでは baddhamānā（結慢）とあるが、いまはエジャトーンの辞書に拠った。

(8) 「四種菩薩」については、同上、二八六頁以下参照。

(9) 同上、三三六頁以下参照。

(10) 「共の十地」の意味については、前引書三五四頁以下参照。

(11) 『郁伽長者経』や「浄行品」については、前引書四八三頁参照。

(12) 菩薩の教団については、前引書七七七頁以下参照。

参考書

梶芳光運『原始般若経の研究』昭和一九年。西義雄『初期大乗仏教の研究』昭和二〇年。山田竜城『大乗仏教成立論序説』昭和三四年。

水野弘元
増補改訂　パーリ語辞典

簡明な訳語と豊富な語彙、さらになじみ深い漢訳語も併記。初学者から上級者まで幅広く活用できる、パーリ語辞典の決定版。便利な略文法付き。

四五〇〇円

水野弘元
仏教要語の基礎知識〈新版〉

仏教理解に必須の基本要語約二〇〇を系統的かつ平易に解明し、辞典としての用途にも適うように配慮された、現代人のニーズに応える基本図書。

二〇〇〇円

水野弘元
仏教の基礎知識〈新版〉

仏教の基本的な概念や理論を、豊富な例証を駆使して平易かつ具体的に解明し、また多様な仏教学説の内部構造に光をあて、その人間主義と近代性の意義を説く絶好の入門書。

一七〇〇円

平川　彰
インド仏教史　上〈新版〉

初学者でも容易に通読できるように平易・明快に説かれたインド仏教通史。上巻では、仏教の成立から、原始仏教、部派仏教をへて、初期大乗仏教までを扱う。

三二〇〇円

平川　彰
インド仏教史　下〈新版〉

仏塔信仰に端を発して大衆の宗教として再出発した大乗の系譜を説き、学問寺として発展した有名寺院の内容を考察するとともに後期の一大勢力となった密教までを概説する。

三二〇〇円

吹田隆道［編著］
実習サンスクリット文法
荻原雲来『実習梵語学』新訂版

入手困難だった荻原雲来著（一九一六年刊）の新訂版。明治期の文語体から現代語に改めるほか、初心者でもより体系的・実用的に習得できるようにした。

二七〇〇円

＊価格は税別。

平川　彰（ひらかわ　あきら）
1915年、愛知県生まれ。1941年、東京大学文学部印度哲学梵文学科卒業。文学博士。東京大学教授、早稲田大学教授、国際仏教学大学院大学理事長、日本学士院会員等を歴任。2002年３月逝去。
著書に、『平川彰著作集』全17巻、『インド仏教史』全２巻、『インド・中国・日本仏教通史』、『仏陀の生涯』、『倶舎論索引』（共著）ほか多数。

インド仏教史　上
一九七四年九月三〇日　初版第一刷発行
二〇一一年八月三〇日　新版第一刷発行
二〇二四年二月二〇日　新版第五刷発行
著　者　平川　彰
発行者　小林公二
発行所　株式会社　春秋社
東京都千代田区外神田二―一八―六（〒一〇一-〇〇二一）
電話（〇三）三二五五-九六一一　振替〇〇一八〇-六-二四八六一
https://www.shunjusha.co.jp/
印刷所　萩原印刷株式会社
装　丁　本田　進
定価はカバー等に表示してあります。
2011©ISBN978-4-393-11813-9

索　引

和語の部

あ

アヴァダーナ……340
アヴァンティ……104, 110
アショーカ王──→阿育王
アショーカ王の法……133
アショーカ王法勅……130
アジタ……24
アージーヴィカ……24
アジャータサットゥ──→阿闍世王
アジャンター……305
アゼス王……292
アッタカ・ヴァッガ……106
アッタサーリニー……183, 196
アートマン……166
アートマンの否定……9
アーナンダ──→阿難
アヌルッダ……185
アパダーナ……340
アパランタ……105
アパランタカ……120
アバヤギリ──→無畏山寺
アビダルマ……174, 192, 201
アビダルマ蔵……174, 193
アビダルマディーパ……188
アビダルマ論義……192
アホーガンガ山……111
アマラーヴァティー……306, 347
アマラプラ派……172
アラカデーヴァ……121
アーラーラ・カーラーマ……36
アルサケス……291
アングッタラニカーヤ……98
アンデール塔……284
アンドラ王朝……279, 299
アンドラ派……157
アンドレ・バロウ……157
阿育園……285
阿育王……34, 108, 123, 125, 127, 130, 279
阿育王経……113, 125, 167
阿育王伝……108, 113, 125, 167,
阿含経……57, 175
阿闍世王……51, 107, 319, 367
阿闍世王経……319, 372, 373
阿闍梨……91
阿修羅……232
阿閦仏……317, 356, 371
阿閦仏国経……316, 317, 356, 357, 371
阿難……34, 48, 94, 114, 116, 151
阿毘達磨……174
阿毘達磨蔵論……188
阿毘達磨発智論……179
阿毘曇……174
阿毘曇甘露味論……186
阿弥陀経……318, 365
阿弥陀仏……366, 367
阿弥陀仏信仰……374
阿惟越致……370
阿惟顔……390
阿羅漢……30, 45, 261, 380, 389, 392
阿羅漢果……79, 270
阿羅漢向……79, 270
阿羅漢道……263
阿頼耶識……9, 219
阿蘭若処……395

頞部曇 ……233
愛 ……72, 73, 234
赤沼智善 ……55, 102, 225, 241, 325
悪戒 ……251
悪作 ……89
悪説 ……90
悪魔 ……39
悪魔波旬 ……38
安慧 ……188
安世高 ……292, 316
安息 ……291, 316
安立果 ……239

い

インド仏教 ……3
已作 ……392
已作地 ……391, 394
易行道 ……369
異熟 ……246
異熟因 ……237, 238, 246
異熟果 ……238, 246
異部解説集 ……160
異部宗輪論 ……112, 125, 150, 159, 189
異部分派解説 ……126
意業 ……247
意志の自由 ……245
郁伽 ……49
郁伽長者 ……396
郁伽長者経 ……320, 355, 395
石上善応 ……379
一音説法 ……335
一向記 ……149
一切皆苦 ……71
一切行苦 ……71
一切種智 ……338
一切法 ……224
一生補処 ……338, 371, 382, 390
一生補処菩薩 ……391
一心 ……360
一説部 ……150, 152, 154, 156, 157, 202
一仏乗 ……363
一味蘊 ……218
一来 ……261, 389
一来果 ……79, 270, 392
一来向 ……79, 270
一来道 ……263
岩本裕 ……351
因 ……239
因縁 ……95, 239, 240, 241, 336
因分可説 ……359

う

ヴァッジプッタカ派──→犢子部
ヴァッタガーマニ・アバヤ ……169
ヴァンサ国 ……49
ヴェーサーリ ……110, 111
ヴェートゥッラヴァーダ──→方広派
ウダーナヴァルガ ……186
ウッダカ・ラーマプッタ ……36
ウパグプタ──→優波毱多
ウパティッサ ……183
ウパマー ……342
ウパーリ──→優波離
ウラサカ ……288
ウルムンダ山 ……114
安井伯寿 ……33, 40, 102, 103, 325
有 ……72, 234
有愛 ……59
有為法 ……65, 199
有学道 ……271
有頂 ……228
有覆無記心 ……213
有部──→説一切有部
有部の修道論 ……266
有部の教理 ……332
有分 ……218
有分識 ……218
有分心 ……218
有無中道 ……62
有漏智 ……269
有漏法 ……203
憂陀那 ……101

優陀延 ……49
優陀那 ……101
優波離 ……34, 48, 94, 114
優波毱多 ……34, 114, 127, 163, 167
優波扇多 ……187
優婆夷 ……45, 84, 284
優婆塞 ……45, 84, 284
雲 ……337

え

エローラ ……301, 305
依因 ……239
依縁 ……241
慧 ……262, 264, 272
慧解脱 ……60, 261, 264, 265, 270, 369
壊劫 ……231
焔（地） ……393, 394
縁 ……69, 236
縁已生法 ……67, 68
縁覚──→独覚
縁覚乗──→独覚乗
縁起 ……65, 67, 69, 72, 202, 236, 375, 393
縁起の世界 ……242
縁起支性 ……202
縁起真如 ……202
縁起説 ……241
縁起無為 ……203
縁欠不生 ……199
閻魔 ……227

お

王 ……31
王山部 ……155, 156, 158, 216
王舎城 ……36
応六波羅蜜経 ……354
音楽 ……347
飲光部 ……151, 153, 154, 156, 158, 161, 296, 334
遠行（地） ……393, 394
遠続縁起 ……235

か

カシュミール ……163
カーシュヤパ姓 ……283
カッサパゴッタ ……121
カートヤーヤニープトラ──→迦多衍尼子
カニシカ寺 ……295
カラワーン遺跡 ……295
カラワーン出土銅版銘文 ……312
カルマ ……27
カールリー ……303
カンダハール ……296
カーンヘーリ ……303
果 ……239, 244
果分不可説 ……359
迦葉菩薩品 ……375
迦葉摩騰 ……315
迦多衍尼子 ……179, 180
伽陀 ……94, 101
迦膩色迦（カニシカ） ……293
家長 ……284
訶梨跋摩 ……181
過去七仏 ……282
羯邏藍 ……233
戒 ……86, 383, 384, 393
戒経 ……88
戒禁取結 ……261
戒師 ……90
戒清浄 ……262
戒体 ……249
戒壇 ……90
戒波羅蜜 ……388
戒本 ……88
界 ……68, 87, 205
界身足論 ……179, 180, 211
界説論 ……177
契経 ……94, 101
海印三昧 ……359
海部 ……155, 156, 159
開経 ……365

開迹顕本 ……364
階位 ……390
覚城 ……323
覚天 ……186, 291
梶芳光運 ……325, 398
渇愛 ……59
勝又俊教 ……225
金倉円照 …28, 32, 102, 128, 225, 314
勧請 ……387
歓喜（地） ……393, 394
観 ……78, 267, 386
観音菩薩 ……323, 368, 382
観音菩薩普門品 ……365
観仏 ……318
観仏三昧 ……318, 349, 367
観無量寿経 ……365, 367
灌頂 ……390, 395
ガナ ……397
ガンタシャーラ ……307
ガンダヴューハ ……358
ガンダーラ芸術 ……293
我 ……219
我所 ……64
餓鬼 ……80, 232
蓋 ……255
月燈三昧経 ……353, 375, 376
願 ……384
願生説 ……333
願性行 ……391

き

木村泰賢 ……172, 191, 241, 350
記説 ……101
貴霜 ……292
器世間 ……228, 231
吉祥山 ……308, 322
救済仏 ……343
脇尊者 ……185
教訓譬喩 ……336
教授阿闍梨 ……87
教法 ……66
経 ……95
経の論母 ……177, 194
経巻 ……389
経師 ……95, 282
経集 ……176
経蔵 ……57, 94, 97, 99, 174, 193, 282
経典書写 ……389
経分別 ……95, 177, 196
経部 ……156
経量部 …151, 153, 154, 155, 158, 161, 162, 181, 216, 218, 247, 256, 331
境 ……73
憍陳如 ……45
鏡面王 ……63
金銀浄 ……110
ギリシャ人 ……289
ギルギット ……376
ギルナール ……107
伎楽 ……53, 348
祇園精舎 ……47
祇陀林寺 ……170
祇夜 ……101
義釈 ……176
義成部 ……155, 156, 158, 216
義浄 ……125, 161, 166, 327
義足経 ……98
牛家部 ……154, 156, 157
逆観 ……75
行 ……64, 72, 74, 233
行六波羅蜜菩薩 ……391
形色 ……205, 206, 248
疑結 ……261

く

クシャトラパ ……291, 298, 302
クシャハラータ王家 ……302
クシャーナ ……292
クスルカ ……291
クッダカ・ニカーヤ ……98, 175, 178
クルンダ疏 ……182
九果 ……239

九十八随眠……209, 257
九分教……66, 100, 357
九法宝……376
九無為……202, 203
九無学……261, 271
久遠実成……364
丘就部……292
供養……137, 363, 389
苦の滅……41
苦行……37
苦聖諦……59
苦集聖諦……59, 203
苦諦……59, 203
苦法智……269
苦法智忍……269
苦滅聖諦……60
苦滅道聖諦……60
苦楽中道……62
倶有因……214, 237
倶解脱……264, 265, 270, 369
倶舎釈……180, 188
倶舎論……187
倶舎論実義疏……188
倶生……213
鳩摩羅邏多……342
瞿曇……31
空……243, 386
空観……7, 393
空無辺処……202, 229, 275
窟院……300
グハ寺……298
弘誓……385
弘誓の大鎧……383
具足戒……84
具足戒の戒体……250
具足戒羯磨……87
窮生死蘊……219
共の十地……391
共一切心所……216
偶然論……245

け

ケラニ派……172
化生……232
化地部……97, 100, 151, 153, 154, 156, 158, 161, 165, 175, 202, 219, 222, 309, 331, 332, 334, 337, 346
加行果……239
加行道……267
灰身滅智……275
仮有……198
仮我……64
悔過法……89
華厳経……318, 323, 357, 359
袈裟……90
袈裟色……92
繋……255
罽賓……119
雞胤部……150, 152, 157, 202
鶏園……163
結……255
結経……365
結生識……233
結集……94, 373
決定……384
決定思……247
見……254, 272
見結……261
見至……270
見清浄……262, 263
見諦道……269
見地……391, 392, 394
見到……264, 265
見道……257, 264, 265, 266, 269, 270, 392
見惑……257
乾慧地……391, 394
堅性……206
賢愚経……125
賢護……372, 396
賢首菩薩品……361

賢冑部 ……151, 153, 154, 156, 158, 302, 303
鍵南 ……233
簡択 ……272
顕教 ……13
顕色 ……205, 206
外凡位 ……267
解脱 ……43, 60, 270
解脱道論 ……183
玄奘 ……125, 164, 165, 310, 326
原始般若経 ……325
原始仏教資料論 ……103
現前 ……393, 394
現前僧伽 ……86
現量得 ……162
還滅門 ……75

こ

コーサラ ……21, 48
コーサンビー ……117, 123
コーナーカマナ仏 ……137
虚空 ……199, 202
行為の三種 ……244
黒蜂山 ……322
金光明経 ……375, 376, 377
金剛幢経 ……361
金剛幢菩薩十廻向品 ……361
金剛般若経 ……355
金剛部 ……155, 156
金剛宝座 ……285
金地国 ……121
金輪 ……230
根 ……73, 197
根本有部──→根本説一切有部
根本有部律──→根本説一切有部律
根本有部律雑事 ……113
根本識 ……219
根本説一切有部 ……158, 161, 167
根本説一切有部律 ……97, 99, 100, 376
根本分裂 ……109, 112, 150
根本煩悩 ……256
惛沈 ……254
羯磨 ……87, 95, 244
羯磨阿闍梨 ……87
羯磨師 ……87, 90
ゴータマ ……21
ゴータミー ……49
五ニカーヤ ……282
五位 ……223
五位七十五法 ……223
五位説 ……179
五因 ……239
五蘊 ……64, 68, 205
五蘊無我 ……45, 64
五蘊論 ……189
五陰盛苦 ……59
五果 ……236, 238, 240
五戒 ……78, 250, 388
五蓋 ……208
五境 ……205
五下分結 ……208, 255, 261
五根 ……205
五趣 ……232
五地 ……391
五事 ……113, 150
五事品 ……179
五十二心所 ……215
五上分結 ……208, 255
五条袈裟 ……92
五停心 ……266
五神通 ……392
五道 ……80
五篇罪 ……90
五比丘 ……44
五部 ……161
五分法身 ……80
五分律 ……97
五法行 ……389
五法蔵 ……219
五法蔵説 ……332
互為果 ……214
後五百歳 ……323

悟入 ……187
語業 ……247
降魔成道 ……39
業 ……24, 74, 242, 244, 248
業の因果 ……243
業の種類 ……251
業の本質 ……247
業果論者 ……245
業感縁起 ……233, 236
業生説 ……333
業説の起源 ……245
業論者 ……245
極七返生 ……261
極微 ……198, 207

さ

サカ族──→塞種
サーガリヤ派 ……170
サーサナヴァンサ ……184
サッダルマ ……363
サッバカーミー ……127
サーナヴァーシー ……111, 113
サハデーヴァ ……121
サマンタパーサーディカー ……183
サーラッタパカーシニー ……183
サールナート──→鹿野苑
サンカッサ ……111
サンジャヤ ……25
サンスクリット原典 ……376
サーンチー ……121, 123, 280, 281
サーンチー銘文 ……283, 311
サンブータ・サーナヴァーシー 111
サンユッタニカーヤ ……98
佐藤良純 ……190
西域記──→大唐西域記
西牛貨洲 ……227
細意識 ……218
細心 ……219
最古の大乗経典 ……321, 353
最高善 ……53
桜部建 ……55, 225
薩曇分陀利経 ……362
薩婆多部毘尼摩得勒伽 ……195
三界 ……227, 275
三界虚妄 ……360
三界五部 ……258
三学 ……78
三帰依文 ……361
三結 ……79, 261
三賢 ……263, 266, 271,
三解脱門 ……78
三業 ……246
三災 ……231
三三昧 ……386
三種律儀 ……251
三十三天 ……228
三十七道品 ……78
三十二相 ……80
三世実有説 ……179
三世両重因果 ……235
三千大千世界 ……230
三蔵 ……174
三蔵三十万頌 ……182
三毒 ……208, 261
三毒薄 ……392
三罰 ……246
三法印 ……71
三法行 ……389
三品経 ……321, 353, 387
三品悔過経 ……355
三菩提 ……131
三昧 ……43, 273, 385, 386
三弥底部論 ……181
三輪清浄 ……385
懺悔 ……89, 387
讃仏頌 ……335
讃仏乗 ……331, 334, 380, 381
讃仏乗の菩薩 ……381
在家仏教 ……343
在家菩薩 ……361, 387, 389, 395, 396
暫住 ……200

し

シッガヴァ ……34, 114
シャータヴァーハナ王朝 ……279, 299
シャーナカヴァーシー──→商那和修
シャム派 ……172
シュンガ王朝 ……280
シンコート ……288
尸陀盤尼 ……187
止 ……78, 267, 386
支謙 ……320
支提山寺 ……165, 168
支婁迦讖 ……315, 316
四依 ……90
四縁 ……236, 239, 240
四行 ……391
四苦 ……59
四向四果 ……79, 261
四種縁起 ……235
四種菩薩 ……391
四衆 ……84, 147
四十二章経 ……315
四十六心所 ……211
四生 ……232
四聖種 ……266
四聖諦 ……45, 61
四姓平等 ……63, 81
四善根 ……263, 266, 267, 271
四禅 ……229, 274
四禅三明 ……40
四双八輩 ……261
四相 ……221
四諦観 ……267
四諦十六行相観 ……267
四諦説 ……40, 59, 202
四諦論 ……188
四大種 ……206
四大洲 ……230
四大霊場 ……104, 143
四地 ……391
四天王衆天 ……228
四念処観 ……78, 267
四波羅蜜 ……338, 383
四分律 ……97
四方僧伽 ……86, 88, 302, 303
四暴流 ……208
四無色定 ……275
四無量心 ……78
四門出遊 ……35
枝末分裂 ……122, 150, 163
思 ……216, 247
思の種子 ……249
思慧 ……272
指鬘外道 ……49
師子洲 ……168
獅子柱頭銘文 ……291, 311
椎尾弁匡 ……325, 379
式叉摩那 ……86
色 ……64, 74, 205
色蘊 ……205
色界 ……228, 258, 275
色界天 ……228
色究竟天 ……228
色身 ……202, 204
色貪 ……258
色法 ……223
識 ……64, 72, 73, 74, 233
識身足論 ……179, 180
識無辺処 ……202, 229, 275
静谷正雄 ……314, 377
七賢 ……271
七種の経 ……138
七聖 ……271
七事品 ……179
七聚罪 ……90
七十五法 ……223, 260
七条袈裟 ……92
七心界 ……206
七波羅蜜 ……384
七百結集 ……148
七百人会議 ……109
七無為 ……203

七論 ……177
悉達多 ……31
湿性 ……206, 232
車匿 ……35
沙弥 ……47, 85
沙弥尼 ……85
沙門 ……23, 307
沙門尼 ……307
舎利 ……53, 143
舎利供養 ……344
舎利弗 ……46, 180, 283
舎利弗阿毘曇論 ……181, 194, 203, 216, 222, 333
舎利弗悔過経 ……355
舎利弗問経 ……159
差別 ……218
釈迦菩薩 ……337, 381
釈迦牟尼 ……31
釈迦牟尼仏本行 ……334
捨 ……384
捨堕法 ……89
迹門 ……364
釈軌論（世親の） ……189, 190
釈尊 ……31
積集説 ……28
主体の統一 ……217
朱利槃特 ……50
取 ……72, 234
首楞厳三昧 ……318, 356
首楞厳三昧経 ……316, 317, 356, 372
修慧 ……272
修行の進展 ……261
修行生活 ……90
修行道の階位 ……262
修習果 ……239
修多羅 ……101
修道 ……257, 264, 265, 266, 269, 270
修道論 ……266
修惑 ……257
須達多 ……47
須弥山 ……227
須弥山説 ……227
衆学法 ……89
衆経撰雑譬喩 ……125
衆賢 ……187
衆聖点記 ……32
衆事分阿毘曇論 ……179
衆同分 ……220
種姓 ……263, 268
種姓智 ……263, 265
種々なる道 ……162
趣 ……232
宗派 ……137
集異門足論 ……180, 181, 194
種子 ……218, 249
宿作因説 ……27
宿命論 ……245
出家 ……85
出家教団 ……344
出家者 ……307
出家仏教 ……343
出家菩薩 ……361, 387, 395, 397
出家菩薩の教団 ……373
出罪羯磨 ……89
出離 ……384
処 ……68, 205
初禅 ……229, 274
初発心菩薩 ……391
所縁縁 ……239
所縁随増 ……204
所造 ……207
所造色 ……206
書写 ……363
諸行無常 ……71
諸法実相 ……364
諸法無我 ……71
小王統史 ……170, 184
小乗 ……144, 166, 326, 327, 380
小乗教説一切有部 ……327
小乗寺 ……164, 310, 311
小乗説出世部 ……327
小乗法教 ……327

小千世界 ……230
小部 ……98, 175
小法山 ……308
小品 ……97
小煩悩地法 ……209, 212, 224, 260
生 ……72, 234
生因 ……239
生有 ……232
生経 ……98
正学女 ……86
正覚 ……39
正見 ……61
正語 ……61, 216
正業 ……61, 216
正思 ……61
正精進 ……61
正定 ……61
正法 ……363
正念 ……61
正命 ……61, 216
正量部 ……9, 151, 153, 154, 156, 158, 161, 165, 166, 181, 200, 219, 298, 327
正量部の伝承 ……160
声聞 ……83, 329
声聞の階位 ……389
声聞種姓 ……268
声聞乗 ……12, 144, 328, 381
声聞僧伽 ……350
声聞地 ……391, 396
性地 ……391, 392, 394
招提僧 ……88
称友 ……180, 188, 212
清浄 ……262
清浄業処 ……367
清浄業処観 ……378
清浄道論 ……171, 183, 200, 265
清弁 ……159
勝義アビダルマ ……201
勝義有 ……198, 225
勝義善 ……252
勝義補特伽羅 ……218
勝義法 ……199
勝法 ……192, 196, 201
聖 ……61
聖道支性 ……202
商那和修 ……34, 114, 127, 167
摂アビダンマ義論 ……185, 215
精進 ……383, 384
精進論者 ……245
請食 ……91
心一境性 ……386
心王 ……213, 223
心解脱 ……60, 81, 261, 369
心性本浄 ……203, 319, 333, 360, 372, 382
心性本浄説 ……375, 397
心清浄 ……262
心心所の相応 ……214
心心所法の倶生 ……213
心所 ……213, 214, 215, 225
心所の独立 ……216
心所説 ……216
心所法 ……179, 208, 210, 223
心相応 ……222
心地 ……211, 217
心不相応 ……222
心不相応行 ……220
心不相応行法 ……208, 224
身器清浄 ……266
身軽安 ……216
身軽快性 ……216
身業 ……247
身証 ……264, 265, 270
身表 ……247
身論 ……179
信 ……264, 270, 369, 370, 388
信解 ……270
信解脱 ……81, 264, 265, 276, 369
信勝解 ……369
信満成仏 ……360
真実 ……134, 384

新学菩薩 ……391
新薩婆多 ……187
審慮思 ……247
瞋 ……254, 261
ジェータ林寺派──→海部
ジャイナ教 ……25, 30, 137
ジャータカ ……281, 283, 340, 341
ジュンナール ……304
地 ……211, 394
地獄 ……80, 227, 231, 232
士用果 ……238, 239
自我の執着 ……243
自恣 ……87
自性 ……198, 199
自性行 ……391
自性清浄心 ……77, 203, 219, 269, 360, 372, 380
自説 ……101
自相 ……198, 200
自灯明 ……52
自利利他円満 ……328
侍者 ……117
持因 ……239
持法師 ……95
持律師 ……95
持論母師 ……177, 193
時機相応の法 ……8
時解脱 ……270
慈 ……384
竺法蘭 ……315
実践論 ……77
実法 ……222
集諦──→苦集聖諦
集法 ……62
集法智 ……269
集法智忍 ……269
邪命外道 ……24, 137
寿量品 ……364
呪ダラニ ……386
呪術 ……6
受 ……64, 72, 216, 234
受記 ……364, 381
受持 ……363
授記 ……101, 337
誦法師 ……282
十悪 ……252
十縁 ……241
十戒 ……250
十結 ……255
十支縁起 ……76
十事 ……109, 110, 112
十誦律 ……97
十住 ……391, 394
十住説 ……393
十住毘婆沙論 ……396
十随眠 ……256
十善 ……388
十善戒 ……393
十善業道 ……252
十智 ……272
十地 ……318, 333, 338, 388, 391, 393, 394
十地経 ……318, 333, 358, 361, 376, 394
十纏 ……260
十波羅蜜 ……338, 360, 384
十煩悩事 ……254
十二因縁 ……40
十二縁起 ……72, 360
十二縁起説 ……233
十二処 ……68, 205
十二部経 ……357
十二分教 ……100
十八有学 ……261, 271
十八界 ……68, 205
十八不共仏法 ……66, 80
十八部 ……155
十八部の分裂 ……151
十八部論 ……125
十六大地獄 ……227
巡礼者 ……346
順観 ……72
順決択分 ……267

順解脱分 ……267
順正理論 ……187, 195
順性行 ……391
順世外道 ……25
順世派 ……162
上衣 ……92
上座部 ……96, 97, 112, 147, 150, 152, 154, 158, 161, 165, 175, 202, 255, 327
上座部の論蔵 ……177
成劫 ……231
成業論 ……189
成実宗 ……224
成実論 ……181, 216, 342
成道 ……38
成仏の教え ……329
成仏の記別 ……381
定 ……264
定学 ……78
定倶戒 ……251
定光如来 ……337
定生律儀 ……251
長阿含経 ……96, 97, 165, 228
長部諷誦者 ……282
乗 ……328
浄観地 ……392
浄行品 ……359, 361, 395
浄色 ……207
浄土 ……370
浄土往生 ……369
浄土経典 ……365
掉挙 ……254
誠信 ……370
静慮 ……42, 274
静慮律儀 ……251
尽智 ……273

す

スヴァンナブーミ ……121
スマンガラヴィラーシニー ……183
スメーダ ……337
数息観 ……78, 267
水輪 ……230
随喜 ……387
随信行 ……264, 265, 270
随増 ……204
随法行 ……264, 265, 270
随煩悩 ……260
随眠 ……209, 217, 222, 254, 255, 257

せ

セイロン寺 ……309
セイロン上座部──→分別説部
セイロン伝 ……112, 122, 153
セイロン島部 ……158
世友 ……151, 159, 180, 186, 188, 212, 332
世界破壊と生成 ……231
世間品 ……227
世親 ……187
世尊 ……30
世俗アビダルマ ……201
世俗有 ……198, 225
世俗智 ……268, 269, 273
世第一法 ……267, 268
施設 ……193
施設有 ……198
施設論 ……179, 180
施僧の果 ……347
施仏の果 ……347
西王山部 ……155, 156
西山住部 ……150, 152, 155, 156, 157, 307, 308
制多窟 ……301, 304
制多山 ……120, 150
制多山部 ……150, 152, 154, 156, 157, 306, 346
制多堂 ……301, 308
聖仙 ……44
聖地巡礼 ……345
聖典 ……66
刹那 ……200

刹那縁起 ……235
刹那滅 ……200, 217, 221, 226
雪山部──→本上座部
説一切有部 ……96, 97, 99, 150, 153, 154, 156, 158, 161, 162, 163, 165, 166, 167, 202, 216, 256, 291, 295, 296, 298, 311, 312, 326, 327, 331, 334, 346
説一切有部の論蔵 ……179
説因部──→説一切有部
説仮部 ……150, 152, 154, 156, 157,
説出世部 ……150, 152, 157, 165, 202, 333
説転部──→経量部
説法師 ……95
石柱法勅 ……132
旃檀茸 ……52
全学説綱要 ……161
全哲学説綱要 ……161
全定説綱要 ……161
染汚 ……254
染汚意 ……254
善 ……134, 252
善悪の規準 ……251
善慧 ……337
善慧地 ……393, 394
善見律毘婆沙 ……183
善財童子 ……361, 373
善歳部──→飲光部
善心 ……213
善浄心所 ……216
善地 ……211
善男子 ……395
善女人 ……395
禅 ……42, 274, 384
禅定 ……37, 273

そ

ソーナカ ……34, 114
双対論 ……177
相依性 ……69
相応 ……214
相応因 ……214, 237, 238
相応部 ……98, 175
相応無明 ……259
相続 ……218
僧 ……85
僧院 ……301, 305, 310
僧院窟 ……304
僧伽 ……45, 83, 85, 397
僧伽の分裂 ……137
僧伽羅刹所集経 ……125
僧残罪 ……86
僧残法 ……89
僧団仏教 ……347
僧中有仏 ……346
僧物 ……349
僧房 ……301
僧宝 ……349
想 ……64, 216
総相念住 ……266, 267
総持 ……386
塞種 ……287, 290
足論 ……179
即蘊我 ……219
触 ……72, 73, 234
存在 ……198
尊祐造説 ……27
増一阿含経 ……96, 98
増一阿含の部派所属 ……102
増支部 ……98
増上縁 ……240, 241
増上果 ……238
増長 ……249
雑阿含（経） ……96, 98, 125, 165, 175
雑阿毘曇心論 ……187
雑蔵 ……165, 175, 189
雑譬喩経 ……125
蔵 ……367
蔵を持する人 ……282
蔵外 ……178
蔵釈 ……178

蔵論 ……188
賊住比丘 ……149

た

タンバパンニー ……168
他心智 ……273
多仏出世 ……230
多聞部 …150, 152, 154, 156, 157, 309
大夏 ……287, 290
対法 ……174, 192
胎外の五位 ……233
胎生 ……232
胎内の五位 ……233
高田修 ……313
托胎初刹那 ……234
竜山章真 ……173
ダーサカ ……34, 114
ダッキナーパタ──→南路
ダナブーティ・ヴァーチプタ王 280
ダニヤーカラ ……373
ダーニヤカタカ …299, 306, 307, 323
ダラニコット ……306
ダルマ──→法
ダルマの種類 ……204
ダルマラージカー塔 ……288, 312
ダンマパーラ ……182
ダンマラッキタ ……120, 289
ダンマルチ ……169
ダンマルチ派──→法喜部
陀羅尼 ……6, 375, 385, 393
大阿弥陀経 ……353, 366, 368, 371
大愛道瞿曇弥 ……32
大迦葉 ……34, 46, 94, 114, 116
大迦旃延 ……50, 104, 109
大倶絺羅──→摩訶拘絺羅
大空宗 ……322
大月氏 ……292
大結集 ……147
大結集派 ……147
大史 ……112, 153, 159, 184
大師 ……83
大種 ……206
大衆部 ……96, 97, 99, 112, 147, 150, 152, 154, 156, 157, 161, 163, 165, 175, 185, 202, 219, 222, 230, 256, 297, 298, 304, 311, 312, 323, 331, 346
大衆部の教理 ……332
大小兼学 ……326
大小兼学寺 ……164, 310, 311
大荘厳（経） ……334, 376
大荘厳論経 ……125
大精舎上座部 ……159
大寺 ……165, 168, 307
大寺の仏教 ……171
大寺派 …165, 168, 170, 182, 309, 327
大事 ……230, 333, 335, 391, 393, 394
大慈大悲 ……383
大集経 ……374, 375
大乗 ……166, 310, 326, 329, 364
大乗の彫刻 ……303
大乗の菩薩 ……381, 395
大乗教団 ……164, 310
大乗経典 ……353, 376
大乗経典の出現 ……315
大乗経典結集 ……373
大乗三聚懺悔経 ……355
大乗寺 ……164, 310, 311
大乗上座部 ……165, 327
大乗的仏像 ……305
大乗仏教 ……5, 293, 310, 328
大乗仏教の源流 ……330
大乗無想経 ……126
大制多 ……306
大誓荘厳 ……385
大善地法 ……212, 223
大地法 ……211, 216, 223
大智度論 ……125, 354
大鉄囲山 ……228
大天 ……112, 120, 150
大天の五事 ……112, 163
大唐西域記 ……125, 310, 326

大塔廟処 …373
大徳 …282
大日如来 …359
大パッチャリー …182
大般涅槃経 …344
大般若経 …374
大般若波羅蜜多経 …355
大毘婆沙論 …185
大不善地法 …209, 212, 224
大宝積経 …374
大品 …97
大菩薩 …382
大菩薩蔵経 …374
大煩悩地法 …209, 212, 223, 260
大目犍連 …46, 151, 180, 283
提地迦 …167
提婆 …310
提婆設摩 …180
提婆達多 …48, 51
提婆達多品 …362
第一結集 …57, 94, 102
第三結集 …122, 146, 148
第四結集 …185, 297
第二結集 …109, 128, 146
断常中道 …62
檀特山 …38

ち

智 …269, 272, 384
智慧 …201, 384
智縁尽 …203
智見清浄 …263
智度 …356
癡 …77, 243, 254, 261
畜生 …80, 232
択滅 …199, 202, 203, 239, 269
中阿含経 …96, 98
中有 …232
中観派 …161, 162, 166, 328, 335
中国 …104
中千世界 …230
中道 …45, 62, 81
中部 …98
偸蘭遮罪 …89
註釈（書） …178, 182, 189
長者 …45
長者階級 …24
長老偈 …176
長老尼偈 …176
頂 …267, 268
調伏天 …160

つ

塚本啓祥 …54, 102, 313
月輪賢隆 …378
辻直四郎 …20, 350
頭陀行 …92

て

寺本婉雅 …350
天（界） …228, 232
添品妙法蓮華経 …362
転変 …218
転変説 …28
転法輪 …45
転輪聖王 …32
纏 …257, 260
ディーガニカーヤ …97
ディヴヤーヴァダーナ …113
デーヴァダッタ──→提婆達多
デーヴァーナンピヤ・ティッサ 168
弟子 …91
弟子仏教 …329
伝道師派遣 …119, 122

と

突吉羅 …89
兜沙経 …318, 359
兜率浄土 …371
兜率天 …371
忉利天 …228
東山住部 …155, 156, 157, 307, 309

東勝身洲 227
到彼岸 356
島史 109, 112, 122, 153, 184
塔院 301, 305
塔寺 395
塔門 280
等誦経 194, 209
等無間縁 239
等流果 238, 247
稲竿経 375
得 220
徳慧 188
犢子部 151, 153, 154, 156, 158, 161, 169, 200, 219, 332
友松円諦 352
佉真陀羅経 319
貪 254, 261
ドゥンドゥビィッサラ 121
同他心所 215
同類因 237, 238, 247
動性 206
動身思 247
動発勝思 247
道倶戒 251
道行般若経 316, 357, 390
道支真如 202
道生律儀 251
道智大経 321, 353
道類智 270,
童真 372, 387, 390
童真地 390, 394
童受 342, 351
銅葉洲 168
導論 178
幢 347
独覚 44, 392
独覚種姓 268
独覚乗 381
読誦 363
鈍根 270

な

ナーガセーナ──→那先比丘
ナーガールジュナコーンダ 306, 307, 322
ナーシク 299, 301
ナーランダー寺 166
ナンダ王朝 107
ナンドゥーラ 310
那先比丘 178, 287
那先比丘経 179, 287
内凡位 267
中村元 33, 55, 190, 314, 378
長井真琴 93
南海寄帰内法伝 125, 161, 327
南贍部洲 227
南方仏教 3, 168
南路 50, 106, 110, 111, 299
煖 267, 268
煖性 206
難勝（地） 393, 394

に

ニカーヤ 96, 172
ニガンタ 25
二十五条袈裟 92
二十四縁 236, 241
二十七賢聖 271
二十部 151
二百歳以前 126
二一八年説 125
尼陀那 101
尼連禅河 37
日泰寺 53
入阿毘達磨論 215
入不二法門 357
入法界品 323, 358, 361, 376
入滅 51
大楞伽 376
如是語 101
如来蔵 9, 360, 378

如来蔵思想 ……319, 367
如来地 ……391
繞道 ……348
人我 ……219
人間 ……232
人施設論 ……177, 193
忍 ……267, 268, 269, 272, 390
忍辱 ……384

ね

涅槃 ……43, 60, 67, 199, 201, 239, 275, 330
燃燈授記 ……337
燃燈仏 ……337, 381

の

能作因 ……237, 239
能造 ……207
能造四大 ……207

は

波逸提法 ……89
波斯匿 ……47
波羅夷罪 ……86
波羅夷法 ……88
波羅提木叉 ……88, 95, 388
波羅蜜 ……383, 384
波利邑 ……110
破僧伽 ……123
鉢羅奢佉 ……233
敗種 ……364
薄地 ……391, 392, 394
八敬法 ……88
八犍度論 ……179
八斎戒 ……250, 388
八聖道 ……61
八十九心 ……214
八重法 ……49, 88
八千頌般若 ……376
八相成道 ……339
八人地 ……391, 392, 394
八法 ……213
八煩悩事 ……254
八未曽有法 ……84
般涅槃 ……81
早島鏡正 ……173, 378
般舟三昧 ……349, 387
般舟三昧経 ……316, 318, 366, 367, 371, 387
般若 ……383
般若経 ……316, 332, 341, 350, 355, 374, 391, 394
般若経南方起源説 ……322
般若波羅蜜 ……356
パクダ ……25
パティカ ……291
パーティヤ ……110
パーテッヤカー──→波利邑
パータリプトラ ……114
パパンチャスーダニー ……183
パラマ ……384
パーラミー ……384
パーリ ……174
パーリ語 ……97
パーリ七論 ……177
パーリ上座部 ……201, 222, 262, 346
パーリ仏教の心所 ……214
パルティヤ ……287, 291
バイラート法勅 ……138
バーヴァナークラマ ……357
バヴィヤ ……126, 159
バガヴァッド・ギーター ……370
バクティ ……370
バクトリヤ ……287, 290
バージャー窟 ……304
バッティプロール ……307
バーナカ ……284
バールハット ……280, 311, 341
婆沙の四評家 ……186
颰陀波羅 ……372
颰陀和 ……396
縛 ……260

幡 ……347

ひ

ヒンドゥ教 ……6
干潟竜祥 ……172, 325, 350
比量得 ……162
非僧非俗 ……349
非想非非想処 ……202, 229, 275
非想非非想処定 ……36
非即非離蘊我 ……219
非智縁尽 ……203
非択滅 ……199, 202
非得 ……220
非二 ……251
非福業 ……252
彼岸道品 ……106
秘密集会 ……376
悲華経 ……370
譬喩 ……101, 340, 342
譬喩師 ……158
譬喩者 ……185, 216, 219, 243, 342
百蔵 ……376
百十六年 ……125, 126
百二十一心 ……215
百二十年 ……126
百年後 ……125
百八三昧 ……356
百八煩悩 ……209, 260
百有余年 ……125
百六十年 ……126
百六十年説 ……160
表業 ……248
ピプラーフワー ……53
ビガンデー氏緬甸仏伝 ……55
ビーマラーン ……296, 297
ビールサの諸塔 ……280
ビンビサーラ（王） ……36, 46
比丘 ……45, 84, 284, 396
比丘戒経分別 ……97
比丘僧伽 ……85, 397
比丘尼 ……49, 84, 284, 396
比丘尼戒経分別 ……97
比丘尼僧院 ……305
比丘尼僧伽 ……85
毘舎佉 ……47
毘曇 ……174
毘尼蔵根本 ……334
毘尼母経 ……195
毘婆沙師──→説一切有部
毘盧舎那仏 ……359
白蓮華 ……363
辟支払 ……44
辟支仏因縁論 ……188
辟支仏地 ……391, 392, 394, 396

ふ

フヴィシカ王 ……297
フヴィシカ寺 ……298
不可思議解脱経 ……358
不可説蔵 ……219
不共の十地 ……392
不共無明 ……259
不還 ……261, 389
不還果 ……79, 270, 392
不還向 ……79, 270
不還道 ……263
不失壊 ……249
不時解脱 ……270
不邪婬 ……388
不住涅槃 ……330
不定心所 ……212
不定法 ……89, 213, 224
不浄観 ……267
不善心 ……213
不善心所 ……215
不善地法 ……209
不相応行 ……220
不退（地） ……369, 394
不退位 ……390
不退転 ……319
不退転地 ……392
不退転菩薩 ……391

不転性行 ……391
不動（地）……393, 394
不動業 ……252
不動如来 ……356
不律儀 ……251
布薩日 ……86
布施 ……134, 383
布施波羅蜜 ……385
普賢 ……373
普賢行願讃 ……361
普賢菩薩 ……373, 382
普門示現 ……365
普門品偈 ……362
普曜経 ……336
補処（地）……395
補特伽羅 ……9, 166, 219
富楼那 ……50, 105, 180
風輪 ……230
諷誦者 ……282, 303
福業 ……252
福田経 ……261
藤田宏達 ……55, 81, 366, 370
舟橋一哉 ……81
分別 ……192, 196
分別功徳論 ……125, 189
分別説 ……123, 149
分別説者 ……309
分別説部…96, 149, 158, 168, 170, 175
分別論 ……177, 194
分別論者 ……185, 219, 332
糞掃衣 ……90
プシャミトラ ……279
プルマーイ王 ……305, 306
プンナ ……50, 105
ブッダ・アヴァタンサカ ……358
ブッダガヤー──→仏陀伽耶
ブッダゴーサ──→仏音
ブディラ ……291
部執異論 ……126
部派教団 ……164, 310, 311, 313
部派教団の発展 ……162
部派仏教 ……143, 331, 343
舞踊 ……347
仏以三車喚経 ……362
仏音 ……66, 100, 170, 182, 183
仏教教団理想 ……83
仏教徒 ……30
仏教徒団 ……284
仏教梵語 ……365
仏教梵語テキスト ……377
仏華厳 ……358
仏現前三昧 ……349
仏国記 ……310
仏種姓 ……268
仏所行讃 ……334
仏生因縁 ……334
仏性 ……329, 363, 381
仏身 ……201
仏授 ……182, 215
仏説 ……175
仏像 ……298, 318, 362
仏像製作 ……317
仏陀 ……30, 31
仏陀の伝記 ……55
仏陀同時出世 ……230
仏陀観 ……80, 330, 332
仏陀伽耶 ……39, 285
仏陀像 ……294
仏伝 ……55, 336
仏伝研究 ……55
仏伝図 ……281, 283, 348
仏伝文学 ……331, 333, 339
仏地 ……391, 392, 395
仏塔 ……143, 299, 310, 313, 344, 395
仏塔教団 ……349
仏塔供養 ……346, 347
仏塔信仰 ……295, 331, 342
仏塔礼拝 ……349, 355, 387
仏物 ……349
仏宝 ……349
仏本行集経 ……334, 391
仏滅後の教団 ……104

仏滅年代 ……33
仏滅百三十七年 ……160
仏滅百年 ……125
仏滅百年出世 ……125
仏立三昧 ……387
物質 ……205
分位縁起 ……235

へ

ペッペ ……53
閉尸 ……233
別解脱律儀 ……251
別相念住 ……266, 267
遍行因 ……237, 238, 259
遍行惑 ……238

ほ

方広 ……101, 357
方広大荘厳経 ……334
方広部 ……159, 170, 322
方等 ……357
方便 ……319, 384, 385
方便品 ……363
放鉢経 ……319, 372
宝積経 ……320
宝頂経 ……374
宝塔品 ……362
宝幢分 ……375
法 ……40, 57, 65, 81, 133, 134, 192, 197, 198, 199, 203, 208, 225, 242
法の規制 ……135
法の研究 ……174, 196
法の巡行 ……131, 134
法の静観 ……135
法の相摂 ……207
法雲（地） ……393, 395
法蘊足論 ……179, 180, 201
法依 ……83
法界 ……70, 206
法観 ……76
法喜部 ……155, 156, 159, 169, 182, 327
法鏡経 ……321, 353
法句経 ……58, 98, 176
法救 ……186, 187
法華経 ……361, 363, 389
法結集 ……146
法献 ……362
法顕 ……125, 164, 310, 326
法眼 ……62, 83
法根 ……83
法処 ……206
法勝 ……187
法集論 ……177, 194, 210, 215
法上部 ……151, 153, 154, 156, 158, 303, 305
法相法 ……200
法蔵の付嘱 ……116
法蔵部 ……96, 97, 100, 151, 153, 154, 156, 158, 161, 175, 181, 228, 298, 331, 332, 334, 346
法蔵菩薩 ……366
法蔵菩薩本生譚 ……367
法大官 ……135
法談 ……91
法智 ……273
法灯明 ……52
法門 ……95, 138, 389
法輪 ……44
法臘 ……91
報恩 ……134
報身仏 ……202
北倶盧洲 ……227
北山住部 ……150, 152, 157
北寺疏 ……182
北道派 ……159
北路 ……36, 50
発語思 ……247
発趣論 ……177, 194, 218
発智論 ……180
発菩提心 ……382,
本願 ……366, 368
本起 ……337

本業経──→菩薩本業経
本生 ……101
水生経 ……340
本性 ……363
本事 ……101
本事経 ……98
本上座部 ……150, 153, 154, 156, 158, 161
本母 ……193
本門 ……364
品類足論 ……179, 180, 181, 223
ボージプル塔 ……284
菩薩 ……329, 339, 349, 380, 381, 391, 392
菩薩の階位 ……389
菩薩の教 ……381
菩薩の教団 ……395
菩薩の死 ……396
菩薩の修行 ……387
菩薩の自覚 ……380
菩薩の実践 ……320
菩薩の聴衆 ……397
菩薩ガナ ……85, 350, 397
菩薩行 ……349
菩薩乗 ……12, 328, 381
菩薩僧伽 ……397
菩薩蔵経 ……321, 353, 354, 377
菩薩地 ……391, 392, 394
菩薩道 ……392
菩薩本業経 ……359, 361, 393, 394
菩薩論 ……333
菩提心 ……382
菩提樹 ……39, 299
菩提道場 ……285
菩提流志 ……374
暴流 ……255
防非止悪の力 ……250
凡夫の菩薩 ……381
凡夫地 ……391
梵天 ……229
梵天勧請 ……44
煩悩 ……77, 203, 208, 254, 257, 260
煩悩地 ……211
煩悩地法 ……209

ま

マウエス ……290
マウリヤ王朝 ……108
マガダ（国） ……21, 48, 111
マッカリ・ゴーサーラ ……24
マッジマ ……283
マッジマニカーヤ ……98
マッジャンティカ──→末闡提
マツラー ……106, 109, 291, 298
マドヤーンティカ──→末田地
マートリチェータ ……334
マノーラタプーラニー ……183
マハーヴァスツ──→大事
マハーヴィーラ ……246
マハーカッチャーナ──→大迦旃延
マハークシャトラパ ……291
マハーティッサ ……169
マハーデーヴァ──→大天
マハーラッタ ……121
マヒンダ ……96, 118, 120, 162, 168
末闡提 ……119, 288
末田地 ……34, 114, 119, 127, 163, 167
摩夷 ……176
摩訶衍──→大乗
摩訶拘絺羅 ……50, 180
摩訶僧祇律 ……97, 148
摩訶僧那僧涅 ……385
摩崖法勅 ……131
摩闡提──→末闡提
摩怛理迦 ……193, 195
摩偸羅 ……106
摩得勒伽蔵 ……195
摩耶夫人 ……31
前田恵学 ……102, 128, 189
前田慧雲 ……352
松濤誠廉 ……28, 54
慢 ……254

み

ミリンダ……287
ミリンダ王の問い……287
ミリンダ王問経……178, 190
未曽有法……101
弥勒……373
弥勒受記……379
弥勒浄土……371
弥勒菩薩……50, 317, 371, 382
密教……6, 13
密呪……375
密林山住部……151, 153
密林山部……154, 156, 158
水野弘元……28, 55, 190, 225, 276
宮本正尊……55, 81, 128, 225, 325, 351
名……73
名号……369
名色……72, 73, 234
妙音……186
妙喜国……357, 370
妙法……363
妙法華……376
妙法蓮華経……361, 362
明（地）……393, 394
命根……216, 217, 220

む

ムレーッチャ……290
牟尼……30
牟尼偈……138
無畏山寺……165, 169, 170, 171
無畏山寺派──→法喜部
無為……203
無為法……65, 199, 201, 224, 225, 239
無因無縁論……27
無有愛……59
無我……9, 64
無我説……217
無学道……264, 265, 266, 269, 272
無願……386
無記……62
無記業……252
無愧……254
無功用の行……393
無間縁……241
無間地獄……243
無碍解道……176, 215
無慚……254
無色界……229, 258, 275
無色貪……258
無所有処……202, 229, 275
無所有処定……36
無生智……273
無生法忍……319, 390, 392
無常力の実体化……222
無相……386
無想定……274
無念徳首……366
無比法……196, 201
無表業……248
無表色……205, 248, 249, 250
無覆無記心……213
無分別智……393
無明……72, 75, 233, 243, 259
無憂──→阿育王
無余依涅槃……81
無余涅槃界……81
無量光仏……368
無量寿経……365
無量寿仏……368
無漏……78
無漏業……252
無漏善……252
無漏智……269
無漏法……203
無漏律儀……251

め

メガステネス……287
メナンドロス王……178, 287
メリダルク……289

馬勝 ……46
馬鳴 ……297, 334, 351
滅 ……199
滅諍法 ……90
滅尽定 ……274
滅法 ……62
滅法智 ……269
滅法智忍 ……269

も

モーガリプタ ……283, 285
モッガリプッタ ……34, 114, 123, 127
モッガリプッタ・ティッサ……114, 283
目連──→大目犍連
望月良晃 ……378
文殊 ……372
文殊師利 ……390
文殊師利法王子 ……371
文殊師利問経 ……159
文殊中心の仏教 ……374
文殊般若 ……374
文殊菩薩 ……323, 371, 373, 382
文殊菩薩の経典 ……371
問答分別 ……196
聞慧 ……272
聞持ダラニ ……386

や

ヤヴァナ ……286
ヤマ ……227
矢吹慶輝 ……378
夜摩天 ……228
軛 ……255
薬師経 ……375
山口益 ……55, 190
山田竜城 ……350, 376

ゆ

遊行者 ……22
湯山明 ……378
瑜伽 ……37, 42, 273, 328
瑜伽行派 ……161, 162, 166, 328
喩鬘論 ……342, 351
唯識の教理 ……332
唯識派 ……161
唯物論 ……24, 162
維摩経 ……332, 357, 373
遺日摩尼宝経 ……320, 321, 353
猶予 ……254

よ

ヨーガ──→瑜伽
ヨーナ ……286
預流 ……79, 261, 389
預流果 ……79, 270, 392
預流向 ……79, 392
預流道 ……263
欲界 ……228, 229, 258, 274, 275
欲界の煩悩 ……258
欲貪 ……258
養因 ……239

ら

ラジュラ ……291
ラーフラ──→羅睺羅
ラーマンニャ派 ……172
ランカー島──→楞伽島
ランパーカ ……296
羅睺羅 ……34, 99, 376
卵生 ……232
欄楯 ……280, 348

り

利根 ……270
理 ……364
理趣分 ……355
理趣般若経 ……355
離蘊我 ……219
離垢（地）……388, 393, 394
離繫果 ……238, 239
離欲（地）……391, 392, 394
力 ……384

立因 ……239
律 ……57
律の論母 ……195
律儀 ……251
律儀の無表 ……250
律結集 ……146
律蔵 ……57, 94, 97, 98, 282, 336
略義疏 ……182
竜軍 ……178, 287
竜華三会 ……371
竜樹 ……322
楞伽島 ……168
霊鷲山 ……48
倫理 ……58
輪廻 ……27, 232
輪廻思想 ……9
輪廻転生 ……229

る

ルンビニー園 ……32
流転門 ……72
類智 ……273

れ

レーヴァタ ……111, 127
連縛縁起 ……235

ろ

ローカーヤタ──→順世外道
漏 ……77, 203, 255
漏尽智 ……40
老死 ……72, 234
六因 ……236, 237, 240
六斎日 ……86
六師外道 ……23
六趣 ……232
六処 ……72, 234
六城部 ……158
六随眠 ……256
六足・発智 ……180
六足論 ……179
六度集経 ……341, 383
六入 ……72
六波羅蜜 ……317, 319, 338, 384
六波羅蜜経 ……321, 353
六法戒 ……250
六物 ……92
六欲天 ……228
鹿野苑 ……44, 123, 285
論の論母 ……177, 194
論議 ……101, 195
論事 ……123, 148, 177, 215
論事註 ……159
論蔵 ……174, 175, 178, 181
論分別 ……196
論母 ……176, 177, 192, 193, 195, 225
論母の説示 ……193

わ

和合果 ……239
和合僧 ……83
和辻哲郎 ……55, 225, 241
惑業苦 ……235
渡辺海旭 ……379
渡辺照宏 ……55
渡辺楳雄 ……191

印欧語の部

A

Akṣobhya ……356
Aṅguttara-nikāya ……98
acalā ……393, 394
Ajantā ……305
Ajātaśatru ……51
Ajātasattu ……51
Aññāta-Kondañña ……45
Aṭṭhakathā ……178, 189
Aṭṭhaka-vagga ……106
Aṭṭha-garudhamme ……49, 88
aṭṭhaṅgiko maggo ……61
adbhūtadharma ……101
Adyardhaśatikā ……355
adhiṭṭhāna ……384
adhipati-phala ……238
anattan ……64
anāgāmin ……261
anātman ……64
anāsrava ……203
animitta ……386
Anuruddha ……185
anuśaya ……209
anusaya ……255
antarābhava ……232
André Bareau ……190
Andhaka ……156, 157
Apadāna ……340
Aparanta ……105
Aparamahāvinaseliya ……308
Apararājagirika ……155, 156
Aparaśaila ……152, 157
Aparaseliya ……155, 156, 307
appaṇihita ……386
apratisaṃkhyā-nirodha ……199
aprāpti ……220
abbhūtadhamma ……101
Abhayagirivāsin ……159
Abhayagiri-vihāra ……169
Abhayagiri-vihāra-vāsin ……165
Abhidhamma ……174, 192
Abhidhamma-kathā ……192
Abhidhammatthasaṅgaha ……185
Abhidhamma-piṭaka ……178
abhidhamma-bhājaniya ……196
Abhidhamma-mātikā ……177, 194
Abhidharma ……174, 192
Abhidharmakośabhāṣya ……187
Abhidharmakośavyākhyā ……180, 188
Abhidharmadīpa ……188
Abhidharma-piṭaka ……174, 181
abhimukhī ……393, 394
Abhirati ……357
abhiṣeka ……390
Abhiṣekatā ……395
abhisambodhi ……39
Amarāvatī ……306
Amitābha ……368
Amitāyus ……368
arahant ……261
ariya ……61
Arciṣmatī ……393, 394
arhat ……261
Alakadeva ……121
avadāna ……101, 336, 340
Avanti ……105, 110
Avaragodānīya ……227
Avarokiteśvara ……382
avijjā ……72, 75
avijñapti-karman ……248
avijñapti-rūpa ……205, 248
avidyā ……75
avipraṇāśa ……249
avivartika ……369
asura ……232

Aśoka ……108
Aśvaghoṣa ……334
aṣṭamaka ……392
Aṣṭasāhasrikā-prajñāpāramitā……376
asaṃskṛta-dharma ……199
Asita ……32
Asoka ……108
Asokārāma ……285
asaṃkhatadhamma ……65
Assaji ……46
Ahogaṅga ……111
ākāśa ……199
Āgama ……57
Ājīvika ……137
ātman ……219
Ānanda ……48, 94, 114
āyatana ……68
āraṇyāyatana ……395
Ārambha-vāda ……28
Ārūpya-dhātu ……229
Āryadeva ……310
Ārhata ……30
Āḷāra-Kālāma, Arāḍa-Kālāma ……36
āsava ……77, 255
āsrava ……203

B

Bactria ……287
bandhana ……260
Bapat, P.V. ……191
bala ……384
Bahulika ……156
Bahuśrutīya ……152, 157
Bahussuttaka ……154, 156
Bāvarin ……50
Bimbisāra ……36
bīja ……218
Bīmarān ……296
buddha ……392
Buddha ……30
Buddhagayā……39
Buddhaghosa ……66, 170, 182
Buddhacarita ……334
Buddhadatta ……182, 215
Buddhadeva ……186, 291
Buddha-dhātu ……381
Buddhāvataṃsaka ……358
Budhila ……291
bodhicitta ……382
Bodhisattva ……380, 392
bodhisattva-gaṇa ……85, 350, 397
Bodhisattvapiṭaka ……321, 353
Bodhisattvayāna ……328, 381
Bodh-gayā……285
Bauddha ……30, 162
bhakti ……370
Bhagavad-gītā……370
Bhaṭṭiprolu ……307
Bhadrapāla ……372, 396
Bhadrayānika ……154, 156
Bhadrayānīya ……153, 158
Bharhut ……280
bhava ……72
bhavaṅga ……218
bhavaṅga-citta ……218
bhava-taṇhā……59
Bhavya ……126, 159
Bhājā……304
bhāṇaka ……282, 303
Bhāvanākrama ……357
bhāvanā-mārga ……257, 270
bhikkhu ……45, 84
bhikkhunī……49, 84
bhikkhunī-saṃgha ……85
bhikkhu-saṃgha ……85
bhikṣu ……45, 84
bhikṣuṇī……84
Bhikṣu-saṃgha ……397
bhūmi ……211, 394

C

cātuddisa-saṃgha ……88

citta-bhūmi ……211
Cula-dhammagiri ……308
Cūḷavaṃsa ……170, 184
cetanā ……247
cetasika ……215
cetasika-dhamma ……208
cetiya ……104
cetiyaghara ……301
Cetiyapabbatavihāra ……168
Cetiyavāda ……154, 156
cetovimutti ……60
caitasika-dharma ……208
Caitika ……120, 152, 157
Caitīya ……157
caitya ……285
Chandāgārika ……154, 156
Channa ……35

D

Dakkhiṇāpatha ……50, 110, 299
daṇḍa ……246
dayā ……133
darśana ……392
darśana-mārga ……257, 269
daśabhūmayaḥ ……393
Daśabhūmika ……358, 376
daśavihāra ……393
dasa vatthūni ……109
Dārṣṭāntika ……158, 216, 342
Dāsaka ……115
diṭṭhippatta ……264
Divyāvadāna ……113, 125
Dīgha-nikāya ……97
Dīpaṃkara ……337
Dīpavaṃsa ……112, 153, 184
dukkaṭa ……89
Dukkha-ariyasacca ……59
Dukkhanirodha-ariyasacca ……60
Dukkhasamudaya-ariyasacca ……59
Dundubhissara ……121
dūraṃgamā ……393, 394
dṛṣṭiprāpta ……270
deva ……232
Devadatta ……48
Devānampiya-Tissa ……168
desanā ……66
dravya ……198, 222
Dvādaśāṅga-dharmapravacana ……100
Dhanyākara ……323
dhamma ……53, 94
dhamma-kathika ……95
Dhammaguttika ……154, 156
dhammadhara ……95
dhamma-dhātu ……70
Dhammapada ……58
dhammapariyāya ……95
Dhammapāla ……182
Dhammarakkhita ……120, 289
Dhammaruci ……155, 156, 169
Dhammarucika ……159
dhamma-vijaya ……131
Dhammasaṅgaṇi ……177, 194
dhammānusārin ……264
Dhammuttariya ……154, 156, 303
Dharanikoṭ ……306
Dharmaguptaka ……153, 158
Dharma-cakra ……44
Dharmatrāta ……186
dharma-nidhyāti ……135
dharma-niyama ……135
dharmaparyāya ……138, 389
dharma-bhāṇaka ……282
Dharma-mahāmātra ……135
dharmameghā ……393, 395
dharma-yātra ……134
Dharmarājikā-stūpa ……288
dharmalakṣaṇa ……200
Dharmaskandha ……180
dharmānusārin ……270
Dharmottarīya ……153, 158
dhātu ……68
Dhātukathā ……177

Dhātukāya ……180
Dhānyakaṭaka ……299, 306, 323
dhāraṇī ……375, 386
dhūta ……92
dhyāna ……37, 42, 274

E

Ekavyāvahārika ……152, 157
Ekavyohārika ……154, 156
Ellora ……305

G

gaṇa ……397
gaṇin ……23
Gaṇḍavyūha ……358, 361, 376
gati ……232
gahapati ……284, 307
gāthā ……94, 101
Gijjhakūṭa ……48
Girnār ……107
guṇa ……66
Guṇamati ……188
Guha-vihāra ……298
Geiger, W. ……102
geya ……101
geyya ……101
Gokulika ……154, 156, 157
Gotama ……21, 31
gotra ……268, 392
gotrabhūñāṇa ……263
Gautama ……31
Ghoṣaka ……186
Ghaṇṭaśāla ……307

H

Harivarman ……181
Hīnayāna ……144, 326
Hetuvādin ……153, 159
Hemavatika ……155, 156
Haimavata ……153, 158

I

itivuttaka ……101
itivṛttaka ……101
idappaccayatā ……69
indriya ……197

J

Jambudvīpa ……227
jarāmaraṇa ……72
jātaka ……101, 340
jāti ……72
jīvitendriya ……220
Junnār ……304
Jetavana ……47
Jetavanavihāra ……170
Jetavanīya ……159
Jaina ……25, 30
jñāna ……384
Jñānaprasthāna ……180
jhāna ……37, 42

K

kaṇherī ……303
Kathāvatthu ……123, 177
Kathāvatthu-aṭṭhakatā ……159
Kaniṣka ……293
Kaniṣka-vihāra ……295
Kandahār ……296
kamma ……74, 87, 95
kammavādin ……245
Karuṇāpuṇḍarīka-sūtra ……370
karman ……74, 244
Kalawān ……295
Kaśmīra ……119
Kassapagotta ……121
Kassapiya ……154, 156
Kātyāyanīputra ……179
Kāma-dhātu ……228
kāyagantha ……255
kāyaviññatti ……247

kāyasakkhin ……264
kāraṇahetu ……237
Kārlī ……303
Kāśyapa-parivarta ……375
Kāśyapīya ……153, 158
Kāsapagota ……283
kiriyavādin ……245
kilesa ……77, 203, 254
Kukkuṭika ……157
kumārabhūta ……372
kumāra-bhūmi ……390
Kumāralāta ……342
Kurundaṭṭhakathā ……182
Kuṣāṇa ……292
Kusuluka ……291
kṛtajñatā ……135
kṛtāvī ……392
Kosala ……21
Kaukuṭika ……152, 154
kliṣṭamanas ……254
kleśa ……203, 254
kṣaṇika ……235
Kṣaharāta ……302
kṣānti ……267
Kṣudraka-piṭaka ……175
Kṣudrakāgama ……175
Khuddaka-nikāya ……98, 175

L

Lamotte, É. ……54, 189
Laṅkādīpa ……168
Laṅkāvatāra ……376
Lampāka ……296
layana ……301
Lalitavistara ……334, 376
Lumbinī ……32
leṇa ……300
Lokāyata ……25
Lokottaravādin ……152, 157, 333
laukikāgratā ……267

M

Makkhali Gosāla ……24
Magadha ……21
Majjhantika ……119, 288
Majjhima-nikāya ……98
majjhimā paṭipadā ……45, 62
Majhima ……283
Mañjuśrī Kumārabhūta ……371
Mathurā ……106, 109, 291
Madhurā ……106, 109
Madhyāntika ……114, 119
manuṣya ……232
mama ……64
Mahākaccāna ……104
Mahākassapa ……46
Mahākāśyapa ……114
Mahākṣatrapa ……291
Mahācetiya ……306
Mahātissa ……169
Mahādeva ……112, 120
Mahānāma ……49
Mahāpaccarī ……182
Mahāpajāpatī-Gotamī ……32
mahābhūta ……206
Mahā-Moggallāna ……46
Mahāyāna ……310, 326
Mahāratnakūṭa ……320
Mahāvaṃsa ……112, 153, 184
Mahā-vagga ……335
Mahāvastu ……230, 333
Mahāvihāra ……159, 168, 307
Mahāvihāra-vāsin ……165, 168, 309
Mahāsaṃgīti ……147
Mahāsaṃgītika ……154, 156
Mahāsaṃghika ……112, 147, 152, 157
Mahāsaṃghika Vajjiputtaka ……154
Mahāsattva ……380
mahāsaṃnāha-saṃnaddha ……385
Mahāsaṃnipāta-sūtra ……375
Mahāsuññatavādin ……322

Mahinda ……120, 162, 168
Mahiṃsāsaka ……154, 156
Mahīśāsaka ……153, 158, 309
mātikā ……176, 177, 193
Mātikā-dhara ……177, 193
mātṛkā ……193
Mātṛceṭa ……334
Mādhyamika ……161, 162, 328
Māyā ……31
Māra-Pāpimant ……38
Migadāya ……44
Milinda ……178, 287
Milindapañha ……178, 287
mūrdhan ……267
Mūlasarvāstivādin ……158, 167
Megha ……337
mettā ……384
Menandros ……178
Meridarkh ……289
Meru ……227
Maitreya ……371
mokṣa ……43
Mogaliputa ……283, 285
Moggaliputta Tissa ……114
moha ……77
Maurya ……108
mleccha ……290

N, O

Naṇḍūra ……310
naraka ……80, 227
Nāgasena ……178, 287
Nāgārjunakoṇḍa ……306
Nāgārjunikoṇḍa ……308
nāma ……73
nāmadheya ……369
nāmarūpa ……72
Nālandā ……166
Nāsik ……299, 301
nikāya ……96, 172
Nikāya-Buddhism ……143
nidāna ……95, 336
Niddesa ……176
nibbāna ……43, 60
niraya ……80, 227
nirupadhiśeṣa-nirvāṇa ……81
nirodha-dhamma ……62
nirvāṇa ……43, 60, 81
niṣyanda-phala ……238
nissatta ……66
nīvaraṇa ……255
Netti-pakaraṇa ……178
Nerañjarā ……37
Neru ……227
ogha ……255

P

pacanekāyika ……282
paccaya ……69
pacceka-buddha ……44
Pañcanikāya ……97
Paññatti ……154
Paññattivāda ……156
paññā-vimutti ……60
paṭicca ……69
paṭiccasamuppanna-dhamma ……68
Paṭisambhidāmagga ……176
Paṭṭhāna ……177
Patika ……291
pabbajjā ……85
parama ……384
paramāṇu ……198, 207
Paramārtha-sat ……198
pariṇāma ……218
Pariṇāma-vāda ……28
parinibbāna ……81
paribbājaka ……22
pariyatti ……66
pariyāya ……95
Parthia ……287, 291
paryavasthāna ……257
pavajita ……307

Pasenadi ·····47
Pāṭaliputra ·····114
Pāṭheyyakā ·····110
Pātimokkha ·····88
pāramitā ·····384
pāramī ·····384
pārājika ·····86, 88
Pārāyana-vagga ·····106
Pārśva ·····185
pārṣada ·····137
Pāli ·····174, 189
Pālibhāsā ·····189
Pāḷi ·····189
Piprāhwā ·····53
Puggalapaññatti ·····177, 193
Puṇṇa ·····50, 105
pudgala ·····166, 219
Pubbaseliya ·····155, 156, 307
puruṣakāra-phala ·····238
pustaka ·····389
pūjā ·····137, 389
pūrva-praṇidhāna ·····369
Pūrvavideha ·····227
Pūrvaśaila ·····157, 309
Peṭaka ·····188
peṭakin ·····282
Peṭakopadesa ·····178
Potalaka ·····323
Prakaraṇapāda ·····180
prakṛti ·····77, 363
Prajñaptivādin ·····152, 157
Prajñaptiśāstra ·····180
prajñā ·····201, 272
prajñāpāramitā ·····356
praṇidhāna ·····384
pratisaṃkhyā-nirodha ·····199
pratyaya ·····236
pratyeka-buddha ·····44, 392
Pratyekabuddha-yāna ·····381
Pratyutpanna-samādhi ·····387
prabhākarī ·····393, 394
pramuditā ·····393, 394
Prasthānabheda ·····162
Prākrit ·····365
Prātimokṣasūtra ·····88
prāpti ·····220
preta ·····80, 232
phassa ·····72

R

Rajula ·····291
Ratnakūṭa ·····374
Rājagirīya ·····155, 156, 158
rājan ·····31
Rāhula ·····34
rūpa ·····64, 74, 205
Rūpa-dhātu ·····228
rūpa-prasāda ·····207
Revata ·····111
Rosen, V.S. ·····190
ṛṣi ·····44

S

Saṃyutta-nikāya ·····98, 175
saṃyojana ·····255
saṃvara ·····251
Saṃvṛti-sat ·····198
saṃsāra ·····27, 232
saṃskṛta-dharma ·····199
Saka ·····287
sakadāgāmin ·····261
sakṛdāgāmin ·····261
Saṅkantika ·····154, 156
Saṅkrāntika ·····153
Saṅkrāntivādin ·····158
saṃkhatadhamma ·····65
saṃkhārā ·····64, 72
Saṅkhepaṭṭhakathā ·····182
saṃgīti ·····57, 94
Saṃgītiparyāya ·····180, 181
saṃgha ·····45, 83, 85
saṃghaḥ upetaḥ ·····137

Saṃghabhadra	187	Sāgalika	159
sacca	384	Sāgaliya	155, 156
saññā	64	Sāñcī	281
satthar	83	Sāṇavāsī	111
satya	134	sādhu	134
sadattha	53	sādhumatī	393, 394
Saddharma	363	sāmaṇera	47, 85
Saddharmapuṇḍarīka	376	sāmaṇerī	85
Saddharmapuṇḍarīka-sūtra	361	Sāṃmitīya-śāstra	181
saddhānusārin	264	Sāriputta	46
saddhāvimutta	264, 369	Sārnāth	44, 285
santati	218	sāvaka	83
Sabbatthavāda	154, 156	Sāsanavaṃsa	184
sabhāgahetu	237	sāsrava-dharma	203
samagga-saṃgha	83	sikkhamānā	86
samaṇa	23, 307	Siggava	115
samaṇikā	307	Siddhatthaka	155, 156
samatha	78	Siddhārthika	158
Samantabhadra	373	Siṃhara	168
samādhi	43, 273, 386	sīmā	87
Samādhirāja	376	sīla	86
samudaya-dhamma	62	Sīhaḷavihāra	309
samuppāda	69	Sukhāvatīvyūha	366
samprayuktaka-hetu	214, 237	suññatā	386
Saṃbhūta Sāṇavāsī	111	sutta	101
Sammatīya	153, 158	Suttanipāta	50
Saṃmitīya	154, 156	suttanta	95
sammukhībhūta-saṃgha	86	suttanta-bhājaniya	196
sarīra-pūjā	344	suttantika	95, 282
sarvatragahetu	237	Suttantika-mātikā	194
Sarvadarśana-saṃgraha	162	Sutta-piṭaka	57, 97
Sarvamata-saṃgraha	161	sutta-bhājaniya	177
Sarvaśūnyatvavādin	161	Sutta-mātikā	177
Sarvasiddhānta-saṃgraha	161	Suttavāda	155, 156
Sarvāstitvavādin	161	suttavibhaṅga	95
Sarvāstivādin	153, 158	Sudatta	47
saḷāyatana	72	sudurjayā	393, 394
Sahadeva	121	Sunāparanta	50
sahabhū-hetu	214, 237	Sumati	337
Sāṃketika	201	Sumeda	337
Sāgariya	170	Sumeru	227

Suvarṇaprabhāsa ……376
Suvarṣaka ……153, 158
sūtra ……94, 101
seṭṭhi ……22, 45
Seniya Bimbisāra ……46
sotāpatti ……261
Sonaka ……115
Sautrāntika ……153, 158, 161, 162
stūpa ……143, 395
Sthavira ……152, 158
Sthaviravāda ……112
srotāpatti ……261
svabhāva ……198
svalakṣaṇa ……198
Shinkot ……288
Śata-piṭaka ……376
śamatha ……78, 267, 386
śarīra ……53, 143
Śākyamuni ……31
Śāṇakavāsī ……114
Śātavāhana ……279, 299
Śālistambasūtra ……375
Śikṣāsamuccaya ……353
śīla ……86
śuklavidarśana ……392
śūraṅgama-samādhi ……356
śauca ……134
śraddhā ……369
śraddhādhimukta ……270
śraddhānusārin ……270
śramaṇa ……23
śrāvaka ……83
Śrāvaka-gotra ……268
Śrāvakayāna ……144, 328, 381
Śrāvakasaṃgha ……350
Śrīparvata ……308, 322
śreṣṭhin ……22
Ṣaṭpāramitā ……321, 353
Ṣaṇḍagiriya ……158
Ṣaṇṇagarika ……153, 158

T

taṇhā ……59, 72
Tatiya-saṃgaha ……148
Tathāgataguhyaka ……376
tanu ……392
Tambapaṇṇī ……168
Tāmraśātīya ……158
Ti-piṭaka ……174
tiryañc ……232
toraṇa ……280
Tripiṭaka ……174
Triskandhaka ……321
Triskandhaka-dharmaparyāya ……353
thullaccaya ……89
Theravāda ……112, 154, 156, 159

U

Uttarakuru ……227
Uttaravihāraṭṭhakathā ……182
Uttaraśaila ……152, 157
Uttarāpatha ……36
Uttarāpathaka ……159
udāna ……101
Udāna-varga ……186
Udena ……49
Uddaka-Rāmaputta ……36
Udraka-Rāmaputra ……36
Upagupta ……114
upacaya ……249
upajjhāya ……90
Upatissa ……183
upadeśa ……101, 195
Upamā ……342
upasampadā ……84
upādāna ……72
upāyakauśalya ……384
Upāli ……48, 94
upāsaka ……45, 84
upāsikā ……45, 84
uposatha ……86

ubhatobhāgavimutta ……264
Urasaka ……288
Urumuṇḍaparvata ……114
uṣmagata ……267

V, W

Vajjiputtaka ……154, 156, 162, 169
Vajradhvajasūtra ……361
Vaṭṭagāmaṇi-Abhaya ……169
Vasubandhu ……187
Vasumitra ……151, 186, 188, 332
Vaibhāṣika ……158, 161, 162
Vairocana ……359
vyākaraṇa ……101, 337, 381
Vājiriya ……155, 156
Vātsīputrīya ……153, 158
Vāyumaṇḍala ……230
Vijñānakāya ……180
Vijñānāstitvavādin ……161
viññāṇa ……64, 72
vinaya ……53, 94
vinayadhara ……95
Vinaya-piṭaka ……57, 97
Vinaya-mātṛkā ……195
Vinayasaṃgīti ……146
Vinītadeva ……160
vipaśyanā ……78, 267, 386
vipassanā ……78
vipāka-phala ……238
vipākahetu ……237
vibhaṅga ……192, 196
Vibhaṅga ……177
Vibhajjavāda ……149, 170
Vibhajjavādin ……96, 149
vibhajjhavāda ……123
Vibhajyavāda ……309
Vibhajyavādin ……158
vibhava-taṇhā ……59
vimalā ……393, 394
Vimalakīrtinirdeśa-sūtra ……357
vimutti ……43
Vimuttimagga ……183, 191
vimokkha ……43
viriyavādin ……245
viśeṣa ……218
visaṃyoga-phala ……238
Visākhā-Migāramātā ……47
Visuddhimagga ……171, 183, 191
vihāra ……301
vītarāga ……392
Vetulyaka ……322
Vetullaka ……159
Vetullavāda ……170
vedanā ……64, 72
vedalla ……101, 357
vedikā ……280
veyyākaraṇa ……101
Vesālī ……109
vaipulya ……101, 357
Waldschmidt, E ……190

Y

yavana ……286
Yama ……227
Yamaka ……177
Yaśomitra ……180, 188
yāna ……328
yoga ……23, 37, 42, 255, 273
Yogācāra ……161, 162, 328
yona ……286